CW01081811

EPIGÉNESE, DESENVOLVIMENTO E PSICOLOGIA

1. A VINCULAÇÃO
   Hubert Montagner
2. CONHECER
   Francisco Varela
3. MEMÓRIA DE MACACO
   E PALAVRAS DE HOMEM
   Boris Cyrulnik
4. A IMPREGNAÇÃO DOS SENTIDOS
   Jacques Ninio
5. O LABIRINTO DA INTELIGÊNCIA
   Daniel Dubois
6. PSICOLOGIA ACTUAL
   E DESENVOLVIMENTO DA CRIANÇA
   Pierre Vayer e Charles Roncin
7. PENSAR
   Frank Smith
8. SOB O SIGNO DO AFECTO
   Boris Cyrulnik
9. A EVOLUÇÃO DO CÉREBRO
   John Eccles
10. NASCER HUMANO
    Jacques Mehler / Emmanuel Dupoux
11. A VIDA ATÉ AO FIM
    Lucien Israël
12. O CÉREBRO SOCIAL
    Michael S. Gazzaniga
13. BIOLOGIA DA CONSCIÊNCIA
    Gerald M. Edelman
14. O SONO E O SONHO
    Michel Jouvet
15. O NASCIMENTO DO SENTIDO
    Boris Cyrulnik
16. ECOLOGIA DAS RELAÇÕES
    AFECTIVAS
    Jacques Miermont
17. NUTRIR OS AFECTOS
    Boris Cyrulnik
18. O ESPÍRITO NATURAL
    Michael S. Gazzaniga
19. BIOLOGIA E EVOLUÇÃO
    Jean-Louis Revardel
20. O CÉREBRO SONHADOR
    J. Allan Hobson
21. COMUNICAÇÕES CELULARES
    E COMUNICAÇÕES HUMANAS
    Max de Ceccatty
22. A CRIANÇA NO ADULTO
    René Diatkine
23. O DESENVOLVIMENTO COGNITIVO
    ACTUAL
    Peter Sutherland
24. O PERCURSO DAS DESCOBERTAS
    DA CRIANÇA
    Bärbel Inhelder / Guy Cellérier

25. CONSTRUTIVISMO RADICAL
    Ernst von Glasersfeld
26. A CRIANÇA, ACTOR DO SEU
    DESENVOLVIMENTO
    Hubert Montagner
27. A AVENTURA DOS NEURÓNIOS
    Jacques-Michel Robert
28. O PROBLEMA DA NOVIDADE
    COGNITIVA NA EPISTEMOLOGIA
    DE JEAN PIAGET
    Maria Isabel Aguilar Macedo
29. A REDESCOBERTA DA MENTE
    John R. Searle
30. O SEXO DAS EMOÇÕES
    Alain Braconnier
31. A HIPÓTESE ESPANTOSA
    Francis Crick
32. CÉREBRO DIREITO,
    CÉREBRO ESQUERDO
    Lucien Israël
33. COMPREENDER A INTELIGÊNCIA
    Ken Richardson
34. A NOITE UTERINA
    A. A. Tomatis
35. ELEMENTOS DE SOCIOBIOLOGIA
    Eckart Voland
36. OS AVATARES DO GENE
    J. Arnould / P.-H. Gouyon / J.-P. Henry
37. SEXUALIDADE E CÉREBRO
    Simon LeVay
38. O TEMPO HUMANO E OS RITMOS
    BIOLÓGICOS
    Alain Reinberg
39. A MÚSICA NA RELAÇÃO MÃE-BEBÉ
    Margarida Dias Pocinho
40. CÉREBRO E CONSCIÊNCIA
    John C. Eccles
41. DESENVOLVIMENTO SOCIAL
    DA CRIANÇA
    H. Rudolph Schaffer
42. A DECIFRAÇÃO GENÉTICA
    Antoine Danchin
43. A EVOLUÇÃO TERÁ SENTIDO?
    Michael Denton
44. O PARADOXO DA AUTOCONSCIÊNCIA
    José Luis Bermúdez
45. A MENTE CORPÓREA
    *Francisco J. Varela / Evan Thompson/
    Eleanor Rosch*
46. CÉREBRO DE SI CÉREBRO DO OUTRO
    Pierre Buser
47. O PASSADO DA MENTE
    Michael S. Gazzaniga

48. PSICOLOGIA DAS ACTIVIDADES CORPORAIS
Pierre Vayer / Charles Rocin
49. SOBRE A FISIOLOGIA MENTAL
Marc Jeannrod
50. O ESPÍRITO E A NEUROCIÊNCIA
Albert Ducrocq
51. PSICOLOGIA DA EDUCAÇÃO
Gaston Miallaret
52. MANUAL DE PSICOLOGIA SOCIAL
Alain Cerclé, Alain Somat
53. OS MÉTODOS DE INVESTIGAÇÃO EM PSICOLOGIA
Jean-Pierre Rossi
54. AS CORRENTES DA PSICOLOGIA
Michel Richard
55. PSICOLOGIA SOCIAL, AMBIENTE E ESPAÇO
Carlos Barracho
56. POR QUE SONHAMOS? POR QUE DORMIMOS? ONDE? QUANDO? COMO?
Michel Jouvet
57. A LINGUAGEM E O CÉREBRO
Loraine K. Obler / Kris Gjerlow
58. NO INÍCIO DA VIDA PSÍQUICA
Julien Cohen-Solal / Bernard Golse
59. OS PSICÓLOGOS NAS INSTITUIÇÕES
Claude Navelet / Brigitte Guérin-Carnelle
60. A PSICOLOGIA DO DESENVOLVIMENTO HUMANO
Julia C. Berryman / Martin Herbert / Ann Taylor
61. O ANIMAL SOCIAL
Elliot Aronson

62. COMPREENDER AS EMOÇÕES
Keith Oatley / Jenniffer M. Jenkins
63. OS CONCEITOS FUNDAMENTAIS DA PSICOLOGIA SOCIAL
Gustave-Nicolas Fischer
64. A INTELIGÊNCIA RELACIONAL
Marie Louise Pierson
65. O MAMÍFERO ARTICULADO
Jean Aitchison
66. PSICOLOGIA SOCIAL E DESENVOLVIMENTO COGNITIVO
Willem Doise / Gabriel Mugny
67. FREUD E PIAGET
José H. Barros de Oliveira
68. SEXO E COMPORTAMENTO HUMANO
Bobbi S. Low
69. PSICOLOGIA DA ORIENTAÇÃO
Jean Guichard / Michel Huteau
70. AS ANATOMIAS DO PENSAMENTO
Alain Prochiantz
71. O HOMEM, O SÍMIO E A AVE
Rémy Chauvin
72. O GÉNIO DO FETO
Jean-Marie Delassus
73. ORIGENS DAS EMOÇÕES HUMANAS
Jonathan H. Turner
74. HISTÓRIA DA PSICOLOGIA
Jean-François Braunstein / Évelyne Pewzner
75. DE DARWIN A PIAGET
Dominique Ottavi
76. PSICOLOGIA DO DESENVOLVIMENTO
Alan Slater, Darwin Muir
77. A FILOSOFIA DA PSICOLOGIA
George Botterill, Peter Carruthers

A FILOSOFIA
DA PSICOLOGIA

Título original:
THE PHILOSOPHY OF PSYCHOLOGY

Autores:
GEORGE BOTTERILL, PETER CARRUTHERS

© GEORGE BOTTERILL AND PETER CARRUTHERS, 1999

Direitos reservados para a língua portuguesa:
INSTITUTO PIAGET
Av. João Paulo II, lote 544, 2.º — 1900-726 Lisboa
Telef. 21 831 65 00

E-mail:
piaget.editora@mail.telepac.pt

Colecção:
EPIGÉNESE, DESENVOLVIMENTO E PSICOLOGIA
sob a direcção de
ANTÓNIO OLIVEIRA CRUZ

Tradução:
RUI ALBERTO PACHECO

Capa:
DORINDO CARVALHO

Paginação
ÓSCAR FIGUEIREDO

Impressão e acabamento:
STÓRIA EDITORES, LDA.

Depósito legal:
211 251 / 2004

ISBN:
972-771-716-0

GEORGE BOTTERILL
PETER CARRUTHERS

A FILOSOFIA
DA PSICOLOGIA

INSTITUTO
PIAGET

AGRADECIMENTOS

Estamos reconhecidos aos nossos estudantes da Universidade de Sheffield (tanto os não licenciados como os licenciados), nos quais testámos o texto deste livro em vários momentos da sua preparação e cujas preocupações e objecções muito contribuíram para o tornar melhor. Também estamos agradecidos a Colin Allen por concordar em usar o penúltimo esboço do livro como texto de seminário do nível de graduação em Texas A&M e por nos ter proporcionado o resultado das inúmeras e úteis reacções; e a Thad Botham, um dos estudantes desse curso, por nos mandar os seus comentários individualmente.

Também estamos agradecidos aos seguintes indivíduos pelos seus comentários, tanto orais como escritos, sobre algum ou todo o material do livro: Colin Allen, Alex Barber, Keith Frankish, Susan Granger, Christopher Hookway, Gabriel Segal, Michael Tye e um revisor da Cambridge University Press.

Obrigado também a Shaun Nichols e colegas (e à Cambridge University Press) pela autorização em reproduzir o seu diagrama (1996) do «processamento *off-line*», aqui apresentado como figura 4.1, e a Alex Botterill pelo trabalho artístico para a figura 3.1.

Finalmente, agradecemos às nossas famílias pela sua paciência.

PREFÁCIO

AUDIÊNCIA

Quando de início concebemos o projecto deste livro, a nossa primeira tarefa foi determinar que género de livro deveria ser. A questão da audiência visada foi relativamente fácil. Pensámos que devíamos apontar principalmente para estudantes de filosofia finalistas da licenciatura e para estudantes no início da pós-graduação de ciências cognitivas em geral, que provavelmente teriam alguns conhecimentos prévios das questões da filosofia da mente. Mas também esperávamos, ao mesmo tempo, dar a nossa própria contribuição para os problemas em análise, o que poderia interessar aos profissionais e ajudaria a fazer avançar o debate. Se tivemos ou não sucesso neste último objectivo, devem ser outros a julgá-lo.

CONTEÚDO

A questão do conteúdo do livro era mais difícil. Há um vasto rol de tópicos que podiam ser discutidos sob a epígrafe da «filosofia da psicologia» e que podiam ser abordados de formas muito diferentes. Efectivamente, a própria psicologia científica é um campo muito amplo, variando desde as várias formas de psicologia cognitiva, passando pela inteligência artificial, psicologia social, psicologia comportamental, psicologia comparativa, neuropsicologia, psicopatologia e assim por diante. E o filósofo da psicologia pode então pegar em diversas abordagens diferentes, variando de uma abordagem que se compromete e tenta contribuir para os debates psicológicos (compare-se com as formas como os filósofos da física apresentam soluções para o problema da variável oculta); passando por uma abordagem que tenta extrair problemas filosóficos à medida que eles vão surgindo no seio da psicologia (compare-se com a famosa concepção de «subtrabalhador» do papel do filósofo

11

da ciência); até uma abordagem que se concentra nos problemas levantados à filosofia pelos resultados e métodos da psicologia.

Decidimos ir directos ao ponto final deste espectro, concentrando-nos na psicologia cognitiva em particular. A nossa atenção incide principalmente nas relações entre a psicologia (científica) cognitiva, por um lado, e a psicologia do senso comum ou «popular», por outro. Visto que os seres humanos são criaturas sociais, é de esperar que a psicologia seja um assunto em que as pessoas se iniciem com a vantagem de serem leigos especializados. Todavia, há diversas formas em que facilmente parece que a psicologia científica ameaça ou corrói a nossa auto-imagem, quer por levantar dúvidas sobre a própria existência de estados mentais tal como os concebemos ou ao desafiar uma ou outra imagem de nós mesmos mais acarinhada (por exemplo, como seres racionais). E há várias questões que se podem pôr quanto à extensão com que a psicologia popular e a científica tentam fazer o mesmo género de trabalho ou alcançar o mesmo género de coisa.

Isto significa que neste livro há muito menos preocupações pelos níveis de explicação do que certos preconceitos consideram ser exigidos a um texto sobre Filosofia de X *(onde* X *é um cientista). Há muito menos material sobre o conexionismo do que seria de esperar por parte daqueles que pensam que a filosofia da psicologia é apenas o conexionismo e ou o debate sobre o eliminativismo. E também falamos bastante pouco de muitas áreas em que se fizeram grandes progressos científicos e que foram trabalhados com competência por comentadores filosóficos — incluindo a memória, a visão e a linguagem.*

Na sequência de um capítulo introdutório em que fazemos uma revisão de alguns desenvolvimentos básicos da filosofia da mente e da psicologia científica, o corpo principal do livro começa no capítulo 2 com uma análise das relações entre as psicologias popular e científica e a interpretação mais adequada da primeira. Aqui defendemos um edifício realistamente robusto dos nossos compromissos com a psicologia popular, que vai em apoio de muita coisa que diremos a seguir. O capítulo 3 faz uma revisão dos argumentos psicológicos do inatismo e da modularidade, pondo a questão de saber se o modularismo é consistente com a nossa imagem de nós mesmos enquanto temas unificados de experiência (e indicando uma resposta positiva). Depois, o capítulo 4 considera qual poderá ser a melhor perspectiva científica da natureza da nossa psicologia popular e qual o rumo do seu desenvolvimento no indivíduo — argumentando a favor de uma abordagem «teoria da teoria» inatista/modularista, enquanto oposta às abordagens «empirista» ou «simulacionista». O capítulo 5 discute em que medida o testemunho psicológico da disseminada irracionalidade humana enfraquece a imagem que temos de nós mesmos como agentes racionais e examina os argumentos de alguns filósofos de que a irracionalidade disseminada é impossível. O capítulo 6 chama a atenção para a questão respeitante à noção adequada de conteúdo intencional exigido pela psicologia (tanto popular como científica) — ou seja, se deve ser «extenso» ou «limitado» — e defende o papel do conteúdo limitado nos dois domínios. (Aqui, em particular, estamos conscientes de nadar contra uma forte corrente de opiniões contrárias.) O capítulo 7 relaciona-se com a questão da naturalização do conteúdo semântico, discutindo os três principais programas oferecidos (semântica «infor-

mativa», «teleológica» e dos «papéis funcionais».) O capítulo 8 discute o debate conexionismo-mentalismo e examina uma variedade de formas em que a linguagem natural pode estar implicada mais estreitamente em (alguma) cognição humana do que em geral se pensa. Depois, finalmente, no capítulo 9, avaliamos os argumentos a favor e contra a possibilidade de integrar a consciência fenomenal na ciência. Aqui, como no resto do livro, defendemos uma linha integracionista.

Pensamos que as perspectivas da sobrevivência futura da psicologia popular são boas, assim como a sua integração relativamente tranquila na ciência psicológica. E pensamos que as perspectivas para uma colaboração frutuosa entre filósofos da mente de orientação empírica e psicólogos cognitivos de orientação teórica são excelentes. Vivemos tempos estimulantes para a psicologia científica; e tempos estimulantes também para o filósofo da psicologia. Esperamos que os leitores deste livro acabem por partilhar parte deste estímulo.

NÚMERO DE CAPÍTULOS

Não só enfrentámos questões sobre a audiência e o conteúdo, como também enfrentámos uma questão sobre o número de capítulos que o livro devia conter; o que é muito mais significativo do que podia parecer à primeira vista. Como a duração dos tempos lectivos podem variar desde as oitos semanas até às quinze nas universidades de todo o mundo, o desafio era imaginar uma estrutura que pudesse ser repartida de forma variável de modo a ir ao encontro de diversas necessidades. Optámos por uma estrutura básica de oito capítulos principais, juntamente com uma introdução que podia, caso fosse necessário, ser uma leitura preliminar antes de se começar com a trajectória adequada (ou totalmente omitida para as classes com conhecimentos anteriores apropriados). Depois, os dois longos capítulos finais foram projectados para serem estudados em duas metades, se for desejável. (O capítulo 8, sobre as formas de representação, divide-se numa parte sobre o debate do conexionismo versus linguagem do pensamento e noutra parte sobre o lugar da linguagem natural na cognição; e o capítulo 9, sobre a consciência, divide-se numa parte sobre o «novo misterianismo» respeitante à consciência fenomenal e noutra parte sobre as recentes teorias naturalistas da consciência.) Além disso, os capítulos 6 e 7 cobrem uma grande parcela do muito debatido fundamento da natureza do conteúdo mental (extenso versus limitado no capítulo 6 e a questão da naturalização no capítulo 7), de modo que cada um deles pode ser facilmente estudado em duas fases ou mais, se for preciso.

I
INTRODUÇÃO: CONHECIMENTOS BÁSICOS

Os leitores deste livro já devem estar familiarizados com a moderna filosofia da mente e ter pelo menos conhecimento geral da psicologia e da ciência cognitiva contemporâneas. (Para todos aqueles para quem isto *não* seja verdadeiro, recomenda-se que dêem uma vista de olhos a algumas das introduções referidas no fim do capítulo.) Aqui limitamo-nos a contextualizar os argumentos dos capítulos seguintes fazendo o levantamento — muito activo — de alguns dos debates e desenvolvimentos históricos que formam o pano de fundo do nosso trabalho.

1. OS DESENVOLVIMENTOS DA FILOSOFIA DA MENTE

A filosofia da mente no mundo de língua inglesa tem sido dominada ao longo do séc. XX por duas ambições essenciais: prevenir mistérios causais sobre o funcionamento da mente e enfrentar o cepticismo sobre outras mentes, proporcionando uma explicação razoável daquilo que podemos saber ou inferir de modo justificável, sobre os estados mentais de outras pessoas. É assim que a maior parte do trabalho realizado neste campo tem sido orientado por duas condições, a que chamaremos *naturalismo* e *conhecimento psicológico*.

De acordo com o *naturalismo* os seres humanos são organismos biológicos complexos e como tal são parte integrante da ordem natural, estando sujeitos às mesmas leis da natureza que regem todas as outras coisas do mundo. Se adoptamos uma abordagem naturalista, então não podemos permitir que haja o que quer que seja na mente que precise de ser explicado invocando espíritos vitais, almas incorpóreas, planos astrais ou qualquer outra coisa que não possa ser integrada na ciência natural. Algumas das questões mais espinhosas do naturalismo consistem em saber se os pensamentos com conteúdo representativo (os chamados *estados intencionais*, como crenças e desejos, que têm a característica distintiva de *ser sobre alguma coisa*) e se as experiências com propriedades fenomenais (que têm sensações subjectivas distintas e que são *parecidas com alguma coisa* pela qual tenhamos passado) são convenientes para serem integradas no *corpus* do conhecimento científico. Trataremos destas questões nos capítulos 7 e 9 respectivamente.

O conhecimento psicológico tem dois aspectos, dependendo se o nosso conhecimento é de outra pessoa ou de nós mesmos. Diferentes relatos da vontade mental produzem narrativas diferentes sobre o modo como temos conhecimento dela ou se de facto podemos ter esse conhecimento. De modo que uma teoria da mente deveria adequar-se a uma perspectiva razoável da extensão e natureza do conhecimento psicológico. Os pormenores da adequação têm uma natureza bastante delicada. Devemos admitir que tanto os indícios empíricos como as considerações teóricas podem obrigar o pensamento do senso comum a rever os seus conhecimentos psicológicos. Mas as condições do conhecimento psicológico exercem alguma pressão, porque uma teoria não pode espezinhar as nossas concepções do senso comum sem uma motivação adequada. Por outras palavras, pode haver razões para rever o nosso pensamento comum sobre o conhecimento psicológico, mas essas razões devem ser independente da necessidade de preservar qualquer teoria da mente em particular.

No que respeita ao conhecimento dos outros, a limitação parece ser a seguinte: em geral não há dúvida de que as outras pessoas têm pensamentos e sentimentos exactamente como os nossos (se bem que iremos analisar as pretensões do *eliminativismo* sobre o mental no capítulo 2). E em casos particulares podemos saber o que é que as outras pessoas estão a pensar, se elas estão felizes ou desapontadas, o que pretendem e do que têm medo. No entanto, esse conhecimento nem sempre aparece com facilidade e em muitos casos os indícios comportamentais ou situacionais podem não ser suficientes para fundamentar uma crença sólida sobre os estados de mente de outras pessoas. Por isso é que o nosso conhecimento psicológico dos outros não é directo nem imediato. Pode envolver ou não a inferência *consciente* sobre os pensamentos e os sentimentos dos outros. Mas mesmo quando não está envolvida qualquer inferência consciente, o nosso conhecimento das outras mentes está dependente de sugestões informativas (da conduta, da expressão, do tom de voz e da situação) — como se pode constatar pelo facto de estas sugestões poderem ser manipuladas pelas pessoas que mentem convictamente, fingem estar contentes quando não estão ou nos fazem esquecer por momentos que estão apenas a representar.

No que respeita ao conhecimento de nós mesmos, contanto haja uma coisa como a auto-ilusão, estamos muito melhor informados do que estamos mesmo dos estados psicológicos das pessoas que nos são mais próximas. Em parte isto deve-se à grande provisão de experiências, sentimentos e atitudes passadas gravadas na nossa memória. Mas estaríamos a subestimar a assimetria entre o autoconhecimento e o conhecimento dos outros, se a representássemos apenas como conhecer *mais*, da mesma forma que uma pessoa conhece melhor a sua cidade natal do que outros lugares. O autoconhecimento difere do conhecimento dos outros, na medida em que uma pessoa parece conhecer de uma maneira diferente e com uma espécie de autoridade especial, pelo menos no caso dos estados mentais *presentes* dessa pessoa. Parece que temos um género peculiarmente directo de conhecimento daquilo que pensamos e sentimos actualmente. Parece que não confiamos em nada como forma de indício (como confiaríamos se estivéssemos a fazer inferências da nossa própria situação e comportamento) e, contudo, parece--nos difícil enganarmo-nos nessas questões.

Explicadas as condições do *naturalismo* e do *conhecimento psicológico*, vamos agora fazer uma breve revisão de alguns dos principais desenvolvimentos da filosofia da mente no séc. xx que formam o pano de fundo da parte principal deste livro.

1.1. DUALISMO

O dualismo aparece sob duas formas — fraca e forte. O dualismo forte (muitas vezes chamado de «dualismo cartesiano») é a perspectiva de que a mente e o corpo são espécies muito diferentes de *coisa* — enquanto os corpos são coisas físicas, estendidas no espaço, que estão sujeitas às leis da física e da química, as mentes não ocupam espaço, não são compostas de matéria e, como tal, não estão sujeitas às leis físicas. O dualismo fraco admite efectivamente que o *sujeito* das *propriedades* mentais como físicas pode ser uma coisa física — um ser humano. Mas alega que as propriedades mentais *não* são físicas, e podem variar independentemente das propriedades físicas. A rejeição do dualismo em *The Concept of Mind* (1949) de Ryle, foi desde sempre a base comum de onde partiram os filósofos da mente. Agora, quase toda a gente concorda que não existe uma coisa como *matéria da mente*, e que o sujeito das propriedades mentais e eventos é uma coisa física. E quase toda a gente defende agora que as propriedades mentais *sobrevêm* às físicas, pelo menos de maneira tal que é impossível que dois indivíduos consigam partilhar a totalidade das mesmas propriedades físicas, mas difiram nas suas propriedades mentais.

Grande parte da objecção mais popular e influente ao dualismo (em qualquer das suas variedades) envolve o *problema da interacção causal* entre o mental e o físico. (Outra objecção é que o dualismo enfrenta grandes problemas ao explicar o nosso conhecimento psicológico dos outros.) Parece ser indiscutível que tanto pode haver causas físicas produzindo mudanças mentais, como também eventos mentais causando movimentos corporais e, subsequentemente, mudanças no ambiente físico. A percepção ilustra a primeira direcção causal: acontece alguma coisa e a *pessoa repara* no seu acontecer. A acção intencional ilustra a direcção causal mental para o físico: depois de reflectir, a pessoa decide que o sofá estaria melhor perto da janela e esta decisão causa nela a aplicação de alguns esforços musculares que, por seu turno, causam a recolocação do sofá. Estes lugares comuns são fundamentais para compreendermos as relações entre as mentes e o respectivo ambiente. Mas o modo como essas interacções causais podem ocorrer é um mistério para qualquer atitude consistentemente dualista, a menos que estejamos preparados para aceitar a inter-acção causal entre eventos físicos e mentais como um facto bruto. E mesmo que *estejamos* preparados para aceitar isso, é um mistério saber *onde* é que, no cérebro, se pressupõe haver um impacto dos eventos mentais, porque já conhecemos sufi-cientemente bem o cérebro, e as actividades das células nervosas, para sabermos que qualquer evento cerebral terá uma causa física suficiente.

Não podemos parar aqui para desenvolver estes e outros argumentos contra o dualismo de uma forma convincente. O nosso propósito consiste apenas em re-cordar por que razão o *fisicalismo* de um género ou de outro é actualmente a abordagem padrão na filosofia da mente. (O que não quer dizer, naturalmente, que o fisicalismo é intocável. Pelo contrário, no capítulo 9, iremos avaliar argu-mentos que convenceram muitas pessoas de que os estados mentais fenomenal-mente conscientes — estados que possuem para elas uma clara sensação subjec-tiva — *não* são físicos.)

1.2. COMPORTAMENTALISMO LÓGICO

A exposição clássica do comportamentalismo lógico é o de Ryle, 1949. A sua ideia directriz considerava ser um erro lidar com o discurso sobre o mental como se fosse o discurso sobre as causas internas e depois continuar a perguntar se essas causas são físicas ou não. Pensar desta maneira, segundo Ryle, é cometer um *erro de categoria*. Falar sobre o mental não é falar sobre misteriosas causas internas do comportamento, é, em vez disso, uma forma de falar de disposições para o com-portamento e de padrões de comportamento.

O comportamentalismo teve alguns atractivos. Permitiu que os humanos fossem incluídos na ordem da natureza evitando a postulação de qualquer coisa de «fantasmagórica» no interior da maquinaria orgânica do corpo. Também pro-meteu uma defesa completa (talvez *demasiado completa*) do nosso conhecimento psicológico das mentes dos outros, porque conhecer as mentes dos outros reduzia--se simplesmente ao conhecimento das suas disposições comportamentais. Além disso, parecia ser perfeitamente exacto, como assinalou Ryle, que as pessoas pu-dessem ser correctamente descritas como sabendo isto ou crendo naquilo, inde-pendentemente do que se passava no seu interior nesse momento — mesmo quando estivessem a dormir.

Contudo, as deficiências do comportamentalismo eram ainda mais evidentes. O que sempre pareceu mais implausível no comportamentalismo lógico era que o *conhecimento da própria mente devia consistir no conhecimento das próprias disposições de comportamento*, visto que esta noção dificilmente encaixava com a ideia da autoridade da primeira pessoa sobre os seus próprios pensamentos e sentimentos. A posição de que uma *parte* do nosso discurso mental é disposicional em vez de episódica tinha de ser aceite por Ryle. Mas, mais uma vez, uma porção do nosso discurso mental é episódica em vez de ser disposicional. É evidente que não se pode abordar como disposição uma realização súbita ou uma reminiscência nítida ou um sentimento momentâneo de aversão. Parece que existem *eventos* mentais. E, além disso, o facto de que as crenças, o conhecimento e os desejos se poderem manter duradouramente em vez de serem transitórios e episódicos não é, por isso, um argumento decisivo de que são disposições para o comportamento. A sua natureza duradoura é igualmente compatível com o facto de serem estados subjacentes com um papel ou potencial causal persistente (como argumentou Armstrong, 1973).

Foi oferecida ao comportamentalismo lógico uma peça de *análise conceptual*. Pressupunha-se que era uma explicação daquilo que há muito tempo era o significado do nosso discurso psicológico. Alegadamente, os teóricos tinham feito a desconstrução do nosso discurso sobre a mente e encheram-no com implicações teóricas de mecanismos mentais não observados que nunca tiveram significado no uso comum. Sendo essa a posição de Ryle, a crítica técnica mais séria feita ao comportamentalismo lógico é que ele falha nos seus próprios termos, enquanto exercício de análise. De acordo com o comportamentalismo o que parece ser imputações de eventos ou estados mentais internos deve ser realmente construído como «ses» ou declarações condicionais sobre o comportamento real e possível das pessoas. A primeira objecção às pretensões da análise conceptual comportamentalista é, por conseguinte, a de que ninguém produziu realmente um único exemplo completo do conteúdo comportamental desse género de análise. Em si mesma, esta objecção pode não ter sido decisiva. Ryle sugere casos como *solubilidade* e *fragilidade* como sendo análogos a disposições comportamentais. Dizer que alguma coisa é solúvel ou frágil é dizer alguma coisa sobre o que lhe aconteceria se fosse mergulhada na água ou atingida por um objecto sólido. Ora, é evidente que há uma desanalogia, porque só há um padrão pelo qual propriedades disposicionais como a solubilidade e a fragilidade se podem manifestar (ou seja, pela dissolução e pela quebra em fragmentos). Mas é evidente que há propriedades disposicionais mais complexas, tanto psicológicas como não psicológicas. Se houver várias maneiras de como uma propriedade disposicional complexa se pode manifestar, então há o risco de ser tarefa extremamente difícil e longa explicitar, em termos de condicionais, a atribuição dessa propriedade disposicional.

No entanto, há outra sequência na objecção inicial às análises comportamentais (e à sua falta de clareza, sob qualquer forma de pormenor), que não só derruba esta frágil linha de defesa, mas também revela uma falha mais profunda no comportamentalismo. Suponhamos que eu vou a caminhar e acabo por acreditar que está em vias de chover. Devo apressar-me a procurar abrigo? É provável que o faça, mas depende. Depende de coisas como saber de quanto me importo de ficar molhado e também do que penso e de quanto me interesso por outras coisas que podem ser afectadas pela tentativa de encontrar abrigo — como as minhas probabilidades de apanhar o último comboio ou a minha reputação como excelente atleta. Como sublinhou Davidson (1970), uma crença ou um desejo particular só se manifesta na conduta em uníssono com, e sob a influência de, outros estados intencionais do agente. Não há maneira, por conseguinte, de dizer o que fará numa dada situação alguém que tem uma certa crença, sem também especificar quais são as outras crenças e desejos que o agente tem. De modo que a análise de uma crença ou de um desejo como disposição comportamental exige a invocação de outras crenças e desejos. Este ponto convenceu praticamente toda a gente de que Ryle não tinha razão. Uma crença ou um desejo não consistem apenas numa disposição para certos tipos de comportamento. Pelo contrário, a nossa psicologia do senso comum constrói estes estados como estados internos do agente que acabam por desempenhar um papel causal na *produção* do comportamento, como argumentaremos no capítulo 2.

1.3. TEORIA DA IDENTIDADE

Com a firme rejeição do dualismo e do comportamentalismo lógico, desde os anos 1960 que se têm feito tentativas para dar uma explicação filosófica do estatuto do mental centradas em algumas combinações da *teoria da identidade* e do *funcionalismo*. De facto, pode-se dizer que a consequência dos debates realizados ao longo dos últimos quarenta anos foi o estabelecimento de um género de explicação funcionalista dos conceitos mentais combinada com a teoria da identidade-sinal (associada ao acolhimento da tese sobre a sobreposição das propriedades mentais às físicas), que passou a ser a atitude ortodoxa na filosofia da mente. Há aqui muita gíria técnica a esclarecer, especialmente quando rótulos como «funcionalismo» e «teoria da identidade» são usados em várias disciplinas para posições entre as quais só existem ligações muito ténues. Na filosofia da mente, o funcionalismo é uma perspectiva sobre conceitos mentais, nomeadamente a de que eles representam estados e eventos mentais tal como são diferenciados pelas funções, ou papéis causais, que têm, tanto em relação ao comportamento como aos outros estados ou eventos mentais; ao passo que a teoria da identidade é uma tese sobre aquilo que os estados ou eventos mentais *são*, nomeadamente se são idênticos aos estados ou eventos do cérebro (ou do sistema nervoso central).

Há duas versões diferentes da teoria da identidade que têm estado no centro das atenções do debate filosófico — a teoria da *identidade-tipo* e a teoria da *identidade-sinal*. Ambas se concentram numa alegada identidade entre os estados e os eventos mentais, por um lado, e os estados e os processos cerebrais, por outro, em vez de ser entre a mente e o cérebro *en masse*. A teoria da identidade-tipo defende que cada tipo de estado mental é idêntico a um tipo particular de estado cerebral — por exemplo, que a dor é a excitação das fibras C. A teoria da identidade--sinal defende que cada estado ou evento mental particular (sendo um «sinal» um particular datável em vez de ser um tipo — como a pontada da dor de dentes de Gussie às dezasseis horas de terça-feira, em vez da dor em geral) é idêntico a um estado ou evento cerebral, mas admite que os casos individuais do mesmo tipo mental podem ser casos de tipos diferentes de estados ou eventos cerebrais.

A teoria da identidade-tipo foi defendida em primeiro lugar como uma hipótese sobre as correlações entre as sensações e os processos cerebrais que seriam descobertos pela neurociência (Place, 1956; Smart, 1959; Armstrong, 1968). Os seus proponentes alegavam que a identidade dos estados mentais com os estados cerebrais era apoiada pelas correlações que começavam justamente a ser estabelecidas pela neurociência e que isso constituía uma descoberta científica parecida com outras identidades-tipo, como *o calor é o movimento molecular, a luz é a descarga eléctrica* e *a água é H_2O*. Nesses primeiros tempos, durante os anos 1950 e 1960, a teoria da identidade foi avançada como sendo a melhor aposta sobre o futuro desenvolvimento da investigação da neurociência.

No entanto, é claro que houve objecções incómodas para todos os que partilhavam as simpatias naturalistas dos defensores da identidade-tipo. Uma consequência surpreendente e desagradável da teoria foi uma previsão adversa das perspectivas de trabalho em inteligência artificial. Porque se um certo estado psicológico cognitivo, digamos um pensamento *P*, tem de ser identificado com um certo estado neurofisiológico humano, então, a possibilidade de algo não humano estar nesse estado é excluída. Nem parece muito correcto tornar a aceitação da forma principal da teoria fisicalista tão dependente de correlações que podem ser estabelecidas no futuro. Significa isto que se não fossem encontradas correlações, seremos obrigados a aceitar o dualismo ou o comportamentalismo?

Mas o mais importante era o detalhe de que a confiança posta nessas correlações-tipo era deslocada. Longe de ser uma boa aposta sobre o que a neurociência revelará, parece ser de facto uma má aposta, tanto em relação às sensações como em relação aos estados intencionais como os pensamentos. Consideremos um tipo de sensação, como a dor. Pode acontecer que quando os *humanos* sentem dor, haja sempre um certo processo neurofisiológico a decorrer (por exemplo, a excitação das fibras C). Mas criaturas de muitas espécies terrenas diferentes podem sentir dor. Também se podem imaginar formas de vida em diferentes planetas que sentem dor, mesmo que a sua fisiologia não seja muito semelhante à das espécies terrestres. Portanto, é muito provável que um dado tipo de sensação esteja correlacionada com muitos tipos diferentes de estados neurofisiológicos. O mesmo pode ser argumentado no caso dos pensamentos. É provável admitir que falantes de línguas naturais diferentes tenham pensamentos do mesmo tipo, classificados por conteúdo. É assim que um falante de inglês pode pensar que *se aproxima uma tempestade*; mas também um beduíno que não fala inglês pode pensar o mesmo. (E muito possivelmente também uma criatura sem linguagem como um camelo pode pensar o mesmo.) Parece muito pouco provável que qualquer pensamento com um dado conteúdo seja um caso de tipo particular de estado neuronal, especialmente quando esses pensamentos causam nas entidades que os pensam formas de expressão muito diferentes em línguas naturais diferentes.

A única forma em que se poderia conservar a tese da identidade-tipo, dada a diversidade de formas em que as criaturas podem ter sensações do mesmo tipo e a diversidade de formas em que os pensadores podem ter pensamentos do mesmo tipo, seria a de tornar idênticas as sensações e os estados intencionais, não com tipos singulares de estado neurofisiológico, mas com uma lista disjuntiva de tipos de estado. A dor, por exemplo, pode ser o neuroestado H (num humano) ou o neuroestado R (num rato) ou o neuroestado P (num polvo) ou… e assim por diante. Esta formulação disjuntiva é uma complicação pouco atraente da teoria da identidade-tipo. Sobretudo, há a objecção de que não se pode invocar um princípio para pôr um fim a esta lista disjuntiva e evitar que ela tenha um comprimento indeterminado.

A conclusão que se tem tirado destas considerações é que a teoria da identidade-tipo é insatisfatória, porque se funda no pressuposto de que haverá correlações um para um entre tipos de estados mentais e tipos de estados físicos. Mas esta suposição não é apenas uma má aposta nas consequências da investigação futura. Há qualquer coisa nos nossos princípios de classificação dos tipos de estados mentais que a tornam enganadora de uma forma muito mais séria, de tal forma que já estamos em posição de antecipar que as correlações não serão um para um, mas um para muitos — um tipo de estado mental será correlacionado com tipos de estado físico *muito diferentes*. Se quisermos conservar um compromisso elementar com o naturalismo, consideraremos que os estados mentais se realizarão sempre em estados físicos do mesmo tipo e então concluiremos que os tipos de estado mental se *realizam multiplamente*. É aqui que entra o funcionalismo, oferecendo uma explicação adequada da razão por que é que os tipos de estado mental devem ser multiplamente realizáveis. Por conseguinte, a realização múltipla do mental é dada, de forma padronizada, como sendo a razão de preferência pela combinação do funcionalismo com a tese da identidade-*sinal*, de acordo com a qual cada estado ou processo mental sinal é (é idêntico a) um estado ou processo físico.

1.4. FUNCIONALISMO

A ideia orientadora que está por trás do funcionalismo é que alguns conceitos classificam as coisas pelo que *fazem*. Por exemplo, os transmissores transmitem alguma coisa, enquanto as antenas são objectos posicionados de modo a receberem sinais transportados pelo ar. De facto, praticamente todos os conceitos para artefactos têm um carácter funcional. Mas, da mesma forma, também há muitos conceitos aplicados a coisas vivas. É assim que as asas são membros com os quais se voa, os olhos são órgãos sensíveis à luz com os quais se vê e os genes são estruturas biológicas que controlam o desenvolvimento. De modo que é provável que os conceitos mentais sejam conceitos de estados ou processos com uma certa função. Esta ideia foi descoberta nos escritos de Aristóteles (particularmente no *De Anima*). A sua introdução na filosofia da mente moderna deve-se principalmente a Putnam (1960, 1067; ver também Lewis, 1966).

O funcionalismo parecia ser a resposta a diversas preces filosóficas. Explicava a realização múltipla dos estados mentais, o principal obstáculo a uma teoria da identidade-tipo «sem modéstia». E também tinha vantagens óbvias sobre o comportamentalismo, visto que se ajusta muito melhor às intuições comuns sobre as relações causais e o conhecimento psicológico — deixa que os estados mentais interajam e se influenciem uns aos outros, em vez de estarem directamente ligados a disposições comportamentais; e explica o nosso entendimento da significação dos conceitos mentais o que evita a dependência censurável da introspecção enquanto ao mesmo tempo unifica o tratamento dos casos da primeira e da terceira pessoas. Por fim, está justificado por que é que o dualismo devia ter sido sempre uma opção — embora conceptualizemos os estados mentais em termos de papéis causais, pode ser mera questão de contingência o que realmente *ocupa* esses papéis causais; e foi devido a uma possibilidade conceptual que os ocupantes de papéis acabaram por ser compostos de *matéria-mental*.

A realização múltipla é prontamente explicada no caso dos conceitos funcionais. Visto que pode haver mais de uma maneira de cumprir uma função particular, *ø-ing*, as coisas que têm composições diversas podem servir essa função e por conseguinte ser classificadas como *ø-ers*. Pense-se em *válvulas*, por exemplo, que podem ser encontradas dentro do coração e (digamos) do sistema central de alimentação. De modo que enquanto os *tipos* mentais são individualizados em termos de um certo género de padrão de causas e efeitos, os *sinais* mentais (casos individuais desses padrões) podem ser (podem ser idênticos a ou pelo menos constituídos por) casos de algum tipo físico (como a excitação das fibras C).

23

De acordo com o funcionalismo, o *conhecimento psicológico* será sempre o de estados com um certo papel, caracterizado pelo modo como são produzidos e pelos seus efeitos em outros, sejam eles estados ou comportamentos. O funcionalismo não explica por si a assimetria entre o conhecimento do eu e o conhecimento dos outros. Ele precisa, por conseguinte, de ser completado por uma explicação do modo como esse conhecimento dos próprios estados mentais presentes pode ser peculiarmente directo e peculiarmente fidedigno. É claro que a melhor forma de dar esta explicação está aberta à discussão, mas não parece ser um problema completamente intratável. (Consideramos que este problema exige uma teoria da consciência, visto que os estados mentais que conhecemos de forma peculiarmente directa são estados conscientes — ver capítulo 9.) Mas se houver alguma lacuna a colmatar no caso da primeira pessoa, uma das principais fontes de atracção do funcionalismo tem sido o tratamento plausível que proporciona ao conhecimento psicológico dos outros. A nossa atribuição de estados mentais aos outros adequa-se às suas situações e reacções e é justificada como uma inferência para a melhor explanação do seu comportamento. Esta perspectiva coloca o nosso conhecimento psicológico dos outros em pé de igualdade com o conhecimento teórico, em dois aspectos. Primeiro, os papéis funcionais atribuídos a vários estados mentais dependem de relações sistemáticas entre esses estados e as suas causas e efeitos característicos. De modo que parece estarmos em presença de uma teoria de senso comum da mente, ou de uma «psicologia popular», que define implicitamente conceitos psicológicos comuns. Segundo, a aplicação dessa teoria é justificada da mesma forma que se justificam as teorias em geral, nomeadamente pelo sucesso da previsão e da explicação.

Apressamo-nos a introduzir aqui uma importante distinção entre a *justificação* para as nossas crenças sobre as mentes dos outros e *aquilo que origina* em nós essas crenças. Em aplicações a indivíduos particulares em ocasiões específicas, podemos extrair inferências que são justificadas tanto pelos indícios disponíveis como pela nossa psicologia popular geral e podemos extrair algumas dessas inferências (em vez de outras) *precisamente porque* as reconhecemos como sendo justificadas. Mas enquanto a nossa teoria da mente pode ser justificada pelos nossos êxitos de previsão e explanação num grande número dessas aplicações particulares, em geral não aplicamos essa teoria porque a vimos ser justificada. Fazendo eco das observações de Hume sobre a indução, dizemos que a natureza não nos deu tal. Como defenderemos nos capítulos 3 e 4, faz parte da nossa faculdade de conhecimento, normal, inata, aplicar este género de teoria da mente — de facto, não podemos ajudar-nos uns aos outros nestes termos, mas apenas pensar.

Até agora temos estado a pintar um quadro cor-de-rosa do funcionalismo. Mas, como é habitual, tem havido objecções. Os dois principais problemas do funcionalismo analítico (ou seja, do funcionalismo como tese sobre a *análise* correcta dos conceitos do estado mental) são os seguintes:

1) Está comprometido com a distinção analítica/sintética, que muitos filósofos consideram (de acordo com Quine, 1951) ser desnecessária. E é muito difícil decidir exactamente *quais* os truísmos que interessam ao papel causal de um estado mental para serem considerados como analíticos (verdadeiros em virtude da significação), em vez de serem apenas obviamente verdadeiros. (Pense-se nos exemplos como os de que a *crença* é o género de estado que está apto a ser induzido através da experiência perceptiva e sujeito a ser combinado com o *desejo*; que a *dor* é uma experiência frequentemente causada por lesões corporais ou disfunções orgânicas, sujeita a causar manifestações comportamentais características como gemidos, tremores e gritos; e assim por diante.)

2) Outra objecção comummente expressa contra o funcionalismo é a sua incapacidade de captar a natureza vivida da experiência consciente (Block e Fodor, 1972; Nagel, 1974; Jackson, 1982, 9186). Os objectores insistiram que uma pessoa podia conhecer tudo sobre o papel funcional de um estado mental e mesmo assim continuar a não ter qualquer palpite de *como é que é estar nesse estado* — o seu *quale*. Além disso, alguns estados mentais parecem ser puramente conceptualizados em termos de sensação; de qualquer maneira, as crenças sobre o papel causal ocupam aqui uma posição secundária. Por exemplo, parece ser justamente a sensação de dor que lhe é essencial (Kripke, 1972). Parece que somos capazes de imaginar dores que ocupam um outro papel causal; e podemos imaginar estados que têm o papel causal da dor, mas que não são dores (que carecem do tipo apropriado de sensação).

1.5. A TEORIA DA TEORIA

Em resposta a estas dificuldades, muitos autores insistiram que a melhor variante do funcionalismo é a *teoria da teoria* (Lewis, 1966, 1970, 1980; Churchland, 1981; Stich, 1983). De acordo com esta perspectiva, os conceitos do estado mental (como os conceitos teóricos na ciência) ganham força e sentido a partir da sua posição numa *teoria* substantiva da estrutura causal e do funcionamento da mente. Nesta perspectiva, saber o que é uma crença (apreender o conceito de crença) é saber o suficiente sobre a teoria da mente em que esse conceito está incorporado. Todos os benefícios do funcionalismo analítico são preservados. Mas não é preciso haver compromissos com a viabilidade de uma distinção analítica/sintética.

E o que se passa com o detalhe de que alguns estados mentais podem ser conceptualizados puramente ou originalmente em termos de sensação? Um teórico da teoria pode admitir que temos *aptidões de reconhecimento* em relação a algumas entidades teóricas caracterizadas pela teoria. (Compare-se o especialista em diagnósticos que consegue reconhecer um cancro — imediatamente e sem inferência — na mancha de uma fotografia de raios-X.) Mas pode-se alegar que os conceitos empregues nessas aptidões também são parcialmente caracterizados pelo seu lugar na teoria — é uma aplicação *de reconhecimento* de um conceito *teórico*. Além do mais, uma vez que alguém possui um conceito de reconhecimento, nada o pode impedir de o extrair do seu contexto de crenças e teorias, para formar um conceito que só *minguadamente* é de reconhecimento. As nossas hipóteses podem ser que é isto o que acontece quando as pessoas dizem que é conceptualmente possível haver dores com papéis causais muito diferentes.

Contanto que uma ou outra versão da teoria da teoria é actualmente a posição dominante na filosofia da mente, isto não significa que não haja dificuldades, nem vozes discordantes. É aqui que começamos o capítulo 2: teremos em consideração diferentes elaborações do alcance dos nossos compromissos da psicologia popular, comparando as explicações *realistas* com as *instrumentalistas* e examinando se é possível verificar que a nossa psicologia popular — como teoria substantiva das causas internas do comportamento — se tornou radicalmente *falsa*, pronta a ser *eliminada*. Depois, no capítulo 4, examinaremos um concorrente recente da teoria da teoria, a chamada explicação *simulacionista* das nossas aptidões psicológico-populares. E nos capítulos 7 e 9 examinaremos os desafios levantados a qualquer explicação naturalista do mental (e à teoria da teoria em particular) pela intencionalidade (ou «acerca de») dos nossos estados mentais e pelas propriedades fenomenais (ou «sensação») das nossas experiências.

Efectivamente, uma das principais mensagens deste livro é que a explicação da teoria da teoria sobre a nossa psicologia do senso comum é um enquadramento útil para o exame das relações entre as psicologias popular e científica e, pelo menos nessa medida, é um *programa de investigação avançado* (no sentido de Lakatos, 1970).

2. OS DESENVOLVIMENTOS DA PSICOLOGIA

Temos de ser muito severos na selecção dos temas da psicologia que vamos examinar nos capítulos seguintes. A nossa selecção foi orientada por duas preocupações principais: em primeiro lugar, examinar os aspectos da psicologia que podem ser considerados como partes da coluna vertebral científica do assunto; e em segundo lugar, abordar as partes da psicologia que mantêm uma relação significativa com as concepções psicológicas do senso comum, quer porque ameaçam desafiá-las quer porque há a questão de saber até que ponto se pode integrar a psicologia científica no pensamento pré-científico e comum sobre a mente. As nossas posições gerais em relação a estes dois assuntos são a *realista* em relação à ciência e a *panglossiana* quanto à relação entre a psicologia popular e a psicologia científica.

O termo «panglossiano» foi cunhado por Stich (1983), recordando uma personagem da novela *Candide* de Voltaire (chamada «Dr. Pangloss») que pregava a doutrina de que no fim tudo acabaria bem, visto que este mundo — por ter sido criado por um Deus perfeito — é o melhor dos mundos possíveis. Stich tinha em mente que um panglossiano moderno poderia *esperar* que as concepções psicológicas do senso comum se harmonizariam bastante bem com tudo aquilo que a psicologia científica e a ciência cognitiva revelariam, mas isto não era um grande avanço em relação ao infundado optimismo numa conclusão fácil e serena. No entanto, consideramos essa harmonização bastante aceitável para que haja a esperança de uma integração da psicologia do senso comum com a psicologia científica, a qual deixará o nosso pensamento psicológico pré-científico substancialmente intacto, embora certamente enriquecido e corrigido. Na nossa opinião, o principal ponto de apoio da perspectiva panglossiana é o facto de que estamos dotados com uma teoria da mente altamente bem sucedida que tem compromissos informativos com as causas subjacentes ao comportamento (um tópico para o capítulo 2) e que esta teoria se tem desenvolvido como parte da capacidade modular da mente humana que supostamente deve ter sido configurada pelas pressões evolucionistas relacionadas com os nossos papéis enquanto agentes e intérpretes sociais interactuantes (temas para os capítulos 3 e 4). Isto não é suficiente para garantir a exactidão da nossa teoria da mente inata, mas decerto que autoriza o prosseguimento da linha panglossiana.

Também somos realistas no que respeita à filosofia da ciência em geral e à filosofia da psicologia em particular — o que não é a mesma coisa que ser realista (da forma como o somos) em relação à psicologia *popular*, visto que a psicologia popular não é ciência. Os realistas na filosofia da ciência defendem que a principal tarefa das teorias científicas é proporcionar uma avaliação correcta das relações nomológicas que existem genuinamente entre as propriedades e as capacidades causais dos sistemas e entidades, explicando-os em termos dos mecanismos geradores das estruturas em virtude das quais têm essas capacidades. Os anti-realistas (como Van Fraassen, 1980) argumentam que não se pode pedir mais às teorias do que aquilo que elas estão empiricamente preparadas para responder, no sentido de que elas deveriam ser capazes de prever ou acomodar todos os dados relevantes da observação. A fraqueza desta perspectiva anti-realista é pressupor a possibilidade de haver uma posição privilegiada a partir da qual está disponível a totalidade dos dados da observação. Se fizer sentido falar dessa totalidade, é muito provável que ela não esteja ao dispor aos investigadores humanos, que procuram continuamente novos caminhos para fazerem observações relevantes e projectam novas técnicas experimentais, sem limites previsíveis. De facto, precisamente uma das principais vantagens do realismo é que permite e encoraja o aumento do âmbito da observação.

Outra grande vantagem do realismo na filosofia da ciência é a contribuição metódica para a teorização, como insistiu Popper há muito tempo (1956). Se as teorias fossem meros instrumentos de previsão ou suportes da tecnologia, então não haveria necessidade de escolher entre teorias diferentes que servissem estes propósitos de formas igualmente boas ou talvez complementares. Mas se interpretarmos as teorias como fazendo alegações sobre os mecanismos causais escondidos ou inobserváveis, teremos de abordar as teorias concorrentes não como dispositivos diferentes com diversos prós e contras, mas como mutuamente incompatíveis. Isto proporciona um estímulo para se procurar uma forma de decidir entre elas — o que é efectivamente um estímulo para o progresso científico. (Ver capítulo 2 para mais aspectos diferenciados do realismo e em particular para o caso do realismo na psicologia popular.)

Acontece o mesmo com a nossa própria posição geral. Vamos prosseguir com uma rápida revisão de algumas das tendências mais gerais da psicologia científica no séc. xx. Dada a extensão e a gama dos recentes desenvolvimentos científicos nesta área, temos de nos confinar a alguns temas e tópicos que serão recorrentes nos capítulos seguintes. Outras áreas da investigação psicológica serão então contempladas, de forma adequada, mais tarde, neste livro.

2.1. FREUD E O POVO

As teorias de Sigmund Freud atraíram uma notoriedade que está longe da importância da sua influência real na psicologia científica contemporânea. Nalguns aspectos as teorias de Freud têm ligações com temas deste livro que merecem alguma atenção. Por exemplo, Freud desafia claramente algumas concepções psicológicas do senso comum. É evidente que ele também é um realista tanto no que diz respeito aos estados intencionais quanto às suas próprias teorias. E faz uso da psicologia do senso comum, sendo uma das suas principais estratégias teóricas a tentativa de alargar os estilos comuns de raciocínio-explicação a novas aplicações — incluindo comportamentos anteriormente considerados não intencionais, como os *deslizes freudianos*. Também se tem dito que algumas partes das teorias de Freud foram absorvidas pela psicologia popular, demonstrando assim que se a psicologia popular é uma teoria, não está completamente fossilizada nem estagnada. Mas esta alegação é discutível, visto que a psicologia popular parece estar pronta a reconhecer a existência de crenças e desejos inconscientes em vez da ideia freudiana muito categórica de crenças e desejos que são *inconscientes porque são reprimidos*.

A questão da validade metodológica da teoria freudiana tem sido matéria de alguma controvérsia. Na filosofia da ciência foi-lhe dada uma proeminência especial por parte de Popper (1957; 1976, cap. 8), que considerou as teorias de Freud (juntamente com as de Marx e de Adler) um exemplo fundamental de como é que a teorização poderia correr mal ao não conseguir satisfazer o famoso *critério da demarcação*. Teorias científicas genuínas como a teoria da relatividade de Einstein distinguiam-se, de acordo com Popper, pela sua falsificabilidade; ou seja, por haver testes que, se fossem levados a cabo, poderiam dar possíveis resultados inconsistentes com aquilo que essas teorias previam, refutando-as por via disso. Se as teorias não pudessem ser submetidas a testes por esta via, então eram meramente *pseudocientíficas*. A filosofia da ciência de Popper é agora considerada em geral como inadequada, porque não consegue justificar o papel das hipóteses auxiliares nem avaliar a longo prazo os programas de investigação. De maneira que a crítica popperiana já não parece ser tão prejudicial. (Contudo veja--se Cioffi, 1970, para uma explicação da defesa do próprio Freud da sua teoria das neuroses em que é inegável que a faz parecer inquietantemente pseudocientífica.)

Todavia, neste livro não nos ocuparemos com as ideias de Freud nem de quaisquer tópicos respeitantes à psicanálise. Onde quer que as teorias freudianas tiveram consequências passíveis de serem testadas, nunca conseguiram ser confirmadas e a degenerescência geral do programa freudiano atingiu tal ponto que já não é levado a sério pelos psicólogos que se empenham na investigação psicológica fundamental. A tenacidade com que estas teorias sobrevivem nas áreas da psicoterapia (e também na teoria literária e em outras áreas das humanidades), num crescente isolamento de qualquer investigação que pudesse justificar a sua aplicação ou testemunhar da sua eficácia clínica, é questão de alguma preocupação. Mas não nos propomos entrar neste assunto no presente trabalho. (Para a discussão da metodologia e da eficácia clínica da psicanálise, consultar Grünbaum, 1984, 1996; Erwin, 1996.)

2.2. COMPORTAMENTALISMO METODOLÓGICO

Já mencionámos os argumentos contra o *comportamentalismo na filosofia* (comportamentalismo lógico). Mas também existe uma atitude comportamentalista na psicologia. De facto, durante a maior parte do séc. xx — sob a influência de teóricos como Watson, Guthrie, Hull, Skinner e Tolman — esta foi a atitude dominante na psicologia e continua a exercer influência nos estudos sobre o comportamento animal.

Embora alguns teóricos subscrevam sem margem para dúvidas os dois géneros de comportamentalismo — o metodológico *e* o lógico — as duas posições são diferenciáveis. Uma forma modesta de comportamentalismo metodológico não é vulnerável aos argumentos que afundaram o comportamentalismo lógico em filosofia. O comportamentalismo metodológico não precisa de negar que existem estados mentais e mecanismos psicológicos internos, apenas se recusa a sondar o que eles poderão ser — com base em que, sendo inobserváveis, não estão acessíveis à investigação científica controlada. Propõe-se tratar o sistema nervoso central como uma «caixa negra», cujos conteúdos estão escondidos ao escrutínio. Em vez de se comprazerem na mera especulação sobre o que se passa lá dentro, preferem concentrar-se naquilo que pode ser quantitativamente medido e objectivamente analisado — o comportamento emitido pelo organismo em reacção a vários estímulos. Os estímulos e as reacções são claramente observáveis e os estímulos podem ser controlados e diversificados para determinar as correspondentes variações na reacção. De maneira que as leis que governam as associações entre os estímulos e as reacções podem constituir um respeitável tema da ciência empírica.

Rejeitamos o comportamentalismo metodológico por duas razões principais. Em primeiro lugar, em termos de filosofia da ciência é uma atitude tipicamente positivista e anti-realista, confinando os objectivos da investigação a generalizações semelhantes a leis envolvendo aquilo que é — numa perspectiva tacanha — considerado como sendo observável. Consideramos esta atitude como um pessimismo injustificado a propósito do crescimento do conhecimento científico. Muitas vezes, a teoria científica é mais progressiva precisamente quando postula entidades e mecanismos nunca observados previamente. Um programa que nos restringe o estudo das associações entre estímulos e reacções não passa, a longo prazo, de um obstáculo ao progresso. Em segundo lugar, há um problema relacionado com a teoria psicológica e particularmente com a aprendizagem e o desenvolvimento cognitivo. Considerar o sistema nervosos central como uma caixa negra coloca os investigadores perante o grave risco de negligenciarem a extensão em que as funções cognitivas e os perfis de desenvolvimento dependem da estrutura interna de um sistema complexo que é produto do projecto evolucionista. Vamos deixar para o capítulo 3 a apresentação dos indícios que são desfavoráveis ao comportamentalismo devido à negligência a que votou a estrutura referida, ao adoptar a perspectiva empirista e associacionista da aprendizagem. Neste capítulo, decifraremos a questão dos princípios da *modularidade* e do *inatismo*. A mensagem, em suma, é que parte significativa das nossas aptidões psicológicas *amadurece com a aprendizagem*.

É evidente que o comportamentalismo nunca teria alcançado a influência que teve se não tivesse apresentado algumas realizações experimentais paradigmáticas. Os exemplos do *condicionamento clássico* ou *plavloviano* são bem conhecidos: um animal reage a um *estímulo incondicionado* (como a visão da comida) com uma *reacção incondicionada* (como a salivação); depois é treinado a associar um *estímulo condicionado* — um estímulo diferente, originalmente neutro (como o toque do sino) — ao estímulo incondicionado (a visão da comida); até que finalmente o estímulo condicionado (o sino) produz uma *reacção condicionada* (como a salivação – embora as reacções condicionadas não tenham de ser necessariamente idênticas às reacções incondicionadas). Os comportamentalistas também podiam indicar casos reproduzíveis de *aprendizagem instrumental* ou *thorndikiana* em defesa da sua estratégia de investigação. Numa destas primeiras experiências (Thorndike, 1898), gatos esfomeados foram colocados dentro de uma caixa com uma grade de cada um dos lados que proporcionava a visão de comida. Uma porta na grade podia ser aberta desde que se puxasse uma corda enlaçada dentro da caixa — um truque que o gato tinha de aprender a fim de conseguir a comida. Em repetidos testes, Thorndike verificou que os gatos aprendiam este truque, mas numa base de tentativa e erro e só gradualmente, com o número de tentativas infrutíferas para chegar à comida reduzindo-se regularmente.

Estes resultados levaram Thorndike a formular a *lei do efeito*, de acordo com a qual a repetição das reacções se torna mais provável se for seguida por uma recompensa, menos provável se for seguida por nenhuma recompensa ou por desconforto. Esta lei, com várias formulações (como a *lei do reforço primário* de Hull ou o *princípio do condicionamento operante* de Skinner), é a ideia fundamental que está por trás da teoria comportamentalista da aprendizagem. Mas embora ela tenha as características adequadas para se fazerem tentativas de demonstração experimental e de medição quantitativa, a teoria comportamentalista da aprendizagem poucas indicações deu quanto ao caminho do genuíno progresso teórico. Não ficou esclarecido como é que a aprendizagem instrumental poderia passar dos métodos de treino de animais para realizarem habilidade não naturais no laboratório para a compreensão de comportamentos controlados em ambientes naturais. Sobretudo, grande parte do comportamento (humano ou não humano) parecia ser demasiado complexo para ser considerado como *uma reacção* ou mesmo uma série de reacções. Até um antigo comportamentalista como Lashley pôs em causa a capacidade desta teoria para explicar o comportamento que envolve uma ordem em série complexa, como acontece com o tocar do piano (Lashley, 1951).

Claro que o comportamento linguístico é um género muito importante de comportamento em que é relevante a ordem em série complexa. A recensão hostil de Chomsky (1959) do *Verbal Behaviour* de Skinner (1957) foi extremamente importante. Porque revelou que o comportamentalismo metodológico era desadequado, como a sua aprendizagem pelo reforço, à explicação do comportamento verbal real e potencial de um falante nativo comum. Sob todos os pontos de vista, parece que ficou claro que a produção e a compreensão linguísticas exigem a presença de uma base de conhecimento rica no falante humano comum.

Convencidos da tendência degenerativa do programa de investigação comportamentalista, os teóricos foram-se virando cada vez mais para as hipóteses que se debruçavam sobre o trabalho realizado pelos sistemas cognitivos dentro da «caixa negra». Eles foram recompensados pela espécie de *expansão do indício* da estrutura interna que, como mencionámos acima, é uma das vantagens da abordagem realista à investigação científica. O indício respeitante aos mecanismos psicológicos abrange agora fontes tão diversas como: estudos do desenvolvimento; estudos da população e respectiva análise estatística; dados respeitantes às dissociações cognitivas nos doentes com lesões cerebrais; dados das imagens neuronais; e muitos géneros diferentes de experiências projectadas para comprovarem hipóteses sobre as estruturas de processamento interno, ao analisar os efeitos em variáveis dependentes. Poderemos encontrar exemplos destes géneros de indícios nos capítulos que se seguem (particularmente nos capítulos 3-5).

2.3. O PARADIGMA COGNITIVO E A ANÁLISE FUNCIONAL

O grande movimento que suplantou o comportamentalismo e que, até agora, tem demonstrado ser teoricamente o mais útil é o *cognitivismo*. A psicologia cognitiva encara os cérebros humanos e os de outros organismos inteligentes, no fundo, como sistemas processadores de informação. Temos de admitir que o relevo dado à cognição na psicologia moderna levou a que, comparativamente, se deixassem um pouco na sombra alguns aspectos da psicologia na categoria do *desejo*. Efectivamente vamos apresentar no capítulo 3 (secção 5.3) uma sugestão de como é que o desejo, conceptualizado de acordo com a teoria da psicologia popular, se pode encaixar numa arquitectura cognitiva modular. Ainda falta ver se este esforço de integração é confirmado por futuras investigações. É claro que as descobertas na psicologia cognitiva já constituem uma parte fundamental da psicologia científica e certamente continuarão a sê-lo no futuro.

A palavra «função» aparece mais uma vez, embora a análise funcional na psicologia cognitiva não seja a mesma coisa que o funcionalismo na filosofia da mente. Na psicologia cognitiva o objecto do exercício é delinear a organização funcional da cognição nos seus vários sistemas — como percepção, memória, raciocínio prático, controlo motor e assim por diante — e depois decompor o processamento da informação dentro desses sistemas noutras tarefas que os compõem. A análise funcional deste género é representada muitas vezes por meio de um diagrama de «caixas lógicas», ou fluxograma, em que os vários sistemas ou subsistemas são mostrados como caixas, com setas de caixa para caixa retratando o fluxo da informação. Produzimos ou reproduzimos alguns destes diagramas neste livro (ver figuras 3.3, 4.1, 9.3 e 9.4). Podemos lamentar, neste estilo de representação de caixas lógicas que, se não forem completamente negras, elas são pelo menos caixas *escuras* dentro do contentor geral da mente, na medida em que não conseguimos conhecer muita coisa sobre o modo do *seu* funcionamento congénito. Tudo isto é verdade, mas não é objecção ao projecto da análise funcional em que ainda há muito trabalho a fazer! Dennett (1978f) comparou este estilo de análise funcional à colocação de uma grande quantidade de pequenos homúnculos no sistema cognitivo e depois homúnculos ainda mais «estúpidos» dentro dos homúnculos e assim por diante. O objectivo final da análise é decompor o processamento em tarefas completamente triviais.

É tentador pressupor que foi o advento do computador que tornou possível a psicologia cognitiva moderna. Esta situação pode ser apresentada como uma das desculpas para as limitações do comportamentalismo, na medida em que esta ferramenta essencial para investigar o que acontece entre o estímulo e a reacção ainda não estava disponível até às últimas décadas do século. Mas a despeito da inestimável ajuda proporcionada pela modelagem por computador, isto não passa de uma meia verdade. Foi assim que Miller, numa das comunicações mais importantes da psicologia cognitiva (1956), propôs a tese de que há uma severa restrição ao processamento humano da informação, visto que cerca de sete itens de informação (7 ± 2) são o máximo que podemos controlar quer na memória de curto prazo quer nos juízos perceptivos simultâneos. A modelagem por computador pouca ajuda poderia dar para o estabelecimento desta característica do processamento humano da informação (que fora, de facto, parcialmente antecipada por Wundt — 1912, cap. 1). Houve muitos outros resultados de testes que justificaram a abordagem cognitivista ao relacionarem o desempenho humano com uma estimativa da tarefa de processamento envolvida; por exemplo, relacionando as transformações envolvidas na produção ou compreensão da fala, de acordo com a teoria gramatical, com a facilidade, exactidão ou velocidade com que os sujeitos realizam a fala (ver Bever, 1988, para referências a diversos estudos deste género).

De modo que a psicologia teve uma viragem cognitiva e há um consenso geral de que foi uma viragem para melhor. O resultado conduziu a frutíferas interconexões entre a própria psicologia cognitiva, a investigação em ciência de computadores e inteligência artificial, neurofisiologia, psicologia do desenvolvimento (como foi evidenciado em relação com a leitura mental no capítulo 4) e a psicologia evolucionista (ver capítulo 5 para o exemplo da *detecção de batoteiros*). Mas no seio do cognitivismo, há um debate entre as chamadas arquitecturas cognitivas *clássica* e *conexionista*.

2.4. COGNIÇÃO COMO COMPUTAÇÃO

De acordo com a visão clássica, ou manipuladora de símbolos, da cognição, a mente *é* um computador — ou melhor (para fazer justiça à modularidade: ver capítulo 3), é um sistema de computadores interligados. Além da disponibilidade de computadores como dispositivos para a modelagem da cognição natural e enquanto analogia para o caótico processamento da informação, há um grande número de considerações gerais a favor do pressuposto de que a mente processa informação operando sobre representações simbólicas de acordo com regras de processamento, de maneira muito semelhante à forma como os computadores funcionam quando correm programas.

Um género de consideração diz respeito à tarefa de processamento que os sistemas perceptivos precisam de realizar. O papel destes sistemas na cognição consiste em proporcionar-nos informação sobre o ambiente. Mas a absorção real recebida é informação que deriva imediatamente das mudanças nos conversores dos nossos órgãos sensoriais. Eles precisam, então, de atingir de algum modo a informação sobre as causas ambientais dessas mudanças. Como é que se faz isso? Uma resposta que tem sido dada dentro do paradigma cognitivo é que estes sistemas funcionam pela geração de hipóteses sobre as causas externas de representações internas. A ciência cognitiva pode investigar este processamento começando por proporcionar uma decomposição funcional da tarefa de processamento e depois calculando algoritmos que produziriam o resultado desejado. É provável que esta consideração a favor da perspectiva computacional já não seja tão convincente como parecia outrora. *Não* conseguíamos pensar noutra forma de realizar a tarefa de processamento, mas talvez a Mãe Natureza o conseguisse. Além do mais, temos agora uma alternativa conhecida (ou assim parece) para controlar a manipulação das representações internas sob a forma das redes conexionistas. Mas mesmo que o processamento da informação não *tenha* de ser feito por meio da manipulação simbólica, a teoria de que ele funciona desta maneira pode proporcionar um grau tão grande de sucesso empírico na modelagem da percepção e da cognição que ninguém o abandonaria com ligeireza (ver, por exemplo: Newell e Simon, 1972; Simon, 1979, 1989; Marr, 1982; Newell, 1990).

Outro factor que favorece a abordagem computacional da cognição deriva da participação inicial de Chomsky na revolução cognitiva. Chomsky defende que tanto a produção como a compreensão de elocuções (*desempenho* linguístico) depende da *competência* do orador — e do ouvinte; e esta competência consiste num conhecimento tácito dos princípios gramaticais da língua nativa do orador. Desta forma, Chomsky compromete-se com o processamento linguístico sobre representações internas que é governado por estes princípios gramaticais. E, como se mencionou acima, um corpo de indícios empíricos parece mostrar que Chomsky tem razão, ao atestar a realidade psicológica deste género de processamento (Bever, 1988; Bever e McElree, 1988; MacDonald, 1989).

No entanto, o defensor mais turbulento do computacionalismo clássico tem sido Fodor, argumentando insistentemente que não só essa cognição consiste na computação sobre representações simbólicas, como ela também exige um meio simbólico inato ou *linguagem do pensamento* (em geral referida como «LdP», ou «mentalês»). Um dos seus primeiros argumentos a favor do mentalês era a sua necessidade para a aquisição de qualquer palavra nova numa linguagem natural, visto que para se apreender um termo uma pessoa tem de compreender aquilo a que ele se aplica e só se pode fazer isso por meio de uma hipótese que exprima uma equivalência entre o termo recentemente adquirido e um conceito noutro meio qualquer — um meio que tem de preceder a aquisição dos conceitos da linguagem natural (Fodor, 1975). Pouca gente achou convincente este argumento em particular. Mas a conclusão pode ser verdadeira, por tudo o que foi dito. Fodor tem apresentado, desde então, argumentos a favor do computacionalismo combinado com o mentalês que estabeleceu com base em características do pensamento e da inferência muito gerais e aparentemente *combinatórias* (Fodor, 1987; Fodor e Pylyshyn, 1988). No capítulo 8, examinaremos o caso da linguagem do pensamento e também exploraremos em que medida é que as representações da linguagem natural conseguem cumprir algumas das funções que os computacionalistas atribuíram ao mentalês.

No capítulo 8 também debateremos se o conexionismo pode considerar-se como um concorrente sério — ou, como afirmam alguns autores, superior — do modelo computacional da mente. Aqui vamos limitar-nos a algumas observações introdutórias quanto ao modo como o conexionismo difere da abordagem computacional clássica.

2.5. CONEXIONISMO E REDES NEURONAIS

Por vezes há a objecção de que os cérebros não se parecem em nada com os computadores. Trata-se de uma objecção muito ingénua. Não há qualquer razão para que os computadores moldados pela natureza sejam construídos com os mesmos materiais ou se pareçam superficialmente com os computadores feitos pelos seres humanos. No entanto, é incontestavelmente verdadeiro que ao nível dos neurónios, e dos seus axónios e dendrites, a estrutura do cérebro se parece com uma rede com nós e interconexões.

Desde os anos 1940 e 1950 que a percepção da semelhança do cérebro com uma rede estimulou alguns investigadores a desenvolverem redes de processamento de informação com o especial propósito de realizarem reconhecimento de padrões (McCulloch e Pitts, 1943; Pitts e McCulloch, 1947; Rosenblatt, 1958, 1962; Selfridge e Neisser, 1960). Contudo, durante alguns anos o trabalho sobre as redes de processamento foi posto de lado, em parte devido ao sucesso do paradigma computacional clássico e em parte devido às limitações dos primeiros modelos de redes (como foi revelado por Minsky e Papert, 1969).

Estas limitações foram desde então ultrapassadas e, na sequência do trabalho de Rumelhart e McClelland sobre o processamento distribuído paralelo (1986), houve uma vaga de interesse pela modelagem conexionista. As limitações dos primeiros modelos de rede resultaram principalmente do facto de só terem duas camadas de unidades de processamento («neurónios»). Em princípio, pode haver numa rede tantas camadas quanto as que se desejarem, inserindo *unidades ocultas* entre as camadas de entrada e as de saída. Mas para se obter uma rede com múltiplas camadas a fim de convergir em qualquer coisa parecida com a descarga fidedigna de uma função cognitiva, há que ter à disposição procedimentos adequados de treino ou regras de aprendizagem. Foi a descoberta dos algoritmos para a modificação do conjunto de valores e tendências, nas redes de camadas múltiplas em processo de treino, que tornou possível os últimos avanços. Uma ilustração em termos de uma rede simples, com três camadas, pré-alimentada (ver figura 1.1) pode ajudar à compreensão.

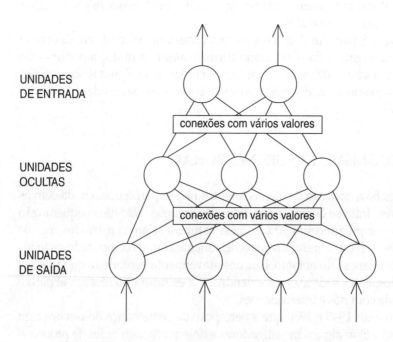

UNIDADES
DE ENTRADA

conexões com vários valores

UNIDADES
OCULTAS

conexões com vários valores

UNIDADES
DE SAÍDA

FIGURA 1.1 — Uma rede simples, com três camadas

A rede é pré-alimentada na medida em que o processamento vai das unidades de entrada através de unidades ocultas para as unidades de saída, sem qualquer desvio interno (uma complicação que se poderia acrescentar). Às conexões entre as unidades são atribuídos vários valores e também haverá algumas tendências numéricas atribuídas a cada unidade oculta e a cada unidade de saída. Pode não ter muita importância que os valores iniciais sejam atribuídos a valores e tendências antes de se treinar a rede para alguns conjuntos de entradas e saídas desejados. O que interessa no processo de treino é que deve haver uma forma sistemática de modificar o conjunto de valores e tendências dentro da rede, em reacção às discrepâncias entre a saída real e a saída desejada (ver Bechtel e Abrahamsen, 1991, cap. 3, para mais informação sobre as regras de aprendizagem usadas para treinar redes). Depois de um certo número de testes sobre um dado conjunto de entradas e uma série de modificações dos valores de conexão, a rede *pode* estabilizar e convergir para um conjunto de valores e tendências que produz saídas fidedignas, próximas dos montantes desejados. (Mas é preciso sublinhar que isto pode exigir uma longa série de testes e é muito possível que a rede nunca venha a convergir num conjunto bem sucedido de valores e tendências.) A criação de diversos algoritmos de aprendizagem conexionista pode então ser considerada como tentativas para modelar a *aprendizagem* como um processo natural, proporcionando, de facto, um género de implementação de baixo nível da *lei do efeito* comportamentalista.

Uma das principais atracções da abordagem conexionista é que *nós* não precisamos de calcular em pormenor como é que uma função cognitiva em particular deve ser cumprida antes de a tentarmos modelar. Isto acontece porque os algoritmos usados na modelagem conexionista não são algoritmos para resolver a tarefa que está a ser modelada, mas sim algoritmos de retropropagação, para modificarem as conexões de processamento à luz do erro de saída. Isto poupa-nos a tarefa difícil e por vezes inflexível de calcular o modo como uma função particular pode ser cumprida; por exemplo, as redes conexionistas foram mais bem sucedidas no reconhecimento de padrões do que quaisquer programas especificamente escritos para reconhecer padrões. Também pode ter a vantagem de nos impedir impor estruturas cognitivas explícitas sobre sistemas cognitivos implícitos e naturais.

Sobretudo, a principal diferença entre a modelagem conexionista e a abordagem computacional clássica é que não há representações simbólicas dentro da rede. Em vez disso, a representação é *distribuída* ao longo da rede, de tal forma que se pode dizer que o sistema inteiro representa o conteúdo *o gato está no capacho*, digamos, sem que nenhuma *parte* particular da rede represente esse conteúdo. De facto, a maior parte das redes funciona por *armazenamento sobreposto*, de modo que uma grande gama de itens diferentes de informação pode estar armazenada no mesmo conjunto de valores e tendências. Isto origina outras características das redes conexionistas que muitas pessoas consideram apelativas. Por exemplo, as redes conexionistas (como muitos sistemas cognitivos humanos) apresentam uma *degradação elegante* quando se avariam — desligar um único nó numa rede treinada pode reduzir um pouco a eficiência do seu processamento, mas é improvável que a impeça de funcionar. Em contrapartida, é provável que o bloqueio de um estádio particular do processamento de um computador clássico faça com que todo o sistema entre em colapso e a remoção de uma dada estrutura simbólica do armazenamento de dados apagará o correspondente item de informação. Se estas características proporcionam boas razões para se preferir a modelagem conexionista à abordagem simbólico/computacional é um tema para discussão no capítulo 8.

3. CONCLUSÃO

A mensagem final deste capítulo introdutório é que o pano de fundo dos nossos debates nos restantes capítulos (a maior parte deles considerados como aceites, mas também por vezes desafiados ou explicitamente discutidos) será uma combinação de teoria da teoria com teoria da identidade-sinal na filosofia da mente e o cognitivismo combinado com modelos de processamento de informação (clássico ou conexionista) na psicologia científica. No capítulo 2, começaremos com o verdadeiro trabalho a que se propõe o livro, onde começaremos por avaliar os argumentos realistas sobre a psicologia popular e examinaremos a ameaça do eliminativismo.

LEITURAS SELECCIONADAS

Para mais leituras de apoio sobre o dualismo, o comportamentalismo, o funcionalismo e a teoria da identidade na filosofia da mente, ver: Carruthers, 1986; Smith e Jones, 1986; Churchland, 1988; Rey, 1997.

Para textos que fornecem exemplos de ciência cognitiva em funcionamento: Luger, 1994; Gleitman e Liberman, 1995; Kosslyn e Osherson, 1995; Smith e Osherson, 1995; Sternberg e Scarborough, 1995.

Para uma animada discussão das questões teóricas da ciência cognitiva e do conexionismo: Clark, 1989.

II
AS PROMESSAS DA PSICOLOGIA POPULAR

Como se relacionam a psicologia popular e a psicologia científica? São complementares ou concorrentes? Até que ponto funcionam no mesmo nível explicativo? Deve a psicologia científica assumir a ontologia elementar e pelo menos algumas das categorias reconhecidas pela psicologia popular? Ou devemos dizer que na psicologia, como em tudo o resto, a ciência pouco tem a aprender com o senso comum, de maneira que não há qualquer motivo para que «um psicólogo empírico sério se preocupe com o conceito usual de crença tal como nenhum físico sério se preocupa com o conceito usual de força» (Cummins, 1991)? Este capítulo começa por abordar estas questões.

1. REALISMOS E ANTI-REALISMOS

Antes de conseguirmos determinar aquilo que a psicologia científica deve ir procurar na psicologia popular, caso haja alguma coisa, temos de fazer uma ideia do que há a procurar. Trata-se de uma questão que tem sido objecto de grande polémica na filosofia da mente. Nomeadamente, trata-se de um debate entre os realistas da psicologia popular e os seus adversários. Os realistas (*de intenção* — ver em baixo) acham que há muitas coisas a procurar, porque acreditam que ao explicarem e preverem as acções e as reacções das pessoas com base nos seus estados intencionais (crenças, desejos, esperanças, medos e coisas semelhantes) passam a ter um compromisso *tanto* com a *existência* de coisas como os estados intencionais (como *tipos* ou *géneros* — regressaremos a este ponto mais tarde) *como com* o facto de estes estados terem um *efeito causal*. Os adversários deste género de realismo psicológico-popular surgem sob formas diversas, mas todos rejeitam em comum a alegação de que a psicologia popular nos compromete com a existência de tipos de estado intencional causalmente eficazes.

39

Podem distinguir-se muitas formas e variedades de realismo e de anti-realismo; mas uma delas é fundamental — a distinção entre os *compromissos* realistas de um corpo de crenças (*realismo de intenção*) e a *verdade* desses compromissos (*realismo de facto*). Uma coisa é dizer que as pessoas estão comprometidas com a existência de tipos de estado mental causalmente eficazes ou que as pessoas pretendem caracterizar os verdadeiros processos causais que são subjacentes ao comportamento; e outra coisa muito diferente é dizer que esses compromissos são verdadeiros. Observe-se que, enquanto estamos a compreender estas posições, o realismo de facto implica o realismo de intenção — as pessoas não podiam estar *certas* da sua caracterização dos processos causais subjacentes ao comportamento, a menos que *acreditassem* na existência desses processos. Mas podíamos apoiar o realismo de intenção sobre a psicologia popular ao mesmo tempo que rejeitávamos o realismo de facto, tornando-nos por conseguinte *eliminativistas* quanto às categorias da psicologia popular.

Nas próximas duas secções deste capítulo, vamo-nos debruçar sobre a argumentação a favor do realismo *de intenção* da psicologia popular. Depois, na secção 4, tratamos da questão do eliminativismo, dando primeiro uma vista de olhos à força dos argumentos de defesa do realismo *de facto* da psicologia popular — «preliminarmente», porque a questão da provável verdade dos nossos compromissos com a psicologia popular estará ligada em última instância com as perspectivas de sucesso de uma psicologia científica intencionalista e, nessa medida, esta psicologia apoiará e validará os compromissos da psicologia popular. (Serão estes os tópicos a que regressaremos ao longo deste livro.) Por fim, na secção 5, regressamos mais uma vez ao tema do realismo de intenção, avaliando em que medida as psicologias, popular e científica, estão empenhadas no mesmo *género* de empreendimento.

Também temos a declarar que adoptamos uma atitude realista (*de intenção*) sobre a teorização científica em geral, com base em (a) que o realismo é a atitude ontológica natural, (b) que é metodologicamente mais avançada porque aguça o conflito concorrencial entre teorias, e (c) porque dá mais sentido ao papel da intervenção experimental na ciência (Hacking, 1983). Mas é óbvio que não podemos limitar-nos a adoptar argumentos para o realismo científico e aplicá-los à psicologia popular. É provável que enquanto investigadores científicos desejemos ser tão realistas quanto possível. Mas não podemos pressupor que a psicologia *popular* se conformará com a desejável metodologia científica.

De facto, é importante entender que há uma questão *normativa* e outra *descritiva* no que respeita ao realismo. Ao adoptar o realismo científico, sublinhamos que são possíveis teorias científicas realisticamente interpretáveis e, sempre que possível, as teorias metodológicas são preferíveis às outras, particularmente em relação ao progresso do conhecimento científico. Mas é evidente que assim também se admite a existência de outros tipos de teorias e saber como elas são é uma questão descritiva. Em vez de nos revelar os mecanismos causais subjacentes ou a constituição microestrutural (ocupações defendidas pelo realista), essas teorias podem ser exactamente os dispositivos que nos permitem calcular alguma coisa ou resolver um género específico de problema.

Por exemplo, a teoria astronómica de Ptolomeu, que tentou prever os movimentos dos céus a partir de um sistema de deferentes e epiciclos, foi originalmente entendida por ele exactamente neste espírito — *salvar os fenómenos*, sem qualquer compromisso para com a realidade dos movimentos envolvidos. Nem todos os astrónomos aderiram a esta posição modesta e não comprometedora. Muitos combinaram a representação do Sol, da Lua e dos planetas como se fossem deferentes esféricos circulando, que andavam em círculo em torno da Terra, com a ideia de que a Terra estava realmente estacionária e localizada no próprio centro do cosmos. É evidente que esse pacote teórico foi refutado. Mas continuou a ser possível abordar o aparato dos deferentes e epiciclos como um simples dispositivo de cálculo, sem quaisquer pretensões de captar o modo como o universo está estruturado ou quais as forças que estão em funcionamento. É evidente que, embora uma teoria *instrumentalista* desse género possa ser substituída, ela não pode — rigorosamente falando — ser refutada, tal como o ábaco não pode ser refutado pela calculadora de bolso.

Em contrapartida, os realistas têm mais motivos para se enganarem. Podem enganar-se não só nas suas previsões de quaisquer fenómenos sob análise, mas também sobre o modo como esses fenómenos são produzidos. É por este motivo que o realismo respeitante à psicologia popular parece deixar o campo aberto ao desafio genuíno lançado pelo materialismo eliminativista — pode acontecer que a psicologia popular seja uma teoria falsa e pode acontecer que não haja géneros genuínos como *crença* e *desejo*. Mas, da mesma forma, o instrumentalismo respeitante à psicologia popular pode ser vulnerável a um género diferente de pressão da psicologia científica. Porque se esta última tem de ir buscar alguns dos seus termos e princípios à psicologia popular (pelo menos no início) e se a ciência deve assumir o realismo com bases metodológicas, então a psicologia científica pode muito bem *enriquecer* os compromissos teóricos da psicologia popular. Temos, então, de pôr a seguinte pergunta: em que medida os utilizadores da psicologia do senso comum estão empenhados numa prática que tem compromissos realistas?

2. DUAS VARIEDADES DE ANTI-REALISMO

O anti-realismo (de intenção) sobre a psicologia popular tem sido uma perspectiva muito difundida na filosofia da mente e, como tem aparecido sob muitas formas, não é possível contemplá-las exaustivamente a todas aqui. No entanto, vamos assinalar o nosso desacordo com as posições de dois filósofos muito influentes, Davidson e Dennett. De acordo com Davidson, a psicologia popular não é tanto uma teoria mas um esquema interpretativo que nos permite imaginar miniteorias dos estados psicológicos de pessoas particulares, que são os alvos da interpretação. De acordo com Dennett, a prática da psicologia popular consiste na adopção de um certo género de atitude — *a atitude intencional* — a fim de prever o comportamento das outras pessoas. É notório que estas duas abordagens tendem a concentrar-se em diferentes tarefas da psicologia popular: a interpretação e a explicação depois do acto no caso de Davidson e a expectativa e a previsão da conduta futura em Dennett. De certa maneira, a própria psicologia popular tem de lidar com as questões acerca dos motivos por que as pessoas fizeram o que fizeram *e* acerca do que vão fazer a seguir.

2.1. DAVIDSON

Num certo número de artigos Davidson insistiu no *anomalismo do mental* (ver especialmente: 1970, 1974), com o qual quer dizer que não pode haver generalizações genuinamente legais enquadradas no nosso vocabulário psicológico comum. A sua principal razão para pensar assim é que, ao interpretar o comportamento dos outros, nós tentamos dar-lhes o melhor sentido possível enquanto agentes racionais e que a melhor interpretação é, por conseguinte, aquela que melhor se adequa ao seu comportamento submetido às condições normativas da racionalidade. As normas da racionalidade desempenham, assim, um papel constitutivo na determinação dos estados intencionais a serem atribuídos a outros agentes: aquilo em que as pessoas acreditam e aquilo que desejam é justamente aquilo que as melhores interpretações dessas pessoas, normativamente condicionadas, *dizem* que elas acreditam e desejam. O ponto essencial é que a racionalidade desempenha uma dupla função — não só, enquanto psicólogos populares, pressupomos que as pessoas farão aquilo que é racional para elas fazerem, tendo em conta certas crenças e desejos, como as crenças e os desejos que têm são-lhes dadas pela interpretação racional daquilo que fazem.

Contudo, Davidson também é adepto dos sinais físicos[1]; de modo que, num certo sentido (muito fraco), ele aprova uma forma de realismo. A perspectiva de Davidson é que cada crença ou desejo particulares (ou «sinal»[2]) possuído por um pensador individual será (será idêntico a ou nenhum outro além de) um estado particular do seu cérebro. De forma que cada sinal de estado ou evento

---

1 No original inglês: *token-physicalist (N. T.)*.
2 No original inglês: *token*. Ao longo da obra o termo será traduzido por *sinal* por uma questão de uniformização *(N. T.)*.

mental será um estado ou evento fisicamente real. E Davidson assegura uma função causal ao mental quando sustenta que ele será estes sinais dos estados cerebrais que causalmente determinam o comportamento da pessoa. Mas para Davidson não há *outra* realidade para os *tipos* de estado mental (por exemplo, *crença* por oposição a *desejo* ou *a crença de que P* enquanto oposta à *crença de que Q*) do que a de estarem envolvidos nas nossas interpretações do comportamento à luz dos nossos princípios normativos.

Do ponto de vista de Davidson, uma boa teoria de interpretação tem de maximizar a conformidade entre intérprete e interpretador e nós temos mesmo de «pressupor como dado adquirido que *a maior parte* das crenças estão certas» (1975). Porquê? A ideia é que, a fim de conseguir identificar o conteúdo das crenças de alguém, temos de lhe atribuir «crenças verdadeiras infindáveis sobre o conteúdo». Atribuir crenças falsas a um interpretador sobre um dado objecto enfraquece a identificação desse objecto como tema dos seus pensamentos. Por exemplo, alguém já deve ter observado como é azul a água do Pacífico, levando-nos a atribuir-lhe a crença de que a água do Pacífico é azul. Mas se essa pessoa pensar que o Pacífico pode ser visto das praias de Espanha, começamos a duvidar se tal atribuição foi correcta.

Todavia, deve haver qualquer coisa de errado com a perspectiva de Davidson porque o nosso projecto geral, enquanto psicólogos populares, não trata apenas de interpretação. Nós estamos tão interessados em gerar previsões respeitantes ao provável comportamento das pessoas, como em formar expectativas sobre aquilo que elas podem pensar ou sentir em várias circunstâncias. A questão aqui não é que, ao dar demasiada importância à interpretação retrospectiva, a explicação de Davidson torna a psicologia popular previsivelmente inútil. Pelo contrário, é um erro *dar preferência* à interpretação sobre a previsão. Uma das maneiras de ver isto é que podemos ter confiança em muitas das atribuições de crença e desejo a alguém antes de termos observado qualquer um dos seus comportamentos que venha a tornar-se alvo de interpretação. Isto acontece porque a nossa psicologia popular nos proporciona muitos princípios para atribuir estados mentais a outros (como: «as pessoas em geral acreditam no que vêem»), que não dependem das observações do comportamento.

Além do mais, as normas constitutivas da racionalidade que Davidson postula são algo misteriosas. Ao atribuir crenças aos outros, deve dar-se preferência à conformidade com as nossas *crenças* ou com a *verdade*? É evidente que, visto que consideramos as nossas próprias crenças como sendo verdadeiras, não temos outra forma de dar preferência às últimas sem tentar dar preferência às primeiras. Mas percebemos que pode haver algumas divergências entre as nossas crenças e a verdade. De maneira que, se tivermos algumas crenças falsas sobre alguns objectos, então pode acontecer que a *nossa* melhor interpretação seja aquela que não reconhece o conteúdo dos pensamentos mais informados do interpretado. Além disso, podemos interpretar e explicar as acções de outras pessoas que defendem teorias e visões do mundo que nos obrigam a atribuir-lhes uma imensidade de falsas crenças. Na nossa perspectiva, Davidson comete o erro de pôr a heurística da psicologia popular num lugar demasiado central. O que está correcto acerca do seu interpretacionismo é a reflexão sobre o alcance que a função da *simulação* tem a desempenhar na psicologia popular, particularmente na relação com a inferência (ver capítulos 4 e 5 para o esclarecimento deste ponto).

Para além disso, Davidson enfrenta problemas bem conhecidos ao permitir a tal ponto a possibilidade da acção irracional. Como se pressupõe que as normas da racionalidade são constituintes absolutos da posse de crenças e desejos, é difícil ver como é que se poderiam atribuir às pessoas intenções que entram em conflito com os seus objectivos. Mas nós, os psicólogos populares, acreditamos que se trata de um facto familiar (e também muito deprimente) da vida quotidiana. Veja-se, por exemplo, o caso do homem que sabe que a gasolina é altamente inflamável e que sabe que fósforos acessos incendeiam, mas que mesmo assim acende um fósforo junto à boca do seu depósito de gasolina para ver se ele está vazio ou não — com resultados desastrosos. Para explicar estes casos, Davidson é obrigado a dizer que eles manifestam dois *sistemas* diferentes de crença e desejo num único indivíduo, cada um dos quais se conforma com as normas da racionalidade, mas que não conseguem interagir (1982a). Ora, não negamos que possa haver muitas porções e níveis da cognição humana — de facto, nós mesmos faremos uso frequente desta ideia. Mas pensamos que é altamente implausível a necessidade de postular pessoas ou mentes divididas a fim de explicar a irracionalidade. Em vez disso, dá-se muitas vezes o simples caso de uma crença chegar ao ponto de *desarticular as nossas mentes* — continuando a ser verdadeira, mas sendo incapaz de se tornar num raciocínio activo em circunstâncias particulares.

2.2. DENNETT

A posição de Dennett (desenvolvida nos seus trabalhos de 1971, 1981, 1987, 1988a, 1991b) é difícil de apreender. A sua fachada parece ser desavergonhadamente *instrumentalista*, mas acrescenta um aditamento que parece anular o anti-realismo do quadro. Pensamos que a sua posição é instável e que ele, de facto, não consegue manter as duas vertentes.

Apresentando em primeiro lugar a arrojada fachada instrumentalista, Dennett (1981) declara: «*Aquilo que é* ser um verdadeiro crente é ser um *sistema intencional*, um sistema cujo comportamento é previsto com segurança e intensidade por via da estratégia intencional.» Parece que ele defende que a atribuição de crenças, desejos, e assim por diante, é produzida pela adopção de uma atitude de previsão/explicação específica — uma atitude que só se justifica pelo seu sucesso de previsão e pela utilidade prática. Introduz a *atitude intencional* ao compará-la com outras duas — a *atitude física* e a *atitude do desenho*. A estratégia física usa o conhecimento das leis da física (e ou da química), combinada com pormenores dos estados e a constituição física, para prever as consequências. Esta pode parecer a abordagem mais fundamental e cientificamente sustentada. Mas raramente será a mais conveniente e muitas vezes não é exequível quanto se tenta lidar com um sistema com um grau de complexidade qualquer. A *estratégia do desenho* prevê que alguma coisa se comportará *como foi desenhada para se comportar*. Obviamente que esta estratégia é útil em relação a artefactos como motores de automóveis, computadores e relógios despertadores; e também a sistemas biológicos funcionais como corações, fígados, pistilos e estames, que adquiriram um desenho ao longo da evolução.

A *atitude intencional* é outra opção (e podemo-nos perguntar porque tem de haver justamente três):

> A coisa funciona assim: primeiro decide tratar o objecto cujo comportamento deve ser previsto como um agente racional; depois imagina as crenças que o agente deve ter, dado o seu lugar no mundo e a respectiva finalidade. Depois imagina os desejos que deve ter, com base nas mesmas considerações, e finalmente prevê que este agente racional agirá para favorecer os seus objectivos à luz das suas crenças. (Dennett, 1981, p. 57).

Podemos adoptar a atitude intencional de forma muito alargada, mesmo quando pressupomos que não estamos a lidar com um agente racional. Por exemplo, as plantas mexem as suas folhas, seguindo o movimento do Sol no céu (comportamento de *fototropismo*). Podemos compreender a orientação das folhas de uma planta daqui a várias horas ao pressupor que ela *quer* ter as suas folhas de frente para o Sol e *acredita* que o Sol está no céu onde de facto está. Como estratégia de previsão, há muito a dizer a seu favor. Em particular, é maravilhosamente económica. Em contrapartida, a tentativa de calcular a posição das folhas da planta por meio da física e da química elementares, combinadas com informação sobre a composição físico-química das células da planta, a intensidade do bombardeamento fotónico a partir dos vários ângulos, e assim por diante, seria uma tarefa ingloriamente complicada.

Por um lado, Dennett quer defender que há «crentes verdadeiros» (por exemplo, pessoas) *em contraste com* casos onde recorremos a metáforas úteis e a outras atribuições pouco importantes de estados intencionais (como acontece com o comportamento do fototropismo das plantas). Por outro lado, pensa que a diferença entre os crentes *verdadeiros* e os outros é uma questão de grau — é apenas uma diferença no volume e no pormenor das previsões garantidas pela aplicação da estratégia intencional. Parece então haver um contraste directo entre a posição de Dennett e a nossa. Dennett pensa que as pessoas têm estados intencionais porque (ou seja, *na medida em que*) a estratégia intencional funciona como prognóstico do seu comportamento. Nós pensamos que a estratégia intencional funciona como uma forma de prever o comportamento das pessoas *porque* (trata-se aqui de um «porque» explicativo-causal) as pessoas têm estados intencionais.

Todavia, Dennett também acrescenta um aditamento pró-realista (1987, pp. 29-35). Os *verdadeiros* crentes são os sistemas cujo comportamento é previsto quer com segurança, intensidade quer com *variedade* — em contraste com coisas como os termóstatos e as plantas, cujo comportamento é previsto com segurança do ponto de vista vantajoso da atitude intencional, mas com pouca intensidade ou variação. Ora, esse crente verdadeiro pode estar efectivamente ligado ao seu ambiente de uma maneira delicada e intrincada e em particular o seu comportamento deve ser regulado pelos *estados internos* que são sensíveis ao ambiente em que o sistema intencional está integrado. Tratamos estes estados internos como *representações*. Até onde podemos descortinar, reconhece-se desta forma que os crentes verdadeiros são aqueles que *realmente têm crenças*. Depois de se acrescentar o aditamento realista, a posição de Dennett torna-se semelhante à da astronomia de Ptolomeu *mais* a alegação de que não conseguiríamos a «salvação dos fenómenos» a menos que os planetas realmente girassem em epiciclos que giravam em deferentes que giravam em torno da Terra. Mas não nos queremos atolar na interpretação dos interpretacionistas e de outros anti ou quase realistas. (Para mais informação sobre a posição de Dennett, ver Dahlbom, 1993; especialmente as comunicações de Haugeland e Fodor e Lepore.) Temos de continuar, abordando positivamente a psicologia popular como questão para o realismo.

3. A PSICOLOGIA POPULAR COMO QUESTÃO PARA O REALISMO

Não basta compreender apenas um caso *geral* para um género qualquer de realismo (de intenção) no que respeita à psicologia popular. Se o leitor pensar, como nós, que a psicologia popular se baseia numa teoria central, então o que realmente pretendemos é informação pormenorizada sobre os seus princípios e obrigações. Uma sugestão seria seguir Lewis (1966, 1970) ao enumerar todos os truísmos da psicologia popular (é provável que esta lista seja muito longa) e dizer que *isso* constitui então a nossa teoria popular da mente. Infelizmente, é muito duvidoso que uma enumeração de truísmos constitua realmente uma teoria (Botterill, 1996); e parece provável que uma lista do género popular como esta seria descartada por um conjunto de princípios generativos muito mais pequeno. No entanto, é provável que o fornecimento destes princípios sob a forma de itens de conhecimento proposicional geral se revele uma tarefa nada fácil, visto que

46

eles podem ser em grande medida *implícitos* em vez de *explícitos*. Regressamos a este ponto no capítulo 4.

Todavia, pode parecer que a posição realista seja inútil de qualquer forma e que a psicologia popular seja, obviamente, uma maneira muito *superficial* de pensar a conduta e a motivação humanas. Apesar de tudo, a psicologia popular não assumiu o compromisso de envolver decisivamente o cérebro nas funções cognitivas. De facto, a psicologia popular nem sequer se comprometeu com o facto de as pessoas terem cérebros! É de notar que tanto Aristóteles como alguns dos seus contemporâneos gregos supunham que o cérebro era um órgão cuja principal função era arrefecer o sangue. Tanto quanto sabemos, isto não teve qualquer importância quanto às suas interpretações e expectativas sobre a conduta das outras pessoas nos assuntos comuns da vida. Actualmente há porções de conhecimento científico suficientemente difundidos de tal forma que a maior parte dos adultos com formação académica conhece alguma coisa sobre o modo como as regiões cerebrais se encontram envolvidas em diversas capacidades mentais. Mas este conhecimento geral também tem pouco impacto na interacção quotidiana com as outras pessoas — à parte tornar-nos mais solícitos quando alguém sofreu uma pancada na cabeça e talvez ficarmos um pouco mais preocupados sobre se devia existir um desporto como o boxe.

É verdade que a psicologia popular passa totalmente sob silêncio a implementação neuronal. Mas tem muito a dizer sobre a forma como a mente *funciona*. Com a ajuda de um pouco de reflexão sobre as nossas práticas de psicologia popular, podemos extrair várias implicações significativas, particularmente no que respeita à categorização, actividade causal e conceptualização. Mas antes de entrarmos em pormenores quanto a estes elementos, vamos expor aquilo que consideramos ser uma razão geral convincente para pensar que a psicologia popular está comprometida com um género particular de organização interna.

3.1. O TESTE DE TURING

Turing (1950) propôs que em vez de perguntarmos se um computador consegue pensar, devíamos ver se seria possível programar uma máquina de maneira a que as suas respostas conseguissem confundir os interrogadores a tal ponto que os levasse a pensar que estavam a lidar com um homem ou uma mulher. Chamou ao teste «o jogo da imitação». Desde então, desenvolveram-se diversos programas que fizeram belas tentativas para passar o teste de Turing, pelo menos no que respeita a sessões de perguntas e respostas que não fossem demasiado abertas (por exemplo, o ELIZA de Weizembaum, SHRDLU de Winograd, PARRY de Colby; Schank e Abelson, 1977: são imensas as referências a essas tentativas de «simulações do pensamento humano»). No entanto, apesar do engenho dos programadores, é evidente que a nossa reacção intuitiva é que aceitar o teste de Turing muda, de facto, a questão, porque para lidar com qualquer coisa como o pensamento humano não basta *imitar as respostas* que um ser humano daria — também é preciso imitar os processos pelos quais essas respostas são produzidas.

É assim que, por exemplo, a utilização de muita potência computacional para seleccionar uma grande base de dados de respostas de amostragens estatísticas seria uma espécie de batota, mesmo que as respostas parecessem razoavelmente naturais. E quando ficamos a saber que um sofisticado computador a jogar xadrez funciona realmente com base num *algoritmo de força bruta*, pesquisando milhares e milhares de variantes inadequadas que um ser humano, mestre de xadrez, nunca se incomodaria a pensar, constatamos que as atribuições de estados intencionais, como «querer evitar o enfranquecimento da estrutura de peões», «tentar manter o seu rei protegido», «tentar explorar a fraqueza das casas brancas», e assim por diante, não podem ser verdadeiras da mesma forma que são verdadeiras para um jogador humano que tenha escolhido os mesmos lances.

A fim de demonstrar este género de situação, Copeland (1993) constrói o exemplo de um computador imaginário que passa o teste de Turing por comparação de padrões. Há um número finito de conversas possíveis em inglês, consistindo em menos de, digamos, 10 000 frases, cada uma delas consistindo em menos de 200 palavras. Imagine depois um computador em que todas estas conversas são listadas num grande painel de procura. O computador funciona comparando uma dada entrada com as suas listas e seleccionando uma continuação possível ao acaso. Chame-se a este computador (que pode muito bem estar dependente de tecnologia informática muito mais avançada do que nossa!) *Superparry*. Parece claro que o Superparry passaria o teste de Turing em conexão com qualquer experimentador que não conhecesse nem suspeitasse realmente dos pormenores do seu programa. Porque podemos pressupor que nenhuma conversa humana normal consiste em mais de 10 000 frases e que nenhuma frase humana normal consiste em mais de 200 palavras. Mas é ou não óbvio que recusaríamos a existência de mentalidade no Superparry mal *soubéssemos* que ele funciona por comparação de padrões? Deixaríamos de pressupor que o Superparry *acredita* naquilo que diz ou que as suas palavras são expressões de *pensamento*.

No entanto, é importante distinguir este do exemplo do *robô inteligente*, caso se queiram estabelecer conclusões realistas. Porque se recusarmos a mentalidade ao Superparry, não porque ele funcione como um painel de procura, mas simplesmente porque é um *computador*, então é óbvio que as promessas realistas da psicologia popular não teriam qualquer consequência. Imagine então que se constroem robôs que não só imitam comportamentos humanos, como também partilham connosco grande parte da sua arquitectura interna e os respectivos modos de processamento. O nosso ponto de vista é que esse sistema funcionaria como um pensador; e acreditamos que esta intuição é partilhada pela maior parte das pessoas.

Admitimos que muitas pessoas têm a intuição de que um robô nunca poderia ser *fenomenalmente consciente* ou estar sujeito a sentimentos, experiências ou sensações conscientes. Mas poucas rejeitariam que um robô pudesse vir a ter crenças, percepções e objectivos. É assim que os andróides nas estórias de ficção científica, como a série de televisão *Caminho das Estrelas*[3], são normalmente representados como entidades genuinamente *pensantes*, mas apenas simulando (ou seja, não possuindo na realidade) sentimentos. Voltaremos ao alegado mistério da consciência fenomenal no capítulo 9, argumentando que neste assunto as pessoas têm sido induzidas em erro. Mas para os propósitos actuais, basta que as pessoas não acreditem na ideia de que o pensamento genuíno exige que o seu possuidor tenha uma constituição biológica. Nesse caso, a nossa posição de que as pessoas recusariam a mentalidade sempre que descobrissem que um computador funciona por comparação de padrões revela realmente qualquer coisa sobre os seus compromissos realistas — só um sistema com o género adequado de *organização interna* pode ser considerada como um pensador; pelo menos é nisso que nós, psicólogos populares, acreditamos.

3.2. PARALISIAS E OUTROS ACHAQUES

Temos tendência a negar a existência de mentalidade sempre que sabemos ou suspeitamos que a organização interna é significativamente diferente dos casos aos quais aplicamos de forma padronizada a psicologia popular (ou seja, seres humanos — embora nos pareça muito provável que muitos animais não humanos também possam ter uma organização interna adequada). Se assim é, então parece que a psicologia popular tem de se comprometer com alguns géneros de estruturação mental, pelo menos em termos funcionais. Mas acreditamos que também se pode ter uma posição semelhante, quando se considera a presteza com que as pessoas toleram a mentalidade na *ausência* do comportamento.

Veja-se o caso de alguém que esteja paralisado e assim tem estado ao longo da vida. Ou pense-se em alguém com uma grave paralisia cerebral, que apenas tem um controlo mínimo sobre os seus movimentos. As pessoas, contudo, estão inteiramente prontas a conservar a ideia de que esses indivíduos podem ser sujeitos de uma vida mental muito rica — com todas as experiências e muitos dos pensamentos e desejos, como os seus e os meus. Mas não existe aqui qualquer comportamento para ser interpretado e parece que nada se ganha ao adoptar a atitude intencional em relação a essas pessoas. Como é que se pode explicar esta situação a não ser em termos realistas?

(Claro que é muito difícil *ver* o comportamento de alguém com paralisia cerebral imbuído de mentalidade e a interacção com essas pessoas é difícil — razão por que elas têm de enfrentar preconceitos e discriminação. Mas a questão não é essa. A questão é que as pessoas comuns estão perfeitamente preparadas para *acreditar* que pode muito bem existir uma vida mental rica por trás da máscara da deficiência.)

Davidson diria que os pensamentos das pessoas comuns respeitantes à vida mental dos paralisados são *realmente* pensamentos sobre o modo como essas pessoas *podiam* ser interpretadas se *não* estivessem paralisadas. Mas nesse caso, esses pensamentos tornam-se triviais ou ocultamente realistas, dependendo do modo como o antecedente da condicional («se ele não estivesse então seria...») é recebido. Tornam-se triviais se o antecedente só significa «se ele se estivesse a comportar normalmente», porque se assim fosse *é natural* que lhe estaríamos a atribuir esses pensamentos! Mas tornam-se ocultamente realistas se o antecedente significa «se os obstáculos físicos para a expressão das suas crenças e desejos fossem removidos», visto que então é preciso que esses estados sejam reais, e sejam funcionais — interagindo uns com os outros, pelo menos — independentemente da existência de qualquer manifestação comportamental.

Nestes casos Dennett também terá de enfrentar problemas. Porque as suposições sobre o desenho óptimo e o funcionamento que se crê suportarem as atribuições do estado mental a partir da atitude intencional (ver a citação dada anteriormente) são completamente inadequadas nesta situação. E mais uma vez os pensamentos populares sobre a vida mental dos paralisados terão de ser aceites como pensamentos sobre os estados mentais que lhes *atribuiríamos*, partindo da atitude intencional, se eles *estivessem* a funcionar normalmente. E mais uma vez o dilema é que tudo isto se torna trivialmente verdadeiro ou ocultamente realista, exactamente da mesma maneira que foi explicada no parágrafo precedente.

3.3. COMPROMISSOS INTERNOS

Já argumentámos que a psicologia popular está comprometida com alguns géneros de estruturação mental, ou certos tipos de organização interna. Mas *o que* é que está exactamente comprometido no modo de organização interna?

1) *Existência*: em primeiro lugar, a psicologia popular está comprometida com a *existência* de estados intencionais que as pessoas têm. Esta questão é fundamental, mas também é uma alegação vazia, a menos que digamos mais alguma coisa sobre o que está aqui em jogo. Apesar de tudo, o anti-realista sempre pode concordar, contanto que se possa acrescentar que isto não ultrapassa o facto de que há realmente padrões adequados no comportamento das pessoas.

2) *Categorização*: em segundo lugar, e mais importante ainda, a psicologia popular está comprometida com a existência de uma variedade de

diferenças entre as atitudes dos estados intencionais de vários tipos. A psicologia popular está comprometida sobretudo com uma grande diferença entre dois tipos principais de estados intencionais: estados semelhantes a crenças e estados semelhantes a desejos. Falando por alto, o primeiro tipo é informativo e de conduta *orientada*, enquanto o segundo tipo é dirigido por objectivos e de conduta *motivada*. A psicologia do senso comum em todo o mundo reconhece a diferença entre estas duas grandes categorias de estados intencionais, mesmo que os filósofos achem frustrantemente difícil articular a diferença. É possível que a psicologia científica não consiga achar qualquer utilidade nesta grande divisão, mas pensamos que acabará por achá-la útil.

3) *Causalidade*: em terceiro lugar, os estados intencionais são causalmente activos. Efectivamente, a psicologia popular está cheia de compromissos com a interacção causal. O caso mais conhecido — e também o mais acaloradamente disputado — diz respeito à relação entre as acções dos agentes e as suas razões para agirem dessa forma. O principal argumento para alegar que as razões são causas das acções (apresentado pela primeira vez em Davidson, 1963) é que um agente pode ter uma razão para realizar uma dada acção, pode realizar essa acção e, contudo, essa pode não ser a razão pela qual o acto é realizado. De forma que para explicar a força do *porque* no esquema explicativo normalizado da psicologia popular «X fez isso porque X pensou que.../queria...», precisamos de distinguir entre uma razão *possível* e a razão realmente *operativa*. E como se pode fazer essa distinção senão em termos do envolvimento causal dos estados intencionais que são as razões do agente?

Suponhamos que concordo em encontrar-me com um velho amigo numa galeria de arte, por exemplo. Pode muito bem acontecer que haja, e que eu saiba que existe um quadro nessa galeria de um artista cujo trabalho admiro; e gostaria de ver esse quadro. Ir ver esse quadro é, sem dúvida, *uma razão* para mim, para ir até essa galeria de arte. Mas mesmo assim, pode dar-se o caso, em definitivo, de que quando me dirijo à galeria vou *porque* quero encontrar-me com o meu amigo, e também de que não teria ido se não tivesse pensado que o encontraria ali. O facto de que tenha outras atitudes que *podem* dar sentido à minha acção não basta para fazer delas a minha razão para agir a menos que estejam causalmente envolvidas na direcção correcta. (Compare o caso de «Alice vai para o escritório» em Ramsey *et al.*, 1990.)

Este argumento a favor de uma conexão causal entre razões e acções tem-se deparado com a resistência de muitos filósofos — particularmente dos que se reclamam da tradição wittgensteiniana (Winch, 1958; Peters, 1958; Melden, 1961; Kenny, 1963; e muitos outros). No entanto, as suas objecções contra a tese causal não nos conseguem impressionar. Alegam eles que a apresentação de razões é uma simples questão de proporcionar justificações para a conduta. É evidente que isso pode acontecer, particularmente quando se apresentam razões em nome próprio. Mas as razões pelas quais um agente agiu podem ser suficientemente vergonhosas para incriminar, em vez de justificar. E mesmo quando os agentes são sinceros nas justificações que oferecem, a psicologia popular está preparada para acreditar que estas são meras *racionalizações* e não a verdadeira razão.

Muitas vezes persistem perspectivas simplistas sobre a causalidade por trás das objecções à tese causal. Por exemplo, por vezes diz-se que as crenças e os desejos (as razões dos agentes) não podem ser causas da acção, porque as pessoas que partilham as mesmas crenças e desejos muitas vezes agem de formas diferentes. Este argumento baseia-se no princípio de que *causas semelhantes produzem efeitos semelhantes*. Mas não se pode aceitar o princípio com essa formulação simples: as causas semelhantes só produzem efeitos semelhantes *se as circunstâncias relevantes forem as mesmas*. Os anticausalistas muitas vezes também insistem que a conexão entre um acto e a sua motivação pertence «ao espaço lógico das razões», alegando que as razões podem ser avaliadas como sendo boas ou más, enquanto as causas só causam cegamente. Mas esta objecção é incapaz de fazer a importante distinção entre um estado intencional e o seu conteúdo. O conteúdo «As acções desta companhia estão em vias de cair» é uma boa razão para vender, mas uma venda particular só será explicável se esse conteúdo for realizado num pensamento particular numa mente particular. De facto, se os agentes capazes de tomar decisões e deliberações racionais devem ser uma parte causalmente não misteriosa da ordem natural, então *tem* de ser possível para aquilo que está no espaço lógico das razões ser causalmente implementado.

Assim como está comprometida com a conexão causal entre as razões e as acções, a psicologia popular também considera a *inferência* como um processo causal (Armstrong, 1973). Ramsey *et al.* (1990) dão um exemplo que esclarece esta questão. Ao ser questionado por onde tinha andado ao anoitecer do dia anterior, o mordomo testemunhou que passou a noite no hotel da aldeia e regressou ao castelo no comboio da manhã. O inspector Closeau conclui que o mordomo está a mentir. Porque Closeau sabe que o hotel está fechado nessa estação do ano e que o comboio da manhã está fora de serviço. Ora, naturalmente que é muito possível que Closeau venha a constatar que estes dois factos revelem que o mordomo está a mentir. Mas também é possível que só uma destas crenças poderá levar Closeau à sua conclusão. Trata-se de uma questão empírica saber se uma ou outra, ou ambas, das suas crenças estavam comprometidas no caso de ele acreditar que o mordomo está a mentir.

Podemos retirar mais alguns compromissos causais da psicologia popular invocando o argumento de Grice (1961) de que há uma condição causal para o acto de *ver*. Grice salientou que olhar na direcção de, digamos, um pilar em particular e de ter uma experiência visual *como de um pilar* não eram, em conjunto, condições suficientes para ver *aquele* pilar. Suponhamos que houvesse um espelho, ou qualquer outro dispositivo que reflectisse luz, interposto entre você e o primeiro pilar, de tal modo que a imagem de um segundo pilar (semelhante mas diferente) se reflectisse nos seus olhos. Ora, que pilar está a ver? É evidente que a resposta é: aquele que está causalmente envolvido no facto de ter a experiência visual — que neste caso *não* é aquele que está localizado na direcção do seu olhar.

Há uma necessidade causal semelhante, mas mais complicada, aplicada à memória — mais precisamente a um género de memória, nomeadamente a recordação pessoal. De facto, a memória merece uma atenção especial enquanto exemplo das relações entre as psicologias científica e popular. Vejamos:

a) Ela lembrou-se da data da morte de Shakespeare.
b) Ela lembrou-se de como se pronuncia isso em croata.
c) Ela lembrou-se daquele longa e cálida tarde na praia em Ynyslas.

No que respeita à psicologia popular, todos estes casos são exemplos de recordação. Mas os psicólogos quererão distinguir entre *a)* memória factual (muitas vezes chamada pelos psicólogos de «memória semântica»), *b)* memória processual (competência ou perícia) e *c)* recordação pessoal (em geral chamada pelos psicólogos «memória episódica»). A psicologia popular não é inconsistente com estas distinções. Simplesmente não está muito interessada nelas. No que respeita às memórias de tipo *c)* ou recordações, o argumento de Grice apresenta-se da seguinte maneira: suponhamos que ela tenha passado *duas* longas e cálidas tardes na praia de Ynyslas e pensemos que ela se lembrava de uma delas (cinco Verões antes, digamos), mas a experiência da sua memória actual dependia realmente dos pormenores da outra (seis Verões antes). De que dia na praia se estava ela a lembrar? Parece que a resposta é o dia em que ela teve as experiências das quais as suas experiências actuais estão causalmente dependentes. De modo que se tivermos quaisquer memórias genuínas de incidentes, essas memórias são estados que estão causalmente relacionados com os incidentes de que são memórias.

4) *Conceptualização*: em quarto lugar — e talvez o género mais importante de todos — os estados intencionais têm *conteúdo conceptualizado*. Quando o leitor pensa, pensa em alguma coisa. Quando tem esperança, tem esperança de que aconteça alguma coisa. Frequentemente a psicologia popular introduz conteúdo por meio de uma frase embutida ou «oração que» (embora haja outras construções). De acordo com a psicologia popular há duas características notáveis do conteúdo: i) que um pensador pode pensar da mesma forma coisas diferentes e ii) que um pensador pode pensar sobre a mesma coisa de diferentes

53

formas. Os filósofos consideraram que ii) era um tópico muito interessante, especialmente em relação a nomes e descrições definidas. Mas examinemos i) em primeiro lugar.

Suponhamos que John pensa, de forma muito plausível, que a relva é verde. John também pensa que as esmeraldas são verdes. Reflectindo nisto ele chega à conclusão de que tanto a relva como as esmeraldas são verdes e que têm algo em comum — nomeadamente, a verdura — com as camisolas de râguebi sul-africanas, com o creme de mentol e com as maçãs verdes. De acordo com a opinião popular, John aplica o mesmo conceito a todas estas coisas. Se o leitor lhe perguntar se alguma destas coisas é vermelha, é evidente que ele dirá «Não». E as suas razões serão as mesmas em cada caso — ele pensa que o item em questão é verde e também pensa que, em geral, aquilo que é verde não pode ser vermelho. Um conceito como *verde* pode apresentar-se num pensamento em particular (como: «Yuk, este queijo está a ficar verde nos cantos!»), mas sempre que aparece tem uma generalidade implícita. A fim de pensar *verde* de uma coisa, é preciso estar pronto a pensar a mesma coisa de tudo o resto que seja adequadamente semelhante. De modo que, de acordo com a psicologia popular, os conceitos estão a unir capacidades e a sua aplicação ou sinalização é constitutiva de pensamentos. (Comparar com Davis, 1991).

Como já sublinhámos, de acordo com a psicologia popular, uma pessoa também consegue pensar a mesma coisa de diversas formas. De maneira que, se alguém tem um pensamento sobre algum item, não pode ser o próprio item que é constituinte do pensamento, mas apenas o item enquanto apresentado ao pensador ou o item sob uma descrição. (Ver capítulo 6 em baixo para um tratamento muito mais pormenorizado deste ponto.)

Podemos resumir tudo, dizendo que a psicologia popular está comprometida com o facto de as pessoas terem estados intencionais e com a alegação de que alguns estados intencionais são formas de conteúdo intencional em que itens reais ou possíveis são apresentados a um sujeito de várias formas e conceptualizados de várias maneiras. Além disso, há conexões causais características entre a percepção e alguns desses estados com conteúdo — de tal maneira que, por exemplo, provoca-se numa pessoa normal a aquisição da crença de que o quarto está vazio fazendo-a entrar num quarto vazio, para *ver* que assim é. Também há — e isto parece ser o próprio núcleo de crença/desejo da psicologia popular — conexões causais características entre combinações de estados intencionais e acções. De modo que se alguém quer estar sozinho e acredita que o quarto no fim do corredor está vazio, então é bastante provável que isso fará com que essa pessoa entre no quarto. Além do mais, há conexões causais características entre os próprios estados intencionais com conteúdo. A inferência é um exemplo manifesto. O leitor vê alguém a entrar no quarto no fim do corredor. Dessa forma é levado a adquirir a crença de que aquela pessoa entrou no quarto; e essa crença (habitualmente) originará ainda que o leitor adquira a crença de que o quarto já não está vazio.

3.4. VARIEDADES DO REALISMO

A nossa posição tem sido a defesa do realismo de intenção no que respeita à psicologia popular. Mas e o que se passa com o pensamento inicial com que iniciámos esta secção, respeitante à *superficialidade* da nossa psicologia popular? Será possível conciliar tudo o que acabámos de dizer com a falta de interesse pelo cérebro e suas propriedades? Aqui é importante distinguir entre três variedades diferentes do realismo de intenção sobre o mental, nomeadamente: 1) *o fisicalismo do sinal*, 2) *o realismo composto* e 3) *o realismo nómico* (ou causal). Só 2) e 3) estão empenhados na realidade das propriedades mentais e espécies de estado mental, autorizando assim a ideia de que os estados mentais existem realmente no mundo natural como *espécies naturais*. Mas 3) fá-lo de tal forma que não precisa de admitir quaisquer compromissos com a composição neuronal dos diversos tipos de estado mental. De modo que será 3) aquele que iremos apoiar.

O fisicalismo de sinal (1) já foi debatido quando foram abordadas as perspectivas de Davidson na secção 2 acima, onde concluímos que podia ser classificado como uma forma fraca de realismo. Se cada estado mental de sinal é idêntico a um dado estado cerebral de sinal, então os estados mentais de sinais realmente existem no mundo natural — porque esses estados cerebrais serão certamente reais. Mas isto é o mais longe que se pode ir: não é necessário que os vários *tipos* de estado mental sejam reais e é possível, em consonância com o fisicalismo de sinal, negar que o mundo contém quaisquer espécies naturais psicológicas.

O realismo composto (2) é provavelmente a imagem ortodoxa daquilo que se considera ser um tipo natural. Sob a influência de Kripke (1972) e de Putnam (1975a), somos tentados a pensar que a realidade de um tipo, ao nível de uma «ciência especial», é questão de ele ter uma estrutura subjacente comum — por exemplo, a água é real porque é H_2O. (As «ciências especiais» são aquelas que funcionam a um nível diferente e têm uma gama mais restrita de aplicações do que a física elementar. As ciências especiais incluem a química, a biologia, a psicologia e a economia.) Mas além de se fazer aqui uma simplificação excessiva (até que ponto terá de ser rigorosa a semelhança básica da constituição? Os gases não se-rão uma espécie real? E os sólidos?), não é a única forma de se reivindicar a rea-lidade de um tipo. Isto é auspicioso para o realismo da psicologia popular, porque não é provável que os estados da psicologia popular sejam reais em virtude de partilharem uma composição comum (lembremo-nos da objecção da realização múltipla à teoria da identidade tipo-tipo).

O realismo nómico (3) é o género que apoiamos. Os tipos podem ser reais, visto que os seus termos designam, de uma forma próxima da lei, coisas semelhantes nas suas interacções causais. Fodor (1983) assinala esta característica sobre a aerodinâmica e as asas: embora seja bastante rígida, tudo o que interessa é que a asa tenha uma certa forma e não do que é feita. De qualquer modo, o detalhe devia ser óbvio do ponto de vista físico (ver Blackburn, 1991): os estados que estão nomicamente relacionados podem ser estados de funções, em vez de estados de realização. Ou seja, os estados que são importantes para as leis causais pertinentes podem ser estados que se distinguem de outros estados em termos da sua caracterização funcional, em vez da sua microestrutura físico-química. Considere-se, por exemplo, a *massa* e a *temperatura*. A massa e a temperatura são nomicamente reais, mesmo que seja evidente que dois objectos com a mesma massa e coisas à mesma temperatura *não tenham de partilhar uma microestrutura comum*.

4. REALISMO E ELIMINATIVISMO

O realismo (de intenção) sobre a psicologia popular envolve mais compromissos e, por conseguinte, também maiores riscos de errar do que o interpretacionismo ou o instrumentalismo. A vantagem metodológica do realismo científico está particularmente associada à *incompatibilidade* das teorias que postulam diversas estruturas subjacentes, processos causais e mecanismos geradores. Pelo contrário, o instrumentalismo é mais tolerante para com a coexistência de diferentes formas de resolução de problemas. É provável que a minha calculadora me permita calcular os resultados mais depressa do que o leitor a usar o ábaco. Mas isso não o obriga a abandonar o ábaco, se isso lhe permite atingir os seus propósitos; e podem existir determinadas circunstâncias (como falhas de energia) em que ficarei muito contente por adoptar outro aparelho. Mas se, como dissemos, uma forma forte de realismo sobre a psicologia popular estiver correcta e se — como argumentaremos no capítulo 4 — a psicologia popular constitui um género de *teoria*, então temos de reconhecer a possibilidade de que a psicologia popular pode muito bem ser uma teoria *incorrecta*.

Certas pessoas argumentaram que *ou* a psicologia popular pode desde já ser vista como uma teoria inadequada (Churchland, 1979, 1981) *ou* então é muito provável que a psicologia popular se venha a revelar incorrecta face aos futuros avanços da ciência cognitiva e ou neurociência (Stich, 1983, 1988; Ramsey *et al.*, 1990). Estas duas alegações são comummente referidas pelo nome de «eliminativismo», mas é importante distinguir a «eliminação já» de Churchland, da menos dogmática «eliminação em perspectiva» de Stich. Ambas as formas de eliminativismo são perturbantes porque sugerem que a psicologia popular está *radicalmente* enganada. O que o eliminativismo quer dizer com isto não é que a psicologia popular nos faça ver muitas vezes as coisas de forma excessivamente errada, interpretando-nos uns aos outros de forma descontrolada, esperando que as pessoas façam uma coisa e descobrindo depois que fazem outra completamente diferente e assim por diante. Não é plausível que a psicologia popular esteja radicalmente errada como guia para os assuntos práticos. Em vez disso, o eliminativismo pretende dizer que a psicologia popular está errada quanto aos géneros de estados internos que estão por trás do nosso comportamento. Muito especificamente, que ela está errada ao supor que temos pensamentos, quereres, desejos, crenças, esperanças, medos e outros estados intencionais. Repare que só se o realismo (de intenção) estiver certo, é que pode a psicologia popular estar *radicalmente* enganada neste sentido. Em contrapartida, não há mais nenhum motivo para que a atitude intencional de Dennett esteja radicalmente errada *sobre* ela.

Aquilo que o eliminativismo propõe é suficientemente iconoclasta para parecer absurdo. Como pode ser verdade que as pessoas não tenham crenças, medos e esperanças? Não sabemos, com certeza, que no nosso caso os temos? Além disso, não é a perspectiva eliminativista paradoxalmente auto-refutada ao ousar pensar o impensável; em particular, em *pensar* que não existe uma coisa assim como o pensamento?

Rejeitamos o eliminativismo, mas não devido a estas considerações, que não são tão convincentes como podem parecer à primeira visa. De facto, apenas roçam a questão. Suponha o leitor que alguém insistia em que nós *sabemos* que o Sol gira em torno da Terra através do céu porque podemos vê-lo nascer no Este e pôr-se no Oeste. Não há dúvida de que quando vemos o Sol subir e pôr-se, estamos a observar algum género de fenómeno, uma mudança genuína. Estamos a observar um processo real, mas a questão é o modo como esse processo deve ser interpretado. Da mesma forma não há dúvida de que existem diferenças genuínas entre os estados internos de alguém antes de pensar numa coisa e durante o pensamento (como diria a psicologia popular). Para adoptar um vocabulário neutral, podemos dizer que temos a certeza, no nosso próprio caso, de que por vezes experimentamos as mudanças envolvidas no *processamento cognitivo*. Mas o facto de estarmos acostumados a descrever essas mudanças nos termos da psicologia popular não garante que a psicologia popular as categorize e classifique correctamente, tal como o nosso persistente hábito de falar sobre o Sol «nascente» e «poente» não estabelece absolutamente nada sobre o modo como o Sol se move em relação à Terra. Da mesma forma, o eliminativismo pode parecer-nos agora como auto-refutado porque é algo em que poucos filósofos estão absolutamente decididos *a acreditar*. Mas isso apenas revela que os nossos recursos conceptuais nesta área estão limitados pelas nossas teorias ultrapassadas. A seu tempo poderemos acabar por constatar que há uma forma melhor para compreender aquilo que se passa dentro do cérebro de cada um quando estiver a realizar o processo de formular uma hipótese verdadeira.

De modo que este género de argumento não destrói o eliminativismo. No entanto, pensamos que o eliminativismo é um erro. Mas estamos mais seguros, neste aspecto, em relação ao ramo eliminativista de Churchland do que de Stich. Vamos considerá-los a cada de sua vez.

4.1. CHURCHLAND: ELIMINAÇÃO JÁ

De acordo com Churchland (1979, 1981), os defeitos da psicologia popular já se deveriam ter tornados evidentes para todos nós e já estamos em posição de concluir que a psicologia popular vai ser substituída por um entendimento científico superior da motivação e cognição humanas. Ele alega que a psicologia popular pode ser considerada uma teoria inadequada — pronta a ser eliminada e substituída por teorias informadas pela neurociência — por causa 1) da sua maciça incapacidade explicativa, 2) do seu cadastro de estagnação e 3) do seu isolamento e irredutibilidade em relação ao crescente *corpus* do conhecimento científico na psicologia e nas neurociências. Vários comentadores assinalaram que estas razões estão muito longe de ser convincentes para condenar a psicologia popular como sendo uma má teoria (Horgan e Woodward, 1985; McCauley, 1986; McGinn, 1989).

Avaliando em primeiro lugar (1) a alegada incapacidade explicativa (e de previsão) da psicologia popular, os géneros de exemplos citados por Churchland referem-se apenas à incapacidade da psicologia popular em fazer-nos entender como é que ocorrem a aprendizagem ou o mecanismo da memória. Mas levantar esta objecção é esquecer que estamos a lidar com uma teoria do senso comum ou popular, que, como tal, não tem as mesmas preocupações de compreensão e sistematização da teorização científica. É capaz de haver lacunas naquilo que as teorias do senso comum explicam, porque há limites naquilo pelo que o senso comum se interessa. Mas uma incapacidade *para* explicar — onde não há qualquer tentativa séria de explicação – não é a mesma coisa que uma incapacidade explicativa. Na longa história da psicologia popular, milhares de gerações de crianças cresceram sem que o seu desenvolvimento cognitivo fosse rastreado, pesquisado e explicado da forma como tem sido feito pelos psicólogos do desenvolvimento nas últimas décadas. A verdade é que os pais e os irmãos mais velhos estavam demasiado ocupados com outras coisas para satisfazerem essa curiosidade de uma forma sistemática. É evidente que lhes escapavam muitas coisas interessantes. Mas isso só revela que a psicologia popular não vai suficientemente longe e não que haja algo de errado naquilo que faz.

A segunda queixa (2) contra a psicologia popular — que a sua imobilidade em aspectos essenciais ao longo da história humana registada é uma forma de estagnação e de infertilidade, indicador de degenerescência — surpreende-nos por ser particularmente perversa. Podemos aceitar que (embora possa haver graus de variação cultural e histórica — Hillard, 1997) os procedimentos elementares para explicar e antecipar as acções e reacções humanas através da atribuição de estados internos com conteúdo e causalmente eficazes tenham permanecido estáveis durante séculos. Mas porque havemos de considerar isto como um sinal de decomposição e degenerescência? Parece que é muito mais razoável considerá-lo como testemunho do modo satisfatório como a psicologia popular funcionou, pelo menos para as finalidades populares. (Como diz o velho adágio: *se não se estragou não o arranjes*.) Tal como a questão da infertilidade, também esta não apreende a diferença entre a teoria popular e a teoria científica. Elas têm diferentes centros de interesse. Os próprios *explananda* da teoria científica são, comummente, gerais, enquanto a psicologia popular está destinada a ser aplicada à conduta de indivíduos particulares, permitindo-nos explorar os pormenores das suas atitudes, esperanças e convicções idiossincráticas. De certa forma, pode-se dizer que a psicologia popular é a teoria mais fértil, porque é aplicada vezes sem conta, com variações individuais infinitas em cada nova geração.

A alegação (3) de Churchland (1979) de que a psicologia popular permanece num «isolamento esplêndido» e não é redutível a qualquer teoria científica merece ser objecto de uma reflexão cuidadosa. Ela é substancialmente verdadeira, embora o seu isolamento já não seja tão acentuado como costumava ser. Mas representará ele uma desvantagem para a psicologia popular? Não pensamos assim. No que respeita ao isolamento, há um problema que é preciso resolver — o problema de explicar como é que o género de *conteúdo intrínseco* que têm os estados intencionais pode ser realizado em sistemas que ocorrem naturalmente. Vamos ater-nos a este problema no capítulo 7. É um problema difícil, mas não há qualquer razão para o abandonar, considerando-o insolúvel.

E o mesmo se passa com a redutibilidade: porque haveria alguém de a querer? Presumimos que a redução exige o género de identidade-tipo que se verifica, por exemplo, entre a temperatura de um volume de gás e a energia cinética média das suas moléculas, permitindo assim que seja obtida uma lei de observação ao nível macro (como a lei de Boyle) a partir daquelas que se encontram a um nível inferior (neste caso, da mecânica estatística). Mas deve notar-se que este género de redução não é de modo nenhum o caso padrão em ciência. Só podemos obter esse género de redução onde classificações tipo num nível se inscrevem de modo razoavelmente suave em classificações tipo teoricamente significativas num nível inferior, micro. Isso acontece de tal modo que só há uma realização física da diferença entre gases que diferem em temperatura, nomeadamente, uma diferença no movimento molecular. Mas mesmo no caso da temperatura, esta microrredução líquida só se aplica a uma gama específica de casos — não às temperaturas de sólidos e de plasmas, em que as diferenças de temperatura se realizam de maneiras diferentes (ver Blackburn, 1991). Habitualmente não encontramos uma redução

59

líquida e não é nenhuma ameaça à unidade da ciência ou à derradeira soberania da física que não a encontremos. (Voltaremos a esta importante questão na secção 4 do capítulo 7, no contexto da nossa análise da chamada «semântica naturalizada».)

Como salienta Fodor (1974), a situação normal nas ciências especiais é que nos deparamos com relações autónomas semelhantes a leis que se verificam *ceteris paribus* e que não são simplesmente redutíveis a (ou seja, *dedutíveis de*) leis de níveis mais fundamentais. A razão para isto é que as ciências especiais lidam com coisas agrupadas como espécies que de outras perspectivas — e em particular em termos da sua realização microestrutural — são heterogéneas. Só que é desnecessário, para a viabilidade de uma teoria, que as espécies sobre as quais ela teoriza tenham de corresponder a classificações num nível teórico mais geral. De modo que provavelmente não há nada de neurofisiologicamente significativo capaz de unir todos aqueles e só aqueles *que gostam de bananas* ou todos aqueles e só aqueles *que não suportam a música de Wagner* ou todos aqueles e só aqueles *que acabaram de verificar que a sua conta corrente está a descoberto*. Mas esta falta de microcongruência é uma novidade tão nociva para a psicologia popular como o facto de o dinheiro poder ser fabricado de vários géneros de material é para a economia ou como o facto de os predadores bem sucedidos não partilharem uma bioquímica comum e diferenciada é para o zoólogo.

(Por favor, não presuma que em consequência disto acreditamos em poderes emergentes ou que a psicologia é uma dimensão da realidade que não se baseia na física. As pessoas por vezes consideram isso como uma consequência da irredutibilidade. Mas essa consideração é uma noção confusa, que não consegue distinguir entre tipo e sinal. Cada evento *particular* passível de ser descrito em termos psicológicos também é, presumimos nós, um evento que pode ser explicado em termos de física.)

4.2. STICH: ELIMINAÇÃO EM PERSPECTIVA

Chegamos à conclusão de que a causa de Churchland para a «eliminação já» é fraca. A perspectiva de Stich não pode ser rejeitada da mesma maneira. Como aposta no futuro desenvolvimento científico, não pode ser rejeitada de forma absoluta: teremos de esperar para ver. Stich pensa que é provável que aquilo que viermos a conhecer sobre os processos reais subjacentes da cognição mostrarão que as categorias da psicologia popular, e em particular a categoria da *crença*, não podem ser empiricamente sustentadas.

Sendo realistas, teremos de admitir que se trata de uma possibilidade. O compromisso com a eficácia causal dos estados intencionais seria completamente esvaziado se fosse consistente com quaisquer descobertas possíveis sobre processos psicológicos internos. Até agora a principal sugestão concreta nesta área tem sido a de que o conexionismo pode ser o modelo adequado para o processo cognitivo e que a forma como a informação é armazenada nas redes conexionistas não é consistente com as redes que contêm qualquer coisa que possa ser a realização de um estado de crença (Ramsey *et al.*, 1990). Mas a alegada incompatibilidade entre conexionismo e psicologia popular foi posta em questão (Clark, 1990; O»Brien, 1991; Botterill, 1994b). Voltamos a esta questão no capítulo 8.

Para já não vemos qualquer motivo para estarmos tão pessimistas como Stich quanto às perspectivas de uma integração bem sucedida das psicologias popular, científica e da neurociência. Pelo contrário, pensamos que a psicologia popular funciona tão bem (no âmbito das suas próprias limitações, é claro) que os estados intencionais causalmente eficazes com que lida provavelmente aproximam os estados que realmente causam o comportamento. Fodor (1987) põe a questão de forma mais arrojada (como é habitual!), argumentando que a «extraordinária capacidade de previsão» da psicologia da crença/desejo é um bom argumento para se considerar a psicologia popular exacta, pelo menos nos seus grandes compromissos.

Concordamos substancialmente com a perspectiva de Fodor, mas é preciso dizer alguma coisa sobre a avaliação da capacidade de previsão. É difícil avaliar a «capacidade de previsão» da psicologia popular, visto que muitas das expectativas fidedignas que formamos sobre a conduta dos outros (incluindo o exemplo que Fodor cita, de se combinar por telefone um encontro no aeroporto) parecem dever mais a regras sociais e culturais do que à aplicação da psicologia popular. (Neste caso a regra pode ser apenas: «Se alguém pronuncia as palavras "Farei A", então em geral fará A» — não se exigindo nada de mental.) É assim que, quando entrega o dinheiro do bilhete ao condutor do autocarro, fica à espera de receber qualquer coisa como o troco correcto. Mas essa expectativa pouco tem a ver com quaisquer crenças ou desejos que possa atribuir ao condutor. Há uma miríade de interacções pessoais mundanas desta espécie que envolvem expectativas não pensadas para as quais o costume social nos habituou. Quando temos de lidar com outras pessoas de forma menos superficial e fazer previsões com base nas suas atitudes e pensamentos, a nossa taxa de sucesso pode não ser tão espectacularmente alta.

Para obtermos uma perspectiva adequada sobre esta questão, precisamos de avaliá-la através da aplicação de um corpo qualquer de conhecimento teórico geral, dependendo o sucesso da previsão da quantidade e da qualidade da informação disponível. É muito provável que a capacidade de previsão não seja boa caso a informação seja inadequada ou quando dependemos de dados incorrectos. Vivendo como os seres humanos modernos vivem, em grandes sociedades (urbanizadas e industrializadas), as pessoas têm de entrar permanentemente em contacto com estranhos. Não há conhecimentos psicológicos prévios em quantidade suficiente para permitir que a psicologia popular funcione correctamente em muitas destas interacções. No entanto, as funções e práticas sociais estabelecidas permitem-nos em grande medida encarar estas situações, pelo menos para uma gama de transacções que se podem transformar em rotinas sociais. (De maneira que podíamos acrescentar a *atitude da função social* à lista de «atitudes» de Dennett, e essa atitude da função social é muito importante para a forma como funciona uma sociedade em larga escala.) Mas isto não revela um defeito da psicologia popular; muito menos mostra que a psicologia popular é uma teoria falsa. Apenas mostra que a psicologia popular tem as suas limitações, particularmente no que respeita às pretensões informativas que impõe. Estas pretensões informativas são, como se observou acima, muito menores do que as da atitude física, mas podem ainda ser muito reduzidas com a diminuição dos contactos com estranhos. Isto não é razão para pensar que não conseguiríamos explicar estas acções e reacções dos estranhos em termos da psicologia popular, se soubéssemos mais sobre eles e mais sobre o que queriam, valorizavam e acreditavam.

Acreditamos que o território natural da psicologia popular é a finalidade para cujo serviço evoluiu (ver capítulo 4). No início teria havido a finalidade de um misto de cooperação e concorrência, entre humanos, para se encontrar a dimensão adequada dos grupos; isto não acontece actualmente, mas foi o que se passou há centenas de milhares de anos (pelo menos). Os princípios elementares da leitura da mente da psicologia popular tinham de funcionar correctamente nos pequenos grupos tribais; e não há qualquer razão para pensar que eles não funcionavam. O que torna improvável que os seus princípios sejam radicalmente incorrectos.

Mas o que acontece se Stich tiver razão? Significa que temos então de abandonar a psicologia popular e admitir que não existem coisas como crenças e desejos? Esta questão é mais do que implausível. A utilidade prática da psicologia popular não é prova de que seja realmente correcta. Mas é uma razão muito persuasiva para se pensar que é efectivamente indispensável — como Stich também reconhece. De maneira que se os eliminativistas tiverem razão, então a melhor forma de reagir é a seguinte: poderíamos admitir que, rigorosamente falando, não existem crenças e desejos, mas na maior parte do tempo não sentiríamos a necessidade de falar rigorosamente. Pelo contrário, precisaríamos de falar de modo geral e grosseiramente — de modo a converter-nos, por assim dizer, em instrumentalistas pragmáticos. O que pode parecer esquisito. Mas é muito parecido com as atitudes dos físicos em relação à mecânica de Newton. Teoricamente é falsa. Mas para a maior parte das aplicações tecnológicas produz resultados que são suficientemente exactos e é muito mais prática de usar do que a teoria da relatividade.

5. USANDO A PSICOLOGIA POPULAR

Desde que consideremos em geral que a psicologia popular é apropriada nas suas grandes categorias causal-funcionais, não há qualquer razão para que a psicologia científica ignore os estados intencionais que ela postula. Foi exactamente isso o que a psicologia científica tentou fazer durante a sua fase comportamentalista e os resultados não foram encorajadores. Nós pensamos que os psicólogos científicos não se deviam sentir embaraçados por confiarem em certos aspectos da psicologia popular.

No entanto, tem-se argumentado que a psicologia popular e a científica não estão, nem mais nem menos, relacionadas — alegando-se que a última pode e deve desenvolver-se independentemente da primeira e que não temos de nos preocupar com a integração da psicologia popular na ciência cognitiva e na neurociência. Nesta perspectiva, a única coisa que os fisicalistas devem assumir é a integração da psicologia *científica* na neurociência, deixando a psicologia popular para as pessoas comuns. Esta posição foi defendida em muitas situações por Wilkes (1978, 1991a, 1991b).

Um dos principais argumentos de Wilkes é que a psicologia popular é uma *espécie* de empreendimento muito diferente da psicologia científica, porque tem diversas finalidades. Por exemplo, é preciso usar da psicologia a fim de persuadir, lisonjear, ameaçar, avisar, aconselhar, seduzir e consolar os outros. É claro que tudo isto é verdadeiro, mas não consideramos esta uma boa razão para pressupor que não há quaisquer interligações entre a psicologia popular e a psicologia científica. E muito em particular, é difícil ver em que medida a psicologia popular *poderia* servir a todas estas finalidades se não fosse através de um *núcleo* que pudesse ser usado, quase cientificamente, para gerar previsões e explicações. Ao tentar seduzir alguém através de palavras ou de acções, por exemplo, temos de formar *expectativas* dos efeitos prováveis sobre o outro daquilo que dizemos ou fazemos; e também temos de ser capazes de *interpretar* cuidadosamente as reacções iniciais dos outros às nossas próprias propostas.

Também as teorias científicas podem ser postas ao serviço de todos os géneros de aplicações tecnológicas, muito longe das suas funções centrais de explicação e previsão. É evidente que este género de «impureza tecnológica» está profundamente incrustado no exercício quotidiano da psicologia popular. Mas isso não mostra que a psicologia popular esteja errada em muitas das previsões e explicações que produz ou no enquadramento teórico que usa para gerar essas previsões e explicações. Pelo contrário, dificilmente poderia ter servido tão adequadamente esses propósitos, durante tanto tempo, se não fosse razoavelmente eficaz em termos de previsão e explicação.

É claro que podemos descobrir (ou, melhor, já descobrimos) que sob muitos aspectos a psicologia popular precisa de ser corrigida. Mas como ponto de partida para a psicologia científica, as capacidades humanas reconhecidas pela psicologia popular são mais ou menos indispensáveis como tópicos de investigação. A característica diferencial que encontramos entre a psicologia popular e a científica é que enquanto a teoria popular se ajusta às minúcias dos casos individuais, a teoria científica interessa-se preferencialmente por *espécies* gerais de processos. É assim que eu posso estar interessado em saber se a expressão do seu rosto revela que me conseguiu reconhecer quando eu tentava sair furtivamente de uma casa de má fama. Aquilo que a psicologia científica está interessada em explicar é o modo como funciona em geral a nossa capacidade de reconhecimento de rostos.

Além disso, como veremos no capítulo 4, nas duas últimas décadas, os psicólogos do desenvolvimento descobriram muita coisa sobre o modo como a «teoria da mente» (a capacidade elementar de leitura da mente da psicologia popular) se desenvolve nas crianças. Mas embora o desenvolvimento da psicologia popular (no padrão normal, por contraste com enfraquecimentos estranhos e anormalidades) seja o *tópico* deste género de investigação sobre o desenvolvimento, é curioso que os psicólogos do desenvolvimento também tenham de fazer *uso da* psicologia popular a fim de adquirirem indícios empíricos. De maneira que a conclusão destas investigações pode ser relatada sob uma forma geral e sistemática, adequada à psicologia científica — como, por exemplo, a conclusão sobre a *capacidade metarrepresentativa* das crianças numa determinada idade. Mas a fim de conseguir reunir os indícios para essas conclusões, os psicólogos do desenvolvimento têm de descobrir o que é que as crianças individuais *crêem* no que respeita aos sonhos, desejos e acções dos outros. Ao testar que crenças as crianças têm sobre as crenças, os psicólogos precisam de se fiar na psicologia popular para estabelecer as crenças a atribuir aos seus sujeitos. O quer que se pense sobre o futuro a longo prazo da psicologia popular, de momento não há realmente alternativa.

6. CONCLUSÃO

Neste capítulo começamos a investigar as relações entre a psicologia popular e a psicologia científica. Argumentámos que a psicologia popular é *realista* nos seus compromissos com a organização interior e com a função causal dos estados mentais. Isto abre a possibilidade da eliminação. Mas também argumentámos que as perspectivas para uma incorporação relativamente suave das categorias da psicologia popular na ciência são boas — quanto a este assunto, pode bem suceder que as pessoas comuns tenham conseguido coisas mais ou menos certas.

LEITURAS SELECCIONADAS

Sobre a atitude intencional, ver especialmente: Dennett, 1981, 1987, 1988a.

Para a combinação, de Fodor, da autonomia nomológica das ciências especiais com o realismo da psicologia popular, é possível que queira consultar: Fodor, 1974, 1987. Para mais argumentos para o realismo da psicologia popular, ver: Davies, 1991.

Argumentos para o eliminativismo estão presentes em: Churchland, 1979, cap. 4, 1981; Ramsey *et al.*, 1990.

Uma das primeiras das muitas refutações da versão de Churchland do eliminativismo é: Horgan e Woodward, 1985.

Wilkes apresenta a sua defesa sobre a falta de conexão entre a psicologia popular e a científica em: Wilkes, 1978, 1991ª, 1991b.

III
MODULARIDADE E INATISMO

Neste capítulo vamos examinar o modo como se desenvolve a mente humana e qual é a estrutura geral da sua organização. Tem havido muitas investigações fecundas nesta área, mas ainda há muito por fazer. Um levantamento exaustivo e pormenorizado está fora do alcance deste pequeno livro, quanto mais de um capítulo. Mas é possível estabelecer e defender certos princípios orientadores ou programas de investigação. Passaremos a sublinhar a importância do *inatismo* e da *modularidade*.

Usamos o termo «inatismo» para designar a tese sobre o inatismo da cognição humana, na medida em que é geneticamente pré-configurado e consistente com o modo como o desenvolvimento psicológico realmente funciona. Em termos de estrutura, defendemos que a mente humana está organizada em hierarquias de subsistemas ou *módulos*. O principal defensor da modularidade da mente tem sido Fodor (1983), mas a nossa versão da tese modularista é um pouco diferente da sua. Num aspecto é mais extremada porque não restringimos a tese da modularidade aos sistemas de entrada, como faz Fodor. Mas, por outro, lado pensamos que é preciso haver um pouco mais de flexibilidade quanto ao grau em que os módulos individuais estão isolados do funcionamento do resto da mente.

A característica destes debates sobre a natureza da modularidade deve tornar-se clara à medida que formos prosseguindo. No entanto, convém sublinhar que pensamos nos módulos como uma espécie natural — ou seja, uma espécie natural do processador cognitivo — de forma que os módulos *são* principalmente uma questão de descoberta empírica, em vez de serem estipulados por definição. Quando se espera que a articulação de uma teoria descubra a natureza de uma espécie, a teorização começa inevitavelmente com uma ideia um tanto confusa e depois vai configurando essa ideia em reacção ao crescente conhecimento empírico. De futuro, é provável que basta dizer que um *módulo* é um sistema de processamento causalmente integrado com diversas espécies de entradas e saídas — um género de departamento da mente autónomo ou semiautónomo.

1. ALGUNS FUNDAMENTOS DO EMPIRISMO E DO INATISMO

As questões de interesse actual respeitantes ao grau em que a cognição humana é estruturada de forma inata também preocuparam os filósofos da revolução científica no séc. XVII. Num dos mais importantes textos filosóficos escritos em inglês, *Ensaio sobre o entendimento humano*, John Locke argumentou vigorosamente que «não há princípios inatos na mente» e tentou mostrar como é que todos os materiais do nosso pensamento («ideias», como lhes chamou) são derivados da experiência (Locke, 1690). Não há dúvida de que nessa época Locke prestou um grande serviço ao progresso da ciência, visto que o género de inatismo defendido nesse período era muitas vezes associado a apelos reaccionários à autoridade — «não deixava de ser uma grande vantagem para aqueles que se assumiam como mestres e professores fazer deste o princípio dos princípios: *que os princípios não podem ser questionados*» (1690, Liv. 25).

Queremos insistir que os méritos do empirismo enquanto posição epistemológica (*empirismo epistemológico*) — que é uma perspectiva sobre o modo como as teorias e as pretensões do conhecimento devem ser justificadas — não devem ser confundidos com a sua plausibilidade enquanto hipótese geral respeitante ao desenvolvimento cognitivo (*empirismo do desenvolvimento*). Por outras palavras, as pretensões do conhecimento têm de ser defendidas com apelo à experiência e à experimentação. Mas isso não significa que tudo o que conhecemos tenha sido *aprendido através* da experiência. Pelo contrário, uma das maiores aquisições da ciência cognitiva foi mostrar em que medida dependemos de dotes cognitivos naturais, que atribuem tarefas de processamento a estruturas modulares com domínios e entradas muito específicos e restritos. Isto faz todo o sentido em termos evolucionistas, como veremos em breve e, contudo, continuamos a ter dificuldade em aceitá-lo quando nos diz respeito.

Em primeiro lugar, há uma inclinação natural para pressupor que a cognição está integrada num sistema único, disponível para a sobrevivência do indivíduo. Estamos todos submetidos a esta ilusão, a ilusão da «mente transparente». Ela é, efectivamente, concomitante com a consciência visto que, como explicaremos no nosso último capítulo, os estados mentais conscientes são inspeccionáveis e integrados justamente desta forma. Mas uma boa porção do processamento cognitivo — de facto, a maior parte — continua a ser executado a um nível abaixo do conhecimento consciente e há indícios consideráveis confirmando a sua estrutura modular.

Além disso, os seres humanos estão, naturalmente, muito interessados nas diferenças entre indivíduos. Alguns dos nossos sistemas especiais evoluíram em função da sensibilidade a essas diferenças. A concorrência social e económica também nos tornou argutos na graduação de ligeiras diferenças de inteligência e capacidades. De modo que quando pensamos sobre o pensamento somos influenciados a concentrar-nos em realizações espectaculares ostentadas numa arena pública. No entanto, se avaliarmos a questão de uma perspectiva menos parcial e participativa — como se fôssemos cientistas alienígenas — poderíamos ver que todas as capacidades cognitivas elementares são partilhadas por membros desta espécie para onde quer que se tenham disseminado neste planeta, a partir de um dote cognitivo comum (ver, por exemplo, Brown, 1991).

Independentemente do mérito da sua argumentação, o *Ensaio* de Locke foi bem sucedido ao estabelecer o empirismo do desenvolvimento como um paradigma dominante, primeiro na filosofia e depois na psicologia. Foi por esta razão que a «linguística cartesiana» (1965, 1975, 1988) de Chomsky — a tese de que as estruturas cognitivas inatas são necessárias para a aquisição da competência gramatical na língua nativa — teve um impacto tão grande nos estudos cognitivos.

Todavia, antes de fazermos a recensão do principal argumento chomskiano, temos de fazer uma pausa para saber em que medida o paradigma do empirismo do desenvolvimento se tornou implausível numa perspectiva teórica mais geral, nomeadamente a da evolução pela selecção natural. As características essenciais do paradigma são os seguintes:

1) A cognição humana é moldada nos indivíduos através do ambiente experimental a que se encontram expostos;
2) Só há um pequeno número de aptidões mentais inerentes (como a atenção selectiva, a abstracção, a imitação, o armazenamento, a recuperação e a comparação) ao processamento das entradas a partir do ambiente;
3) Estas aptidões são *gerais*, na medida em que a *mesma* aptidão pode ser aplicada a representações de espécies muito diferentes.

Nós argumentaremos que a ciência cognitiva e a psicologia do desenvolvimento já progrediram o suficiente para que possamos ajuizar da inadequação empírica do paradigma empírico aos factos que caem dentro do seu domínio, principalmente factos sobre o desenvolvimento e a organização funcional do processamento cognitivo. Mas também há a questão muito importante sobre se um sistema desse tipo — uma mente empírica — poderia ter evoluído numa espécie cujos antepassados tivessem sistemas cognitivos mais limitados e inflexíveis.

Maravilhosa e intrincada como é a adaptação evolutiva, precisamos de ter presente que o desenvolvimento evolucionista é condicionado tanto em termos dos seus recursos como dos seus objectivos — funciona com base naquilo que já obteve (dar ou receber a mutação adicional) e aquilo que «projecta» não precisa de ser uma solução teoricamente óptima. Ora, é evidente que os humanos modernos são descendentes de criaturas dotadas de sistemas especiais para controlarem as reacções comportamentais perante vários géneros de informação ambiental. De maneira que deveríamos descobrir que a pressão selectiva actuou numa gama de sistemas especiais ao configurar a cognição humana e, por conseguinte, que a evolução desses sistemas especiais irá estruturar as aptidões cognitivas humanas. É, de facto, muito difícil compreender como é que um grande «computador de objectivos gerais» (que é a maneira como os empiristas do desenvolvimento concebem o cérebro humano) se poderia ter desenvolvido a partir de máquinas menos poderosas organizadas em linhas modulares — em vez disso, seria de esperar que estes sistemas modulares tivessem sido alterados, acrescentados e interligados de formas inovadoras (Barkow *et al.*, 1992). De forma que, mesmo antes de analisarmos indícios mais directos, é da modularidade que estamos à espera.

2. A QUESTÃO DO INATISMO

O principal argumento contra as teorias empíricas da aprendizagem baseia-se no *problema da aquisição* — também referido como *o problema de Platão* ou *a pobreza dos estímulos*. O problema é o seguinte: como é que as crianças aprendem *tanto, tão depressa*, com base em *dados tão limitados e inadequados*, se tudo com que as crianças humanas contribuem para a tarefa são apenas aptidões perceptivas e cognitivas gerais? Foi Chomsky quem originalmente insistiu neste problema no caso da aquisição da língua nativa, mas ele também se aplica com o mesmo vigor a outros domínios (ver capítulo 4 sobre o desenvolvimento das nossas capacidades de «leitura da mente»). A força do argumento em qualquer domínio particular depende dos factos — quanto há para se saber, quão rapidamente desenvolve a criança uma competência que exige esse conhecimento e que entradas experienciais relevantes estão disponíveis durante o processo de desenvolvimento.

Observe que enquanto estivermos empenhados num programa geral de investigação inatista em psicologia, somos *empiristas quanto ao nosso inatismo*. De maneira que se constata que há bases coerentes com a teoria geral da evolução para pressupor que algumas das nossas aptidões psicológicas apresentam mecanismos geneticamente herdados; há alguns domínios cognitivos em que os indícios de tais mecanismos psicologicamente herdados são extremamente fortes; mas continuam ainda por confirmar as outras áreas de cognição que dependem da pré-programação genética. Não negamos a existência da aprendizagem pela experiência. Uma das coisas que se aprende com a experiência indirecta da investigação psicológica é onde aprendemos e onde não aprendemos com a experiência!

Como sublinhámos acima, por vezes chama-se ao caso chomskiano, no que respeita ao desenvolvimento, o argumento da «pobreza dos estímulos». Todavia, parece-nos que se trata de um termo impróprio que levanta dúvidas ao vigor do raciocínio. Serão os dados à disposição do aprendiz realmente tão inadequados? Terão os chomskianos exagerado a competência adquirida? Outra preocupação tem origem na comparação com a formação da espécie e com as influências ambientais. Um dos argumentos favoritos dos críticos da teoria evolucionista é que os factores ambientais não são suficientemente fortes e específicos para configurar o desenvolvimento evolucionista — de facto, tem havido *uma pobreza dos estímulos ambientais*. Contudo, os darwinistas nunca se deixaram influenciar por esses argumentos, insistindo em que eles se limitam a subestimar a eficácia selectiva das pressões ambientais. De forma que podemos conjecturar se os empiristas não poderiam tirar proveito de uma resposta semelhante e insistir que, visto que as crianças *aprendem*, os estímulos a que estão expostas devem ser consideravelmente mais ricos do que os teóricos inatistas imaginam.

No entanto, há uma des-analogia significativa entre a ontogenia e a filogenia que precisa de ser levada em consideração nestas duas áreas do debate teórico. A diferença é que o desenvolvimento individual (ontogenia) se conforma com o padrão cognitivo da espécie como um todo, ao passo que não existe um padrão filogenético comparável que condicione a formação da espécie. Há um aforismo bem conhecido da especulação evolucionista, ainda que só seja parcialmente aceitável, que diz que «a ontogenia recapitula a filogenia». No que respeita aos fundamentos da psicologia do desenvolvimento, é muito mais seguro dizer que «a ontogenia recapitula a ontogenia», ou seja, que o desenvolvimento dos indivíduos segue um percurso semelhante ao de outros indivíduos da espécie.

Imaginemos, por meio de uma experiência pensada, que intervimos no processo de evolução para produzir isolamento geográfico, pegando em porções semelhantes de uma espécie e colocando-as em ambientes muito diferentes — mandando uma fornada para a Austrália, outra para uma floresta tropical, uma terceira para pradarias temperadas e assim por diante. Presumindo que o choque da recolocação não as tenha levado à extinção completa e admitindo um pequeno intervalo para a formação da espécie (digamos um milhão de anos mais ou menos), regressamos para observar os resultados. Pressupondo que as condições ambientais enfrentadas pelos vários ramos da porção original continuaram a ser diferentes, será que esperaríamos encontrar um desenvolvimento análogo e espécies muito semelhantes em todos esses diferentes ambientes? Certamente que não. O isolamento geográfico conduz à divergência das espécies — como assinalou o estudo de Darwin sobre os tentilhões das Galápagos e pelo que aconteceu em Madagáscar desde que ela se separou do continente africano.

Se descobríssemos que as espécies tinham evoluído quase da mesma forma nesses diferentes lugares, num desafio evidente à variação ambiental, então temos de começar realmente a pensar que tem de haver qualquer coisa na ideia de um caminho predeterminado do desenvolvimento evolucionista filogenético, de certa maneira já previsto no fundo genético inicial. Arthur Koestler acreditava que há algo de verdadeiro nesta questão e que o desenvolvimento evolucionista segue determinados *chreods* (grego para «caminhos predeterminados»; ver Koestler e Smythes, 1969). Existem, de facto, alguns casos de semelhanças notáveis entre espécies que estão muito distantes umas das outras em termos de descendência — como o lobo siberiano e o lobo da Tasmânia. Mas só algumas. De maneira que não existem bons argumentos a favor dos *chreods* no desenvolvimento filogenético. O vigor da causa inatista, pelo contrário, deriva do facto de que parece realmente haver *chreods* para o desenvolvimento cognitivo humano. O inatismo é apoiado, principalmente, não pela *pobreza* do estímulo, mas pelo *grau de convergência* do resultado do processo de desenvolvimento quando são dados vários estímulos.

Esta característica geral favorável ao inatismo é aquilo que teremos em mente ao falar de *rigidez do desenvolvimento*. Examine-se o caso da aquisição da linguagem. No Ocidente industrializado, os pais tendem a auxiliar constantemente a sua descendência com a «fala da mamã», mas há muitas outras comunidades em que os adultos assumem o ponto de vista de que não há motivo para falar com crianças pré-linguísticas — sem que se vejam efeitos adversos (Pinker, 1994; especialmente os caps. 1 e 9). Em geral a absorção linguística a que a criança está exposta é essencial para determinar *qual* é a língua que a criança adquire. Também parece que é necessário um certo nível mínimo de absorção linguística para que se desenvolva a linguagem da criança, como ficou comprovado pelos raros casos de completa privação — como os das crianças-lobo (Malson, 1972) e dos gémeos auto-suficientes estudados por Luria e Yudovich (1956). Mas a tendência para adquirir *qualquer* linguagem é tão forte que pode resistir a níveis extraordinariamente severos de degradação da absorção. Por exemplo, os filhos de pais que falam crioulo desenvolvem espontaneamente um crioulo com estrutura gramatical genuína (Bickerton 1981, 1984; Holm, 1988); as crianças surdas nascidas de pais que ouvem e que não aprendem qualquer forma de sinais conseguem desenvolver as suas próprias linguagens gestuais («sinais-domésticos» — Goldin-Meadow e Mylander, 1990; Goldin-Meadow *et al.*, 1994); as crianças surdas que usam os sinais-domésticos e criadas juntas em comunidades elaboram espontaneamente os seus sistemas gestuais, atingindo linguagens gestuais completamente gramaticais (Pinker, 1994); e alguns pacientes surdo-cegos podem aprender uma linguagem através da absorção que recebem ao colocar os dedos na garganta e no lábio inferior de um falante (o método Tadoma: C. Chomksy, 1986).

Há muitos outros indícios favoráveis à posição de Chomsky sobre a aquisição da linguagem (ver Cook, 1988; Chomsky, 1988; Carruthers, 1992, cap. 6). Por exemplo, os erros característicos que as crianças cometem não são, de modo nenhum, o que deveriam ser se apresentassem uma estratégia de aprendizagem geral do domínio sem quaisquer condições pré-especificadas de possíveis estruturas gramaticais. Em vez disso, o padrão dos seus erros revela que está em funcionamento um dispositivo para a aquisição da linguagem, ávido de regras e poderosamente condicionado. Além disso, um grande e recente estudo sobre gémeos feito por Plomin e colegas descobriu que os factores subjacentes a graves atrasos de linguagem são em grande medida genéticos, podendo atribuir-se três quartos da variação dos atrasos em gémeos aos genes e só um quarto ao ambiente (Dale *et al.*, 1998).

Também é instrutivo comparar a aprendizagem da fala (e da compreensão da fala) com a aprendizagem da leitura. Considerando apenas o que deve ser aprendido, a aprendizagem da leitura devia ser avaliada como uma tarefa relativamente simples para todos aqueles que têm a visão e a audição normais — porque se trata apenas, essencialmente, de uma *questão de delineamento*, uma vez que na aprendizagem da linguagem a pessoa tem de dominar sistemas fonéticos e sintácticos complexos, ao mesmo tempo que desenvolve as aptidões físicas necessárias à articulação da fala. Contudo, a leitura exige instrução e treino especiais, sem os quais a aptidão nunca será adquirida; e muitas crianças, de outra forma normais, nunca chegam a adquiri-la. Embora seja apreciada como aptidão, a leitura é um domínio da cognição humana aprendido em vez de ser natural. Em contrapartida, as aptidões para a fala são desenvolvidas por todas as crianças em poucos anos, caso não haja qualquer deficiência incapacitante.

No entanto, devíamos sublinhar que o género de rigidez de desenvolvimento que temos em mente, e que subjaz ao inatismo, é totalmente compatível com um grau considerável de plasticidade de desenvolvimento (*contra* a imagem crua do inatismo atacado por Elman *et al.*, 1996). A rigidez depende do *objectivo* em direcção ao qual tende o desenvolvimento normal da organização cognitiva, ao passo que a forma como essa organização modular é implementada nos processos causais de desenvolvimento pode ser plástica. Alguns módulos parecem exigir estruturas neuronais dedicadas — por exemplo, a visão e os seus diversos subsistemas. Outros, embora sejam de desenvolvimento rígido em funções de desempenho, podem ser de desenvolvimento plástico na forma como são implementados. A manipulação, por exemplo, teve um efeito acentuado sobre a especialização hemisférica. Os destros normalmente têm os seus centros da fala localizados no hemisfério esquerdo e os canhotos no hemisfério direito. Mas para ambas as manipulações, se a região onde os centros da fala se devem desenvolver normalmente for lesada numa idade precoce, então a área correspondente do outro hemisfério pode ser «cooptada» para desempenhar essas funções modulares. (Uma especulação óbvia sobre o processo de desenvolvimento é que os módulos cognitivos com estruturas neuronais insubstituíveis e dedicadas têm uma história evolucionista mais antiga, datando de há pelo menos seis milhões de anos, desde o antepassado comum ao homem e aos chimpanzés, que provavelmente tinha uma especialização hemisférica mínima. Ver Corballis, 1991.)

Quaisquer que sejam as vias do desenvolvimento, elas são compatíveis com a nossa posição se no caso normal conduzem a um resultado comum em termos de organização cognitiva modular, a partir de diversas absorções. Porque é este resultado comum que será pré-especificado inatamente — pelo menos na medida em que a herança genética predispõe para o desenvolvimento desse sistema cognitivo.

Devemos salientar que o género de inatismo aqui defendido não está gravemente ameaçado, pensamos nós, pelos avanços conseguidos pela modelagem conexionista dos processos cognitivos. É verdade que o conexionismo é visto muitas vezes como um programa de investigação anti-inatista. E, pelo menos no início, havia a esperança de se descobrirem sistemas que haveriam de aprender a produzir qualquer resultado a partir de qualquer absorção, imitando assim o desempenho humano — ou seja, sistemas que poderiam proporcionar simulações de aprendizagem *geral*, por oposição a simulações de domínios específicos. Mas esta esperança ainda não foi confirmada. A maior parte das redes conexionistas ainda exige milhares de horas de treino ante de conseguirem atingir o desempenho pretendido. Isto contrasta com a aprendizagem humana que, pelo menos em muito domínios, pode exigir apenas um único treino — muitas vezes as crianças humanas só precisarão de uma única exposição a uma palavra nova a fim de a aprenderem, por exemplo. Prevemos que se o conexionismo vier a alcançar um verdadeiro sucesso em domínios que são mais plausivelmente pensados modularmente — como os vários aspectos da aprendizagem da linguagem e do processamento da linguagem, do reconhecimento do rosto, da percepção categorial, da percepção do movimento e assim por diante — será através do desenho de redes com uma estrutura que é específica a cada domínio e que contém um grau bastante alto de pré-posições dos valores entre os seus nós.

3. RIGIDEZ DE DESENVOLVIMENTO E MODULARIDADE

Na aquisição da linguagem e noutras áreas da cognição normal, a principal e mais impressionante regularidade é a semelhança dos estádios de desenvolvimento e a capacidade do adulto comum. Somos de opinião que o desenvolvimento cognitivo é *rígido* no sentido em que tende a convergir para aptidões específicas e uniformes numa ampla gama de experiências de desenvolvimento. O âmbito desta convergência só se torna completamente evidente à luz da investigação que revelou o carácter específico do domínio e modular de grande parte do processamento cognitivo.

O inatismo e a modularidade são diferentes, na medida em que o inatismo é uma tese sobre o modo como se desenvolve a cognição (envolvendo a alegação de que é independente da absorção experiencial num grau significativo), a modularidade liga-se ao modo como está organizado o processamento cognitivo. Mas é evidente que estes dois programas de investigação se apoiam mutuamente. Por que não é de todo plausível sugerir que a mesma organização modular pormenorizada deve ser replicada em indivíduos diferentes, operando simplesmente com os processos de aprendizagem geral sobre as diversas absorções experienciais. Os módulos parecem ter finalidades especiais, mecanismos cognitivos dedicados e um dos maiores argumentos teóricos a favor da modularidade — pelo menos em relação aos módulos perceptivos de absorção — é que há vantagens adaptativas em ter a cognição estruturada desta forma. Se assim é, então as vantagens adaptativas precisarão de ser replicadas na transmissão genética das instruções para o crescimento dos sistemas modulares. Por outras palavras, uma parte da questão teórica da modularidade depende da exactidão do inatismo, pelo menos no que respeita a alguns módulos — os módulos perceptivos de absorção. Além disso, se o processamento cognitivo está funcionalmente organizado em termos de módulos que são específicos do domínio e também comuns à espécie humana, então a melhor explicação para o modo como esta organização é replicada é que há programas inatos que controlam o desenvolvimento funcional da cognição.

De modo que a questão do inatismo e da modularidade estão interligadas e os indícios que confirmam em primeiro lugar uma perspectiva podem também indirectamente fortificar a causa da outra. Investigações recentes proporcionaram uma grande quantidade de indícios empíricos relevantes. Estes indícios foram estabelecidos a partir de um grande número de fontes, incluindo os primeiros estudos sobre o desenvolvimento, histórias de casos sobre dissociações cognitivas e dados de obtidos dos scanners[1] cerebrais.

3.1. INDÍCIOS DO DESENVOLVIMENTO

Uma grande parte dos indícios do desenvolvimento foi adquirida nos estudos feitos em reacção ao trabalho original de Piaget (1936, 1937, 1959; Piaget e Inhelder, 1941, 1948, 1966), embora o próprio Piaget não fosse um empírico excessivo. Apesar da notória metáfora de Locke sobre a tabula rasa, ou a ardósia limpa primitiva, a ideia de um sujeito cognitivo como receptor inteiramente passivo não deixa qualquer esperança a uma explicação do desenvolvimento. Sob qualquer ponto de vista a criança tem de contribuir bastante para o processo de desenvolvimento. O empirismo do desenvolvimento pode ser mais ou menos excessivo, dependendo do número e da generalidade dos mecanismos que postula para o

---

1 Decidi optar pelo uso do termo inglês, com alguns derivados, em vez do «varrimento» português, mais ambíguo (N. T.).

processamento da absorção experiencial. A forma mais extremada de todas é o comportamentalismo associacionista, de acordo com o qual a aprendizagem é apenas uma forma do condicionamento operante conformando-se com a muito geral «lei do efeito». Piaget rejeitou explicitamente esta versão austera do empirismo (1927, cap. final; 1936). Em vez disso, retratou a criança como um aprendiz activo que confia em princípios gerais de aprendizagem.

No entanto, os métodos de Piaget para testar as aptidões das crianças não foram suficientemente sensíveis, sobrestimando constantemente a idade a que um determinado estádio de desenvolvimento é atingido. Os psicólogos do desenvolvimento conseguiram fazer baixar — por vezes significativamente — as idades em que se pode demonstrar que as aptidões emergem, ao adoptarem técnicas de investigação mais adaptadas às crianças. (Os primeiros exemplos do género são Gelman, 1968; Bryant e Trabasso, 1971.) Além disso, o desenvolvimento não se processa numa frente constante em todos os domínios, como acreditava Piaget, mas segue trajectórias diferentes em diferentes domínios. (Ver por exemplo Carey, 1985; Wellman, 1990; Karmiloff-Smith, 1992.)

No que respeita às crianças na primeira idade, as técnicas necessárias para investigar os seus interesses e expectativas pura e simplesmente não estavam disponíveis na época em que Piaget viveu. Estas técnicas baseiam-se nas poucas coisas que os bebés conseguem fazer — chuchar, olhar e ouvir — e no facto de que os bebés olharão durante mais tempo para o que é novidade e chucharão com maior frequência na chupeta quando estão interessados num estímulo. Os experimentadores que desenvolveram estas técnicas (paradigmas da habituação e desabituação) têm direito ao nosso reconhecimento, tanto pela sua extrema habilidade como pela extraordinária paciência que mostraram ao serviço da ciência cognitiva (Spelke, 1985; ver Karmiloff-Smith, 1992, para os levantamentos de muitos dos dados sobre a infância). Num caso típico, é apresentado repetidamente um estímulo a um bebé, até que ocorra a «habituação» e a sucção do bebé regresse ao normal. Depois podem ser apresentados novos estímulos, variando relativamente ao original por uma variedade de dimensões, e a medida em que o bebé é surpreendido pode ser medida pela mudança da taxa de sucção.

Os resultados destes estudos revelam formas de conhecimento em bebés tão jovens que dificilmente se pode falar da existência de qualquer processo de aprendizagem. Este indício do desenvolvimento vem em apoio do inatismo porque reforça imenso as considerações sobre a «pobreza dos estímulos». Com apenas alguns meses de idade — ou mesmo só algumas horas depois do nascimento — os bebés evidenciam ter dados muito limitados! Mas também se pode notar que as técnicas mais adequadas às crianças acabam por envolver a investigação sobre o conhecimento infantil naquele género de forma específica de domínio que sugere em alto grau a existência da modularidade. É assim que bebés recém-nascidos revelam interesse preferencial pelas formas parecidas com rostos (Johnson e

Morton, 1991). Os neonatos também podem detectar diferenças numéricas entre séries com um pequeno número de pontos ou formas (Gelman, 1982; Antell e Keating, 1983), com experiências de controlo indicando que eles reagem ao número de pontos. E ao passo que Piaget pensava que o conhecimento das propriedades elementares dos objectos físicos, como as da sua permanência, só se adquiria lentamente através da interacção sensório-motora e nunca, efectivamente, antes do fim do primeiro ano, os testes de habituação mostram que bebés com quatro meses de idade já fazem inferências sobre a unidade de objectos parcialmente obscurecidos e têm expectativas respeitantes à impenetrabilidade e aos movimentos normais dos objectos (Spelke *et al.*, 1994; Baillargeon, 1994).

3.2. INDÍCIOS DA DISSOCIAÇÃO

Se os estudos sobre o desenvolvimento tivessem tornado improvável a ideia de que nos baseamos completamente em mecanismos gerais de aprendizagem, os indícios obtidos das dissociações — quer tivessem causas genéticas como causas devidas a lesões cerebrais em adultos — manifestam a modularidade da mente de forma surpreendente mas inequívoca.

Comparem-se, por exemplo, quatro condições geneticamente relacionadas: a diminuição da linguagem específica, a síndrome de Down, a síndrome de Williams, e o autismo. (Esta última será objecto de uma análise considerável no capítulo 4.) Em primeiro lugar, as crianças podem manifestar muitas diminuições específicas da linguagem, incluindo défices de compreensão e défice de diversas formas de produção, embora sejam, de resto, cognitivamente normais (ver Rapin, 1996, para uma recensão). Em segundo lugar, as crianças Down têm em geral dificuldades de aprendizagem, achando difícil adquirir novas aptidões e informações. Mas adquirem a linguagem de forma relativamente normal e o sinal é que têm uma cognição social intacta e também aptidões de «leitura da mente». (De facto, as crianças Down são usadas amiúde como grupo de controlo em experiências sobre as diminuições de leitura da mente no autismo, nas quais a maior parte delas tem uma taxa de sucesso comparável a crianças normais de idade comparável). Em terceiro lugar, também as crianças Williams têm a cognição social intacta — aliás, é precoce — e a linguagem, mas não sofrem de dificuldades *gerais* de aprendizagem. Adquirem informação sem dificuldade, mas têm uma grave diminuição da cognição espacial e parecem ter grandes dificuldades em realizar tarefas que exijam teorização (Karmiloff-Smith *et al.*, 1995; Tager-Flusberg, 1994). Finalmente, as crianças autistas podem ter a linguagem normal (pelo menos no que respeita à sintaxe e ao léxico, por oposição à pragmática), mas têm escassas aptidões comunicativas e têm uma cognição social geralmente reduzida (Frith, 1989; Baron-Cohen, 1995). Torna-se, efectivamente, muito difícil perceber estes fenómenos sem pressupor que a mente está organizada numa variedade de módulos pré-especificados, que podem ver a sua capacidade diminuída selectivamente.

Voltando agora às lesões cerebrais em adultos: elas foram frequentemente associadas a diminuições especiais e não antecipadas, como acontece com formas particulares de agnosia ou de afasia. A prosopagnósia, uma incapacidade de reconhecer rostos, proporciona um bom exemplo (Bruce, 1988; Bruce e Humphreys, 1994). Os sujeitos podem estar diminuídos na sua capacidade sem qualquer declínio correspondente na respectiva capacidade de reconhecer outros objectos. Neste caso, a prova da dissociação é apoiada por outras razões para se pressupor que temos um sistema de processamento especial para lidar com o reconhecimento facial. Este domínio é um daqueles, como vimos, pelo qual os bebés mostram atenção preferencial desde uma idade muito prematura; e a importância adaptativa da interacção com outros membros da espécie garante efeitos cognitivos significativos desde distinguir «o mesmo rosto outra vez» ou de julgar que «este é um rosto novo que ainda não vi antes.»

Várias outras agnosias visuais são bem conhecidas, sugerindo que a percepção visual é realmente uma hierarquia de módulos interligados. Por exemplo, alguns sujeitos viram diminuir especificamente as suas aptidões de reconhecimento: ainda conseguiam delinear visualmente objectos (como se provou pelos seus desenhos) e sabiam o que era um determinado tipo de objecto (como se provou pela sua aptidão para fornecer definições) e, no entanto, misteriosamente, continuavam a não conseguir reconhecer sequer as coisas mais familiares. Noutros casos o reconhecimento de objectos pode estar diminuído, mas o sujeito já não é capaz de perceber o movimento de uma forma normal. (Ver Sachs, 1985; Humphreys e Riddoch, 1987.)

Pode contar-se a mesma história, *grosso modo* — de diversas dissociações sugerindo o funcionamento de uma variedade de sistemas discretos de processamento –, em relação à fala e ao processamento da linguagem. A afasia, que é a incapacidade de produzir ou compreender a fala normal, aparece sob uma grande variedade de formas. É sabido que a área de Broca, uma região do cérebro próxima da fissura de Sylvian no hemisfério esquerdo (ver figura 3.1), parece ser importante para o processamento gramatical. Trata-se de uma área que os *scanners* ao cérebro revelam ser activada quando as pessoas estão a ler ou a ouvir algo numa linguagem conhecida. Os pacientes que sofrem lesões nesta área são susceptíveis de sofrer da *afasia de Broca*, produzindo uma fala caracteristicamente lenta e agramatical. Todavia, a lesão de uma área no outro lado da fissura de Sylvian, a área de Wernicke (ver figura 3.1), pode produzir uma forma completamente diferente de afasia em que o paciente produz fala que é fluente e gramatical mas não consegue encontrar as palavras adequadas, substituindo-as por palavras inadequadas ou por sílabas sem sentido. Daí que seja provável que na maior parte dos sujeitos a área de Wernicke desempenhe uma função essencial na recuperação do léxico.

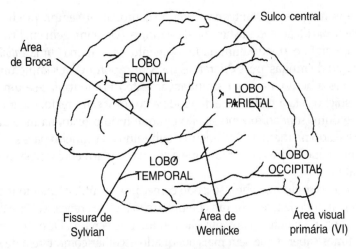

FIGURA 3.1 — Algumas regiões importantes do cérebro humano
(visão esquerda do hemisfério esquerdo)

Pondo a questão de forma crua: enquanto a área de Broca controla a sintaxe, a área de Wernicke controla a semântica.

No entanto, a própria recuperação lexical não se limita a ser uma parte de um todo que uma pessoa tem por inteiro ou perde por completo, como se o dicionário tivesse de estar na ponta dos dedos ou estivesse completamente perdido. Há muitos défices diferentes na recuperação lexical como as diversas formas de anomia (enfraquecimentos no uso dos substantivos). Descobriu-se que os pacientes tinham défices específicos na designação de coisas vivas ou coisas abstractas ou artefactos ou cores ou partes corporais ou pessoas ou frutos e vegetais — de facto, qualquer categoria de itens em que se possa pensar. Estes estranhos problemas de funcionamento mental estão longe de se encontrarem completamente compreendidos. Mas pelo menos parece que há alguma esperança em compreendê-los com base na hipótese de que a organização funcional da mente é uma hierarquia de módulos.

3.3. INDÍCIOS DOS *SCANNERS* CEREBRAIS

É claro que a nossa compreensão de pormenor sobre a forma como se desenvolvem e funcionam os módulos vai aumentar de futuro com o crescente uso das técnicas de *scanners* cerebrais. Mas de momento esta não é a fonte mais importante de indícios da modularidade. Em parte, isto fica a dever-se às limitações das tarefas que os pacientes podem desempenhar enquanto se faz o *scanner* aos seus cérebros (as cabeças têm de estar imóveis, por exemplo; é óbvio que não podem jogar futebol!). Mas um problema mais importante decorrente de todas as técnicas de *scanner* é que as imagens resultantes da activação neuronal são sempre produzidas por uma *subtracção* da actividade neuronal de fundo. (Uma imagem em bruto da actividade cerebral ocorrendo num dado momento seria apenas uma *balbúrdia*, com a activação de muitas áreas diferentes do córtex; porque há sempre um excesso de processamento a ocorrer simultaneamente.) Primeiro, faz-se um *scan* enquanto o sujeito está a realizar a actividade alvo (ouvir um texto, digamos) e depois faz-se outro *scan* ao mesmo sujeito em que tudo o resto, na medida do possível, é deixado na mesma. O primeiro é subtraído ao primeiro para se obter uma imagem daquelas áreas cerebrais que estão particularmente envolvidas na actividade alvo.

É óbvio que o *scanner* cerebral só pode começar a ser útil, enquanto técnica experimental, quando já tivermos um conjunto razoável de crenças sobre a organização funcional da mente e a organização modular do cérebro. De outra forma, não conseguimos saber o que será mais adequado escolher como tarefa de subtracção. (Por exemplo, a tarefa de subtracção para a compreensão de texto deveria ser tal que os sujeitos ouvissem música ou era preferível uma tarefa em que eles não recebessem qualquer estímulo auditivo? Obviamente que a resposta dependerá de se saber se a compreensão de texto e a apreciação musical são manipuladas por sistemas diferentes; e de se saber se uma «fala interior» em que os sujeitos se podem envolver na ausência do auditório implicaria o sistema de compreensão da fala.) Mas à medida que o nosso conhecimento vai avançando, os *scanners* cerebrais parecem revelar-se uma ferramenta inestimável no levantamento das contribuições feitas por diferentes áreas do funcionamento cognitivo.

Outra precaução a ter sobre aquilo que o *scanner* cerebral pode revelar no que respeita à modularidade, é que temos de ser cautelosos em assumir que um módulo estará sempre localizado numa dada região do cérebro. Isto porque a própria noção de módulo é essencialmente funcional. Aquilo que um módulo *faz* é mais importante do que *onde* é feito. De facto, para filósofos da mente educados com as explicações funcionalistas ortodoxas da mente, como nós próprios, é um tanto surpreendente que as funções cognitivas se possam detectar em áreas cerebrais tão extensas. Porque estávamos convencidos há muito tempo da falsidade das teorias da identidade-tipo pelos argumentos da realização múltipla; e estes argumentos sugerem que pode ser altamente variável o local *onde* se realiza uma dada função no cérebro.

4. A MODULARIDADE FODORIANA

A questão teórica da modularidade foi apresentada com particular dinamismo e energia por Fodor (1983, 1985a, 1989). De acordo com Fodor, os sistemas cognitivos modulares são específicos do domínio e possuem absorção (e saída) inatas e específicas. São obrigatórios no seu modo de funcionar, velozes no processamento, isolados e inacessíveis ao resto da cognição, estão associados a arquitecturas neuronais particulares, susceptíveis a padrões de quebra específicos e característicos e desenvolvem-se de acordo com uma sequência de crescimento regular.

Grosso modo, pode dizer-se que o domínio de um módulo é a gama das questões para as quais esse sistema de processamento foi projectado a fim de fornecer respostas. Pondo isto em termos de uma teoria da cognição computacional/representativa, Fodor sugere que os módulos são «mecanismos computacionais altamente especializados na tarefa de gerarem hipóteses sobre as fontes distais[2] de simulações próximas» (1983, p. 47) O ponto importante a salientar é que se levarmos em consideração de forma séria tanto a ideia de uma arquitectura cognitiva como os indícios surpreendentes das dissociações, não seremos capazes, de modo geral, de estabelecer *a priori* quais são os domínios dos módulos. Seria efectivamente uma simplificação excessiva pressupor que os tradicionais modos sensoriais de ver, ouvir, tocar, saborear e cheirar são, cada um deles, módulos de absorção separados com domínios singulares. Os indícios das diminuições selectivas sugerem, em vez disso, que a audição, por exemplo, se subdivide em audição do som ambiente, percepção da fala e audição de música. O domínio de um módulo é realmente a sua função cognitiva. É uma questão inteiramente empírica o número de módulos que existem e quais poderão ser as suas funções cognitivas. Podemos ter algum entendimento dos domínios dos sistemas de processamento modular pondo questões de cima para baixo para saber quais são as tarefas de processamento que precisam de ser desempenhadas a fim de se obter a informação desde o estímulo próximo até às derradeiras mudanças cognitivas, cuja ocorrência conhecemos. Mas não podemos estabelecer as fronteiras dos domínios antes de delinearmos a arquitectura da cognição modular que realmente existe.

O ponto em que Fodor insiste é, sobretudo, que os módulos estão *informativamente isolados* do resto do sistema mental. Este isolamento é um tema de duas vias, envolvendo tanto o *acesso limitado* ao resto do sistema como o *encapsulamento* em relação a ele. Há acesso limitado na medida em que o processamento que ocorre dentro de um módulo não está disponível para o resto da mente; e há encapsulamento na medida em que os módulos são incapazes de fazer uso de qualquer outra coisa além das suas próprias fontes de informação.

O acesso limitado às representações processadas dentro dos sistemas de absorção é considerado por Fodor como justificado pela dimensão em que essas representações são incapazes de estar disponíveis para uma comunicação consciente. Ele sugere como regra geral que só os resultados finais do processamento

---

2 No singular inglês *distal* designa algo «anatomicamente localizado longe de um ponto de referência, como uma origem ou um ponto de ligação» *(N. T.)*.

de entrada estão completamente disponíveis à cognição central. De forma que se pensarmos no processamento de entrada como sendo um meio rico pelo qual a informação é filtrada para dentro a partir dos conversores sensitivos, as representações que se encontram próximas dos conversores sensitivos serão completamente inacessíveis à mente consciente. E não há dúvida de que não somos capazes de nos pronunciar sobre as imagens formadas nas nossas retinas ou sobre os padrões de cintilação que passam pelos nossos cones e bastonetes. Além do mais, tanto a reflexão sobre as causas como a investigação empírica mostram que muitos pormenores informativos que têm de estar representados num qualquer nível no processo de percepção ou não ficam, de forma alguma, conscientemente registados ou são quase imediatamente esquecidos. É assim que uma pessoa consegue dizer as horas sem reparar nos pormenores do mostrador do relógio; é possível ler as palavras de uma página sem se ser capaz de dizer como é que se formaram alguns dos caracteres que a compõem ou mesmo como é que algumas das palavras se pronunciam; e é possível, mesmo assim, extrair e recordar a mensagem que nos foi enviada por alguém, embora esquecendo-nos das palavras exactas em que foi escrita.

O outro aspecto do isolamento dos módulos fodorianos, nomeadamente o seu *encapsulamento informativo*, está intimamente ligado à linha divisória que Fodor estabelece entre os sistemas de entrada ou absorção e a cognição central. Para Fodor, os processos cognitivos centrais são aqueles que controlam actividades como tomadas de decisão, disposição da mente para as crenças a defender e a teorização. Fodor pressupõe que, a fim de funcionarem racionalmente, esses sistemas centrais têm de estar capacitados para integrar toda a informação disponível do sujeito, a fim de tomarem a melhor decisão, tendo em vista todas as circunstâncias, para formar a crença mais razoável em que todos os indícios estejam equilibrados. Pelo contrário, os sistemas de entrada modulares são cintilantes e pura e simplesmente incapazes de levar em consideração quaisquer outras coisas de que o sujeito tenha pleno conhecimento.

A persistência das ilusões perceptivas proporciona a Fodor uma ilustração manifesta da defesa que faz do encapsulamento. Veja-se, por exemplo, a conhecida ilusão de Müller-Lyer apresentada na figura 3.2. O leitor já deve ter visto este género de coisas anteriormente e poderia crer que as duas linhas horizontais têm

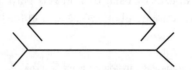

FIGURA 3.2 — A ilusão de Müller-Lyer

realmente o mesmo comprimento. É provável que se tenha assegurado de que assim é medindo-as com um régua. Mas aquilo que sabe sobre o seu comprimento relativo é impotente para minorar a ilusão — a linha de baixo ainda continua a parecer mais comprida do que linha de cima, mesmo que esteja absolutamente seguro de que não é.

O encapsulamento informativo é uma característica chave dos módulos na explicação de Fodor para a modularidade da mente. Manifesta ele que os sistemas modulares são cintilantes, incapazes de usarem o quer que seja, exceptuando as suas próprias fontes de informação. Para determinados propósitos, é exactamente isto que é necessário. Esta situação ajuda a explicar como é que os módulos conseguem processar as suas entradas tão depressa (a percepção da fala é um exemplo impressionante deste caso). Do ponto de vista evolucionista é muito importante ter sistemas cognitivos que não sejam «dogmáticos», que não desperdicem os sinais ambientais quando entram em conflito com a informação previamente armazenada. Pondo a coisa directamente, é melhor que um animal esteja preparado para reagir a movimentos ou sons ou cheiros que podem estar associados à presença de um predador e é melhor que reaja com rapidez. A rapidez é mais importante do que a certeza infalível. Se fizer uma dupla verificação ao que realmente se passa, acaba por ser comido, de modo que é um género de comportamento que não se repetiria demasiadas vezes. Em termos de custos e benefícios da sobre-vivência, reagir aos falsos alarmes dá mais resultados do que ser incapaz de ficar alarmado quando se deve estar.

De forma que há uma espécie de mutismo útil sobre os sistemas de entrada modulares. Como foi mostrado com as ilusões perceptivas, eles podem ser muito facilmente enganados pelas aparências, como uma armadilha para moscas que apanha o dedinho de uma criança porque foi preparada para reagir à pressão de um insecto ao aterrar. É evidente que a predação não é a única influência a configurar o desenvolvimento evolucionista dos sistemas modulares. A evolução tem funcionado de maneira a captar características fenomenológicas devido ao seu valor para a sobrevivência: daí o nosso gosto por coisas saborosas, que foi outrora um guia fidedigno para se apanhar qualquer coisa que iria beneficiar os nossos antepassados ao comê-la, e a rejeição pelo sabor a mofo, que ainda continua a ser um indicador de qualquer coisa susceptível de nos pôr doentes.

Há imensas coisas na explicação que Fodor dá da modularidade que queremos aceitar. A posição tem a seu favor a plausibilidade evolucionista e ajuda a explicar aquilo que sabemos sobre as dissociações e a rigidez do desenvolvimento normal. No entanto, não acreditamos que todos os módulos de entrada estejam completamente encapsulados. Por exemplo, sabe-se que a imaginação visual se baseia nos recursos da visão (partilham o mesmo mecanismo). A imaginação visual recupera as vias neuronais de cima para baixo do sistema visual — que já existem a fim de controlar a procura visual e para aumentar o reconhecimento do objecto —

a fim de produzir uma absorção (ou entrada) secundária, em termos de estímulos quase visuais no córtex occipital. Estes estímulos são depois processados pelo sistema visual da forma habitual (Kosslyn, 1994). Isto significa que os sistemas visuais *podem* ter acesso à informação armazenada no centro para aumentar o seu processamento; o que significa, no fim de contas, que os módulos não têm de estar completamente encapsulados informativamente. (Ou isso ou confinamos arbitrariamente o *módulo* visual ao processamento que tem lugar no nervo occipital, tão afastado como a área de projecção cortical inicial na parte de trás do cérebro, área V1 — ver figura 3.1).

Além do mais, Fodor defende que só os sistemas de entrada são modulares, enquanto os processos cognitivos centrais não. Também neste ponto sentimos que temos de nos separar dele e rejeitar a divisão entre sistemas de entrada modulares e sistemas centrais não modulares. Aceitar uma organização modular para sistemas de entrada e admitir outra coisa completamente diferente para os processos centrais torna-se, pelo menos, uma dificuldade teórica; e também sacrificaria boa parte da plausibilidade evolutiva dos mecanismos modulares, a menos que se pudesse postular uma origem especial para esta divisão. Isto até poderia ser aceite, desde que a não modularidade da cognição central se comprometesse a explicar como é que funcionam os processos cognitivos centrais. Mas não faz nada disso. Pelo contrário, Fodor está profundamente pessimista quanto às nossas oportunidades de compreender a cognição central. Tanto quanto ele consegue antever, só podemos investigar cientificamente os sistemas modulares, tanto do ângulo experimental como também do ponto de vista da engenharia cognitiva (compreendendo como é que esses sistemas podem calcular os resultados de que precisam para transferir das suas entradas ou absorções proprietárias). Em contrapartida, os sistemas centrais são intratáveis porque carecem das características limitadoras dos módulos — não são específicos de um domínio e não estão encapsulados.

É importante notar que ao realçar a divisão entre os sistemas de entrada e central, Fodor simplesmente se esquece de reconhecer o problema da consciência. É garantido que a maior parte do que se passa na cognição central está ao dispor da consciência, por comparação com o processamento inacessível que tem lugar nos módulos de entrada. E não há dúvida de que a maior parte das pessoas, ao pensar na questão objectivamente, há-de admitir que a consciência é um fenómeno peculiar e que é surpreendente encontrá-lo num universo dominado pela causalidade física. De modo que: *para* que serve a consciência? e: como é que foi possível implementá-la? são questões intrigantes. Tentaremos dar pelo menos o esboço das respostas a estas questões no capítulo 9. Mas a alegação que Fodor faz é que as espécies de processamentos que se dão nos sistemas centrais — conscientes ou não — não podem ser devolvidas aos módulos. A secção seguinte avalia se os argumentos apresentados sobre esta questão são convincentes.

5. SISTEMAS DE ENTRADA (OU ABSORÇÃO) *VERSUS* SISTEMAS CENTRAIS

Ao caracterizarem as suas principais funções cognitivas de uma maneira comum e não teórica, os sistemas centrais actuam para formar crenças e decisões. E a formação de crenças e decisões envolve o raciocínio, seja o processo de raciocínio consciente ou não. Mas o raciocínio necessitará muitas vezes que uma pessoa reúna a informação de vários domínios diferentes. Quando se pensa em adquirir um cão como animal de estimação, por exemplo, será necessário pesar coisas tão díspares como a atracção por campeonatos caninos, o entusiasmo das crianças e as vantagens para a saúde devido aos passeios com o animal por contraposição, por outro lado, aos custos e às responsabilidades do seu tratamento, a aumento dos perigos de infecções e reacções alérgicas na família, ao choque emocional da sua perda, e assim por diante.

Por conseguinte, o argumento de Fodor para a não modularidade dos sistemas centrais apresenta-se em linhas gerais assim: os sistemas centrais são a área da cognição em que realizamos a integração da informação de vários domínios. Se integram informação através dos domínios, então não são específicos do domínio. Fodor também argumenta que eles são «em importantes aspectos, *não* encapsulados» (1983, p. 103). Se não são nem específicos do domínio nem encapsulados, então carecem das principais características dos módulos. Parece, portanto, que se deve concluir que os sistemas centrais não são modulares.

Vamos considerar este argumento com mais vagar, começando com a alegação de que os sistemas centrais não são específicos do domínio. Parece óbvio que a informação é integrada, em termos da formação da crença, em termos da produção da fala e em termos do início da acção. É evidente que isto só pode acontecer se correntes separadas de processamento de informação entregarem a sua produção aos sistemas que podem então reunir toda essa informação. De maneira que, se eu acreditar que há um suíno no meu jardim, posso exclamar: «Há um suíno lá fora!» Prezando as boas condições do meu relvado e dos meus canteiros, vou tomar todas as medidas para livrar o jardim do suíno o mais depressa possível. É certo que eu não estaria neste estado de alarme para a localização do suíno, se não houvesse nada que me parecesse ter a ver com um suíno — e provavelmente se também não existisse nada cujo som e cheiro se parecesse com o de um suíno (como um teste contra alucinações) — mas é evidente que isso, só por si, não era suficiente para solidificar uma crença e fazer recear pelas suas consequências.

São considerações deste jaez que determinam que os sistemas centrais não são específicos do domínio da mesma forma que o são os sistemas de entrada ou absorção. Serão, por conseguinte, de domínio geral? Não, não é isto que sucede. Como foi assinalado por um grande número de pensadores recentes, esta linha de argumento não exclui a possibilidade de os *módulos conceptuais* se desenvolverem no pensamento (Smith e Tsimpli, 1995; Sperber, 1996). É evidente que se os módulos conceptuais se limitassem a duplicar os domínios dos módulos de entrada, então não ocorreria qualquer integração. Mas pode alcançar-se um certo grau de integração de informação por meio dos módulos conceptuais centrais desde que os seus domínios sejam diferentes dos domínios dos módulos de entrada e desde que esses módulos conceptuais possam aceitar o produto dos módulos de entrada como (parte de) entradas *suas*. Em primeiro lugar, faremos um esboço do argumento para acreditarmos nos módulos conceptuais, antes de regressarmos à questão mais temível de Fodor no que respeita ao encapsulamento.

5.1. O ARGUMENTO A FAVOR DOS MÓDULOS CONCEPTUAIS

Como já observámos, as considerações de carácter evolucionista contrapõem-se à ideia de uma inteligência geral desestruturada. Em vez disso, como a evolução funciona por meio de pequenas modificações sobre os sistemas existentes e pelo acrescentamento de novos sistemas aos que já existem, é de esperar que a cognição no seu todo (e não apenas como sistemas de entrada e saída) se estruture por componentes modulares. É exactamente esta a hipótese que foi adoptada e desenvolvida pelo relativamente novo movimento da *psicologia evolucionista* (Barkow *et al.*, 1992; Hirschfeld e Gelman, 1994; Sperber *et al.* 1995b). Ao especularem sobre as adaptações cognitivas que devem ter sido vantajosas para os humanos e proto-humanos nos ambientes onde se achavam (assim como ao recorrerem a indícios de desenvolvimento e de hibridação cultural), os psicólogos evolucionistas propuseram um valioso sistema de componentes modulares, incluindo sistemas projectados para raciocinar sobre os estados mentais próprios e dos outros; para detectar os batoteiros e os marginais da sociedade; para o raciocínio causal e as inferências da melhor explicação; para raciocinar e classificar espécies dentro da flora e da fauna; para seleccionar o parceiro ou a parceira; para diversas formas de raciocínio espacial; para a beneficência e o altruísmo; e para a identificação, cuidados e ligação sentimental à descendência. Trata-se do modelo «canivete suíço» da cognição (para ser comparado com a imagem da mente como um poderoso computador de uso geral), de acordo com o qual a cognição humana obtém a sua capacidade e adaptabilidade partindo da existência de uma ampla gama de sistemas computacionais especializados.

A questão do módulo de «leitura da mente» ou de cognição social será analisado em pormenor no capítulo 4. Mas há dois pontos que vale a pena salientar agora. O primeiro é que o sistema de leitura da mente tem de funcionar completamente de acordo com absorções ou entradas conceptuais, em vez das entradas perceptivas de baixo nível. Porque, geralmente, não são os movimentos corporais enquanto tais que são os alvos da explicação da psicologia popular, mas as *acções*,

86

que são conceptualizadas como estando dirigidas para finalidades específicas. Além disso, as entradas linguísticas (que são arquetipicamente conceptuais, como é natural) podem facilmente provocar a actividade do sistema de leitura da mente, como acontece quando alguém nos descreve as acções de outra pessoa ou como sucede quando lemos uma novela e procuramos compreender as acções e motivações das personagens. O segundo ponto sobre o sistema de leitura da mente é que ele parece estar fortemente encapsulado. Assim, quando vejo um bom actor em palco, por exemplo, não posso deixar de ver as suas acções como traiçoeiras, ciumentas, coléricas, etc. — apesar de saber muito bem que ele não é nada disso.

Para dar outro exemplo, Cosmides e Tooby (1992) argumentaram persuasivamente a favor da existência de uma finalidade especial, o «sistema de detecção de batoteiros». Como é provável ter havido diversas formas de cooperação e de mudança social que desempenharam uma parte significativa nos estilos de vida hominíadas durante centenas de milhares de anos, faz todo o sentido que elas tenham sido suportadas por uma adaptação cognitiva. Este processo funcionaria por meio de absorções conceptuais, analisando a situação de forma abstracta em termos de uma estrutura de custo-benefício, de modo a ficar a saber-se quem deve o quê a quem e para detectar aqueles que tentam colher os lucros da actividade cooperativa sem pagar as despesas. Cosmides e Tooby também alegam que encontram indícios experimentais directos em apoio da sua proposição, oriundos da realização diferencial dos sujeitos numa variedade de tarefas de raciocínio (veremos mais dados sobre isto no capítulo 5).

É importante notar que a *especificidade de domínio* dos módulos centrais é consistente com o facto de terem uma variedade de fontes de absorção diferentes — talvez recebendo, como absorção, produtos convenientemente conceptualizados de muitos dos diversos módulos de entrada. Porque os módulos centrais só conseguem funcionar com absorções conceptualizadas de uma forma adequada aos seus respectivos domínios, como são os casos das descrições de acções, da leitura da mente ou das estruturas de custos-benefícios no sistema de detecção de batoteiros.

Se houver formas de representação conceptualizadas de maneira semelhante, produzidas como saídas de uma variedade de módulos de entrada, então um módulo que pegue nessas saídas como *en*tradas suas pode parecer não ser tão específico do domínio como poderia parecer. Mas um sistema central modular como este pode, efectivamente, ser considerado como tendo tanto um domínio próximo bastante específico (dado pelos termos em que as suas entradas são conceptualizadas) e também um domínio remoto mais geral. Consideremos, por exemplo, a sugestão de um módulo lógico que processa inferências e controlos simples para sua validação (Sperber, 1997). Estas inferências podiam ser *sobre* qualquer coisa. De modo que um sistema do género tem um domínio remoto de generalidade muito considerável. Por outro lado, tudo o que faz é controlar a validação e a consistência formais nas representações que assume como entradas. De forma que o seu domínio próximo será muito limitado e específico, estando confinado a uma descrição sintáctica e lexical das representações entradas.

Uma vez aceite que um módulo central pode assumir como entrada o resultado de vários módulos periféricos, então não deveria ser difícil acreditar que ele também é capaz de usar coisas conhecidas por outras partes do sistema cognitivo. Em particular, que é capaz de assumir como entrada as produções de diversos outros módulos *centrais* (como quando o resultado do sistema de detecção de batoteiros é fornecido ao sistema de leitura da mente, por exemplo, para estabelecer o motivo *por que* um dado indivíduo trapaceou); ou é capaz de funcionar com informação da memória de longo prazo (como quando me recordo e tento explicar, por exemplo, o que alguém deve ter feito na última vez que nos encontrámos). De maneira que em virtude da sua centralidade, os módulos centrais não estarão tão isolados informativamente como os módulos de entrada periféricos. Mas a questão importante é que a forma como um módulo funciona nesta informação não deve estar sujeita à influência do resto da cognição. De qualquer modo, precisamos, pelo menos, de enriquecer a explicação fodoriana da modularidade ao distinguir o encapsulamento *informativo* do encapsulamento de *processamento*, ou seja, se a informação proveniente de qualquer parte da cognição e que pode *inscrever-se* num processador modular é uma questão diferente de o *processamento* que o módulo faz poder ser influenciado por outras partes do sistema.

5.2. ESTARÁ A COGNIÇÃO CENTRAL NÃO ENCAPSULADA?

Temos de tratar agora da asserção de Fodor de que os sistemas cognitivos centrais são capazes de uma espécie de processamento que é não encapsulado e que, por conseguinte, é improvável que seja modular. Um sistema de processamento, ou módulo, é encapsulado se processa as suas entradas de forma independente das crenças de segundo plano do sujeito. É provável que toda a gente tenderá a concordar que os processos centrais, como o pensamento consciente e a tomada de decisões, não estejam encapsulados desta maneira. Mas é claro que isto não nos deve levar a concluir que *todos* os processos centrais são não encapsulados. Pode bem haver um conjunto completo de módulos centrais que realizam os seus cálculos não conscientemente.

Uma das sugestões de Fodor é que na tomada de decisões os produtos do processamento cognitivo precisam de interagir com coisas úteis, ou seja, com aquilo que uma pessoa quer e com aquilo que quer evitar. Por outro lado, Fodor insiste que uma das funções da operações encapsuladas e obrigatórias dos módulos de entrada é evitar que sejam propensas àquilo que se pode chamar «percepção ansiosa». É provável que se possa confiar em pressões selectivas para assegurar que os primeiros estágios do processamento de entrada sejam suficientemente despreconceituosos para não serem influenciados pelo carácter agradável ou desagradável das fontes distais da estimulação sensorial. Podemos admitir este ponto e também reconhecer a questão óbvia de que os desejos e as aversões têm de desempenhar um papel na tomada de decisões. Mas nada disto revela que um processo central de tomada de decisões não tenha de ser modular. De qualquer modo, só mostra o que uma pessoa quer manter, ou seja, que as entradas nos processamentos centrais são diferentes das entradas nos sistemas de entrada perceptivos. Não há aqui qualquer surpresa. Até agora não há nada que vá contra a ideia de um género de módulo de raciocínio prático, assumindo como entradas tanto as crenças como os desejos correntes e funcionando de maneira a formular como entradas as intenções de agir.

Os sistemas de entrada podem ser muito rápidos devido à limitação da fonte da sua informação. Não incorrem nos custos computacionais decorrentes do conhecimento fundamental. Mas os processos centrais têm de levar em consideração esse conhecimento fundamental. Por muito que me pareça ter um suíno no meu jardim, trata-se de algo em que vou ter dificuldade em acreditar exactamente porque é um caso muito surpreendente em relação às minhas crenças fundamentais — por exemplo, como não há quintas nas redondezas, é difícil explicar como é que um porco poderia ter lá entrado. Os sistemas de entrada podem ser projectados para considerar o mundo de forma imediata, mas os sistemas centrais precisam de ser pelo menos um pouco dogmáticos a fim de não saltarem directamente das aparências para as conclusões.

Fodor exprime por vezes este ponto sugerindo que enquanto os sistemas de entrada têm recursos informativos limitados, os processos cognitivos centrais de uma pessoa só funcionam de forma adequadamente racional se tiverem em consideração *tudo aquilo que a pessoa conhece*. Isto parece-nos ser um erro. Pelo menos, é um erro caso tomemos a potencialidade pela actualidade. O que pretendemos dizer com isto é que quase tudo o que uma pessoa conhece *pode* ser relevante para firmar uma crença ou fazer uma inferência. Mas é evidente que não podemos estar sempre a fazer levantamentos exaustivos das nossas provisões anteriores de crenças. Mesmo que isto fizesse parte de um procedimento idealmente racional e seguro para a aceitação de crenças, é evidente que os seres humanos não o seguiriam, devido aos seus limitados recursos de processamento e às limitações de tempo. Como salientaremos no capítulo 5, é importante distinguir entre ideais abstractos de racionalidade e o género de racionalidade adequado à condição humana.

No entanto, Fodor parece ter um argumento melhor para pressupor que os sistemas centrais são não encapsulados, caso se aceite a ideia de que estes sistemas estão empenhados num género de fixação não demonstrativa da crença que é análogo à forma como as teorias científicas são confirmadas. É claro que as inferências envolvidas na fixação da crença serão não demonstrativas: por outras palavras, elas não seguirão apenas regras dedutivamente válidas. As inferências que seguem regras dedutivamente válidas podem ser tão restritivamente encapsuladas quanto se queira, porque tudo o que é preciso para as implementar é um sistema que progrida de uma forma segura a partir de uma lista de premissas até algumas das conclusões que podem ser derivadas dessas premissas. É assim que «Todos os *robecks*[3] são *thwarg*», «Omega-1 é um *robeck*», logo «Omega-1 é *thwarg*» é uma inferência que pode ser conseguida com absoluta segurança dedutiva contra um fundo de qualquer grau de ignorância sobre os tópicos *robecks* e *thwargatidade*. Algumas das nossas aptidões de inferência podem basear-se num módulo lógico de tópico neutro que funciona desta maneira. Mas é evidente que não pode ser generalizado, visto que, em última instância, não consegue explicar onde é que se obtêm as premissas, a partir das quais se podem fazer inferências demonstrativas.

Então como é que funciona a inferência não demonstrativa? Era bom que soubéssemos. Mas pelo menos há um certo grau de consenso na filosofia da ciência de que Duhem e Quine tinham razão em defender que as teorias científicas e as hipóteses formam uma espécie de rede em que há relações reticulares de suporte probatório (Duhem, 1954; Quine, 1951). Temos aqui um quadro que em geral parece ajustar-se bastante bem à fixação da crença. A candidatura a crença é aceite se esta for suficientemente coerente com outras crenças. Embora isto pareça correcto, a epistemologia tem muito trabalho pela frente a fim de especificar em que é que consiste exactamente a relação de coerência. Para o que nos interessa agora, a moral a tirar é que uma candidatura a crença precisa de ser coerente com outras crenças relevantes, mas saber quais são as outras crenças relevantes depende do conhecimento fundamental, de modo que não se lhes pode ser dada uma especificação *a priori*, externa ao sistema.

Como nota Fodor, «em princípio, a nossa botânica limita a nossa astronomia, caso pudéssemos imaginar formas de as associar» (1983, p. 105). Este ponto pode ser esclarecido por uma suposta conexão entre a física solar e a teoria darwinista da selecção natural. Pouco depois da publicação de *A Origem das Espécies* um físico eminente, *Sir* William Thompson, realçou que Darwin não podia pressupor a longa escala de tempo exigida para a evolução gradual desde as pequenas diferenças entre organismos individuais, porque a taxa de arrefecimento do Sol significava que a Terra fora demasiado quente para que a vida se mantivesse em datas tão prematuras. Agora sabemos que os físicos vitorianos tinham um valor excessivamente alto para a taxa de arrefecimento do Sol porque desconheciam os efeitos radioactivos. Mas na altura isto foi considerado como sendo um grave

---

3 Nomes insensatos que pretendem exprimir apenas fórmulas do silogismo (*N. T.*).

problema para a teoria darwinista — o que não deixava de estar correcto no contexto científico da época.

Portanto, de acordo com este argumento — vamos chamar-lhe o *argumento da rede* — aquilo em que uma pessoa acredita depende das outras crenças relevantes que possui. Mas *quais são as outras crenças relevantes depende por seu turno daquilo em que se acredita*. Demonstrará isto que os processos cognitivos centrais e em particular a fixação da crença e a inferência não demonstrativa não podem ser encapsuladas? Será que o argumento da rede refuta a perspectiva de que a cognição é completamente modular? Não. Não se pode dar a circunstância de que as considerações estabelecidas a partir da epistemologia e da prática científica (de facto, o argumento da rede baseia-se realmente no caso de um género de *coerentismo* na epistemologia) estabeleçam directamente uma tal conclusão acerca da psicologia e dos tipos de sistemas de processamento existentes no interior das cabeças dos indivíduos. Tem de haver uma ligação entre a confirmação epistemológica e científica, por um lado, e a psicologia cognitiva individual, por outro, porque a ciência tem de ser algo que os indivíduos possam fazer e esses indivíduos serão justificados e sabem que estão justificados em algumas das coisas em que acreditam. Mas a transição da epistemologia da confirmação para a natureza do processamento central não é tão suave como o argumento da rede deixaria depreender.

Por uma simples razão, é muito possível que as pessoas não sejam capazes de apreciar as interconexões entre as suas crenças. De forma que é possível adquirir-se uma crença que entra em conflito com outra crença qualquer do sujeito sem que este tenha conhecimento do conflito e este pode não conseguir apreender que uma coisa, para a qual está inclinado a crer, é apoiada de forma muito vigorosa por qualquer outra coisa em que sempre acreditou. Estas interconexões relevantes vão afectar as crenças do sujeito e o vigor das suas crenças, *se* as conseguir reconhecer; mas não há a certeza de que sejam reconhecidas. Não podemos deixar que o argumento da rede nos engane, levando-nos a pensar que essas crenças têm de ser inevitavelmente reconhecidas quando nos concentramos no caso da prática científica, onde existem sempre outras pessoas à espera para apontar onde nos enganámos.

As investigações científicas são na maior parte conduzidas por pessoas que não pensam em mais nada, durante a maior parte do tempo. Os cientistas profissionais são empregados para trabalharem de trás para a frente entre a teoria e os dados, controlando tudo em relação à informação disponível e avaliando teorias alternativas. E é evidente que todas estas actividades serão conduzidas por uma enorme quantidade de pessoas em simultâneo, muitas vezes trabalhando em grupos, normalmente com muita discussão aberta e criticismo mútuo. É completamente falacioso pensar que os princípios operativos nessas práticas de colaboração têm de ser directamente transpostos para os processos cognitivos individuais, como Fodor parece indicar no seu argumento da rede. (Ver também

Putnam, 1988, para uma surpreendente convergência de pontos de vista com Fodor, neste ponto.)

Outro ponto é que o argumento da rede se concentra em modos de fixação de crenças que são paradigmaticamente conscientes. Os cientistas formulam as suas teorias explícita e conscientemente e explicitamente consideram as suas respectivas forças e fraquezas, as suas relações com outros empreendimentos teóricos e com outras teorias concorrentes. E os cientistas também reflectem conscientemente nas metodologias empregues nas suas investigações e modificam e tentam melhorá-las como for mais apropriado. Mas por tudo o que o argumento da rede mostra, deve haver uma pletora de módulos de formação de crença encapsulados que funcionam *não* conscientemente. Mesmo que Fodor tenha razão de que a inferência teórica consciente é radicalmente não encapsulada, pode dar-se o caso de também existirem sistemas inferenciais implícitos e não conscientes que sejam modulares e completamente encapsulados no seu processamento. Voltaremos a esta ideia no capítulo 5.

Pensamos que um dos grandes desafios da ciência cognitiva é *explicar como é que a própria ciência é possível*, ou seja, dar uma explicação dos vários sistemas cognitivos envolvidos na investigação científica e descrever o modo como sustentam os tipos de actividades e inferências que observamos nas comunidades científicas. Mas estamos convictos de que só se farão progressos nesta questão depois de se ter aceite que a cognição central consta de uma variedade de sistemas modulares. Pode até acontecer que haja um módulo dedicado à ciência, que funciona não conscientemente nos indivíduos comuns para gerar pelo menos alguns dos géneros de inferências que são conduzidas consciente e colectivamente por cientistas profissionais.

5.3. PSICOLOGIA POPULAR *VERSUS* PSICOLOGIA MODULAR

Insistimos nos méritos do modularismo, não apenas no que respeita aos sistemas de entrada (e saída), mas também no que respeita aos sistemas — conceptuais — centrais. A nossa perspectiva é a de que provavelmente existem muitos módulos do último género, que pegam em entradas conceptuais e originam saídas conceptualizadas — incluindo módulos para leitura da mente, para detecção de batoteiros, para física ingénua, biologia ingénua e outros. Mas em que medida é o modularismo consistente com a psicologia popular? O que acontece, em particular, com as promessas da psicologia popular em relação aos constructos realistas da crença, do desejo e de várias formas de raciocínio (incluindo o raciocínio prático), que acabamos de defender no capítulo 2? Será que o modularismo do processamento central implica efectivamente o *eliminativismo* das posições mais importantes da psicologia popular?

Pensamos que não tem de haver qualquer inconsistência neste ponto. Uma das formas de o constatarmos é recordar um ponto assinalado no capítulo 2 (secção 3.3), na discussão da natureza causal da memória. Observámos que nenhum problema particular se põe à psicologia popular pelo facto de a psicologia científica postular três tipos diferentes de memória (pelo menos) — a memória semântica, a memória de procedimentos e a memória episódica. Porque embora a própria psicologia popular possa não estabelecer estas distinções, também não é inconsistente com elas — isto porque *a incapacidade de estabelecer* uma distinção não é a mesma coisa que *negar que haja* uma distinção. Algo parecido pode ser verdadeiro em ligação com aquilo que o processo central postula como *crença, desejo* e *raciocínio prático*. Ou seja, pode ser perfeitamente consistente com a psicologia popular que cada um destes itens se subdivida num certo número de subsistemas (modulares) diferentes. Examinaremos essa possibilidade no final do capítulo 5.

Outra proposta para que o modularismo do processo central seja consistente com a psicologia popular seria posicionar os módulos conceptuais *entre* os módulos (perceptivos) de entrada, por um lado, e os sistemas de crença e desejo, por outro, como aparecem representados na figura 3.3. Neste diagrama a crença, o desejo e o raciocínio prático mantêm-se como posições inalteradas da psicologia popular à direita; e os diversos sistemas perceptivos foram agrupados por mera simplificação numa única caixa de perceptos à esquerda (e entre estes deveria estar o sistema de compreensão da linguagem natural, considerado um módulo de entrada distinto nesta questão). No meio destes, há vários módulos conceptuais, alguns dos quais originam crenças a partir das saídas conceptualizadas dos sistemas perceptivos; e alguns deles geram desejos (em breve voltaremos a tratar deste assunto). Observe-se — embora não tenhamos posto estes modelos na figura 3.3 — que os módulos geradores de crenças *podem* ser capazes de assumir como entradas as saídas desses modelos diferenciados. No capítulo 8, avaliaremos uma hipótese respeitante ao modo como tal acontece, de acordo com o qual essa comunicação intermodular é mediatizada pela linguagem.

Representamos na figura 3.3 uma variedade de sistemas modulares para criar desejos. Como os desejos, no seu conjunto, não serão tratados prioritariamente neste livro (nem na ciência cognitiva em geral), podemos fazer alguns comentários adicionais à existência e natureza desses módulos. Pensamos que os sistemas modulares que originam desejos de comida e bebida serão, pelo menos, parcialmente responsáveis pelos estados do corpo como é o caso dos níveis de açúcar no sangue. Mas também podem receber absorções dos diversos módulos perceptivos — pense-se no modo como o simples cheiro ou a visão de bolo de chocolate pode fazer com que o leitor se sinta esfomeado, mesmo que esteja fisicamente equilibrado. E estes módulos também podem efectuar cálculos mais complexos, considerando as crenças como entradas. Pense-se, por exemplo, no modo como há a tendência para ficarmos esfomeados numa viagem demorada, mesmo que

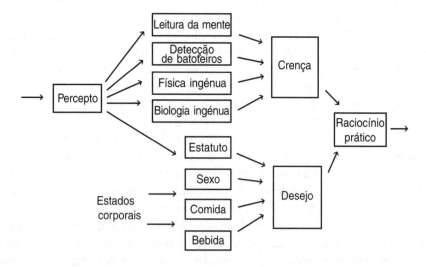

FIGURA 3.3 — Sistemas centrais modulares e estados da psicologia popular

a energia dispendida enquanto estamos sentados nas salas de espera dos aeroportos seja provavelmente inferior ao normal. Embora o indício seja trivial, é fácil pensar em explicações evolucionistas plausíveis para a existência de um desses mecanismos computacionais geradores de fome. Também é provável que o módulo do desejo sexual pegue numa grande gama de entradas, incluindo as sensações dos estados internos do corpo, experiências tácteis e visuais de vários géneros, e representações de sinais sociais complexos. E também parece provável que se entrega a cálculos surpreendentemente complexos usando as crenças como entradas — por exemplo, há a surpreendente descoberta de Baker e Bellis (1989), de que a dimensão da produção de esperma nos homens é proporcional não ao tempo passado desde a última ejaculação (como se poderia esperar), mas ao tempo decorrido desde o último contacto físico do homem com a sua parceira (tempo durante o qual ela pode ter tido outras oportunidades para acasalar), como foi previsto pela teoria da concorrência de espermas.

Também incluímos na figura 3.3 um módulo gerador de desejo com um «estatuto» assinalado. É um facto notável dos seres humanos — que nos parece não ser suficientemente salientado na ciência cognitiva — que os desejos humanos podem abranger um conjunto espantosamente amplo e variado de objectos, estados e eventos. Deve haver alguma coisa em acção para gerar essa diversidade, visto que é um mistério que a mera exposição à cultura possa produzir um novo conjunto de desejos. Uma proposta plausível é que temos um sistema dedicado que controla as atitudes dos outros para connosco e regista os objectos e eventos

94

que provavelmente melhoram o nosso estatuto social. Um módulo assim teria de considerar as crenças como entradas no sentido integral — como é o caso da crença «as pessoas que conduzem carros rápidos são admiradas» ou da crença «as pessoas que são gentis com os animais são amadas». E parece provável que um subobjectivo nestes registos seria *ficar fora da multidão*, dando-nos, por conseguinte, pelo menos os começos de uma explicação do modo como os desejos humanos tendem a proliferar e a diversificar-se.

6. CONCLUSÃO

Neste capítulo apresentámos os argumentos a favor do inatismo e da organização modular e funcional da cognição, que estão interligados. Também argumentámos que a modularidade provavelmente não está apenas confinada aos sistemas de entrada e saída, mas também caracteriza a cognição central (fixação de crença de vários géneros, raciocínio prático, criação de desejo e assim por diante). A representação da mente daí resultante não se adapta com total facilidade à nossa concepção de nós mesmos enquanto sujeitos integrados e unitários do pensamento e da experiência. Mas ao menos é consistente com os compromissos centrais da psicologia popular; e mantém, pelo menos, as perspectivas da futura compreensão científica. Nos capítulos 8 e 9, voltaremos a avaliar se podemos preservar alguma coisa da nossa pressuposta unidade cognitiva no âmbito de uma explicitação científica da consciência.

LEITURAS SELECCIONADAS

Para os leitores que procuram uma introdução à componente chomskiana que está por trás do moderno inatismo veja-se: Cook, 1988 e Radford, 1997. Chomsk, 1988 também é acessível. Ver também Carruthers, 1992.

O texto básico sobre a modularidade é: Fodor, 1983. (Os seus textos 1985a e 1989 também merecem a pena ser lidos.) Ver também Shallice, 1988a; Sachs, 1989; Smith e Tsimpli, 1995; Segal, 1996; Sperber, 1996.

Para argumentos que defendem tanto o inatismo como a modularidade de uma perspectiva evolucionista, ver muitas das comunicações apresentadas em: Barkow *et al.*, 1992.

Uma síntese de indícios sobre o desenvolvimento em vários domínios é apresentado em: Karmiloff-Smith, 1992.

IV
LEITURA DA MENTE

Nós, seres humanos, somos animais altamente sociais, únicos na flexibilidade com que nos adaptamos a novos padrões de interacção, tanto cooperativos como competitivos. Daí que seja fácil ver por que razão a nossa psicologia popular, ou capacidade para a leitura da mente, seja uma aptidão psicológica tão importante, tanto para a vida individual como para o nosso sucesso enquanto espécie. Mas não são só as mentes dos *outros* que temos de ler. Também há que avaliar esta mesma capacidade quando usada para pensar sobre o que se passa nas nossas próprias mentes, como veremos mais adiante no capítulo 9. (Um dos temas deste livro é que esta aptidão para o pensamento reflexivo aumenta enormemente os nossos recursos cognitivos.) Outras teses analisadas no presente capítulo são as seguintes: que a nossa aptidão de leitura da mente funciona por via de *um módulo central*, operando por meio da aplicação de *um fundamento de conhecimento teórico*, e que este conhecimento fundamental é *um produto da maturação em vez de ser da aprendizagem*. Por outras palavras, pensamos que o módulo da «teoria da mente» (muitas vezes chamado «ToM»[1] na literatura sobre este tópico) se ajusta à perspectiva geral da modularidade e do inatismo que esboçámos no capítulo 3.

1. AS ALTERNATIVAS:
TEORIA DA TEORIA *VERSUS* SIMULAÇÃO

A investigação das nossas aptidões de leitura da mente foi auxiliada tanto pelas investigações dos psicólogos do desenvolvimento como pelo debate entre duas perspectivas rivais, a teoria da teoria e a teoria da simulação.

---

1 É a sigla de *Theory of Mind (N. T.).*

1.1. TEORIA DA TEORIA

A teoria da teoria é um produto do funcionalismo na filosofia da mente. Ela propõe que os princípios teóricos fundamentais proporcionam as descrições do papel causal (ou função) as quais nos dão as nossas concepções do que *são* os diversos tipos de estados mentais. Esses princípios podem incluir elaborações sobre truísmos como «as pessoas geralmente acreditam naquilo que vêem», «se as pessoas querem nalguma coisa, e acreditam que há alguma coisa que podem fazer para o conseguir, então farão essa coisa, *ceteris paribus*» (ver Botterill, 1996, para mais debates). De acordo com a teoria da teoria, este mesmo conhecimento geral, semelhante à teoria, também nos permite atribuir estados mentais a fim de explicar o comportamento e de prever o comportamento daquilo que sabemos sobre os estados mentais dos outros.

Embora não haja dúvida de que os indícios do desenvolvimento são relevantes para resolver o debate entre a teoria da teoria e os seus oponentes (como veremos na secção 4), o principal ponto em disputa é o modo como a aptidão de leitura da mente *opera* fundamentalmente, em vez do modo como esta aptidão é *adquirida*. Em particular, a teoria da teoria enquanto tal é compatível com uma gama de possíveis métodos de aquisição — como seja pelo amadurecimento do conhecimento inato, através da teorização dos dados proporcionados pela experiência ou graças à instrução social. Pode parecer paradoxal alegar que poderia haver uma coisa como uma teoria que não tenha aparecido por meio da teorização. Se ficar surpreendido com isso, então esqueça a palavra «teoria» e pense antes nesta posição como sendo a perspectiva *baseada no conhecimento fundamental*. Mas o que nós realmente sugerimos é que, embora seja verdade que a maior parte das teorias tiveram de ser adquiridas por um duro trabalho intelectual, é difícil considerá-lo uma verdade conceptual. Noutro lugar argumentámos que, qualquer que tenha sido a sua aquisição, este conhecimento de base, assim como nos permite explicar e prever o comportamento, também proporciona o género de economia cognitiva que é diferente das teorias — unificando, integrando e auxiliando a explicar um corpo diversificado de dados (Botterill, 1996).

De forma que os teóricos da teoria podem diferir sobre o modo como a teoria é adquirida. Gopnik e Wellman argumentaram que a nossa teoria da mente se desenvolve por meio de um processo de teorização análogo ao desenvolvimento da teoria científica: procurando explicações, fazendo previsões e depois revendo a teoria ou modificando as hipóteses auxiliares quando as previsões falham (Gopnik, 1990, 1996; Wellman, 1990; Gopnik e Wellman, 1992). A ideia de que a psicologia popular é um produto da aprendizagem social — provavelmente a perspectiva original por omissão prevalecente entre os filósofos da mente na época em que eles ignoravam profundamente a psicologia empírica — não encontrou grandes apoios entre os psicólogos do desenvolvimento (no entanto, veja-se

Astington, 1996, para uma perspectiva vygotskiana do desenvolvimento da teoria da mente). A nossa opinião é que a aprendizagem social ou enculturação decerto que ajuda a configurar os aspectos mais sofisticados da psicologia popular adulta, mas pouco contribui para a formação da teoria fundamental que já é usada por crianças de 4 anos.

Como veremos na secção 4, há realmente várias razões para sustentarmos que a versão *correcta* da teoria da teoria — a única plausível de ser adquirida — é a versão inatista, de acordo com a qual estamos inatamente predispostos a desenvolver um módulo de teoria da mente. O facto de que a nossa capacidade de leitura da mente exiba rigidez de desenvolvimento devia, por si mesmo, ser altamente persuasivo deste ponto. Se a leitura da mente fosse um produto da teorização ou da aprendizagem social, então seria absolutamente extraordinário que todas as crianças conseguissem obter a mesma aptidão na mesma idade (cerca dos 4 anos), independentemente das diferenças de inteligência e das absorções sociais. Todavia, quer se acrescente ou se retire a variação habitual existente em qualquer processo de amadurecimento geneticamente controlado, encontramos sempre essa aptidão.

Algumas pessoas assinalaram o facto de que parece existirem grandes variações culturais nas crenças da psicologia popular, o que serve de indício para uma explicação da aquisição da teoria da mente em termos de enculturação (Lillard, 1998). Mas quase todos estes indícios se relacionam com variações culturais no *vocabulário* da teoria da mente, e nas crenças sobre o espírito que as pessoas comuns articularão, conscientemente, na linguagem. Ao passo que, se houver um módulo de teoria da mente, é quase certo que seja independente da linguagem (ver o nosso debate no capítulo 9 a seguir, secção 3.9). Além do mais, as operações internas elementares desse módulo podem ser em grande medida inacessíveis à consciência. O que anteciparíamos, na perspectiva do inatismo/modularismo, é que deveria haver uma aptidão fundamental de leitura da mente cujos estádios de desenvolvimento são os mesmos através das diversas culturas, rodeados por um corpo variável de acréscimos e conceitos culturais. E enquanto houver indícios apoiando esta questão, é justamente assim que a vemos (Avis e Harris, 1991; Naito *et al.*, 1995; Lillard, 1998).

Independentemente das suas diferenças no que respeita ao modo de aquisição da teoria da mente, os teóricos da teoria mostraram uma convergência considerável no que respeita aos diferentes estádios de desenvolvimento que tiveram de ser ultrapassados para se chegar ao estádio maduro, apoiados por um corpo de dados diversos e intrigantes (Wellman, 1990; Perner, 1991; Baron-Cohen, 1995). Parece haver três estádios principais entre o nascimento e os 4 anos de idade — estádios que podem corresponder a teorias cada vez mais elaboradas através de um processo de construção de teoria ou que podem representar os passos de maturação do crescimento de um módulo inato, provavelmente recapitulando o percurso da sua evolução. O primeiro estádio — que é atingido provavelmente nos primeiros 18 meses de vida — é uma forma simples de psicologia do objectivo. Neste estádio as acções podem ser interpretadas como estando direccionadas para o objectivo, e as previsões podem ser geradas a partir de atribuições de desejo. (Para ver como é que isto funciona, note que, em geral, aquilo que é proeminente para si no seu ambiente também será proeminente para outros; de modo que se atribuir objectivos aos outros e se pensar no que eles farão, então, tendo em atenção o que os rodeia, ou seja, o ambiente deles tal como *você* o representa, é provável que isto se mostre suficientemente fidedigno para ser útil.)

O segundo estádio — atingido entre o segundo e o terceiro ano de vida — é uma espécie de desejo — psicologia da percepção. Tal como antes, as crianças podem, neste estádio, interpretar e prever acções à luz de objectivos atribuídos; mas já podem ter em consideração a presença ou a ausência de contacto perceptivo com os factos ambientais relevantes. Contudo, ainda não há a compreensão da percepção como um estado *subjectivo* do perceptor, que pode representar alguns aspectos de um objecto mas não de outros ou que os pode representar de forma incorrecta. Em vez disso, o princípio parece ser: se alguém esteve em contacto perceptivo com o objecto, então conhece tudo o que eu conheço. (Perner, 1991, chama a isto uma «teoria da cópia da crença», visto que a ideia parece ser a de que a percepção dá ao observador uma cópia do objecto como um todo, independentemente das propriedades deste que estavam disponíveis ao observador através da percepção.) Este princípio, embora falso, está muito próximo da verdade, que é o que interessa na maior parte dos casos, para que mereça a pena tê-lo — e decerto que é melhor do que não levar em consideração qualquer contacto perceptivo.

Por fim, durante o quarto ano de vida, as crianças atingem uma psicologia da crença-desejo madura ou aquilo que Perner (1991) chama «uma teoria da mente representativa». (Isto não quer dizer que não haja mais desenvolvimentos posteriores, naturalmente — pelo contrário, a teoria continua a ser elaborada, tornando-se consideravelmente mais subtil e sofisticada sem alterar os seus elementos fundamentais). Neste estádio as crianças compreendem que as pessoas podem ter crenças que são falsas, que *deturpam* o seu ambiente. E acabam por trabalhar com uma distinção entre aparência e realidade, compreendendo que a percepção nos apresenta uma aparência subjectiva do mundo, que por vezes é ilusória. Voltaremos a avaliar com muito mais pormenor os testes para a psicologia da crença-desejo projectados pelos psicólogos do desenvolvimento na secção 4.1 mais à frente.

1.2. TEORIA DA SIMULAÇÃO

O simulacionismo desafia as perspectivas referidas acima ao propor que a nossa aptidão de leitura da mente depende de um processo de simulação, em vez da disposição do conhecimento teórico. A ideia é, *grosso modo*, que nos podemos julgar ou imaginar como estando situados e motivados da mesma forma que estão as outras pessoas e depois continuamos a raciocinar para connosco dentro dessa perspectiva para ver como podemos então pensar, sentir e reagir. Depois, projectamos os nossos pensamentos, sentimentos e decisões nos alvos das nossas simulações. A teoria da simulação pode parecer plausível pelo facto de que nós podemos, como é natural, adoptar de forma bastante consciente e deliberada a estratégia de nos supormos na situação dos outros — ou até, de forma mais dramática, retomar algum episódio das suas vidas — a fim de nos ajudar a antecipar as suas acções e ou avaliar as suas reacções. Mas estes são procedimentos bastante excepcionais e o simulacionismo precisa de um pouco mais de esclarecimentos gerais de baixa intensidade da simulação para lidar com os assuntos essencialmente mundanos da leitura da mente.

Os principais defensores do simulacionismo foram os filósofos Gordon (1986, 1992, 1995) e Goldman (1989, 1992, 1993) e o psicólogo Harris (1989, 1991, 1992). Tal como a teoria da teoria, a teoria da simulação pode aceitar uma gama de variações. Uma das formas em que o simulacionismo pode variar é ser mais ou menos *radical* — é mais radical se conta exclusivamente com a simulação e menos radical na medida em que também depende do uso que o sujeito faz do conhecimento geral sobre os estados mentais. Já que uma forma de simulacionismo fortemente radical não é muito plausível, há um certo perigo de que o simulacionismo e a teoria da teoria coalesçam uma com a outra. De facto, como reconhecemos que para uma função a nossa capacidade de leitura da mente *tem* de se basear numa forma de simulação, a posição que defendemos — a simulação limitada como um enriquecimento do funcionamento de uma teoria inata — não está muito longe de uma forma *não* radical de simulacionismo.

A principal questão entre a teoria da teoria e o simulacionismo diz respeito ao género de processo cognitivo envolvido na leitura da mente — se é *conduzida pelo conhecimento* ou *conduzida pelo processo*, para usar a forma simpática de Goldman para fazer a comparação. Mas devíamos lembrar-nos de que a teoria da teoria não nos fornece apenas uma explicação *filosófica* sobre os tipos de concepções do estado mental: de acordo com a teoria da teoria, a psicologia popular também proporciona ao leitor da mente, humano e comum, essas mesmas concepções. O simulacionismo não pode assacar por empréstimo esta explicação funcionalista, de acordo com a qual estados como a *crença*, *desejo*, *esperança* e *medo* são compreendidos em termos das suas interacções causais gerais com outros estados mentais, estímulos característicos, intenções e comportamento subsequente. O simulacionismo tem de abandonar a explicação funcionalista do modo como compreendemos conceitos no vocabulário das atitudes proposicionais e dos estados intencionais — porque essa explicação envolve efectivamente uma apreensão implícita de uma teoria. Isto parece ser uma lacuna grave, a menos que o simulacionista dê uma explicação igualmente plausível do modo como conceptualizamos as atitudes proposicionais.

Poderão os simulacionistas apresentar alguma alegação alternativa, que seja adequada, a fim de se saber em que consistem as nossas concepções de estados mentais? Não é tarefa fácil, visto que uma ou outra forma de explicação funcionalista ou teoria da teoria é de longe a melhor coisa que se pode conseguir na filosofia da mente (ver capítulo 1). Os simulacionistas que se atiraram a esta tarefa diferem no grau em que se apoiaram na *introspecção* como possível fonte de conhecimento dos estados mentais. A nossa asserção (ver a secção 2.2 em baixo e também Carruthers, 1996a) é que, quer os simulacionistas invoquem ou não a introspecção, não podem dar uma explicação satisfatória do autoconhecimento.

Observámos acima que se a rotina de leitura da mente funciona na simulação, então a simulação não pode ser considerada totalmente desenvolvida, já que a consciência finge que uma pessoa assume outra entidade. Esse fingimento de total desenvolvimento ocorre de facto, mas não é suficientemente comum. De forma que os simulacionistas precisam de uma forma de fingimento implícito e subpessoal para corresponder ao apelo que os teóricos da teoria fazem ao corpo do conhecimento teórico implícito. Essa explicação tem sido proporcionada pela sugestão de que quando uma pessoa resolve problemas de leitura da mente está a simular fazendo funcionar *off-line* as suas próprias tomadas de decisão ou o seu sistema de raciocínio prático. Esta sugestão é ilustrada pelo fluxograma desenhado por Stich e Nichols (ver figura 4.1). Eles na realidade produziram este diagrama no decurso de um ataque contra o simulacionismo (Nichols *et al.*, 1996), mas a elucidação que deram da ideia de funcionamento *off-line* foi considerada aceitável de modo geral tanto pelos simulacionistas como pelos seus críticos.

No fluxograma a crença «fingida»/gerador de desejo alimenta com entradas correspondendo a crenças e desejos do objectivo da simulação o próprio sistema de tomada de decisões do leitor da mente. Daí em diante este sistema funciona justamente como se as entradas tivessem sido as próprias crenças e desejos do leitor da mente, em vez de crenças e desejos simulados. A diferença que torna este num caso de funcionamento *off-line* aparece no processo resultante. Visto que o processamento das próprias crenças e desejos do leitor da mente resultaria na formação de intenções e por conseguinte em instruções para os sistemas de controlo motor conducentes à acção, o resultado do processamento resultante das entradas «fingidas» é acompanhado até um sistema de previsão/explicação de comportamento. De forma que, em vez de acção, temos como resultado as expectativas de como é que os outros se comportarão ou são-lhes atribuídas intenções e outros estados mentais.

Observe-se que, assim, o simulacionismo é susceptível de cair numa perspectiva híbrida que também invoca o conhecimento teórico. Porque neste esquema

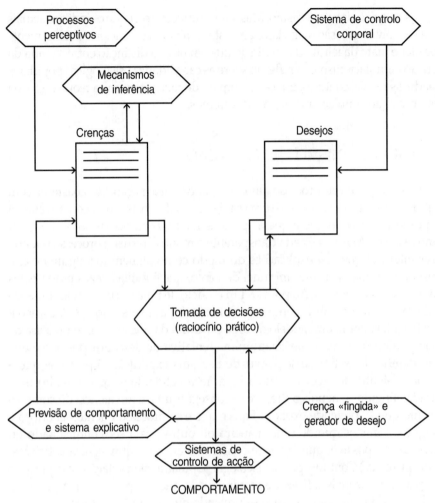

FIGURA 4.1 — Uma explicação simulada da previsão comportamental

de processamento tanto o *sistema da crença «fingida»/gerador de desejo* como o *sistema de previsão/explicação de comportamento* têm importantes funções a desempenhar. Quanto mais se dá a fazer a estas duas partes do sistema de processamento, tanto mais parecerá que precisam de usar algum corpo de conhecimento tácito — o que não passa, de facto, de uma *teoria* implícita.

2. OS PROBLEMAS DO SIMULACIONISMO

Na secção 4 faremos uma recensão dos indícios derivados das investigações do desenvolvimento. Defendemos que a teoria da teoria explica melhor estes indícios do que o simulacionismo. Mas temos de reconhecer que os indícios actuais do desenvolvimento são mais claros em testemunharem o carácter especificamente modular e inato da leitura da mente do que em fazer a distinção entre a teoria da teoria e o simulacionismo. A reflexão sobre as capacidades psicológicas populares e maduras revela, contudo, um certo número de razões por que a teoria da teoria é preferível ao simulacionismo, como veremos.

2.1. SIMULACIONISMO E EXPLICAÇÃO

A simulação é um processo alimentado por antecipação. Ao abastecer com entradas «fingidas» consegue-se uma saída ou resultado. Isto parece ser aceitável se quisermos *prever* o que é que as pessoas inferirão ou decidirão ou farão ou como reagirão. Mas não é nada transparente o modo como esse processo poderia gerar interpretações ou explicações do modo como alguém fez alguma coisa. Pensemos na analogia com um túnel de vento, que é muitas vezes usada pelos próprios simulacionistas. Ao pormos um modelo de uma estrutura num túnel de vento, podemos descobrir como é que ele reagirá a diversas forças. Mas não é uma boa ideia pôr lá um modelo de uma estrutura danificada (como uma asa de avião partida ou uma ponte caída) numa tentativa de descobrir por que é que ficou danificada. A fim de ser capaz de dar uma explicação, é provável que a simulação tenha de recorrer a uma iteração repetida, tentando primeiro uma entrada «fingida» e depois outra, até se conseguir uma equivalência do comportamento que se pretende explicar. Parece que este processo é lento, laborioso e inseguro, a menos que de uma maneira ou outra possa ser condicionado ou acelerado. (É possível que *nunca* se consiga obter uma equivalência suficientemente próxima.) Contudo, para a psicologia popular, a interpretação e a explicação não parecem ser mais difíceis de manipular do que a expectativa e a previsão.

Parece claro, portanto — caso se pretenda que a simulação funcione eficazmente para fins explicativos — que os simuladores terão de ter um corpo de conhecimento sobre as prováveis causas da acção e ou sobre as crenças e os desejos que os sujeitos provavelmente possuem em várias circunstâncias. Os simulacionistas apelam em geral para um processo de aprendizagem pelo desenvolvimento, a fim de explicarem a nossa posse desse conhecimento. Diz-se que as crianças mais pequenas começam com entradas de tentativa e erro para a simulação a partir de onde, gradualmente, aprendem quais são as entradas que têm mais probabilidades de ter sucesso em diversas circunstâncias. Desta forma, ainda continua a manter-se a simulação no cerne das nossas aptidões de leitura da mente. Pensamos que esta alegação da teoria do desenvolvimento é implausível. Porque os indícios revelam que as crianças mais pequenas conseguem *explicar* aquilo que alguém fez, com uma crença falsa, mais ou menos na mesma idade em que são capazes de, pela primeira vez, fazer *previsões* a partir de atribuições de crenças falsas, por exemplo (Wellman, 1990), não há qualquer intervalo de desenvolvimento, aqui, em que a explicação vai a reboque da previsão, como o pretende o simulacionismo.

Como é evidente que a simulação terá de ser enriquecida com conhecimento teórico, vamos concentrar-nos principalmente na alegação de que a simulação está no *cerne* das nossas aptidões de leitura da mente, em vez da alegação muito mais radical de que a leitura da mente é *exclusivamente* uma questão de simulação. (Para juntar ao ponto referido acima, pense-se em alguém prevendo o modo como outra pessoa reagirá quando se encontra num estado de medo extremo, visto que é improvável que os efeitos do medo extremo possam ser realizados pondo *off-line* o sistema cognitivo de uma pessoa. Também isto exigirá conhecimento teórico.)

2.2. SIMULAÇÃO E AUTOCONHECIMENTO

O nosso principal argumento contra a teoria da simulação é que nenhuma das suas versões pode explicar cabalmente o *auto*conhecimento dos estados mentais. De acordo com a teoria da teoria, o autoconhecimento assumirá em geral a forma de *reconhecimento carregado de teoria*. Mas isto não significa que consigamos determinar quais são os estados psicológicos em que nos encontramos pela aplicação da teoria a nós mesmos num processo de auto-interpretação. (Isto pode acontecer por vezes. De facto, há indícios de que pode acontecer tão depressa e facilmente que não temos conhecimento consciente de que foi isto que fizemos; ver Gazzaniga, 1994, para alguns exemplos extraordinários em doentes de «cérebro repartido», comissurotomizados; e ver o capítulo 8 à frente para mais debates.)

Na perspectiva da teoria da teoria, o nosso conceito de uma certa espécie de estado psicológico (*crença, desejo, esperança, medo, dor* ou qualquer outro) é um conceito de um estado ocupando um certo género de função causal. Mas também podemos *reconhecer* a ocorrência desse género de estado em nós mesmos, reconhecendo-o *como* o estado que ocupa essa função causal. Esta espécie de capacidade de reconhecimento pode ser encontrada de maneira muito vulgar junto dos conceitos teóricos. Por exemplo, um médico pode reconhecer e diagnosticar um cancro na mancha de uma imagem de raios-X; ou quando olhamos para a Lua através de um telescópio nós, como Galileu antes de nós, podemos reconhecer *crateras*. A possibilidade da aplicação do reconhecimento de um conceito teórico faz parte daquilo que os filósofos da ciência tinham em mente quando falavam da *teoria não carregada da observação*.

Como notámos mais acima, as versões do simulacionismo diferem quanto ao papel que atribuem ao reconhecimento dos estados mentais por meio da introspecção. De acordo com Goldman e Harris, as atribuições dos estados mentais a outras pessoas baseiam-se no *conhecimento* em primeira mão dos nossos próprios estados mentais. A fim de prever o que fará o leitor numa dada situação, eu próprio *suponho* que estou nessa situação, fazendo ajustamentos ao meu quadro de crenças e desejos de que tenho, introspectivamente, conhecimento. Então, deixo o meu sistema de raciocínio prático funcionar *off-line*, concluindo com uma intenção fingida de que também tenho conhecimento. Depois atribuo a acção correspondente à outra pessoa.

Mas quando estou ciente destes estados em mim mesmo (crenças, desejos e intenções fingidas) *de que é que estou ciente do que são eles*? O simulacionista não pode responder «são estados desempenhando uma certa função causal» ou, quando muito, a resposta pode tornar-se uma versão mista da teoria da simulação (simulação usada para enriquecer a teoria) que acabaria por aceitar de facto a nossa própria posição (ver secção 3 em baixo). De modo que é presumível que estejamos cientes deles enquanto estados com uma certa espécie de *sensação* ou fenomenologia introspectiva (como sugeriu Goldman, 1993.)

Sustentamos que atribuir este género de função à introspecção fenomenológica é um alarmante passo atrás relativamente ao progresso feito pela filosofia da mente no séc. xx. A maior parte dos filósofos da mente concorda agora com a ideia de que a nossa aprendizagem do que é um tipo de estado mental a partir do conhecimento do nosso próprio caso é um beco sem saída. Pondo de lado as outras objecções, esta explicação impõe um peso esmagador sobre a aprendizagem: temos de aprender *quais* os sentimentos que temos de induzir em nós mesmos quando simulamos outra pessoa; e temos de aprender quais os sentimentos que temos de correlacionar com as descrições das acções. Compare-se isto com as explicações positivistas da teoria da percepção, que dizem que começamos pelo conhecimento de dados sensíveis não estruturados e depois temos de aprender a construir, a partir daqui, representações de um mundo de 3-D de mesas, cadeiras, árvores e assim por diante. Já ninguém acredita nela; e as explicações introspeccionistas/simulacionistas das aptidões de leitura da mente também parecem ser implausíveis. Em cada um destes casos o problema consiste em abstrair uma estrutura causal extremamente rica a partir de qualquer coisa que é a-causal.

Se o argumento continua a ser defendido até agora, segue-se uma importante conclusão. Os modelos simulacionistas dos mecanismos de leitura da mente que *começam a partir de estados psicológicos distintos* não são rivais genuínos da teoria da teoria. Limitam-se a oferecer uma explicação do modo como funciona o processamento de soluções de alguns problemas de leitura da mente num contexto geral de conhecimento teórico da mente. Neste tipo de explicação, é necessário o conhecimento dos papéis causais e funcionais para realizar a discriminação inicial dos diferentes estados psicológicos em que a simulação pode, subsequentemente, vir a funcionar. Há, contudo, uma forma mais radical de simulacionismo, proposta por Gordon (1995, 1996).

Gordon pensa que aprendemos a ler a mente ao aprender a fingir *ser* outra pessoa. Ele sugere que o modo por defeito da simulação é a «projecção total», considerando que a pessoa simulada é exactamente como nós mesmos — sem fazer qualquer ajustamento à situação, circunstâncias ou quaisquer outras diferenças pessoais. No entanto, vamos aprendendo gradualmente a fazer os ajustamentos adequados para condizer com as situações dos outros. Também aprendemos, com maior ou menor sucesso, a fazer ajustamentos ao nosso quadro de crenças e desejos para fins de simulação. E Gordon pensa que não é preciso envolver neste procedimento qualquer conhecimento introspectivo do que são as nossas crenças e desejos. Depois de termos realizado este género de «projecção parcial», podemos então raciocinar no âmbito desse fingimento, *off-line*.

Gordon tenta dar uma explicação da auto-atribuição não cartesiana e totalmente baseada em princípios. O primeiro passo dado a caminho do conhecimento dos nossos próprios estados mentais é tão fácil como a aquisição de um simples hábito linguístico. Começamos por auto-atribuir um estado mental de crença ou intenção por meio de uma *rotina de ascensão*: aprendendo que onde estamos preparados para afirmar «P» também podemos afirmar «Acredito que P». Observe-se que Gordon não pretende com isto exigir qualquer coisa parecida com o conhecimento introspectivo! O passo seguinte (a caminho do autoconhecimento através da simulação) é combinar os resultados da simulação *off-line* com a rotina de ascensão à crença. De modo que aprendemos a transformar os pronomes de tal maneira que podemos atribuir um pensamento à *outra* pessoa sempre que nos desprendemos do âmbito de um fingimento — indo de «Acredito que P» para «Ele/ela acredita que P». Por fim, de acordo com Gordon, só aprendemos a atribuir pensamentos a nós mesmos (com a compreensão de que os pensamentos podem ser falsos; ou seja, *não* apenas por meio de uma rotina de ascensão) ao simular outro (ou nós mesmos num momento posterior) que, por sua vez, nos simula a nós mesmos.

Gordon erigiu uma explicação ambiciosa e engenhosa do autoconhecimento. Mas pensamos que ele não teve sucesso. O problema aqui é ver o modo como poderíamos ter adquirido aquela capacidade que certamente possuímos: atribuir imediatamente a nós mesmos, com compreensão, os pensamentos que ocorrem, *não* com base em qualquer género de auto-interpretação do nosso próprio comportamento. Posso saber o que estou a pensar mesmo que esses pensamentos não tenham qualquer relação com o meu comportamento observável ou com as minhas circunstâncias actuais. Quando fixo silenciosamente o olhar para fora da janela sei que tive em mente o seguinte pensamento «Avignon seria um óptimo lugar para passar umas férias.» Mas não posso ter-me auto-atribuído este pensamento simulando ser outra pessoa que, por sua vez, me simula a mim, visto que mais ninguém me poderia ter atribuído esse pensamento nestas circunstâncias. A simulação não pode ocorrer nestas condições: *tem de haver* alguma circunstância ou comportamento notórios para simular.

2.3. O PROBLEMA DA COGNIÇÃO MÚTUA

Uma das maneiras de abordar este problema é imaginando como é que o simulacionismo pode explicar alguém tão manhoso como Iago, o vilão da peça *Otelo* de Shakespeare, malevolamente atreito a derrubar o seu comandante levando-o a pensar que ele tem razão em ter ciúmes da sua mulher (Desdémona) e de um dos seus oficiais (Cássio). Suponhamos que Iago pode simular o que Cássio pensará e quererá fazer quando acreditar que Desdémona está apaixonada por ele. É um problema de primeiro nível. Mas conseguirá Iago simular o que pensará Otelo do que pensará e fará Cássio nessas circunstâncias? É um problema de segundo nível e absolutamente pleno de artimanhas para ser modelado em termos de processamento *off-line*. Suponhamos que os sujeitos podem fazer funcionar *off-line* os seus sistemas inferenciais ou de tomada de decisões. Então como é que os conseguem pôr em funcionamento *duas vezes ao mesmo tempo*, outorgando um passo a Cássio e outro passo a Otelo sobre Cássio?

De facto, é provável que este problema não seja tão difícil como parece para um simulacionista. Porque em certo sentido, para simular Otelo a simular Cássio, *o simulacionista tem apenas de simular Cássio*. Aquilo que faz com que a sua simulação de Cássio seja de segunda ordem é o que a inicia e o que o simulacionista faz com ela como realização do processo de simulação. Para prever o que Otelo pensará sobre os pensamentos de Cássio, o simulacionista começará com uma questão sobre Otelo. Depois «desce» um nível para simular Cássio. E depois ao terminar a simulação o simulacionista tem de inserir a crença ou intenção resultante duas vezes — primeiro na crença «Cássio pensará...», e depois na crença «Otelo pensará que Cássio pensará...». Agora pode dar-se um problema sobre o modo como as crianças supostamente *aprendem* a executar este processo. Mas o próprio processo, amadurecido, parece ser viável.

No entanto, há um problema genuíno na teoria da simulação ao explicar a nossa aptidão para explicar ou fazer previsões respeitantes às várias formas da *cognição mútua*, como o fingimento mútuo, a inveja mútua ou o conhecimento mútuo. Suponhamos que Peter e Pauline estão mutuamente cientes da vela sobre a mesa, entre eles — cada um consegue ver a vela e consegue ver que o outro a vê e este facto é mutuamente conhecido por ambos. É evidente que conseguimos compreender esta situação e podemos começar a fazer previsões sobre ele. Por exemplo, podemos prever que nenhum deles achará necessário comentar a existência da vela ao outro; que cada um deles ficaria surpreendido se o outro *fizesse* um comentário a esse propósito; que cada um deles ficaria surpreendido se o outro *não* ficasse surpreendido se eles mesmos tivessem feito esse comentário; e assim por diante. Mas como é que eu posso, simultaneamente, simular Peter a simular Pauline, que por sua vez simula Peter a simular Pauline, e assim por diante? Neste ponto, se eu tento fazer a simulação «descendo um nível», limito-

-me a simular Peter e a simular Pauline — mas isso não dará resultado, visto que é fundamental que eu consiga simular o raciocínio deles sobre os estados mentais do outro e o raciocínio deles sobre aquilo que o outro pensará dos seus próprios estados mentais.

Parece que os simulacionistas teriam de fazer a concessão de que a leitura da mente da cognição mútua é manipulada por qualquer tipo de conhecimento geral, para além da simulação. Mas eles podem então alegar que este conhecimento é aprendido através da simulação no decurso do desenvolvimento normal, preservando, por conseguinte, a perspectiva de que a simulação se encontra no cerne das nossas aptidões de leitura da mente. Mas isto parece altamente implausível quando se pensa que as crianças se comprometem e compreendem formas complexas de fingimento mútuo, pelo menos aos 4 anos de idade (Jarrold *et al.*, 1994a). Como é nesta idade que as crianças adquirem um concepção da mente propriamente representativa (e por conseguinte conseguem compreender que as crenças podem ser falsas — ver secção 4 em baixo) e como não conseguimos compreender o fingimento mútuo sem essa concepção, põe-se aqui um problema sério ao simulacionismo, nomeadamente, como explicar que ambas as aptidões possam emergir tão próximas durante o desenvolvimento.

2.4. PENETRABILIDADE COGNITIVA?

Estes três pontos contra o simulacionismo parecem-nos decisivos e também parecem ser muito mais convincentes do que a linha de argumentação preferencialmente técnica que foi salientada por Stich e Nichols (1992, 1995; Nichols *et al.*, 1996). Eles intitulam este argumento contra o simulacionismo de «o argumento da penetrabilidade cognitiva», mas trata-se de um rótulo muito confuso (susceptível de ser confundido com outro género de penetrabilidade, o género que os módulos permitem). De modo que preferimos pensar nele como «o argumento da falibilidade teórica». O pensamento que está por trás desta linha de argumentação é que se há alguma área em que as pessoas tendem regularmente a comportar-se irracionalmente, de tal maneira que seja uma surpresa para o povo comum, mas onde não somos capazes de o prever, de forma consistente — tendo a expectativa incorrecta de que elas se comportem racionalmente — então é provável que nos estejamos a basear no conhecimento teórico. O conhecimento teórico pode fazer com que os leitores da mente *cometam consistentemente erros* sobre produtos de peculiaridades e deficiências dos sistemas de raciocínio humano e de tomada de decisões. Mas se os leitores da mente estivessem a simular e a usar os seus próprios sistemas de raciocínio e de tomada de decisões, *partilhariam* então as peculiaridades e deficiências dos seus alvos, de modo que *não* previriam mal, de forma consistente, o seu comportamento.

Tomada em abstracto, esta linha de argumentação é impecável. Mas depende da capacidade de se fornecer a indispensável prova empírica — nomeadamente, exemplos de irracionalidade surpreendente em que nós, enquanto observadores, também tendemos a fazer previsões incorrectas. E não está claro que haja quaisquer exemplos que se adeqúem inequivocamente a esta especificação. O principal exemplo de Stich e Nichols é o efeito Langer, que trata de sujeitos que revelam uma preferência injustificada por bilhetes da lotaria que foram escolhidos por eles. Mas as condições em que esta preferência é exibida são polémicas (Kühberger *et al.*, 1995). Para termos a certeza, há muitos exemplos de irracionalidade comum, mas a argumentação também exige que os leitores da mente considerem estes casos surpreendentes e os considerem errados. Isto significa prever *mal* as respostas dos sujeitos: dar uma previsão incorrecta e não apenas ser incapaz de prever por não saber o que se tem de esperar. Até que sejam apresentados exemplos bem definidos deste tipo, o argumento da penetrabilidade cognitiva/falibilidade teórica continua a ser um argumento à procura das suas premissas.

3. UMA PERSPECTIVA HÍBRIDA

Até agora a nossa abordagem tem sido resolutamente anti-simulacionista. No entanto, reconhecemos que há lugar para a simulação, como forma de enriquecimento do funcionamento da teoria. Repare que por vezes a única forma de lidar com uma questão de leitura da mente é usar os recursos cognitivos próprios. Suponha que a questão é: «O que dirá o presidente quando lhe perguntarem pelo nome da capital do estado do Nebrasca?» É razoável presumir que o presidente conhece a resposta e, dado o contexto, está pronto a dá-la. Mas a sua capacidade de prever *o que* ele dirá depende, pelo menos em parte, de que você *saiba* que Lincoln é a capital do Nebrasca.

Heal (1986, 1995, 1996) argumentou a favor de um misto de simulação e teoria na psicologia popular, em que a simulação manipula os aspectos de conteúdo dos problemas de leitura da mente enquanto a teoria é necessária para aspectos sem conteúdo (ou seja, para manipular os tipos de estados intencionais e respectivas relações). Também queremos aceitar esta posição híbrida ou mista, ao mesmo tempo que sublinhamos o papel fundamental da teoria em proporcionar-nos as nossas concepções dos diversos tipos de estados mentais. Nomeadamente, pensamos que a simulação está envolvida no processo de *enriquecimento inferencial*, ou seja, que nos é possível absorver as «crenças fingidas» de outra pessoa no(s) nosso(s) próprio(s) sistema(s) de processamento inferencial e depois usar o resultado de crenças derivadas para as atribuir ao outro; e que possamos da mesma forma começar de um objectivo assumido e dar (em nosso próprio proveito, por assim dizer) os passos necessários para realizar esse objectivo, atribuindo então e mais uma vez os diversos subobjectivos ao outro.

Há pelo menos três razões poderosas para que um defensor da teoria da teoria aceite isto sob a forma de simulação:

1) Qualquer coisa semelhante a uma *teoria abrangente do pensamento* seria demasiado grande para ser manipulada, especialmente como subsistema dentro de um módulo de teoria da mente (foi esta a questão original de Heal). Grande parte da inferência humana tem carácter *holístico*, pelo menos na medida em que as inferências feitas pelas pessoas dependerão, de modo muito geral, das suas percepções da relevância que as suas outras crenças têm para os passos inferenciais em questão. (Foi esta a questão analisada no capítulo 3, secção 5.2. Regressamos à questão do holismo no capítulo 7.) Uma teoria abrangente do pensamento teria então de ser, ao mesmo tempo, uma teoria da *relevância*. A fim de prever o que é que alguém inferirá de algumas crenças novas prórpias, usando apenas a teoria, eu teria de saber não só quais são as suas outras crenças, mas também quais delas considerará ele como sendo relevantes.

2) Temos de reconhecer, de qualquer modo, uma capacidade de processar inferências com base em suposições, porque é nisso que consiste o raciocínio hipotético ou contrafactual. Grande parte do raciocínio humano pode começar por *supor* que o assunto é assim e assim e raciocinar a partir daí. É desta forma que podemos prever as consequências da adopção de uma nova crença antes de a aceitar, ou de um novo plano de acção antes de o executar.

3) As próprias capacidades inferenciais das pessoas impõem limites às inferências que podem atribuir aos outros. Assim, no caso da atribuição da crença dificilmente podemos permitir uma desadequação cognitiva tal que o agente não consiga ver aquilo que infere de *P*, mas pode manejar perfeitamente bem uma inferência de *P a respeito de alguém*. É a isto que podemos chamar «a limitação de Watson»: se o Dr. Watson não pode determinar, *para si mesmo*, quem foi o assassino, então também não o pode determinar em nome de Holmes. Mas se a nossa teoria da mente incorporou de facto uma teoria completa do pensamento, então é provável que seja possível, em princípio, que as pessoas *prevejam* os pensamentos dos outros, quando não os conseguem alcançar *in propria persona*, fazendo uso dos seus próprios sistemas de raciocínio teóricos ou práticos.

Felizmente que a teoria da teoria pode fazer destas razões uma concessão ao simulacionismo. O que a teoria da teoria *não* deve conceder é que o simulacionismo

111

seja preciso para qualquer outra coisa que não o enriquecimento inferencial, partindo de crenças já atribuídas para chegar a outras crenças, ou partindo de objectivos já atribuídos para chegar a outros subobjectivos. Em particular, a teoria da teoria deve negar que as nossas concepções de tipos de estado mental são proporcionadas pela simulação, assim como negar à simulação qualquer papel na atribuição inicial de pensamentos aos outros e também negar-lhe qualquer função na previsão da acção a partir da intenção e na previsão de intenção a partir do desejo.

4. ESTUDOS SOBRE O DESENVOLVIMENTO

Nas duas últimas décadas tem havido muitas investigações engenhosas e reveladoras sobre o desenvolvimento de leitura da mente nas crianças. Ironicamente, foi uma tentativa para avaliar se os chimpanzés têm aptidões de leitura da mente que proporcionou o estímulo ao progresso no caso humano. Premack e Woodruff (1978) apresentaram indícios que podem ser interpretados como indicadores de que os chimpanzés têm essas aptidões. Embora haja muitos indícios — tanto de estudos de campo como de experiências controladas — que no mínimo sugerem a existência de aptidões de leitura da mente em alguns outros primatas além de nós (particularmente chimpanzés e gorilas), o caso continua longe de estar compreendido de forma conclusiva (ver Byrne e Whiten, 1988; Whiten e Byrne, 1988; Gomez, 1996; Povinelli, 1996). O problema de imputar a leitura da mente aos chimpanzés é que eles podem ser precisamente muito habilidosos em explorar o conhecimento de correlações entre situações, sugestões corporais (como a direcção do olhar, a orientação e a postura do corpo) e o comportamento — sem ter a capacidade de pensar nos conteúdos da mente de outro chimpanzé. Nos comentários ao artigo original de Premack e Woodruff, Dennett (1978e) e Harman (1978) assinalaram que era preciso, para uma demonstração convincente da leitura da mente, um teste em que se formasse uma expectativa com base na atribuição de uma *crença falsa*.

A ideia que está por trás do teste da crença falsa é que nos casos em que a conduta se relaciona adequadamente com *o modo como as coisas são* pode ser previsível simplesmente com base no conhecimento de regularidades ligando situação e conduta. Por exemplo, o leitor pode ser capaz de prever que quando há bagas maduras por perto, as pessoas colhem-nas e comem-nas, porque verificou que elas tendem a fazer isso em situações semelhantes. Em geral, onde os outros têm crenças verdadeiras sobre uma situação, uma correlação com a situação pode ser substituída por uma correlação com a sua crença sobre a situação. Mas se, em vez disso, o leitor previr que eles irão à procura de bagas num lugar em que você sabe que não há bagas, então essa previsão é feita com base na *má interpretação* que eles fazem da situação, na crença falsa de que as bagas podem aí ser encontradas. Até agora ninguém descobriu ainda uma forma de submeter os chimpanzés ou os gorilas a um teste bem definido de crença falsa. (O mais perto que se conseguiu até agora, foi projectar um teste de *ignorância* — ver Gomez, 1996; O'Connell, 1996 — que testa, com efeito, a presença da psicologia da percepção do desejo e que os chimpanzés e os gorilas conseguem resolver. Isto sugere que os grandes macacos podem ter as aptidões de leitura da mente de crianças com pelo menos 2 ou 3 anos.)

4.1. DESENVOLVIMENTO NORMAL

É possível submeter crianças ao teste da crença falsa, como mostraram Wimmer e Perner (1983). O paradigma do teste apresenta uma personagem, Maxi, que põe um bocado de chocolate no local A (uma gaveta da cozinha). Depois vai brincar e entretanto a mãe põe-lhe o chocolate noutro local, B (um guarda-louça da cozinha). Maxi regressa com fome depois dos esforços que fez e quer comer o chocolate. Pergunta-se nessa altura às crianças onde é que Maxi procurará o chocolate. É claro que a resposta correcta é que ele vai procurá-lo no local A *porque é lá que Maxi pensa que ele está.* Para que consigam passar no teste da crença falsa as crianças têm de compreender que o local actual do chocolate (B, no guarda-louça) é algo que Maxi não sabe. (Usam-se perguntas de controlo para sondar se as crianças se lembram onde é que o chocolate estava originalmente localizado e se elas se lembram onde é que ele foi posto.)

A maior parte das crianças é capaz de passar este teste por volta dos 4 anos, enquanto as crianças com menos idade dizem que Maxi irá procurar o chocolate onde ele se encontra actualmente. Esta experiência padrão da crença falsa foi repetida muitas vezes com muitas variações possíveis na forma de apresentação (tais como personagens-bonecos, actores, livros de histórias e assim por diante). De forma que a seriedade deste momento crítico no desenvolvimento da leitura da mente tem de ser considerado como uma descoberta muito vigorosa. Pode-se dizer das crianças que elas começam por ter «falsas crenças» por volta do final dos seus 4 anos da mesma forma que se pode dizer que elas começam a dar passinhos vacilantes no início do segundo ano de vida.

O êxito nas tarefas da crença falsa aos 4 anos parece ser surpreendentemente precoce em relação ao que seria de esperar da tabela piagetiana dos estágios de desenvolvimento geral. Mas de facto pode acontecer que o pedido de uma reacção *verbal* nos testes de crença falsa realmente iniba a aptidão de leitura da mente que já está presente. Pelo menos parece ser esta a conclusão a estabelecer de algumas investigações em que as reacções das crianças às tarefas de crença falsa foram avaliadas pela observação da direcção do seu olhar ou por se conseguir que elas respondam com uma actividade motora muito rápida (Clements e Perner, 1994).

Por estes padrões, as crianças estavam a ter sucesso nas tarefas, antecipando-se de seis meses até um ano.

Uma variante do teste da crença falsa original é *a tarefa dos Smarties*. Nesta experiência é mostrado às crianças um recipiente de um tipo de doce familiar — um tubo de *Smarties* (o equivalente norte-americano é o M&M) — e pergunta-se-lhes o que contém o tubo. A resposta habitual, como seria de esperar, é «doces» ou *Smarties*. No entanto, o experimentador pusera de facto um lápis dentro do tubo. Estes conteúdos não padronizados são então revelados às crianças. A característica original do teste dos *Smarties* foi descobrir o que é que as crianças diriam sobre outra criança a quem se ia mostrar o tubo de *Smarties*, com o lápis ainda lá dentro: «O que é que o teu amigo dirá que o tubo contém?» Tal como no teste da crença falsa de Maxi, as crianças mais pequenas, abaixo dos 4 anos, atribuem incorrectamente o seu conhecimento actual às outras crianças — ou seja, dizem que as outras crianças *dirão que havia um lápis no tubo*. Mas desde os 4 anos, as crianças prevêem correctamente que a outra criança avaliará mal o conteúdo e dirá que o tubo contém *doces*. De forma que os resultados do teste dos *Smarties* corroboram o momento crítico indicado pelos testes de crença falsa originais (Hogrefe *et al.*, 1986; Perner *et al.*, 1987).

Mas a descoberta verdadeiramente interessante do teste dos *Smarties* emerge das respostas a uma pergunta suplementar: «O que é que tu *pensaste* que estava no tubo?» Acontece que as crianças mais pequenas — numa idade em que ainda não conseguem fazer a tarefa da crença falsa — também não conseguem reconhecer *a sua própria crença falsa do passado*. Respondem à pergunta dizendo «um lápis», mesmo que alguns momentos antes tenham dito que havia doces no tubo (Astington e Gopnik, 1988). Todavia o seu insucesso não é da memória — elas conseguem lembrar-se do que *disseram* sobre o que estava no tubo, por exemplo. Resultados muito semelhantes aos do teste dos *Smarties* também foram obtidos com *Hollywood Rock* — esponjas disfarçadas para se parecerem com rochas. Quando as vêem, primeiro as crianças dizem que são rochas. Depois são convidadas a mexer nelas e descobrem, com surpresa, que não são rochas de verdade. Mais uma vez as crianças mais pequenas, que ainda não possuem um conceito desenvolvido de crença (falsa), dirão que as outras crianças que estão a olhar para elas pensarão que são esponjas; e também dirão que *elas mesmo pensavam antes que também eram esponjas!* (Ver Gopnik, 1993, para uma recensão dos resultados dos testes e discussão teórica.)

Na perspectiva da leitura da mente amadurecida, estes resultados podem parecer muito estranhos e surpreendentes. De facto, inclinam-se fortemente a favor de uma versão inatista da teoria da teoria e contra a perspectiva da *teorização* do desenvolvimento. (De maneira que está aqui um segundo ponto a acrescentar ao argumento da rigidez de desenvolvimento avançado na secção 1.1 em cima.) A explicação teórica tem de consistir no seguinte: que as crianças aprendem a rever uma teoria mais primitiva, que usa as concepções de *desejo* e *conhecimento* e ou *percepção*, para incluir também possíveis *crenças falsas*. Como as crianças terão por vezes crenças falsas, a sugestão podia ser que elas aprenderão com o seu próprio caso que há coisas tais como crenças falsas. Mas por muito natural que este pensamento possa ser, é veladamente cartesiano: simplesmente assume que a introspecção é uma forma especialmente privilegiada de observação, que não está carregado com teoria. E o teste dos *Smarties* proporciona-nos uma refutação da sugestão. As crianças cujo conceito de crença falsa ainda não se desenvolveu têm dificuldade em reconhecer e lembrar-se das suas próprias crenças falsas. De forma que as crianças têm, de alguma maneira, de fazer uma revisão da sua simples teoria da psicologia popular para incluir possíveis crenças falsas, mas sem ainda terem qualquer concepção da crença falsa e assim também sem terem ainda acesso às suas próprias crenças falsas. O que parece ser efectivamente uma difícil tarefa teórica!

Esta questão merece ser elaborada com mais pormenor, visto que tem implicações para a filosofia da ciência. É muito difícil compreender de que modo a leitura da mente poderia ser um produto de teorização quase científica, visto que as crianças menores de 4 anos carecem de qualquer conceito de crença falsa. O que é que pode motivar o leitor a rever uma teoria que enfrenta dados recalcitrantes, se ainda não tem a possibilidade de pensar que os dados sugerem que *a sua teoria é falsa*? Por outras palavras, poderíamos argumentar de forma muito geral que o desenvolvimento da teoria da mente não pode ser explicado em termos da teorização quase científica, porque a teorização científica seria completamente impossível sem a aptidão de leitura da mente. Trata-se, aqui, de um tópico que por si só merece um tratamento à parte. Por enquanto, vamos remeter os leitores para alguns dos pensamentos mais sugestivos de Fodor sobre a ligação entre as experiências e a gestão das crenças (1994).

De maneira que há fortes razões a favor da perspectiva de que a aptidão de leitura da mente é inata, em vez de ser produto da teorização. Esta questão foi agora dramaticamente confirmada num estudo com gémeos levado a cabo por Hughes e Cutting do Institute of Psychiatry de Londres (comunicação pessoal). Eles realizaram uma bateria completa de testes sobre leitura da mente em mais de 100 gémeos com 3 anos, procurando encontrar diferenças no desempenho entre gémeos monozigóticos («idênticos»), que partilham os mesmos genes, por oposição às diferenças no desempenho de gémeos dizigóticos («fraternais»), que só têm 50 por cento dos seus genes em comum. Sucede que dois terços da variância das crianças nos testes de leitura da mente são atribuídos a factores genéticos, sendo apenas um terço atribuído a factores ambientais. Contudo, acontece que os genes em questão são muito independentes daqueles que estão envolvidos na aquisição de outros géneros de aptidão, como a linguagem.

Há um indício do desenvolvimento que pode sugerir que a aptidão de leitura da mente *não* é inata: sabe-se que as crianças com mais irmãos tendem a resolver mais cedo o teste da crença falsa (Perner *et al.*, 1994). Mas pensamos que não passa de um caso provável do princípio geral do desenvolvimento afirmando que a variação nas oportunidades para exercitar a capacidade pode acelerar ou retardar a taxa a que essa capacidade se desenvolve numa criança. É de esperar que haja uma co-variância desse género no desenvolvimento que é fundamentalmente uma questão de *crescimento*, como nos casos em que as crianças aprendem com a absorção da informação que recebem. Além disso (como observámos na secção 1.1 acima) embora algumas pessoas também possam ser levadas a afirmar que as variações culturais na psicologia popular contrariem a hipótese inatista (Lillard, 1998), isso realmente não acontece — por duas razões. Primeira, qualquer indício existente respeitante ao desenvolvimento de leitura da mente de crianças de culturas entrelaçadas sugere uma trajectória de desenvolvimento comum (Avis e Harris, 1991; Naito *et al.*, 1995; Tardif e Wellman, 1997). Segunda, a expressão de variáveis em diversas circunstâncias é apenas aquilo que uma pessoa pode prever de um módulo de leitura da mente inato, em qualquer caso — como o módulo da linguagem se desenvolve de forma diferente no contexto de diversas linguagens naturais.

4.2. DESENVOLVIMENTO ANORMAL

Se a capacidade humana de leitura da mente é de facto inata e própria de domínios específicos, então é plausível — como foi argumentado no capítulo 3 — que haja um sistema de processamento modular onde funciona. Onde há sistemas modulares específicos de domínios, há possibilidades para enfraquecimentos cognitivos especiais. E de facto parece haver um enfraquecimento desse género no caso da leitura da mente. É conhecido por *autismo*, um distúrbio do desenvolvimento que foi identificado pela primeira vez nos anos 1940 (Kanner, 1943; Asperger, 1944). Sabe-se que o autismo tem um componente genético substancial e é clinicamente definido em termos de uma tríade de enfraquecimentos:

1) Anormalidades de comportamento e interacção social;
2) Dificuldades de comunicação, tanto na conversação como na comunicação não verbal;
3) Comportamento estereotipado e sem imaginação e incapacidade de envolvimento nas brincadeiras de fingir.

(Wing e Gould, 1979; American Psychiatric Association, 1987; Organização Mundial de Saúde, 1987). As crianças autistas parecem «distantes», muitas vezes tratando as outras pessoas como objectos; têm dificuldade em interagir socialmente tanto com adultos como com outras crianças; e embora muitas consigam adquirir a linguagem com sucesso, encontram dificuldades com os aspectos pragmáticos do uso da linguagem (por exemplo, não notarem que quando a Mãe pergunta se o frigorífico está vazio, as crianças comuns não respondem «Não» ao constatarem que ele só contém uma simples folha de alface bolorenta). Também têm tendência a absorver-se com tarefas repetitivas e estereotipadas que as crianças normais achariam enfadonhas e monótonas. Mas o seu principal problema parece ser a *cegueira da mente* — um défice específico na aptidão de leitura da mente.

A dificuldade que as crianças autistas têm com a leitura da mente foi revelada pela sua baixa taxa de sucesso na tarefa da crença falsa, mesmo em idades comparativamente avançadas (Baron-Cohen *et al.*, 1985). O desempenho deficiente das crianças autistas nestes testes dificilmente se explica por quaisquer dificuldades gerais de aprendizagem ou enfraquecimento cognitivo geral, visto que as crianças autistas têm desempenhos notoriamente inferiores aos das crianças com a síndrome de Down, que noutros aspectos têm enfraquecimentos cognitivos mais graves.

A incompreensão da crença falsa pelas crianças autistas está visivelmente exposta na sua incapacidade de usar o engano. Indícios factuais respeitantes ao engano parecem confirmar o perfil de desenvolvimento normal; e esta localização da habilidade de enganar entre as capacidades de leitura da mente da criança também foi reforçada por testes como «a fada e os autocolantes» (Peskin, 1992). Uma personagem fada (uma boneca vestida de branco) pergunta à criança qual é o seu (da criança) autocolante favorito e depois retira o autocolante que a criança aponta. Enquanto as crianças com 4 anos rapidamente aprendem que a forma de ficarem com o autocolante que querem é dizer que um diferente é que é o seu favorito, as crianças de 3 anos parecem ser incapazes de controlar este truque simples e continuam a indicar com sinceridade *perdendo assim* os seus autocolantes favoritos. Numa disposição experimental semelhante, mesmo as crianças autistas mais velhas (adolescentes) também perdem os seus autocolantes da mesma forma que as crianças com menos de 4 anos. Com a caixa B vazia e a caixa A contendo as guloseimas que querem, mesmo depois de repetidas tentativas são incapazes de determinar a estratégia enganadora de dirigir mal para a caixa vazia alguém que queira tirar-lhes os doces e lhes pergunta onde é que eles estão (Russell *et al.*, 1991; Sodian, 1991; Sodian e Frith, 1992, 1993).

O autismo é um distúrbio do desenvolvimento. Muito antes dos 4 anos já há diferenças entre as crianças autistas e as que se desenvolvem normalmente. O sumário dos estádios dos défices autistas aparece na tabela em baixo. (O apontar *protodeclarativo* é o apontar com intenção de dirigir a atenção de outra pessoa para qualquer coisa de interessante — por contraste com o apontar *protoimperativo*, que é o apontar com intenção de obter alguma coisa.) Algumas destas diferenças têm sido usadas em rastreios, aos 18 meses, e verificou-se que eram muito fidedignas na identificação de crianças que subsequentemente foram diagnos-

Idade	Défice autista
Primeiro ano	♦ Pouco interesse por rostos ♦ Incapacidade de controlar o olhar ♦ Incapacidade de partilhar a atenção ♦ Inexistência do apontar proto-declarativo
c. 18 meses	♦ Ausência de brincadeiras de fingir
c. 4 anos e mais	♦ Incapacidade nos testes da crença falsa ♦ Ausência de comportamento enganador/compreensão do engano ♦ Disfunção da execução: problemas com olhar para a frente e com a planificação ♦ Problemas com aspectos pragmáticos do discurso

FIGURA 4.2 — Os estádios dos défices autistas

ticadas como sendo autistas. As principais características da listagem (CHAT, ou *Checklist for Autism in Toddlers*[2]) são o apontar protodeclarativo, o controlo do olhar e a brincadeira de fingir (Baron-Cohen *et al.*, 1996; ver também Baron-Cohen e Cross, 1992).

É evidente que as deficiências autistas são deficiências por comparação com as aptidões das crianças de desenvolvimento normal. Ao adoptar a perspectiva inatista de que a leitura da mente é inata nos seres humanos, não estamos a defender que a própria leitura da mente, ou o hipotético módulo através do qual ela funciona, esteja presente desde o nascimento. Em vez disso, afirmamos que há instruções genéticas que foram seleccionadas precisamente porque nos ambientes humanos normais estas instruções originam sistemas de processamento com aptidões de leitura da mente. A leitura da mente é o efeito de longo prazo dessas instruções e da sua função biológica — é o motivo, ou parte do motivo, por que elas existem no genoma humano. Se tivermos razão neste ponto, ainda continuam por responder muitas questões sobre o que são os efeitos de curto prazo destas instruções. O delineamento do perfil normal de desenvolvimento indica que o controlo do olhar e as capacidades de partilha da atenção e das brincadeiras de fingir se encontram entre esses efeitos. A teoria da teoria inatista é que a capacidade de leitura da mente *resulta* destas primeiras capacidades ou, pelo menos, o seu crescimento as pressupõe. Baron-Cohen (1995) sugeriu que este processo de maturação em direcção à teoria da maturação envolve três módulos precursores, um detector de intenção (DI), um detector de direcção do olhar (DDO) e um mecanismo de atenção partilhada (MAP). (Pode acontecer que o DI seja o executor da psicologia do desejo simples de Wellman e que o MAP seja o executor da psicologia da percepção do desejo.) também há alguns indícios de um sistema neurológico dedicado ao módulo de leitura da mente, envolvendo um circuito de vias neurológicas interligadas (Baron-Cohen e Ring, 1994a: o circuito liga o córtex órbito-frontal com o sulco temporal superior e a amígdala).

Os défices da chamada «função de execução» apresentados na tabela em cima são testados experimentalmente em tarefas como a das Torres de Hanói. Esta envolve a transferência de um conjunto de discos de vários tamanhos de uma de três estacas para outra, um disco de cada vez, sem que nunca haja um disco maior em cima de um disco menor. A solução da tarefa envolve o pensar nas posições dos discos com alguns movimentos de antecedência. Os sujeitos autistas realizam esta tarefa com muito mais dificuldade do que as crianças normais, repetindo regularmente os mesmos movimentos inúteis vezes sem conta (Ozonoff *et al.*, 1991; Harris, 1993). Esta situação indica a existência de um problema com o planeamento das acções que derivam das dificuldades com o raciocínio hipotético e ou contrafactual — o raciocínio sobre o que acontecerá *se eu fizer aquele movimento* ou sobre o que pode acontecer *se a situação fosse tal e tal.*

Também se deve observar que os que têm conhecimentos clínicos no tratamento de crianças autistas encontram uma grande gama de enfraquecimentos e anormalidades, incluindo, além dos já observados enfraquecimentos de leitura da mente, a *diminuição da coordenação motora, a hiperactividade a e ânsia excessiva.* Há, por conseguinte, algum cepticismo quanto a saber se a gama de enfraquecimentos observada na síndrome autista se pode dever a um défice primário singular, tal como um défice na aptidão de leitura da mente (Boucher, 1996). E é de facto verdade que quer os testes da crença falsa só podem ser levados a cabo — pelo menos tendo em conta os projectos experimentais actuais — em crianças autistas com excelente funcionamento e com aptidões linguísticas relativamente boas, como uma dada proporção destas crianças autistas consegue passar no teste padrão da crença falsa. Não serão estes factos muito prejudiciais para a hipótese do *autismo como cegueira da mente*?

Efectivamente, todos estes factos são, sob assumpções plausíveis, muito compatíveis com a hipótese da cegueira da mente. No primeiro caso, o facto de que uma dada proporção de qualquer grupo possa passar num teste de crença falsa não deve ser considerado como indicador de uma percentagem semelhante de compreensão da crença derivada da leitura da mente nesse grupo. Haverá alguns «passes» adivinhados por acaso, originados pela simples constatação e referência a uma localização ou acção mais notórias. Também é provável que algumas crianças autistas com excelente funcionamento desenvolverão as suas próprias teorias ou heurísticas — muito diferentes da base de conhecimento de leitura da mente inata das crianças normais — que podem ser adequadas para resolver alguns problemas psicológicos, embora de uma forma cognitivamente mais exigente. (Compare-se com os esforços desenvolvidos quando se fala uma segunda língua com a fluência de uma língua nativa.) Os testes que envolvem tarefas ainda mais difíceis (como as tarefas de segunda ordem envolvendo a atribuição de crenças aos estados da mente dos outros) parecem mostrar que os sujeitos autistas que passam no teste da crença falsa, de primeira ordem, do tipo Maxi, ainda têm muitas dificuldades em compreender os estados psicológicos e a motivação (Happé, 1994).

O segundo ponto que precisa de ser estabelecido é saber se devemos estar à espera de encontrar um enfraquecimento cognitivo como a *cegueira da mente* dependente dos processos causais reais envolvidos na produção do enfraquecimento. Em geral, sempre que resulta num enfraquecimento de incidentes que causam algum género de lesão neuronal, parece que a extensão da lesão não se confinará aos limites de um módulo ou ao circuito neuronal de um papel funcional em particular. De forma que não surpreende que as crianças autistas sofram de um leque de défices variando em extensão e severidade.

Além de comparar a criança autista com a criança com desenvolvimento normal, também podemos aprender alguma coisa ao comparar o autismo com outros distúrbios do desenvolvimento, como a síndrome de Williams. Como observámos no capítulo 3, as crianças com a síndrome de Williams têm uma inteligência prática insuficiente, capacidades visuais espaciais insuficientes e aptidões teóricas insuficientes. Mas têm boas aptidões linguísticas (em certos aspectos até precoces) e estão perto do perfil de desenvolvimento normal na leitura da mente (Karmiloff-Smith *et al.*, 1995). A dissociação entre a teorização e a leitura da mente na síndrome de Williams parece apoiar a hipótese de um módulo de leitura da mente — visto que a aquisição através da teorização certamente que está fora de causa neste caso. A síndrome de Williams também põe um problema ao simulacionismo. Os simulacionistas dizem que o autismo é basicamente um défice da *imaginação* ou da *suposição*, que eles consideram como estando essencialmente envolvida nas brincadeiras de fingir, no raciocínio prático e na solução de problemas e na leitura da mente. Mas as crianças com a síndrome de Williams são normais na leitura da mente, mas têm graves dificuldades com o raciocínio prático e com a solução de problemas. Esta situação sugere que a leitura da mente e a imaginação/suposição se dissociam.

5. EXPLICANDO OS ENFRAQUECIMENTOS AUTISTAS

Até agora fizemos duas coisas neste capítulo. Em primeiro lugar, argumentámos a favor da superioridade de uma forma da teoria da teoria modularista/inatista e maturativa como uma explicação do desenvolvimento da leitura da mente, contrariando a perspectiva da aquisição pela teorização. Isto foi feito com base: *a)* na rigidez do desenvolvimento, *b)* nas dificuldades que tem a perspectiva da criança como cientista em explicar a mudança de teoria e *c)* em que encontramos exactamente o género de défice genético relacionado — nomeadamente o autismo — que esperaríamos se a explicação modularista estivesse correcta. Depois, em segundo lugar, argumentámos pela superioridade da teoria da teoria sobre o simulacionismo como explicação do núcleo, ou base, das nossas aptidões de leitura da mente. Isto foi feito com base em que o simulacionismo: *a)* tem problemas em explicar a paridade da explicação com a previsão, *b)* não consegue dar nenhuma explicação adequada do auto conhecimento e *c)* tem problemas em explicar várias formas de cognição mútua. Segundo nos parece, tomados em conjunto, estes argumentos perfazem um poderoso apoio à teoria da teoria inatista.

No entanto, foi dito (nomeadamente por Currie, 1996), que a perspectiva da teoria da teoria sobre a leitura da mente não consegue oferecer uma explicação tão boa de certos enfraquecimentos autistas como os simulacionistas — particularmente a ausência das brincadeiras de fingir e os défices na função de execução. Aqui, a nossa estratégia será argumentar que a teoria da teoria consegue oferecer explicações destes enfraquecimentos que são *pelo menos tão boas como* as oferecidas pelo simulacionismo; permitindo que os nossos primeiros argumentos determinem uma vitória geral para a teoria da teoria.

5.1. BRINCADEIRAS DE FINGIR

Durante o segundo ano as crianças normais começam com brincadeiras que envolvem uma forma ou outra de fingimento. Por exemplo, uma boneca ou um ursinho é tratado *como se* fosse um companheiro vivo. A complexidade crescente de cenários fingidos e a forma como as crianças se podem absorver nas suas situações de faz de conta é uma característica notória da primeira infância e uma fonte habitual de encanto para os pais. A falta de interesse pelas brincadeiras de fingir é um enfraquecimento autista que pode parecer particularmente problemática para o teórico da teoria e, contudo, facilmente explicável pelo simulacionista. As crianças com desenvolvimento normal começam habitualmente as suas brincadeiras de fingir por volta dos 18 meses. Como se observou anteriormente, a ausência precoce das brincadeiras de fingir — juntamente com a ausência do apontar protodeclarativo e do controlo do olhar — é usada como parte de uma lista do autismo em bebés que dão os primeiros passos e que se revelou ser muito precisa na identificação das crianças subsequentemente diagnosticadas como autistas. As crianças autistas *podem ser induzidas* a fazerem brincadeiras de fingir se forem instruídas a fazê-lo por outras pessoas (Lewis e Boucher, 1988; Jarrold *et al.*, 1994b), mas parece que muito dificilmente as fazem espontaneamente.

Superficialmente, parece que esta situação apoia o simulacionismo: quando não se fazem brincadeiras de fingir parece haver mais um défice de simulação do que algo explicável pela falta de conhecimento sobre as nossas mentes. Mas

121

não nos devíamos apressar em pressupor que o défice nas brincadeiras de fingir se explica melhor pelo simulacionismo. Fazê-lo seria ser vítima de uma espécie de trocadilho ou jogo de palavras. Na medida em que o fingimento é realmente descrito como fazendo uma simulação (de modo que «fingir ser um piloto de aviões» é apenas outra forma de dizer a mesma coisa que «simulando um piloto de aviões»), então há um sentido em que é verdadeiro que as crianças que não fazem brincadeiras de fingir têm um «défice de simulação». Mas isso não passa, então, de uma redescrição do fenómeno. Não é uma explicação da razão por que as crianças autistas devem ter este défice em termos da falta de uma capacidade subjacente, de que as brincadeiras de fingir estão causalmente dependentes nas crianças normais. Se pensarmos em termos de um mecanismo simulacionista ao nível subpessoal como o funcionamento *off-line* dos sistemas psicológicos para o raciocínio prático e para a tomada de decisões (ver figura 4.1 em cima), então já não é tão evidente que uma inaptidão para fazer *isso* possa proporcionar uma boa explicação para a incapacidade de fazer brincadeiras de fingir.

A questão mantém-se: como pode a teoria da teoria explicar o défice autista nas brincadeiras de fingir? Um de nós (Carruthers, 1996b) sugeriu que as crianças autistas não tinham qualquer motivação para fazerem brincadeiras de fingir porque, como são incapazes de detectar e representar os seus próprios estados mentais (incluindo o estado mental do fingimento), não conseguem apreciar as mudanças oscilantes no estado mental que proporciona a recompensa para as brincadeiras de fingir. Mas esta explicação parece dada a um nível muito elevado. Porque convém recordar que a ausência das brincadeiras de fingir aos 18 meses é um dos três critérios de diagnóstico para o autismo. Nessa idade parece muito improvável, numa explicação da teoria da teoria, que as crianças consigam representar qualquer um dos seus estados mentais *enquanto tais*. E nessa idade os géneros de fingimento das crianças normais são muito simples — como manipular carros de brincar ou construir torres com blocos de construção — e que dificilmente merecem ser chamados de brincadeiras *imaginativas*. De forma que parece muito improvável que as recompensas do fingimento, nessa idade, procedam da ou envolvam a criança *representando* os seus próprios estados mentais de *imaginação*.

Somos levados então a propor que as recompensas para formas simples de brincadeiras de fingir pressupõem a capacidade de detectar e representar a *actividade* — ou seja, que nas crianças normais isso implica o «detector de intencionalidade» (DI) de Baron-Cohen (1995) ou a «psicologia do desejo simples» de Wellman (1990). Para achar recompensadoras as acções de manipulação de um carro de brincar, nesta explicação, uma criança pequena deve ser capaz de representar aquilo que está a fazer como *mover o objecto como um carro* e de representar isto como o objectivo da sua acção. Porque sem que haja pelo menos este grau mínimo de aptidão metarrepresentativa, é difícil ver como é que as acções de fingir poderiam ser recompensadoras de diversas formas. (É evidente que isto não quer dizer que as representações de actividade ou objectivo sejam *suficientes* para a natureza recompensadora das brincadeiras de fingir; só afirmamos que são necessárias. Grande parte daquilo que faz o fingimento agradável e intrinsecamente recompensador para as crianças pequenas é muito parecido com um *puzzle*. Mas observe-se que *também* isto é um *puzzle* para o simulacionismo). Então, com a hipótese plausível de que o autismo envolve a perda ou o atraso do desenvolvimento do detector de intencionalidade (ou do mecanismo responsável pela psicologia do desejo simples), temos uma hipótese não simulacionista para explicar a ausência das brincadeiras de fingir no autismo.

5.2. O DÉFICE DA FUNÇÃO DE EXECUÇÃO E O RACIOCÍNIO CONTRAFACTUAL

O défice da função de execução envolve algum género de problema com o planeamento e é provável que o problema seja falta de competência — ou, pelo menos, uma capacidade inferior — de pensar antecipadamente. A incapacidade de pensar antecipadamente deve-se provavelmente à incapacidade de compreender *o que poderia acontecer ou qual seria a situação se* tal e tal *fosse deste modo*. Este género de raciocínio adquiriu a classificação de «racicocínio contrafactual». Não é uma classificação completamente feliz, porque o *tal e tal* estabelecido na cláusula-*se* pode realmente ser, ou vir a ser, factual. A questão não é que a porção «contrafactual» do raciocínio contrafactual não seja desse modo, mas em vez disso que seja acolhida como uma mera suposição.

É muito tentadora a ideia de que há uma conexão peculiarmente íntima entre o raciocínio contrafactual e a aptidão de leitura da mente. No fim de contas, a capacidade representativa central da leitura da mente consiste em manipular representações que têm a seguinte estrutura: *agente — atitude — conteúdo*. Ao processar estas representações triádicas, os próprios conteúdos podem ser incorporados em diversos contextos de atitudes. É assim que eu posso recear aquilo pelo qual o leitor está esperançado; e eu posso não estar à espera que aconteça alguma coisa, mas depois ficar desapontado ou agradavelmente surpreendido que aconteça. São principalmente as pessoas com um conceito representativo adequado de crença que serão capazes de evitar a confusão entre aquilo em que acreditam e os conteúdos das crenças atribuídas aos outros. O raciocínio contrafactual envolve algo que no mínimo é parcialmente análogo, no sentido da livre manipulação dos conteúdos acompanhada, de certa forma, da delimitação entre aquilo em que quem raciocina realmente acredita e aquilo que é meramente pressuposto.

Os simulacionistas insistiram que o uso de pressupostos envolvidos no raciocínio contrafactual e ou hipotético se adapta ao seu modelo de simulação. Sabemos que as pessoas se prendem a este género de raciocínio, acabando por se dizer que é uma vantagem do simulacionismo conseguir uma explicação fácil sobre o modo de funcionamento da leitura da mente. Além disso, afirmam eles que no caso do enfraquecimento autista da função de execução, aquilo a que assistimos são os efeitos de uma deficiente aptidão para a simulação.

No entanto, não pensamos que a teoria da teoria tenha qualquer desvantagem na explicação dos problemas do pensamento contrafactual. Convém lembrar que a nossa perspectiva híbrida permite que a simulação tenha o seu lugar próprio na aplicação da teoria da mente. Dissemos isto de forma explícita relativamente ao *enriquecimento da inferência* (secção 3 acima). Rejeitamos o simulacionismo, mas não rejeitamos a simulação como uma ferramenta cognitiva. Visto que as pessoas podem distinguir em *primeiro* lugar entre as suposições e as suas prováveis/possíveis consequências, por um lado, e aquilo em que realmente acreditam, por outro, então podem usar a capacidade de gerar suposições a fim de fazerem simulações. Mas mesmo que haja bases para pensar no raciocínio contrafactual como forma de simulação mental, elas não deviam ser consideradas como excluindo o género de autoconhecimento que na teoria da teoria exige a aplicação de uma teoria da mente à nossa própria mente. Porque, embora o raciocínio contrafactual *possa* envolver a simulação, é ainda mais evidente que envolve o próprio género de controlo dos estados psicológicos para os quais é necessário um sistema de teoria da mente — a capacidade de não perder de vista o alcance de uma suposição, para diferenciar as crenças reais de uma pessoa da suposição contrafactual, e para se fazerem as modificações adequadas em algumas das nossas crenças de fundo (Carruthers, 1996b).

De facto, a nossa perspectiva geral sobre a função de execução e o pensamento contrafactual é que a simulação *pode* estar envolvida em maior ou menor grau (dependendo do género de pensamento exigido pela solução de diferentes problemas), mas que a teoria da mente tem de estar *sempre* envolvida, pelo menos numa função de controlo ou supervisão.

Para ver o primeiro ponto, pense numa pessoa a imaginar se pode fazer passar uma peça de mobília por uma porta ou por uma escadaria estreita. É evidente que isso implicará uma simulação. Ela vai pensar «suponhamos que a fazemos rodar assim e depois virá-la assim» — e depois imagina o que aconteceria tanto do ponto de vista de um agente como de um espectador. Mas há muitos outros casos de raciocínio contrafactual em que o processamento não vai estar tão associado a sequências de acções tão particulares como esta. Muitas vezes a questão «o que aconteceria (ou poderia ter acontecido) se...?» vai ser respondida pela combinação da pressuposição da cláusula-se com um conjunto abundante de crenças de fundo, algumas das quais terão de ser modificadas a fim de assegurar a coerência com a pressuposição que foi acolhida.

Para ver o segundo ponto (que a teoria da mente tem de estar sempre envolvida no pensamento contrafactual complexo), repare que à medida que o leitor vai pensando, contrafactualmente, em alguns problemas complexos, irá precisando de se manter informado dos seus próprios movimentos inferenciais — precisará de representar que *neste* estádio estava a pressupor *isto*, enquanto *naquele* estádio estava a pressupor *aquilo* e assim por diante. Isto exige capacidade de representar as suas próprias sequências de pensamentos, implicando assim a capacidade da leitura da mente. Se o autismo é um défice da leitura da mente, como pressupõem os teóricos da teoria modularista, então os problemas da função de execução são precisamente aqueles que seriam de esperar.

6. CONCLUSÃO

Concluímos que a forma modularista da teoria da teoria se mantém como a explicação mais plausível das aptidões humanas de leitura da mente. Conquanto o estímulo proporcionado pela comparação com a concorrente teoria simulacionista tenha sido inestimável, pensamos que é evidente que a teoria da teoria é o programa de investigação mais progressivo e prometedor — e que, dentro deste programa, é a versão modularista/inatista que devia ser preferida. Há, no entanto, um papel para a simulação, ao determinar as consequências dos conteúdos e as relações entre eles. Ao avaliar as implicações dos indícios do desenvolvimento, é muito importante recordar que o conhecimento das mentes não é apenas conhecimento das *outras* mentes. O autoconhecimento não devia ser considerado como assegurado. Esta é uma questão à qual voltaremos com pormenor no capítulo 9.

REFERÊNCIAS SELECCIONADAS

Há três colectâneas recomendadas sobre os tópicos deste capítulo: Davies e Stone, 1995a (reedita as comunicações de uma edição dupla especial de *Mind and Language*, mais Heal, 1986; Gordon, 1986; e Goldman, 1989); Davies e Stone, 1995b; Carruthers e Smith, 1996. (Contém também secções sobre o autismo, e sobre a leitura da mente nos grandes macacos.)

Dois excelentes livros de psicólogos sobre o desenvolvimento da leitura da mente nas crianças são: Wellman, 1990; e Perner, 1991.

Dois livros recomendados sobre o autismo são Frith, 1989; e Baron-Cohen, 1995.

V
RACIOCÍNIO E IRRACIONALIDADE

Neste capítulo avaliamos o desafio apresentado à crença do senso comum pelos indícios psicológicos da difundida irracionalidade humana, que também entra em conflito com os argumentos de alguns filósofos que consideram impossível haver uma irracionalidade difundida. Argumentamos que as limitações filosóficas impostas à irracionalidade, tal como se apresentam, são fracas. Mas também insistimos que os padrões de racionalidade, em comparação com os quais se deve medir o desempenho humano, devem ser convenientemente equiparados às capacidades e competências cognitivas humanas.

1. INTRODUÇÃO:
A FRAGMENTAÇÃO DA RACIONALIDADE

De acordo com Aristóteles, aquilo que distingue a humanidade é a racionalidade. Todavia os psicólogos têm más notícias a dar-nos: afinal de contas não somos tão racionais assim. Eles descobriram que os sujeitos obtêm resultados surpreendentemente fracos em alguns testes de raciocínio bastante simples — o mais conhecido dos quais é a Tarefa Selectiva de Wason (Wason, 1968 — ver secção 2 em baixo). Depois de se fazerem repetidas experiências, é possível prever com segurança que em algumas situações a maioria das pessoas fará escolhas irracionais. Resultados desta espécie impeliram alguns psicólogos a fazer comentários sobre as «sombrias implicações para a racionalidade humana» (Nisbett e Borgida, 1975; ver também Kahneman e Tversky, 1972). Os filósofos contam por vezes uma história completamente diferente, de acordo com a qual nos entregamos à suposição de que as pessoas são racionais, talvez até *perfeitamente* racionais. Até há pouco tem havido uma divisão quase disciplinar nas atitudes sobre a racionalidade, com os psicólogos aparentemente envolvidos numa campanha para promover o pessimismo sobre a razão humana, enquanto os filósofos têm tentado encontrar fundamentos para aquilo que se parece com um optimismo excessivo.

Aparentemente uma destas perspectivas sobre a racionalidade humana teria de estar seriamente errada. Mas é evidente que a «racionalidade» é uma noção muito mal definida, de modo que quando observamos a questão com mais pormenor, o desacordo é muito mais aparente do que real. Antes de avaliar os argumentos e os indícios, convém reparar que a nossa compreensão pré-teórica da racionalidade sugere que as pessoas podem ser racionais e — o que é mais interessante — deixarem de ser racionais de muitas maneiras diferentes. Sobretudo há uma grande divisão das formas de irracionalidade que segue a distinção entre *crenças* e *desejos*.

Embora se diga que há um grande interesse pela racionalidade dos desejos, temos de reconhecer que negligenciamos imenso o que se passa nesta área. Por exemplo, discute-se se há uma questão de *racionalidade* enquanto tal no que respeita ao que as pessoas podem ou não desejar. Se uma pessoa parte de desejos que são simplesmente não convencionais, passa por todo o espectro de excentricidades possíveis e chega a desejos que são estranhos e «desnaturados», estamos a atingir um ponto em que os desejos se tornam genuinamente irracionais em vez de serem apenas extremamente incomuns e bizarros? Ou deveremos aceitar a famosa perspectiva de Hume (1751, Apêndice I), de que a racionalidade só se aplica aos meios, e não aos fins? Trata-se de um tópico que nem sequer chegaremos a abordar aqui.

Ali onde os desejos entram em conflito, decerto que há um problema sobre os géneros de racionalidade de um agente, que reconhece um desejo como sendo mais importante, mas na prática, no calor do momento, se deixa cair pela tentação oposta — o notório e familiar problema da *fraqueza da vontade*. E mesmo se os desejos não são racionais ou irracionais, quando considerados em si mesmos, é possível constatar certos princípios formais da estrutura e ordenação racional de conjuntos de desejos. Por exemplo, as preferências devem ser ordenadas transitivamente: sujeitos que preferem o resultado A ao resultado B e também preferem o resultado B ao resultado C, então *devem* preferir o resultado A ao resultado C.

No entanto, deixaremos de lado as questões sobre a racionalidade do desejo e vamos concentrar-nos na crença e na irracionalidade tal como se apresenta no raciocínio e na inferência — um tópico suficientemente amplo para ocupar o presente capítulo. Mas mesmo quando se restringe a matérias de crença, a questão «São os seres humanos racionais?» tem um sentido duvidoso. Acontece o mesmo com a questão «São os seres humanos altos?», que é radicalmente incompleta sem a especificação de um padrão ou de uma finalidade. Além do mais, mal se pensa nisso, torna-se óbvio que há *muitos* padrões diferentes de formação de crenças racionais em diferentes domínios e diferentes áreas de inquirição. As normas que governam o raciocínio com condicionais são diferentes daquelas que governam as probabilidades e estas também são diferentes dos padrões que governam a inferência da melhor explicação, tal como podem estar envolvidas na investigação científica — para designar apenas algumas. A pergunta «São os seres humanos racionais?» precisa de ser relativizada a um domínio particular, ou de ser compreendida como uma generalização que atravessa os diversos domínios.

Também vale a pena reparar num grande número de diferentes noções de racionalidade epistémica e explorar sucintamente as suas conexões. Devemos distinguir entre *racionalidade da criatura* (aplicável à pessoa como um todo), *racionalidade do estado mental* (se é uma crença ou outra atitude epistémica que está a ser avaliada) e *racionalidade do processo* (onde são os processos de formação de crenças da pessoa que estão em causa). E, como veremos, é provável que a *racionalidade do estado* devia ser bifurcada ainda mais: em racionalidade de estado--tipo e de estado-*sinal*.

Dizer de uma pessoa particular que ela é racional (no domínio da crença) é, pensamos nós, dizer que a maior parte dos seus *processos* de formação de crenças são racionais. Imagine alguém cujas *crenças* (ou muitas delas) são claramente irracionais, mas em que essas crenças tivessem sido induzidas por sugestão hipnótica ou por lavagem ao cérebro. Desde que essa pessoa «as reconheça» e que os processos pelos quais avalia e forma agora as crenças sejam ainda racionais, então pensamos que o seu estatuto, enquanto criatura racional, se mantém firme.

O que é que se pretende quando se diz de uma crença que ela é racional? Neste ponto, pensamos que é preciso estabelecer outra distinção. Imagine-se alguém cuja crença de *que as plantas precisam de água* não foi formada do modo habitual, mas que tenha sido induzida a-racionalmente por uma sugestão pós-hipnótica. Neste caso, tem uma crença que é racional, no sentido em que é uma crença de um *tipo* que pode ser formado por processos racionais. Mas *a sua manutenção* dessa crença — ou essa sua crença do *sinal* — é *ir*racional, visto que *não* foi formada por um processo racional. Portanto, quando perguntamos pela racionalidade das crenças de alguém, precisamos de esclarecer se as estamos a avaliar como tipos ou como sinais.

Devia ficar esclarecido, com o que foi exposto, que a noção mais fundamental é a de um *processo* racional de formação de crenças, visto que é em termos desta noção que tanto a racionalidade da criatura como a racionalidade do estado mental têm de ser explicadas. Então, em que consiste a racionalidade de um processo de formação de crenças ou de um método de inferência? É evidente que seria incorrecto dizer: «Quando é *válida*, garantindo a verdade a partir da verdade». Porque assim todos os modos de inferência não dedutivos ficariam confinados a partes irracionais, incluindo a indução e a inferência para a melhor explicação. Temos de tentar dizer que um processo racional é não apenas *fidedigno* (onde «fidedigno» significa «que não conduz da verdade para a falsidade»), mas o *mais* fidedigno possível. Depois, onde se podem empregar princípios, o uso de um princípio inválido seria irracional. Mas noutros domínios o uso de um princípio inválido de inferência, como a indução, pode ser racional desde que seja mais seguro do que os princípios rivais apresentados. Embora tentadora, a continuação desta linha explicativa seria um erro. Porque o nosso objectivo como inquiridores não é *só* formar crentes verdadeiros, mas formar crenças verdadeiras *suficientes* num período de tempo bastante curto. E os métodos mais seguros podem ser aqueles que dificilmente proporcionam quaisquer crenças.

De forma que os padrões de racionalidade para os processos de formação de crenças devem ser relativos às nossas necessidades enquanto somos inquiridores da verdade, situados e finitos. Este ponto é importante e a ele voltaremos com mais minúcia na secção 5. Outros autores sugeriram que os nossos processos de formação de crenças, juntamente com os da *verdade* e da *velocidade*, podem ser avaliados em relação a uma multiplicidade de propósitos (Stich, 1990). Não partilhamos esta perspectiva, pelo menos como explicação da nossa noção comum de «racionalidade» — excepto na medida em que aquilo que conta como crenças verdadeiras *suficientes* pode depender das nossas necessidades e propósitos de fundo enquanto agentes; mas argumentar sobre esta questão iria afastar-nos do que pretendemos agora. No que se segue, partiremos do princípio de que os processos devem ser avaliados tanto em relação à *segurança* como à *fecundidade* (verdade e velocidade). Na maior parte das vezes só, nos vamos concentrar num processo de formação de crença em particular — nomeadamente as inferências que avaliam a verdade das condicionais — como um exemplo a partir do qual, segundo esperamos, se possam estabelecer princípios gerais de conduta.

2. ALGUNS INDÍCIOS PSICOLÓGICOS

Existem indícios consideráveis revelando que as pessoas têm fracos desempenhos em diversas gamas de tarefas de raciocínio. O raciocínio sobre probabilidades parece ser uma área particularmente frágil. A *falácia do jogador* é uma das peças de irracionalidade probabilística para as quais as pessoas parecem ter uma forte inclinação. Esta falácia, a suposição de que a probabilidade de um evento independente pode ser afectada de algum modo por uma série de ocorrências anteriores (por exemplo, a moeda que ficou com a cara para cima três vezes seguidas) exerce uma estranha sedução mesmo para aqueles que deviam saber mais. Os testes também revelaram a popularidade da *falácia da conjunção* — considerando a probabilidade de uma conjunção, como «Albert é um físico e um ateu», como sendo maior do que a probabilidade de um ou outro dos dois conjuntos («Albert é um físico», «Albert é um ateu») em relação à mesma informação de fundo (Tversky e Kahneman, 1983). Fizeram-se outros testes para ver como é que a crença é afectada por indícios que são seguidamente desacreditados. Se a questão for posta explicitamente, é provável que toda a gente concorde em como se deve modificar a sua crença visto que a base em que ela se mantinha se tinha revelado falsa — o leitor não vai continuar a acreditar numa coisa em que já não tem qualquer razão para acreditar. No entanto, embora as pessoas possam *dizer* que não vão continuar a acreditar, foi descoberto que têm tendência para fazer justamente isso, exibindo uma *perseverança na crença* mesmo depois de se lhes ter cuidadosamente explicado, numa sessão de esclarecimento, a natureza fictícia de alguns «indícios» forjados (Nisbett e Ross, 1980).

Pode-se pôr a questão de saber se resultados como estes revelam qualquer defeito geral no raciocínio humano. Porque é possível ensinar às pessoas capacidades de raciocínio, não é verdade? Depois de receberem um treino adequado, não é verdade que elas farão certamente testes de raciocínio muito melhores do que sujeitos não treinados e ignorantes? A resposta é que elas poderão ser melhores, mas não há qualquer garantia de que não voltem aos maus hábitos de raciocínio mal comecem a lidar com casos diferentes dos exemplos em que foram instruídos. Isto é ilustrado de forma flagrante por um dos exemplos da *omissão da taxa de base*. Casscells *et al.* (1978) puseram ao pessoal e aos estudantes da Harvard Medical School a seguinte questão: qual é a probabilidade de um paciente que tenha um teste positivo de uma certa doença ter realmente essa doença, dado que a prevalência da doença na população geral é 1/1000 e que a taxa de falsos positivos para o teste é 5 por cento. Quase metade destas pessoas, altamente treinadas, ignorou completamente a informação sobre a taxa base e disseram que a probabilidade era de 95 por cento. (O que é um tanto bizarro, dado que a resposta correcta é 2 por cento! E é com base neste género de juízos que se tomam decisões de vida ou morte!) Isto sugere que há algumas razões para preocupação sobre a forma como os defeitos gerais do raciocínio humano podem afectar a tomada de decisões mesmo para aqueles que receberam um treino profissional profundo.

Há um género particular de teste que se tornou num paradigma predominante no campo da investigação sobre o raciocínio, semelhante ao teste da crença falsa na investigação sobre a leitura da mente. É provável que isto se dê porque o teste está incomparavelmente bem projectado como forma de investigar a forma como funciona o raciocínio condicional. Ou simplesmente é possível que torne as coisas mais fáceis para os experimentadores psicológicos porque é fácil de realizar, adequado para o usual corpo de sujeitos composto por estudantes de licenciatura e que se presta com rapidez a variações que alteram o desempenho. Também já ouvimos descrevê-lo como «uma obsessão». De qualquer modo, produziu resultados inquestionáveis que precisam de ser explicados e que são ilustrativos de muitas das questões que emergem no debate respeitante à racionalidade humana.

Este teste é a tarefa da escolha de Wason. Na sua forma elementar consiste no seguinte: apresentam-se aos sujeitos quatro cartões, (a), (b), (c) e (d), como se

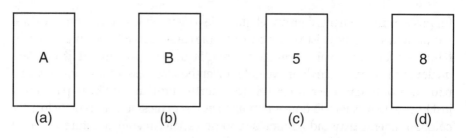

| A | B | 5 | 8 |
| (a) | (b) | (c) | (d) |

FIGURA 5.1 — A tarefa de escolha da carta de Wason

mostra na figura 5.1 acima, de que só podem ver uma face. É-lhes dito que cada cartão tem uma letra de um lado e um número do outro. Depois são-lhes dadas as seguintes instruções: indique quais são os cartões que precisa de virar a fim de decidir se é verdade para esses cartões que *Se há um A de um lado do cartão, então há um 5 do outro*. Só deve escolher os cartões que é essencial virar. (Se quiser, faça uma pausa para avaliar quais os cartões que deve escolher. Em alternativa, fique com um grupo que pode testar, para ver se os resultados anteriores se repetem.)

Cerca de 75 a 90 por cento dos sujeitos, dado este estilo de apresentação, não conseguem fazer a escolha correcta. Isto acontece porque só cerca de 10 por cento escolhem o cartão (d). A maior parte das pessoas seleccionam o cartão (a) e o cartão (c) ou apenas o cartão (a). A escolha correcta é o cartão (a) e o cartão (d), porque só estes dois cartões são falsificadores potenciais da condicional, «Se há um A de um lado do cartão, então há um 5 do outro.» O quer que esteja nos outros lados dos cartões (b) e (c) é irrelevante quer essa condicional seja verdadeira ou não.

Ajuizando a partir desta versão da tarefa da escolha parece que as pessoas estão a verificar a correcção da condicional apenas através da verificação de *casos positivos*, como se procurassem confirmar uma regra «Todos os F são G pelo exame de F e G.» Pensamos que são más notícias para os popperianos! Tendo aceite o argumento céptico de Hume sobre a inferência indutiva, Popper (1971) afirmou que de qualquer modo não nos baseamos na indução. A impressão de que o fazemos é uma espécie de «ilusão óptica.» Em vez disso, começamos com uma hipótese anterior e usamos o método das conjecturas e refutações. A interpretação inicial dos dados da tarefa da escolha parece confirmar que a maior parte das pessoas são, pelo contrário, confirmacionistas muito ingénuos e que não estão despertos, de modo algum, para o significado crucial do caso potencialmente impugnador. Praticamente toda a gente escolhe o cartão (a), mas em versões do teste como o de cima poucas parecem apreender o significado do cartão (d) como um falsificador potencial da generalização proposta.

No entanto, os resultados que devem ser retirados da tarefa da escolha são mais interessantes e subtis do que os que foram indicados até agora. A mudança

132

dos pormenores da tarefa pode mudar o desempenho. O leitor pode estar à espera que a projecção de formas menos abstractas do teste dos cartões, lidando com tópicos que são concretos e familiares às pessoas, poderia melhorar o desempenho. Mas não é isso o que acontece: acontece que a familiaridade *não* é uma das variáveis cruciais. Todavia, os sujeitos têm melhores desempenhos se lidarem com aquilo que se chama uma versão *deôntica* da tarefa; ou seja, um caso em que estejam a avaliar uma regra normativa que pode ser mantida ou quebrada, em vez de uma generalização factual. Assim, se a regra for *Se alguém está a beber álcool, então tem de ter mais de 18 anos*, e a informação sobre as idades dos indivíduos e sobre as bebidas impressas nos cartões for: (a) *bebendo cerveja*, (b) *bebendo cola*, (c) *26 anos* e (d) *16 anos*, os sujeitos vêem muito mais facilmente a importância de escolher o cartão (d) (Johnson-Laird *et al.*, 1972; Griggs e Cox, 1982).

De maneira que é preciso explicar por que motivo as pessoas têm maus desempenhos em algumas versões da tarefa da escolha e noutras não são assim tão maus. Vamos avaliar as tentativas de explicação do desempenho desta tarefa na secção 4. Mas não se pode negar que na versão elementar da tarefa da escolha o desempenho é muito pobre. Dado que estamos a lidar com uma condicional geral da forma «Se qualquer coisa é um *F*, então é um *G*» («Se qualquer cartão tem um A de um lado, então tem um 5 no outro»), isto é logicamente inconsistente com a existência de qualquer coisa que é *F* e *não G*. Poderíamos pensar que as pessoas deviam ser capazes de constatar que é tão relevante examinar os itens que são *não G* como examinar os itens que são *F*. Perante este género de dados, temos de aceitar que as pessoas por vezes nem consigam sequer fazer as inferências lógicas mais simples? Ou há que estabelecer limites no grau de irracionalidade possível?

3. ARGUMENTOS FILOSÓFICOS EM DEFESA DA RACIONALIDADE

Tal como muitas outras coisas que fazemos, parece que conseguimos fazer raciocínios mais ou menos bem. Então deveria ser possível distinguir entre *o modo como uma pessoa devia raciocinar* e *o modo como as pessoas de facto raciocinam*. O modo como uma pessoa devia raciocinar (presumindo que se pretende chegar a conclusões suficientemente verdadeiras e a evitar as falsas) é algo estudado pela lógica, um antigo ramo da filosofia. O modo como as pessoas realmente raciocinam deve ser estudado pela psicologia. É natural que as pessoas raciocinem — em geral — da forma como deviam raciocinar. Mas é evidente que não podemos presumir, sem investigação, que este feliz estado de racionalidade seja predominante.

Em geral suspeitamos do género de análise conceptual que estabelece limitações *a priori* a uma possível investigação científica. Porque a última coisa que a filosofia deve tentar impor é um colete de forças conceptual ao crescimento do conhecimento. No fim há sempre maneira de nos livrarmos dessas limitações, como projectar novos conceitos libertos das velhas necessidades conceptuais. Mesmo no caso presente, há uma plausibilidade inegável na noção de que o raciocínio pode ser *muito* mau e mesmo assim continuar a ser um *raciocínio*. Apesar da distinção entre o modo como as pessoas raciocinam e o modo como deviam raciocinar, não haverá limites para o grau em que estes diferem? Será que as pessoas não raciocinam como deviam durante a maior parte do tempo? No fim de contas, não se pode classificar como parte de um raciocínio ou inferência qualquer velha transição entre pensamentos. Deve haver pelo menos alguma diferença entre um raciocínio e um simples devaneio! Pelo menos é o que parece. De modo que precisamos de rever os argumentos que procuram mostrar que a racionalidade é necessária ou indispensável ou garantida de outro modo qualquer e determinar o que estabelecem eles.

3.1. O ARGUMENTO DA INTERPRETAÇÃO

O mais popular desses argumentos é o da *interpretação*. Tem diversas variantes, dependendo do género de interpretação exigida por uma imputação de racionalidade. Pode-se sustentar que encarar as pessoas como racionais é uma condição prévia para considerar as suas acções como casos genuínos de livre arbítrio ou para dar sentido aos seus estados intencionais ou para as encarar como crentes capazes de manter pensamentos verdadeiros e falsos.

Há um ponto que deve ser concedido a esta linha de argumentação: é que as acções genuínas — em comparação com desempenhos do corpo como o ressonar, o soluçar e o rubor — são coisas que os agentes fazem por alguma razão. Os desempenhos das actividades intencionais caem todas sob a lei mais geral (e liberta de conteúdo) da psicologia popular, de que os agentes agem dessa forma para satisfazer os seus desejos à luz das suas crenças. De forma que encarar tudo aquilo que uma pessoa faz enquanto acção é presumir que a faz por uma razão, quer compreendamos ou não o que essa razão é. Ao considerar qualquer coisa como sendo uma acção intencional, presumimos que ela pode ser «racionalizada», no sentido em que pode ser explicada em termos da razão do agente para agir dessa forma. Este ponto foi repetido com muita frequência na literatura filosófica. Infelizmente, há muita gente a cometer o erro de pressupor que ele estabelece mais do que aquilo que realmente consegue. Se um agente age intencionalmente, então o agente tem uma razão para agir assim. Mas isso não significa que o agente tenha uma *boa* razão. A acção, ou qualquer tentativa de agir, precisa de ser apropriada em relação a (alguns de) os desejos e crenças do agente. O que não dá qualquer garantia de que as próprias crenças sejam racionais.

A fim de estabelecer uma garantia mais profunda para a racionalidade, sugere-se por vezes que a presunção de racionalidade dos sujeitos da interpretação é uma condição prévia para a realização prática da atribuição da crença (Davidson, 1973; 1974; Dennett, 1971, 1981). Encarar as pessoas como crentes é o mesmo que considerá-las racionais. Esta alegação é apresentada com regularidade sob o pretexto de um princípio como o *princípio da caridade* — de acordo com o qual as atribuições de crenças injustificadas e irracionais ao intérprete devem ser evitadas de todo, se possível. A nossa perspectiva é que qualquer um desses princípios tem, no máximo, uma função heurística e um estatuto revogável. É evidente que se trata aqui da perspectiva realista sobre os estados intencionais. Se o anti-realismo acerca das crenças estivesse certo e aquilo em que uma pessoa acredita tivesse sido firmado pelos melhores princípios de atribuição de crença, então teríamos de aceitar pelo menos a garantia de uma racionalidade limitada. Mas já descobrimos bons motivos para rejeitar o anti-realismo acerca das crenças. De forma que, se o leitor concorda com os argumentos avançados no capítulo 2, pensará que o anti-realismo considera a relação de dependência ao contrário. As crenças não têm origem nas práticas de atribuição de crença. São as práticas de atribuição de crença que precisam de seguir a pista dos conteúdos reais das crenças. Elas conseguem fazê-lo bastante bem na psicologia popular comum, embora estejam longe da infalibilidade.

No último capítulo, tocámos num aspecto da leitura da mente que pode explicar a ideia incorrecta de que a racionalidade da crença é de algum modo assegurada pelo facto de estar estabelecida nos princípios de interpretação. Propomos uma *teoria do erro* que promete explicar o motivo por que é que essa assumpção da racionalidade pode dar a impressão de funcionar. O erro surge da necessidade de usar a simulação como uma forma de enriquecer a provisão de crenças inferidas que atribuímos aos outros. Como vimos no último capítulo, os simuladores vão fiar-se nas suas próprias transições inferenciais. Em qualquer caso normal (excluindo as dúvidas de curto prazo sobre a sanidade de uma pessoa) tem de parecer aos próprios simuladores que os seus processos inferenciais são racionais, de outro modo não estariam a fazer as inferências que fazem. De forma que na realidade os simuladores em geral (exceptuando fraquezas e idiossincrasias conhecidas) representarão o alvo das suas simulações mentais como estando a raciocinar de forma racional *à luz dos próprios critérios do simulador*. O erro que a nossa teoria do erro diagnostica é o da identificação da racionalidade com as disposições inferenciais do próprio simulador.

É evidente que isto é compreensível, se a questão da atribuição de crença for vista na perspectiva do intérprete. Mas tudo o que é exigido a fim de que o processo de simulação inferencial funcione bastante bem para a finalidade da psicologia popular é que o alvo e o simulador deviam raciocinar *quase da mesma forma*. Pode-se alcançar a correspondência desde que eles raciocinem igualmente bem, mas para os propósitos de previsão e interpretação eles podem raciocinar *igualmente mal* desde que cometam os mesmos erros. É assim que, depois de ver o *Negro* aparecer por várias vezes sucessivas um observador pode ter razão em pensar que um dos jogadores estará à espera que o *Vermelho* predomine nas voltas seguintes da roleta — porque ambos estão errados estando à espera disto! De forma que resultados previsíveis e interpretativos podem ser alcançados através de deficiências comuns, em vez de o serem através de uma racionalidade perfeita.

Outra variante do argumento da interpretação tenta estabelecer que as crenças verdadeiras dos crentes têm de ultrapassar em muito as suas crenças falsas (Davidson, 1975). A ideia é que só podemos atribuir crenças falsas a pensadores nos casos em que conseguimos identificar aquilo *sobre* o qual eles têm crenças falsas. Assim, a fim de alguém acreditar falsamente em alguma coisa, como *a arma na mão de Edgar está descarregada*, tem de possuir inúmeras crenças falsas, como *há uma arma na mão de Edgar*, *Edgar tem uma mão*, e assim por diante. Todavia, este argumento só mostraria que os pensadores precisam de ter muito mais crenças verdadeiras do que crenças falsas (ou seja, verdadeiras aos *nossos* olhos), se *temos* de ser capazes de identificar e relatar aquilo em que eles falsamente acreditam num vocabulário referencial com o qual nós, os intérpretes, estamos comprometidos. Isso não elimina a possibilidade de que um pensador tenha um número indefinido de crenças falsas que as outras pessoas não podem compreender. Voltaremos a este ponto no capítulo 6, quando analisarmos argumentos para o chamado «conteúdo extenso».

Não gastaremos mais tempo com variantes do argumento da interpretação. Os realistas estarão mais interessados em argumentos que impõem limites à extensão em que os próprios crentes podem ser irracionais, em vez de quaisquer considerações heurísticas condicionando os géneros de irracionalidade que podemos *atribuir*.

3.2. O ARGUMENTO DO CONTEÚDO

O argumento do *conteúdo* é mais eficaz e, na nossa perspectiva, impõe limitações aos possíveis graus de irracionalidade. Este argumento afirma que, primeiro, para que um estado intencional seja o que é, tem de envolver a existência de um conteúdo específico; e segundo, que no caso das crenças, o seu conteúdo depende, em parte, da respectiva função inferencial. A primeira destas afirmações não está em debate. A segunda afirmação é mais controversa, mas visto que recomendaremos uma forma (fraca) de semântica funcional no capítulo 7, estamos comprometidos com ela.

O pensamento elementar que está por trás do argumento do conteúdo pode ser apresentado assim: suponhamos que alguém concorda sinceramente com a declaração «P * Q». (Aqui o «*» significa um sinal vazio para ser considerado como um alvo da interpretação subsequente.) A pessoa também acaba por acreditar em P, mas não concorda com a declaração «Q» e não acredita em Q mesmo que ainda concorde com «P * Q». Nesse caso, se o pensador expressou qualquer crença ao concordar com «P * Q», ela não pode ter sido a crença de que *se P então Q*. Um pensador que acredita em *P* e não consegue fazer a inferência para *Q*, não pode acreditar *se P então Q*, porque é *constitutivo da existência dessa crença* que uma pessoa deve inferir a verdade do consequente da verdade do antecedente.

Pode-se chegar à mesma situação usando o bem conhecido exemplo da Sr.ª T., de Stich (1983). Esta idosa senhora estava pronta para dizer que o *Presidente McKinley tinha sido assassinado*. Mas quando lhe perguntaram o que acontecera a McKinley, ela não tinha a certeza se ainda estava vivo ou se já estava morto. O facto de que ela não acreditava que McKinley estivesse morto parecia mostrar que não tinha uma crença estável de que McKinley tivesse sido assassinado. Em vez disso, ela acreditava, portanto, que ele devia estar morto, mas já não era suficientemente racional para apreender a situação (Carruthers, 1996c). Parece apropriado descrever este caso dizendo que a Sr.ª T. sofrera uma perda de memória. Ela lembrava-se que a frase «o Presidente McKinley foi assassinado» dizia algo de verdadeiro, mas já não se lembrava de que verdade era essa.

Em defesa do argumento do conteúdo, podemos oferecer alguns exemplos persuasivos de ligações inferenciais «constitutivas de conteúdo». Mas houve uma voz conhecida que se ergueu contra qualquer forma de semântica de função inferencial. Fodor objectou repetidamente (1987, 1990; Fodor e Lepore, 1992) que à luz do ataque de Quine à distinção analítico-sintética não há maneira, com base em princípios, de distinguir as ligações inferenciais que são constitutivas de significação daquelas que não são. (Ver Quine, 1951, que argumenta que não há nada que seja uma inferência válida em virtude da significação ou conteúdo dos seus termos; em vez disso, existe apenas um espectro de inferências com o qual estamos mais ou menos firmemente empenhados.) Fodor insiste que a única reacção adequada a este ponto é reconhecer a atomicidade do conteúdo representativo: que cada crença em particular tem o conteúdo que tem em virtude da sua relação causal distintiva com o mundo (ver capítulo 7). De outra forma seremos forçados a supor o absurdo holístico de um conteúdo particular constituído pela *totalidade* das suas ligações inferenciais — circunstância em que é duvidoso que dois pensadores possam alguma vez ter exemplos partilhados de tipos de crenças.

Todavia, esta linha de argumentação envolve uma simplificação excessiva. A questão é a seguinte: quais são as ligações inferenciais que *têm* de existir para que um pensador tenha uma crença com um certo conteúdo? A resposta «Aquelas que são constitutivas do conteúdo» não deixa de ter princípios, mesmo não seja muito informativa. Se continuarmos a perguntar «Como é que se distinguem as ligações que são constitutivas do conteúdo daquelas que não são?», estamos a pôr uma pergunta difícil. Mas deve ficar claro que não há qualquer razão para pressupor que pode vir a haver um único princípio capaz de dar respostas adequadas a todos os conceitos, para todos os conteúdos.

O problema com as ligações inferenciais analíticas, funcionando como determinadores de conteúdo, não é que não tenham princípios, mas que os casos simples e transparentes são relativamente escassos. Onde há casos simples e transparentes deste género de ligação inferencial é habitualmente fácil discernir a fonte do princípio: estamos a lidar com um conceito *derivado* que foi linguisticamente apresentado aos pensadores por meio da ligação inferencial em questão. Isto aplica-se a *assassinate*[1], e é claro que também se aplica ao exemplo filosófico favorito *bachelor*[2] (por conseguinte: *unmarried man*[3]). Temos fácil acesso a estas ligações inferenciais constitutivas porque são os canais pelos quais aprendemos os conceitos em questão. É instrutivo comparar *bachelor* com *brother*[4]. Em termos das condições necessárias e suficientes, *male sibling*[5] oferece uma definição tão boa como *brother*, assim como *unmarried (adult) man*[6] oferece de *bachelor*. Mas uma menina pode pensar que o seu irmão acabou de entrar no quarto sem pensar que um *sibling*[7] dela acabou de entrar.

É evidente que nem todos os conceitos são derivados: nem todos podem ser aprendidos através do estabelecimento explícito e prescritivo de uma ligação inferencial. Os estudos sobre o desenvolvimento sugerem que o nosso reportório de conteúdos conceptuais é pré-configurado por uma metafísica intuitiva que estabelece divisões estáveis entre categorias como *povo, animais, plantas* e *artefactos* (Sperber *et al.*, 1995b). Essa metafísica intuitiva vai associar-se pelo menos a conceitos-tipo à maneira de ligações inferenciais, pondo-os dentro de uma categoria hierárquica adequada. É assim, por exemplo, que não serei capaz de ter uma crença como «Algernon é uma tartaruga» a menos que esteja preparado para inferir que «Algernon é um animal» e «Algernon está vivo.» Se eu pensar que é uma possibilidade aberta e eminente que Algernon possa ser um género de brinquedo com mecanismo de relógio, então embora eu possa *dizer* «Algernon é uma tartaruga» não estarei a partilhar a crença que as pessoas habitualmente têm quando dizem isso.

---

1 Em português: *assassinar (N. T.)*.
2 Em português: *solteiro (N. T.)*.
3 Em português: *homem celibatário (N. T.)*.
4 Em português: *irmão (N. T.)*.
5 Em português: *irmão masculino (N. T.)*.
6 Em português: *homem celibatário (adulto) (N. T.)*.
7 Uso o original inglês por falta de equivalente diferencial em português *(N. T.)*.

É evidentemente possível que alguém — por exemplo, Sofia — possa acreditar, *acerca* das tartarugas, que não são animais, mas, em vez disso, algum género de aparelho mecânico. Mas o caso de podermos relatar os seus estados da mente pelo uso do conceito *tartaruga* depende dos interesses específicos, relativos à finalidade, que se aplicam num contexto particular. Por exemplo, certamente que podemos aceitar o relato: «Sofia reparou na tartaruga no jardim», desde que ele se limite a comunicar a presença de uma tartaruga e o conhecimento que Sofia — ainda que conceptualizado — tem dela. É provável que também possamos relatar «Sofia reparou que há uma tartaruga no jardim», deste modo atribuindo a Sofia uma classificação da coisa notificada no jardim como «uma tartaruga». Mas será que Sofia *pensa* que há uma tartaruga no jardim? A resposta a esta questão paira sobre os contextos em que o conteúdo é atribuído. Para finalidades de previsão só é aceitável (porque ela pode *dizer*, «Uma tartaruga», se o leitor lhe perguntar o que é), mas também gravemente enganador — porque o leitor não pode aplicar a estratégia do *enriquecimento inferencial* (ver capítulo 4, secção 3), visto que Sofia não partilhará a maior parte das crenças que as pessoas normalmente partilham acerca das tartarugas. (Regressaremos à distinção entre contextos *comunicativos* e *previsíveis/explicativos* de atribuição de conteúdo no capítulo 6, secção 5.1.)

Onde há ligações inferenciais constitutivas de conteúdo, haverá as correspondentes limitações aos possíveis graus de irracionalidade. Para termos a certeza, ninguém pode ser tão irracional a ponto de pensar que Algernon é uma tartaruga e duvidar a sério que seja um animal. (Ninguém *incluindo* Sofia — que não é irracional, mas que não compreende o que é uma tartaruga.) Todavia, visto que só algumas ligações inferenciais são constitutivas de conteúdo, a argumentação do conteúdo limita-se a impor uma última barreira contra os possíveis graus da desrazão, deixando grandes zonas de irracionalidade abertas ao pensador comum. Finalmente, não há nada nesta linha de argumentação que nos possa levar a questionar a interpretação das experiências psicológicas sobre o raciocínio e a inferência.

3.3. O ARGUMENTO DO EQUILÍBRIO REFLEXIVO

Se perguntarmos qual poderá ser a fonte dos nossos juízos no que respeita à racionalidade e o que é que lhes dá qualquer autoridade que tenham, podemos começar por ver a força do argumento do equilíbrio reflexivo (Cohen, 1981, 1982). Num debate sobre a filosofia da ciência Kuhn observou certa vez que se considerarmos que a autoridade para as avaliações da racionalidade é independente daquela que é proporcionada pela reflexão sobre as melhores práticas científicas, então estamos a abrir a porta à quimera (1970, p. 264). De forma mais genérica, pode-se dizer que qualquer teoria da racionalidade tem de ser, em última instância, responsável perante as práticas humanas de raciocínio. Se assim é, então é dúbio que possamos introduzir qualquer veredicto geral de irracionalidade tal qual as pessoas o pensam.

Para entender a questão, poderá ajudar a comparação do tópico da irracionalidade, por um lado, com a ética, por outro — uma área em que o método de equilíbrio reflexivo é amplamente aceite como sendo a forma adequada para desenvolver e aperfeiçoar a teoria moral. A ideia que está por trás da metodologia do equilíbrio reflexivo na ética é que devemos procurar princípios que sistematizem juízos morais considerados intuitivamente correctos, após deliberação oportuna e adequada. Aquilo que o teórico ético faz depende daquilo que os pensadores comuns estão a fazer quando estão no cume da sua forma. O teórico quer chegar a princípios que em geral proporcionam exactamente os mesmos veredictos que os dos pensadores comuns, tentando minimizar os casos em que os juízos dos pensadores comuns têm de ser rejeitados por estarem errados.

Há, moralmente, situações difíceis em que, com a melhor boa vontade do mundo, uma pessoa pode não ter a certeza sobre o que deve fazer. Também usamos o equilíbrio reflexivo para fixar princípios contra juízos recebidos em casos menos problemáticos e depois extrapolar os princípios na esperança de resolver questões difíceis e contenciosas — em vez de construirmos uma *lei do estatuto* da teoria moral com base na *lei do caso* dos juízos morais normais. É bem possível que não nos sintamos satisfeitos com a resolução de algum dilema moral quando subsumido a um princípio proposto. Mas nesse caso cabe-nos a nós articular as razões da nossa intranquilidade — e essas razões de rejeição da solução apresentada tornam-se então, por seu lado, parte dos dados que uma teoria moral mais aperfeiçoada precisa de ter em consideração. É isto o que envolve o processo do equilíbrio reflexivo entre princípios gerais e juízos particulares.

É evidente que as pessoas têm sempre a certeza de fazer os juízos correctos, mesmo quando tentam fazer a coisa certa. Podem cometer erros porque estão perturbadas, ansiosas, confusas, envolvidas de forma demasiado parcial com algumas das pessoas afectadas por uma decisão moral e assim por diante. De forma que temos de fazer uma distinção entre o *desempenho* das pessoas enquanto agentes morais (que muito provavelmente fica aquém do ideal por uma multiplicidade de razões) e a sua *competência* subjacente em ajuizar o que é moralmente certo e errado. De forma semelhante, Cohen sugere que as pessoas podem cometer erros de desempenho em tarefas de raciocínio, mas isto não deve levar a um diagnóstico de irracionalidade ao nível da competência porque os critérios normativos de racionalidade que nós (filósofos e psicólogos incluídos) podemos propor são todos eles desenvolvidos numa tentativa de sistematizar e alargar as intuições comuns sobre o raciocínio.

Por conseguinte, Cohen alega que a investigação psicológica sobre o raciocínio cai dentro de quatro categorias: (1) pode revelar as condições sob as quais os sujeitos estão propensos a ter ilusões cognitivas genuínas, em cujo caso se deve postular um mecanismo especial para as explicar, e (2) pode investigar as circunstâncias em que os sujeitos raciocinam de forma inadequada por causa da ignorância matemática ou científica; mas é mais comum que o raciocínio falacioso ou deficiente possa ser incorrectamente imputado a sujeitos pelos experimentadores porque esta última (3) aplica os critérios normativos relevantes de uma forma inadequada, ou (4) aplica critérios normativos que não são adequados.

Todavia, há uma importante diferença metafísica entre o equilíbrio reflexivo no caso da ética e no caso da racionalidade. No caso moral, a correcção ou a incorrecção da conduta (como acredita muita gente) depende em última instância daquilo que os seres humanos valorizam. Mas no caso da racionalidade, a verdade ou a falsidade das crenças sobre o mundo depende do modo como o mundo é e não do modo como os seres humanos pensam. Encontra-se, assim, disponível um padrão que é independente das intuições de racionalidade das pessoas (se não for independente do conjunto total das suas crenças), que pode ser usado para avaliar as normas de inferência. Podemos perguntar: «São normas *fidedignas*, de tal forma que podem originar uma verdade a partir de outra verdade de forma segura?» Quando pomos esta questão, podemos descobrir que as normas comummente empregues são altamente *in*seguras.

Além disso, o argumento do equilíbrio reflexivo falha num outro aspecto. Para isso assume uma identidade de propósitos por trás dos padrões que orientam a competência comum e os nossos critérios normativos — conscientemente desenvolvidos. No caso da moralidade esta assumpção é justificada. O teórico moral e o agente moral sincero e inteligente partilham a mesma preocupação em desenvolver e aplicar princípios que tornam claro o modo como uma pessoa deve agir e porquê. De facto, sempre que confrontado com um dilema moral um agente moral sincero e inteligente *transforma-se* num teórico moral. Em contrapartida, não podemos assumir que os objectivos servidos por critérios normativos de racionalidade são exactamente os mesmos que as limitações que configuram o funcionamento dos sistemas cognitivos de raciocínio. Os critérios normativos que controlam a inferência podem dar uma importância primordial à preservação da verdade e à precaução da falsidade. Se nos for dado tempo suficiente, investimento, esforço cooperativo, educação e estudo, podemos ser capazes de pensar desta forma. Mas na maior parte do tempo, quando nos baseamos nos nossos recursos inatos, podemos estar dependentes de mecanismos de processamento cognitivo que respondem a outras prioridades. Voltaremos a desenvolver estes pontos na secção 5 em baixo. De momento, a nossa conclusão é que os filósofos não conseguiram fornecer qualquer boa razão para rejeitar os resultados das experiências psicológicas de raciocínio.

4. EXPLICAÇÕES PSICOLÓGICAS DO DESEMPENHO

Vários investigadores já partilharam a ideia de que algumas variantes da tarefa da escolha — como as que foram dadas na secção 2 acima — são difíceis para muitos dos sujeitos, pela sua abstracção e esquematismo, tratando de números e letras em vez de materiais mais tangíveis e quotidianos. De modo que a provável explicação para o desempenho divergente na tarefa da escolha foi que os teóricos agruparam variantes da tarefa por causa da sua semelhança *formal* e, contudo, estas tarefas tinham processamentos diferentes para os sujeitos envolvidos. De acordo com a lógica, a validade de uma inferência depende da qualidade de preservação da verdade de um padrão geral ou esquema que é exibido, como: *Todos os F são G; todos os G são H; logo, todos os F são H.* Os casos deste padrão serão válidos, não interessando o que possam ser «F», «G» e «H» — quer o argumento particular seja sobre couves ou reis.

Mas para o desempenho do raciocinador comum talvez interesse saber do que trata uma porção particular do raciocínio. Se ele tiver familiaridade com couves e teve uma prática considerável a pensar em couves, talvez tenha um desempenho muito mais eficaz num teste de raciocínio sobre couves do que num teste semelhante sobre reis (ou triângulos ou números ou conjuntos). Vários teóricos (Manktelow e Evans, 1979; Griggs e Cox, 1982; Johson-Laird, 1982; Pollard, 1982; Wason, 1983) exploraram esta ideia elementar, sugerindo hipóteses respeitantes ao modo como ligações associativas podem facilitar o desempenho sobre tarefas de raciocínio.

Na realidade, descobriu-se que a *mera* familiaridade com a matéria em questão pouco efeito tem sobre a tarefa de desempenho. Embora os sujeitos tenham efectivamente melhores desempenhos em algumas versões familiares da tarefa da escolha, é sempre possível encontrar uma versão da tarefa que é igualmente familiar, mas na qual o desempenho é fraco. No entanto, ainda não devemos abandonar a ideia de que o desempenho nessas tarefas seja sensível ao conteúdo. Efectivamente, se aplicarmos o programa geral de investigação modularista a resultados obtidos na tarefa da escolha, é de esperar que a variação no desempenho em diversas versões da tarefa seja atribuível ao funcionamento de módulos centrais especializados em diferentes géneros de raciocínio em diferentes domínios. Esta hipótese começou a ser explorada por um grande número de investigadores — sendo os mais notáveis Cosmides e Tooby.

4.1. A DETECÇÃO DO BATOTEIRO: UM MÓDULO PARA CONTROLAR A TROCA SOCIAL

A familiaridade com a matéria em questão pode ter algum efeito no desempenho, mas é perturbada pela divergência sobre as versões deôntica (normativa) e indicativa (descritiva) da tarefa da escolha. Cosmides e Tooby (1992) apresentaram uma demonstração decisiva deste ponto ao testarem sujeitos em tarefas que envolviam condicionais como «Se comer carne de duiker[8], então encontrou casca de ovo de avestruz» e «Se um homem come raiz de mandioca, então tem de ter uma tatuagem no rosto». Os resultados revelaram que os sujeitos tinham melhores desempenhos nas tarefas deônticas do que nas tarefas indicativas respeitantes ao mesmo assunto, quer esse assunto fosse ou não familiar. A teoria de Cosmides e Tooby é que nós temos um mecanismo cognitivo especializado — um *módulo de detecção de batoteiro* — para raciocinar sobre os géneros de tarefas deônticas nas quais os sujeitos têm bom desempenho. Estes autores consideram que estas tarefas deônticas se encarregam de um sistema de raciocínio dedicado a condicionais normativas respeitantes a contratos sociais da forma «Se recebeu o benefício, então tem de pagar o custo» ou da forma «Se pagou o custo, então deve receber o benefício».

Na abordagem modularista e inatista do tipo que advogamos, há um motivo particularmente forte para postular algo semelhante ao sistema de detecção do batoteiro, com base nas pressões selectivas evolucionistas. Porque é evidente que a evolução humana esteve muito dependente de novas formas de cooperação social. No entanto, juntamente com todas as vantagens da cooperação, aparece um perigo óbvio — sem adaptações cognitivas especiais para controlar a troca social, os seres humanos cooperativos poderiam lançar-se num comportamento totalmente fraudulento, ficando com os benefícios sem pagar o custo, o que é uma oportunidade para a exploração. É assim que, com base na teoria dos jogos, a capacidade de detectar o batoteiro seria extremamente necessária e provavelmente evoluiria. Para fazer o trabalho que é preciso fazer, este módulo teria de ser central, capaz de pegar em absorções ou entradas de uma variedade de sistemas periféricos (como ouvir o que dizem as pessoas e ver o que elas fazem, assim como a recolha de acordos anteriores). Daí que surja a proposta de um módulo de raciocínio especial para a «detecção do batoteiro».

Na realidade, esta linha de pensamento subestima o significado evolucionista desse módulo de raciocínio especial. Porque pode não ter razão ao pressupor que havia *primeiro* uma cooperação social com base num contrato, *depois* alguns indivíduos começaram a trapacear e *depois* os outros desenvolveram uma capacidade de detectar a fraude e tomaram as medidas adequadas para excluir os batoteiros dos benefícios. O que está mal neste quadro é que as formas inovadoras de cooperação social não se podiam desenvolver de modo nenhum sem uma adaptação cognitiva à troca social. Antes de aparecerem quaisquer preocupações sobre o modo como vigiar um contrato social, é preciso que haja um contrato

---

8 Um dos vários pequenos antílopes africanos do género *Cephalophus* ou *Sylvica* possuindo pequenos cornos com as pontas viradas para trás *(N. T.)*.

social para vigiar. Mas isso envolve uma compreensão, da parte dos indivíduos contratantes, do que implica um contrato. Esses indivíduos precisam de encontrar maneira de determinar e não perder de vista os custos e benefícios envolvidos na troca social. E depois esse mesmo mecanismo irá permitir detectar os batoteiros porque será invocado tanto na determinação do que é exigido de modo a preencher uma obrigação como na identificação dos casos faltosos. Portanto, talvez seja um tanto impróprio chamar a este módulo o «módulo de detecção do batoteiro», talvez seja melhor «módulo do contrato social». Mas reteremos o título dado que parece ter sido aceite. De qualquer modo, é bem possível que o ímpeto inicial do desenvolvimento do módulo tenha sido proporcionado pela pressão selectiva da detecção do batoteiro em casos de troca social que *não* eram inovadoras (provavelmente formas iniciais de partilha de comida).

É importante que o mecanismo de raciocínio especial postulado como uma adaptação cognitiva para a troca social não seja (e Cosmides e Tobby não o tomam como tal) um sistema de processamento para raciocinar sobre regras prescritivas ou deônticas em geral. Porque se tudo o que tivéssemos como indícios de apoio à hipótese de um módulo de detecção de batoteiro fosse considerações de plausibilidade evolucionista combinadas com dados indicando uma divergência no desempenho em versões deônticas e indicativas da tarefa da escolha, então a defesa desse módulo não seria muito consistente. E isto é assim porque há uma explicação alternativa potencial para o modo como as pessoas têm melhores desempenhos em testes deônticos. É que os testes deônticos são mais fáceis porque a tarefa da escolha deôntica é uma tarefa *diferente* e mais fácil de processar.

Isto pode acontecer porque nas versões indicativas da tarefa, os sujeitos têm de encontrar os cartões que precisam de ser virados do avesso a fim de estabelecer se a «regra» ou generalização *é verdadeira ou não*. Por isso é que se considera que a tarefa da escolha mostra algo sobre a capacidade de testar hipóteses. Mas nas versões deônticas da tarefa não há qualquer questão sobre se a regra é «verdadeira» ou não. Nestes casos, a aplicação de uma dada regra prescritiva é uma questão de acordo. A tarefa dos sujeitos não é saber se uma certa regra é válida. (Isso *seria* realmente difícil. Porque enquanto os filósofos da ciência puseram uma grande ênfase na subdeterminação da teoria pela prova, é muito mais evidente que a conduta observada subdetermine regras prescritivas.) Nos casos deônticos pede-se aos sujeitos que detectem violações de uma regra, mas não há dúvida quanto ao que a regra é. Nos casos indicativos, pelo contrário, é apresentada aos sujeitos uma regra ou generalização, mas o valor de verdade dessa generalização é indefinido. De modo que, efectivamente, os sujeitos precisam de se envolver com um nível extra de processamento nas tarefas de escolha indicativa porque, a fim de as resolver, têm de perguntar a si mesmos: «Suponhamos que esta condicional se aplica. O que excluiria ela?» Nos testes deônticos esse primeiro passo crucial é dado aos sujeitos, porque lhes é dito que a regra se aplica e é-lhes pedido que distingam o que ela proíbe. De forma que se aquilo que se pretendia explicar fosse apenas o elevado desempenho nas versões deônticas da tarefa da escolha, por comparação com as indicativas, então a explicação da diferença poderia parecer muito simples.

No entanto, a hipótese de um módulo de detecção do batoteiro sugere uma previsão mais específica do que a das tarefas deônticas serem mais fáceis do que as indicativas. Essa hipótese prevê que, mantendo-se o resto igual, as tarefas deônticas que envolvem a troca entre custos e benefícios serão mais fáceis do que as tarefas indicativas *e outras tarefas deônticas*. Por exemplo, uma regra social da forma «Se ele é F, então pode fazer X», que permite qualquer coisa se for satisfeita uma condição qualificativa particular, só será associada com um desempenho melhorado numa tarefa da escolha se os sujeitos considerarem que a execução de X constitui um *benefício* (ou seja, não apenas um item *bom*, mas um item numa troca social com custo-benefício). Cosmides e Tooby projectaram uma série de testes que confirma esta previsão inovadora e de outra maneira inesperada (1989, 1992; Cosmides, 1989). Por exemplo, a própria declaração de uma regra — «Se um estudante vai ser matriculado na Grover High School, então esse estudante tem de viver em Grover City» — melhorava o desempenho do teste da escolha quando se explicava que Grover High School era uma escola superior pela qual os cidadãos de Grover City tinham de pagar matrículas mais altas (levantando, por conseguinte, questões de imparcialidade), mesmo que na condição de controlo se tenha sublinhado acentuadamente a importância de se respeitar a regra (a fim de permitir que o número certo de professores fosse colocado numa escola em particular).

Acrescentaríamos que também é possível detectar este fenómeno retrospectivamente nos testes levados a cabo antes de se ter avançado com a hipótese da detecção do batoteiro, como a versão do selo postal da tarefa da escolha (Johnson-Laird *et al.*, 1972). Neste teste os sujeitos tinham de decidir se a regra «Se uma carta está selada, então tem lá dentro um selo de 5d», estava a ser observada numa série que mostrava: *a)* o reverso de um envelope selado; *b)* o reverso de um envelope não selado; *c)* a frente de um envelope com um selo de 5d; e *d)* a frente de um envelope com um selo de 4d. Os experimentadores descreveram esta condicional como «significativa», em contraste com uma condicional «arbitrária» que usavam como controlo. (Na condição de controlo perguntava-se aos sujeitos para decidirem se a regra «Se uma carta tem um D num dos lados, então tem um 5 no outro» estava a ser seguida numa série adequada de quatro envelopes.) Dos vinte e quatro sujeitos testados, vinte e um fizeram a escolha correcta no caso da regra «significativa», enquanto só dois acertaram no caso da regra «arbitrária». Foi notório (e, pensamos nós, foi notoriamente *modular*) que apesar da semelhança formal entre as duas condicionais não tivesse havido transferência de efeito: o facto de terem obtido a resposta certa na versão «significativa» não ajudou os sujeitos a encontrar a resposta certa na condição de controlo.

Este género de resultado foi interpretado como revelando que o raciocínio está dependente da familiaridade com o conteúdo, em que a experiência passada estabelecia algum género de vínculo por associação. No entanto, é possível dar uma interpretação diferente da razão por que a regra «significativa» é mais fácil para os sujeitos à luz da hipótese da detecção do batoteiro: a condicional pode ser compreendida de modo a *determinar* que o benefício de selar o envelope só está disponível se for cumprido o custo de 5d (o mais elevado) do selo postal. Esta interpretação é confirmada por outros testes que comparam o desempenho de sujeitos que tinham conhecimentos diversos destas disposições postais. Os sujeitos americanos não tinham desempenhos tão bons no teste como os sujeitos de Hong Kong, onde essa regra postal era obrigatória. Mas quando a regra foi apresentada com uma justificação racional — foi afirmado que o correio selado era tratado como sendo de primeira classe — os sujeitos americanos tiveram um desempenho tão bom na tarefa da escolha como os estudantes de Hong Kong (Cheng e Holyoak, 1985). Sugerimos que a justificação racional ajudou o raciocínio dos sujeitos a dar à tarefa uma estrutura de custo-benefício, pondo em jogo, por conseguinte, o módulo de detecção do batoteiro.

4.2. TEORIA DA RELEVÂNCIA

A hipótese de um módulo de detecção do batoteiro é decididamente sustentada pelo facto de que não só explica a divergência no desempenho entre as versões deôntica e indicativa da tarefa da escolha, como também permite uma especificação mais precisa sobre a localização da divergência. Contudo, não consegue explicar todas as variações de desempenho encontradas nas diversas versões da tarefa da escolha, visto que há desempenhos divergentes mesmo em problemas que não diferem na presença ou não de uma estrutura de custo-benefício. Além disso, mesmo que tivéssemos uma capacidade modular especial para raciocinar sobre custos e benefícios na troca social, esta não explica por que motivo somos tão surpreendentemente imperfeitos em muitas versões indicativas da tarefa da escolha e em particular por que motivo achamos tão difícil determinar o significado do potencialmente falsificado cartão (d). A tentativa mais impressionante para explicar o desempenho dos sujeitos nestas versões indicativas da tarefa da escolha envolve a aplicação da teoria da relevância, como foi defendida por Sperber e Wilson (1986/1995).

O pensamento que se encontra por trás da teoria da relevância é que a nova informação apresentada a um indivíduo vai ser sempre processada no contexto de crenças prévias e de pensamentos anteriores. A nova informação será mais ou menos relevante para o indivíduo consoante os efeitos cognitivos que produz, em termos de novas crenças ou modificações de crenças existentes. De forma que *quanto maior for o efeito cognitivo, maior será o grau de relevância.* Mas um efeito cognitivo exigirá processamento e é provável que um grande esforço de processamento seja demasiado dispendioso para ser realizado. De forma que *quanto maior for o esforço de processamento exigido para extrair uma porção de informação, menor será o seu grau de relevância.* Sperber e Wilson resumem a sua teoria em dois princípios gerais:

— *Princípio cognitivo da relevância*: a cognição humana tende a ser ajustada à maximização da relevância;
— *Princípio comunicativo da relevância*: cada elocução transmite uma presunção da sua própria relevância.

De facto, eles oferecem uma noção económica da cognição de acordo com a qual o processamento humano funciona de tal maneira que os benefícios das novas aquisições cognitivas são comparados aos custos do processamento envolvido na sua aquisição.

Se aplicarmos a teoria da relevância aos resultados previamente conhecidos sobre as versões indicativas da tarefa da escolha, ela garante imediatamente um êxito promissor, ao permitir uma explicação da forma como o desempenho é melhorado se a condicional em consideração é da forma «Se F, então *não* G». Neste caso a maior parte dos sujeitos faz a escolha acertada (Evans, 1972). Por exemplo, numa versão ligeiramente alterada do teste apresentado na secção 2, a condicional «*Se há um A de um lado do cartão, então não há um 5 do outro*» faria com que a escolha de cartões (a) — contendo um A — e (c) — contendo um 5 — fosse correcta; e os sujeitos tendem efectivamente a fazer esta escolha. Porquê?

Suponhamos que os sujeitos verificam a condicional verificando aquilo que eles consideram ser as suas consequências, confiando nas inferências que intuitiva e irreflectidamente fazem a partir dela. Visto que qualquer proposição tem um número infinito de consequências (de *P* podemos inferir *P ou Q* e *P ou Q ou R* e assim por diante), é óbvio que os sujeitos têm de parar quando julgam ter gerado um número *suficiente* de consequências para garantir a relevância. Se a condicional é tacitamente da forma «Para todo o x, se Fx então Gx» («Todos os cartões são tais que, se têm um A num lado então têm um 5 no outro»), então inferir que um caso *Fa* deve, se a condicional é verdadeira, ser também *G*, é a inferência que menos custa aos sujeitos sob a forma de esforço de processamento. Daí a escolha quase universal do cartão (a), que tem o caso *F* (ou seja, tendo um A).

Para fazer a outra escolha, os sujeitos precisam de inferir uma existencial negativa partindo da condicional: que não há caso tal que é *F* e *não G*. Mas esta inferência envolvendo a negação é mais dispendiosa para os sujeitos em termos de esforço de processamento (sabe-se que as inferências que envolvem a negação são mais difíceis). Em vez disso, eles tendem a inferir (não dedutivamente mas

147

com segurança) de «Todos os F são G» para «Há F e G», e a escolher o cartão *F* e o cartão *G*, em vez do cartão *não G*. Todavia, com uma versão negativa da condicional, da forma «Para todos os x, se Fx então não Gx» («Todos os cartões são tais que, se houver um A de um lado, então *não* há um 5 do outro»), o fardo de representar uma negação no âmbito da existencial negativa foi retirado aos sujeitos, de modo que a inferência «Não há caso que verifique tanto A como 5» está mais facilmente à sua disposição. De forma que nessa versão da tarefa eles notam a importância de escolher o potencialmente falsificador cartão *G*.

Para evitar a impressão de que se trata aqui de uma explicação fácil e *ad hoc* de um resultado já conhecido, Sperber e os seus colaboradores mostraram em pormenor o modo como o uso da teoria da relevância pode permitir que os experimentadores manipulem o desempenho dos sujeitos em tarefas da escolha indicativa. Com a finalidade de garantir níveis elevados de escolhas correctas para condicionais da forma, «Para todo o x, se Fx então Gx» — facilitando a tarefa da escolha — é preciso aumentar o número de escolhas *F e não G*, reduzindo o esforço de processamento necessário e ou aumentando o efeito cognitivo. Para fazer o primeiro esforço referido, um experimentador poderia explorar um conceito lexical que cobrisse os casos *F e não G* (por exemplo, *bachelor*[9]; com *F*: *male*[10] e *G*: *married*[11]). Para fazer o último esforço, procura-se forma de tornar os casos *F e G* menos interessantes aos sujeitos do que os casos *F e não G*. Todos os pormenores da confirmação experimental destas previsões da teoria da relevância podem ser vistos em Sperber *et al.*, 1995a.

A capacidade de controlar o desempenho num certo número de provas de escolha (embora continuem a exigir outra repetição) parece ser uma confirmação notória a favor da teoria da relevância. Mas surge uma questão que diz respeito à relação entre a teoria da relevância e o programa de investigação modularista. Para a teoria da relevância a explicação dos resultados das tarefas da escolha indicativa é de espécie muito diferente da postulação de um módulo de detecção de batoteiro que lida com tarefas deônticas que têm uma estrutura de custo-benefício. Embora seja diferente, não parece, contudo, ser incompatível com a modularidade. Porque embora se pretenda que os princípios da teoria da relevância se apliquem ao processamento cognitivo em geral, Sperber e Wilson não estão de modo nenhum empenhados em postular um sistema ou competência de domínio geral ao processamento cognitivo. É absolutamente possível que a teoria da relevância descreva as limitações da eficiência cognitiva configurado pelo funcionamento de um grande número de módulos de processamento diferentes — embora tenhamos de concordar que o modo como tudo isto funciona num sistema de módulos centrais interactuantes continua a ser ainda muito misterioso.

---

9   Em português: *homem celibatário (N. T.)*.
10 Em português: *masculino (N. T.)*.
11 Em português: *casado (N. T.)*.

5. RACIONALIDADE PRÁTICA

Os sujeitos ingénuos que tentam realizar uma tarefa da escolha podem não seguir um procedimento infalível para determinar o valor de verdade de uma condicional, mas podem ainda (se a teoria da relevância estiver certa relativamente a isto) processar a informação de acordo com princípios que conseguem atingir um género de eficiência que vale a pena reter. Devíamos esperar que o raciocínio humano comum fosse configurado por limitações práticas que nem sempre elevam a produção da resposta exactamente correcta acima de outras considerações.

Pense-se mais uma vez na tarefa da escolha de Wason. Aquilo que geralmente é descrito como «propensão de confirmação» na execução desta tarefa — em que só se considera os casos F e G quando se testa uma condicional da forma «Para todo o x, se Fx então Gx» — faz todo o sentido quando considerado como uma heurística adequada à maior parte dos casos da vida real. Porque, suponhamos que a condicional em questão é «Para todo o x, se x é um corvo, então x é negro». Faz sentido testar esta declaração procurando corvos e talvez inspeccionando as coisas negras com que nos deparamos. Mas não tem qualquer sentido prático empreender uma investigação de coisas *não negras*, para tentar descobrir um falsificador potencial; há demasiadas coisas não negras! De forma que a propensão de confirmação pode ser considerada, não como um simples irracional, mas em vez disso como uma expansão do caso dos quatro cartões de uma heurística que é normalmente adequada e racional. E visto que a heurística pode de qualquer modo ser implícita e não consciente, é fácil de ver o modo como a expansão poderia surgir.

Mesmo que o esforço de processamento esteja abundantemente disponível, a pressão do tempo pode dotar a conclusão mais precoce de um procedimento parcialmente seguro com um valor superior ao de um cálculo mais lento e mais exacto. Por outras palavras, o raciocínio humano comum pode usar métodos «rápidos e expeditos» por razões práticas. Para dar um exemplo simples de um caso que envolve cálculo explícito: se uma pessoa quer converter uma temperatura Celsius em graus Fahrenheit, a fórmula exacta é: $F = 9C/5 + 32$. Mas se não houver muita preocupação quanto a um grau ou dois e se só se quer saber aproximadamente como é que o tempo está quente em termos de graus Fahrenheit, então a aproximação $F = 2C + 30$ servirá perfeitamente, na medida em que torna o cálculo mental muito mais rápido e fácil. Aqui está um exemplo em que as pessoas que fazem a conversão de uma escala de temperatura para outra adoptarão deliberadamente uma aproximação um tanto improvisada que é suficientemente boa para efeitos práticos.

Se este género de coisa pode dar-se a um nível explícito de representação, também pode acontecer algo de semelhante a níveis de representação implícitos e dentro de sistemas de raciocínio modular. Os testes feitos sobre raciocínio silogístico, por exemplo, sugerem que as estimativas de validade por sujeitos sem treino em lógica se baseiam de facto em princípios aproximados que funcionam bastante bem, sem serem infalíveis (Oaksford e Chater, 1993, 1995). Também está bem estabelecido que os sujeitos exibem «propensão para a crença» ao avaliarem argumentos, ou seja, estão muito mais propensos a aceitar um argumento com uma conclusão credível, manifestamente usando a verosimilhança da conclusão como um índice da qualidade do raciocínio (Oakhill e Johnson-Laird, 1985; Oakhill *et al.*, 1989). Mais uma vez, trata-se de um teste falível mas bastante seguro, visto que os sujeitos normalmente só tolerarão argumentos em cujas premissas já acreditam.

5.1. DUAS NOÇÕES DE RACIONALIDADE

Foi devido a esta espécie de razões que Evans e Over (1996) estabeleceram uma distinção entre duas noções diferentes de racionalidade, uma das quais está ligada ao sucesso geral e a outra emprega quaisquer padrões derivados dos sistemas normativos da lógica, teoria da probabilidade e teoria da decisão:

— *Racionalidade$_1$*: pensamento que geralmente é fidedigno para se atingir os objectivos próprios;
— *Racionalidade$_2$*: pensamento que se conforma a uma teoria normativa (correcta).

Dado o imenso sucesso desfrutado pela nossa espécie (até agora!), parece muito improvável que o pensamento humano comum tenha falta de *racionalidade$_1$*; mas pode não manifestar a *racionalidade$_2$*. Evans e Over levaram por diante esta ideia propondo uma teoria do pensamento de duplo processamento, de acordo com a qual grande parte do nosso pensamento é levada a cabo em termos de processos tácitos e implícitos. É possível aceitar esta noção, com a condição modularista de que o nível de processamento implícito seja ele mesmo multimodular.

Evans e Over desenvolveram uma argumentação poderosa em que a maior parte do raciocínio humano é governada por processos, como os que determinam a relevância e a atenção selectiva, implícitos e inacessíveis ao sujeito. Efectivamente, eles relatam um conjunto de experiências particularmente dramáticas em que as escolhas dos sujeitos na tarefa da escolha são manipuladas pela mudança das variáveis experimentais e em que os sujeitos são encorajados a verbalizar as razões da sua escolha (Evans, 1995). Acontece que a direcção do olhar determina a escolha seguinte, com os sujeitos escolhendo apenas aquelas opções a que prestam atenção desde o início; e as razões explícitas oferecidas de seguida são meras racionalizações de escolhas determinadas por um conjunto de heurísticas não conscientes. Mas Evans e Over não negam que *por vezes* o raciocínio pode ser orientado por processos que são explícitos e conscientes. De facto, a sua teoria do pensamento de processo duplo sustenta que os dois conjuntos de processos podem contribuir para o raciocínio em menor ou menor extensão, dependendo das exigências da tarefa. Considera-se que uma das características distintivas do raciocínio explícito (consciente) é a mediação verbalizada e que é muito mais influenciável pela instrução verbal. (Voltaremos a avaliar as possíveis ligações entre o raciocínio consciente e a linguagem no capítulo 8.)

Temos, por conseguinte, duas distinções ortogonais em jogo: entre duas noções diferentes de racionalidade e entre dois níveis diferentes de cognição. Então é possível (e obrigatório) perguntar em que medida os processos de raciocínio implícito e explícito servem os objectivos do sujeito; e é possível (e obrigatório) perguntar em que medida os processos implícito e explícito se aproximam de normas lógicas válidas.

Em primeiro lugar, no que diz respeito aos processos implícitos, parece claro que precisam de ser racionais$_1$ em grande medida, visto que a maior parte do raciocínio é implícita e considerando o sucesso prático da nossa espécie. Mas também é possível que alguns destes processos sejam racionais, envolvendo cálculos que cumprem com normas válidas, mas orientados por juízos de relevância pré-lógica. (Parece ser esta a posição adoptada por Sperber *et al.*, 1995a.) Ou, em alternativa, todos estes processos podem ser conexionistas, como Evans e Over realmente supõem, em que as normas de raciocínio não têm aplicação directa. Em segundo lugar, no que respeita aos processos explícitos, a extensão em que eles são racionais$_1$ pode ser altamente variável, dependendo dos verdadeiros objectivos do sujeito. Da mesma forma, seria de esperar que a medida em que são racionais$_2$ pode depender da medida em que o sujeito passou por treino e instrução especiais, visto que habitualmente se chega aos critérios normativos explícitos através da inquirição social cooperativa.

Perguntar pela extensão da irracionalidade humana é perguntar pela quantidade de vezes que as pessoas raciocinam como *têm de* ou como *devem*. Mas esta questão ganha uma tonalidade muito diferente quando é aplicada, em primeiro lugar, aos processos de raciocínio implícitos e depois aos explícitos. Porque é evidente à reflexão que, dado que os processos cognitivos implícitos se encontram fora do nosso controlo, pouco sentido faz perguntar se *devemos* raciocinar de forma diferente a respeito desses processos. Tudo o que realmente podemos fazer é investigar em que medida é uma coisa boa que esses processos funcionem como funcionam, da nossa perspectiva enquanto agentes. E para os processos explícitos, também parece evidente que é improvável que haja qualquer coisa como uma *competência* elementar de raciocínio, no sentido de um corpo inato de conhecimento racional. Em vez disso, as capacidades de raciocínio explícito variarão com as diferentes histórias de aprendizagem dos sujeitos e com as divergentes teorias da racionalidade normativa dos sujeitos. No entanto, parece que continua a ser

151

importante pôr a questão de saber quais são as normas que *devem* orientar o nosso raciocínio explícito — mas aqui é vital ter em mente os limites do nosso tempo e as limitações das nossas capacidades cognitivas.

5.2. CONTRA A IMAGEM NORMALIZADA DA RACIONALIDADE

Se perguntarmos como *devemos* raciocinar, quando raciocinamos explicitamente, a maior parte das pessoas presume que a resposta é óbvia — é evidente que devemos raciocinar de acordo com normas derivadas de sistemas lógicos válidos. Chamemos-lhe a «imagem normalizada» da racionalidade, que vê a racionalidade coincidir com o conjunto de normas derivadas de princípios mais ou menos familiares da lógica dedutiva, da teoria da probabilidade e da teoria da decisão. Seguimos o rastro de Stein (1996) ao pensar que a imagem normalizada é falsa e devia ser substituída por uma concepção da racionalidade relativa às capacidades cognitivas humanas. O principal detalhe é que ela não consegue levar a sério o *predicamento finito* humano (Cherniak, 1986). Por exemplo, parece que a imagem normalizada justifica princípios normativos como este: «Se acredita numa proposição *P*, então deve acreditar em qualquer consequência válida de *P*»; ou este: «Antes de aceitar uma nova proposição *P*, deve verificar se *P* é consistente com as outras coisas em que já acredita.» Estes princípios podem ser bastante razoáveis, até que uma pessoa constate que cumpri-los seria de facto —para dizer o mínimo— uma grande perda de tempo! Efectivamente, seres finitos nunca poderão empregar estes princípios.

Com efeito, precisamos de incorporar a máxima «o *dever* implica o *poder*» na epistemologia. A forma como *devemos* raciocinar é condicionada pela forma como *podemos* raciocinar e é relativa às faculdades e capacidades do cérebro humano. Mesmo onde há um acordo completo quanto aos sistemas lógicos válidos, continua a ser uma questão em aberto como é que *devemos* raciocinar (explicitamente). Mas raramente se tem posto esta questão, quanto mais responder-lhe. De forma que junto do projecto da lógica — e parcialmente independente dela, pelo menos — está o projecto da *epistemologia prática* ou *racionalidade prática*. De facto, aqui não há só um projecto, mas vários. Uma tarefa é descrever quais os princípios de racionalidade que devemos empregar, considerando o que se conhece ou se acredita razoavelmente sobre as capacidades e funções cognitivas humanas, mas pressupondo que os nossos únicos objectivos são obter a verdade e evitar a falsidade. Mas depois há um grande número de tarefas subsidiárias mais complexas que surgem quando introduzimos diversos outros objectivos que as pessoas podem legitimamente ter quando raciocinam, como o desejo de atingir uma decisão dentro de um dado espaço de tempo. Estas tarefas ainda não estão exploradas e exigem mais atenção por parte dos epistemólogos e filósofos da psicologia (mas ver Cherniak, 1986; Stich, 1990; e Stein, 1996 para acompanhar o debate).

Também é importante recordar que o desenvolvimento de padrões normativos de raciocínio (o equivalente da «tarefa da lógica») em algumas áreas ainda é um trabalho em desenvolvimento. Na filosofia da ciência, por exemplo, a tradição dominante até recentemente, tem sido positivista. Esta tradição — que, de forma normalizada, é *instrumentalista* em relação às teorias que vão para lá do que é observável e *falsificacionista* na sua metodologia — proporcionou os padrões normativos aceites pela maior parte dos psicólogos que investigam as capacidades dos sujeitos para raciocinar cientificamente. Mas tem havido outras abordagens mais realistas às normas do raciocínio científico, derivadas da reflexão sobre a prática científica real assim como da reflexão filosófica teórica (Lakatos, 1970; Boyd, 1973, 1983). É evidente que, sendo nós cientistas realistas, favorecemos esta última abordagem.

Estes debates são importantes, porque Koslowski (1996) mostrou convincentemente que toda uma tradição de experiências que aparentemente revelam fraquezas nas capacidades dos sujeitos em raciocinar cientificamente podem reflectir realmente uma fraqueza da filosofia da ciência positivista, onde se basearam os projectos experimentais, em vez da fraca capacidade dos sujeitos para avaliar hipóteses. De modo que, num contexto científico, os aparentes exemplos de «propensão de confirmação» ou «perseverança na crença» injustificados, podem acabar por se revelar como práticas epistémicas adequadas, se a abordagem realista estiver certa. Porque se a teorização científica se orienta, não apenas por uma preocupação com a descoberta de generalizações verdadeiras, mas para desvendar mecanismos causais reais, então pode ser razoável, por exemplo, rever, em vez de abandonar, uma teoria perante indícios persistentes, desde que se tenha à disposição uma história qualquer sobre o envolvimento dos diferentes mecanismos subjacentes.

De modo que o nosso conselho aos filósofos é o seguinte: examinem os indícios psicológicos das capacidades cognitivas humanas, procurando descortinar adequadas normas epistémicas *práticas*; e o nosso conselho para os psicólogos é o seguinte: examinem a melhor explicação filosófica disponível das normas que são válidas num dado domínio, antes de imaginarem testes de racionalidade humana e de fazerem declarações de irracionalidade. Estamos perante uma área amadurecida para uma posterior colaboração interdisciplinar.

6. CONCLUSÃO

Neste capítulo revimos os argumentos filosóficos que apoiam a racionalidade humana e descobrimos que têm um efeito muito limitado. Também fizemos uma revisão de alguns indícios psicológicos da irracionalidade humana, a partir de onde emerge um quadro mais complexo. Com toda a probabilidade, o raciocínio humano é conduzido num certo número de diferentes níveis da cognição e dentro de uma variedade de diferentes subsistemas modulares. Insistimos em que as questões respeitantes à racionalidade humana devem ser relativas a diferentes domínios — embora, até que surja um quadro fidedigno da estrutura modular da nossa cognição, seja provável que só possamos fazer conjecturas sobre os domínios relevantes. E também insistimos que caso as questões respeitantes à racionalidade tenham uma *incidência* normativa, então têm de se tornar *práticas*, sendo relativas às limitadas capacidades e faculdades humanas.

LEITURAS SELECCIONADAS

Para uma visão geral das questões filosóficas respeitantes ao raciocínio e à racionalidade, ver: Stein, 1996.

Para mais pormenores sobre tarefas do raciocínio e indícios experimentais, consultar: Manktelow e Over, 1990; Evans e Over, 1996.

Para o argumento do equilíbrio reflexivo, ver: Cohen, 1981.

Para a crítica das tentativas filosóficas de conseguir uma garantia para a racionalidade humana: Stich, 1990; Stein, 1996.

Sobre a hipótese da detecção do batoteiro: Cosmides e Tooby, 1992.

Para a aplicação da teoria da relevância à tarefa da escolha: Sperber *et al.*, 1995a.

Sobre o significado da finitude humana: Cherniak, 1986; Stein, 1996.

VI
CONTEÚDO PARA A PSICOLOGIA

Neste capítulo faremos uma revisão e daremos uma contribuição ao intenso debate que se desenvolveu sobre a noção adequada de *conteúdo* para a psicologia (tanto popular como científica). A nossa posição é que a causa do conteúdo extenso (ou seja, conteúdo individuado em termos das suas relações com objectos e propriedades mundanos) em qualquer forma de psicologia é frágil; e que a causa do conteúdo limitado (ou seja, *conteúdo* individuado por abstracção das relações com o mundo) é correspondentemente forte. Mas também pensamos que a noção do conteúdo extenso é perfeitamente adequada para algumas finalidades do senso comum.

1. INTRODUÇÃO: EXTENSO *VERSUS* LIMITADO

As principais razões da importância deste debate têm a ver com as suas implicações para a psicologia popular e científica e para as relações entre elas. (Mas também acontece, como veremos no capítulo 9, que a defensibilidade do conteúdo limitado é crucial para a naturalização da consciência.) Porque, como sugerem alguns autores, se a noção de conteúdo empregue pela psicologia popular é extensa, enquanto a noção que tem de ser empregue pela psicologia científica é limitada, então abre-se aqui uma área de conflito. Devemos dizer que a ciência mostra que a psicologia popular é *falsa*? Ou podem as duas coexistir? E o que acontece se a própria ideia de conteúdo limitado é incoerente, como sugerem alguns autores? Poderá a psicologia científica empregar uma noção de conteúdo que é externamente individuada? Ou será que tudo isto enfraquecerá a própria possibilidade da psicologia que envolve conteúdo?

Alguns teóricos do conteúdo extenso, como McDowell (1986, 1994), acreditam que o debate tem profundas implicações para a filosofia em geral, particularmente para a epistemologia. McDowell defende que os teóricos do conteúdo limitado põem um intermediário entre a mente e o mundo, um pouco como os cartesianos e os teóricos do senso comum fizeram, tornando as preocupações cépticas especialmente insistentes. Pensamos que tudo isto é apenas confusão. O debate debruça-se sobre as condições de individuação dos conteúdos e não sobre semântica referencial ou sobre a fenomenologia do pensamento. Os teóricos do conteúdo limitado devem concordar que cada pensamento-sinal *terá* condições de verdade e essas condições de verdade envolverão de forma padronizada itens mundanos e estados de coisas. Da mesma forma, um teórico do conteúdo limitado deve concordar que quando uma pessoa tem um pensamento-sinal, toda a atenção da pessoa pode concentrar-se nos itens mundanos a que o pensamento diz respeito. Mas os teóricos do conteúdo limitado negam aquilo que os teóricos do conteúdo extenso afirmam, nomeadamente que as condições de verdade dos pensamentos são essenciais para a sua identidade. Um teórico do conteúdo limitado dirá que o mesmo pensamento poderia ser mantido exactamente como é, em circunstâncias diferentes, com diferentes condições de verdade.

A teoria do conteúdo que deriva de Frege (1892), dominando o pensamento filosófico durante a maior parte deste século, distingue dois aspectos diferentes do conteúdo do pensamento e da significação da frase declarativa: há *referência*, que é constituída pelos estados de coisas e objectos do mundo de que ocupam os nossos pensamentos; e há *sentido*, que é o *modo de apresentação de* ou a *maneira de pensar a* referência. Os termos «Vénus» e «A Estrela da Tarde» partilham a mesma referência mas diferem no sentido. E os pensamentos expressos por «Vénus pôs-se» e «A Estrela da Tarde pôs-se» partilham as mesmas condições de verdade, mas diferem na maneira como estas condições se apresentam ao pensamento. De forma que uma pessoa pode, por exemplo, acreditar que o primeiro pensamento é verdadeiro enquanto nega que o segundo o seja e vice-versa.

Como esta última nota sugere, o sentido fregeano tem de ser individuado de acordo com *o critério intuitivo da diferença* — dois sentidos são diferentes se for possível a alguém assumir racionalmente atitudes epistémicas diferenciadas para com pensamentos que só diferem na medida em que um contém um sentido enquanto o outro contém o outro (como no exemplo de Vénus e da Estrela da Tarde que acabámos de dar).

Na explicação fregeana, pressupõe-se que o sentido *determina* a referência. Pressupõe-se que é impossível a qualquer termo ou componente de pensamento partilhar exactamente o mesmo sentido do termo «Vénus» e ainda ter uma referência diferente. (A referência, por outro lado, não determina o sentido — há muitas formas diferentes de referir ou pensar no planeta Vénus.) De modo que basta individuar o conteúdo de um pensamento ou a significação de uma frase declarativa, para que se possa especificar o seu sentido, visto que a referência, por conseguinte, já tinha sido imputada.

As dificuldades do sistema fregeano começaram a surgir quando se verificou que há muitos termos que não parecem diferenciar-se da maneira como *apresentam* os seus referentes (pelo menos de um ponto de vista subjectivo) e, contudo, referem-se a coisas diferentes. Por exemplo, o termo indicativo «Eu» parece ter o mesmo sentido para cada um de nós, mas distingue sempre uma pessoa diferente em cada caso. De modo que ou (1) temos de dizer que o sentido não determina a referência ou (2) temos de dizer que a referência real está entre as condições de individuação de um sentido.

Os defensores do conteúdo limitado, ou «interno», assumem a primeira opção. Dizem que o pensamento «Eu tenho frio» tem o mesmo sentido (o mesmo conteúdo limitado) para cada um de nós. Mas esses sentidos são *sobre* coisas diferentes e diferentes sinais do mesmíssimo pensamento (limitado) podem ter condições de verdade mundanas diferentes. Defensores do conteúdo extenso, ou «externo», assumem a segunda opção. Dizem que, visto que os pensamentos-sinal expressos por «Eu tenho frio» têm diferentes condições de verdade no caso de cada um de nós (e podem em alguns casos ser verdadeiros enquanto noutros casos são falsos), esses pensamentos pertencem a diferentes tipos, com diferentes conteúdos. De forma que não pensamos a mesma coisa quando cada um de nós pensa «Eu tenho frio». Os pensamentos são distintos porque os referentes também são diferentes.

2. ARGUMENTOS PARA O CONTEÚDO EXTENSO

Nesta secção do capítulo vamos examinar alguns dos argumentos que foram apresentados em defesa do conteúdo extenso, concluindo com o argumento de que o conteúdo limitado é realmente incoerente. Depois, na secção 3 respondemos a este desafio, argumentando que é, pelo menos, *possível* que a psicologia seja limitada; e na secção 4 argumentaremos que a psicologia explicativa *é* limitada.

2.1. INTUIÇÕES EXTERNAS

Putnam (1975a) projectou um novo tipo de experiência filosófica pensada para demonstrar que as significações «não estão na cabeça». Podemos imaginar que há, ou podia haver, um duplicado exacto da Terra (Terra Gémea[1], muitas vezes escrita como «Twearth»[2]), onde tudo é exactamente igual à Terra, excepto

---

1 Em inglês: *Twin Earth (N. T.).*
2 A nota anterior explica a redução (N. T.).

alguns aspectos menores que podem ser variados de acordo com o tipo de exemplo. Imagine-se, em particular, que tudo na Terra Gémea é exactamente igual à Terra até ao pormenor mais pequeno, *excepto* que na Terra Gémea a água $\neq H_2O$. Em vez disso, na Terra Gémea a água = XYZ, onde as duas substâncias só podem ser distinguidas uma da outra num laboratório químico. Putnam argumenta que se uma pessoa na Terra, Peter$_t$ afirma «A água é húmida» e o seu gémeo na Terra Gémea Peter$_{tg}$ faz a mesma declaração, então os seus pensamentos diferem em conteúdo (e as suas frases declarativas diferem em significação) porque as substâncias a que eles respectivamente se referem são diferentes.

Suponhamos que nem Peter$_t$ nem Peter$_{tg}$ conhecem, de início, a composição da água/água. Depois é dito a cada um deles em circunstâncias semelhantes «A água é H_2O» e eles acreditam. É evidente, argumenta Putnam, que eles não podem ter formado *exactamente a mesma* crença, visto que a crença de Peter$_t$ é *verdadeira* enquanto a de Peter$_{tg}$ é *falsa*. E como é que o mesmíssimo conteúdo de pensamento pode ser verdadeiro e falso ao mesmo tempo? Contudo todos os aspectos dos seus cérebros e da sua psicologia interna (descrita de forma não relacional) são, por hipótese, exactamente os mesmos. Conclusão: os conteúdos dos pensamentos sobre espécies naturais (e as significações das frases declarativas referentes às espécies naturais) dependem da constituição interna *real* das espécies em questão. O conteúdo do pensamento difere ali onde difere essa constituição interna real. Ou seja: o conteúdo do pensamento é *extenso* nas suas condições de individuação, envolvendo propriedades (muitas vezes desconhecidas) do ambiente do pensador.

Argumentos semelhantes a este foram desenvolvidos por Burge (1979, 1986a), em conexão com espécies não naturais, desta vez debruçando-se sobre a divisão linguística do trabalho. (Este último fenómeno também foi descoberto por Putnam: eu posso dizer «Há um ulmeiro no jardim» e *significar* que é um ulmeiro, mesmo que eu, pessoalmente, não consiga discernir ulmeiros de faias, porque falo com a intenção de aceitar os juízos daqueles que *conseguem* distingui-los.) O bem conhecido exemplo da artrite apresentado por Burge foi projectado para mostrar que a identidade do conteúdo do pensamento depende em parte dos factos *sociais* da comunidade linguística, que podem diferir mesmo quando não há nada de internamente diferente entre dois pensadores. De forma que, mais uma vez, a moral é que «a significação não está na cabeça».

O exemplo (ligeiramente adaptado) é o seguinte: Peter$_t$ e Peter$_{tg}$ são idênticos em todos os aspectos físicos e não relacionalmente descritos; e cada um acredita que a artrite é uma condição dolorosa que afecta as articulações *e os ossos*. A diferença entre eles é que Peter$_t$ vive numa comunidade onde as pessoas usam o termo «artrite» apenas para designar uma certa espécie de inflamação da articulação (a sua crença falsa é resultado de algum tipo de má informação ou confusão); enquanto Peter$_{tg}$ vive numa comunidade onde as pessoas usam o termo «artrite» de forma muito mais alargada, para se referirem a uma gama de condições dolorosas (por hipótese, Peter$_{tg}$ formou a sua crença através de um meio casual, reflectindo exactamente da mesma maneira que Peter$_t$ formou a sua). Mas agora, quando cada um deles afirma, «Tenho artrite na minha coxa», um deles (Peter$_t$) diz algo de *falso*, enquanto o outro (Peter$_{tg}$) exprime uma crença que é *verdadeira*. Então, pressupõe-se que esta situação nos conduz a pensar que Peter$_t$ e Peter$_{tg}$ têm crenças com conteúdos diferentes, simplesmente porque vivem em comunidades linguísticas diferentes. Argumenta-se, assim, que essas crenças têm de ser individuadas externamente.

Contudo, há outro conjunto de intuições externas invocado por Evans (1982) e McDowell (1984, 1986, 1994), que se concentra especialmente em pensamentos singulares. Estes autores defendem que os pensamentos tanto são *russellianos*, na medida em que envolvem, como constituintes, as coisas individuais reais pensadas, e *fregeanos*, na medida em que também envolvem um *modo de apresentação* dessas coisas. Bertrand Russell defendeu que os pensamentos são relações entre pessoas e proposições, onde uma proposição é um complexo composto pelos próprios objectos do pensamento (indivíduos e propriedades). De maneira que se tenho o pensamento «Pavarotti é obeso», isto consiste numa relação entre eu, o próprio cantor Pavarotti e a propriedade da obesidade. Esta perspectiva tem, pelo menos, a virtude da simplicidade.

O problema da explicação de Russell é ser demasiado austera para fazer todo o trabalho necessário próprio a uma noção do pensamento. Em particular, é evidente que pensamos que pode haver muitos pensamentos *diferentes* sobre o cantor Pavarotti e a propriedade da obesidade. Enquanto na explicação de Russell só há uma (que não envolve quaisquer outros elementos, como a negação — é claro que Russell admite que o pensamento «Pavarotti *não* é obeso» é diferente). Assim, é evidente que os pensamentos «Pavarotti é obeso» e «*Aquele* homem é obeso» — onde o *aquele* é um elemento demonstrativo, seleccionando uma pessoa em particular vista na TV ou no palco — são diferentes. Porque se eu não soubesse com quem se parece Pavarotti, eu podia acreditar que um é falso enquanto acreditava que o outro é verdadeiro. E assim esses pensamentos também orientariam o meu comportamento de forma diferente — eu diria «Não» em resposta a uma pergunta sobre o primeiro, mas diria «Sim» em resposta à mesma pergunta sobre o segundo. Todavia ambos envolvem exactamente a mesma proposição russelliana: ambos atribuem a propriedade de ser obeso ao mesmo homem.

Evans e McDowell acreditam que os pensamentos singulares são individuados, em parte, pelos objectos com que se relacionam. Mas admitem que os pensamentos também podem diferir pela forma diversa como um e mesmo objecto é apresentado. (Uma das consequências desta perspectiva é que na ausência de um indivíduo adequado, não há qualquer pensamento singular. De forma que se alguém tiver uma alucinação da presença de uma coisa singular é incapaz de ter qualquer pensamento singular sobre essa pretensa coisa. Voltaremos a tratar esta consequência mais abaixo.) Neste sentido, portanto, embora um pensamento singular contenha dois aspectos diferentes (o objecto no mundo e o seu modo de apresentação), pressupõe-se que estes não sejam completamente separáveis. Em particular, pressupõe-se que a existência ou a caracterização do modo singular de apresentação é impossível independentemente do objecto apresentado.

No que segue, vamo-nos concentrar no caso do pensamento singular em particular, por duas razões. A primeira é que todas as questões que nos interessam surgem aqui nos seus aspectos mais acentuados. As nossas principais conclusões deveriam generalizar-se a partir deste caso relativamente simples para o pensamento sobre as espécies naturais e não naturais. A segunda é que as intuições externas estimuladas pelas experiências pensadas da Terra Gémea são habitualmente sentidas com mais impacto no caso das espécies naturais como a água. A resistência contra estas intuições está sujeita a envolver argumentos que esboçam cenários muito elaborados — o transporte entre a Terra e a Terra Gémea, canalizadores migrantes interplanetários que podem ou não sofrer de amnésia, uma Terra Gémina[3] onde o líquido no Atlântico é XYZ enquanto no Pacífico é H_2O e coisas do género. Há diversas variações na experiência pensada original que podem diluir o vigor das intuições, mas que habitualmente permitem encontrar uma saída para o externalista que obstinadamente se agarra ao modelo de Putnam da introdução lexical dos conceitos das espécies naturais, de acordo com o qual uma pessoa exprime com *água* (digamos) algo assim: «Matéria que é o mesmo que *isto* na sua composição básica». De forma que a linha de ataque mais incisiva será dirigida contra os pensamentos singulares como os pensamentos sobre amostras apresentadas, dos quais devem depender em última ins-tância os conceitos de indexação.

2.2. ARGUMENTOS PARA A PSICOLOGIA POPULAR EXTERNA

Que razão há para acreditar que os pensamentos singulares são russellianos (envolvendo constitutivamente o objecto pensado) assim como fregeanos? Ou seja, porque deveria uma pessoa acreditar (grosseiramente) que o *mesmo conteúdo = = mesma referência + mesmo modo de apresentação*? Um mau argumento, que, não obstante, se pode encontrar com frequência na literatura, é que nós rotineiramente *descrevemos* esses pensamentos em termos dos objectos respectivos. Dizemos «John pensa que *esse* gato é perigoso», «Mary pensa que *John* é um cobarde» e assim por diante.

---

3 *Em inglês: Twix Earth (N. T.).*

Ora, é evidente que nada disto mostra grande coisa por si mesmo. Pelo facto de nós individuarmos, descrevermos ou escolhermos alguma coisa pela sua relação com outra não mostra que a última figure entre as *condições de identidade* da coisa em questão. Por conseguinte, posso apontar-lhe a torre do Big Ben em Londres, dizendo: «É a torre do relógio que está junto do Parlamento». Mas isto não faz com que o edifício do Parlamento seja constitutivo da identidade do Big Ben. Pelo contrário, nós pensamos que a torre poderia ser destruída, por exemplo, ao mesmo tempo que deixava o Parlamento tal como está. Por conseguinte, o facto de eu lhe individuar a si o pensamento de John, ao indicar o gato particular em que ele está a pensar, não mostra que o gato em questão é parte constitutiva ou essencial da existência e da identidade do seu pensamento.

. Todavia, há casos em que podemos insistir na existência de pensamentos diferentes em que a única característica distintiva disponível é a diferença dos seus objectos. Suponhamos por exemplo que Mary e Joan entram em casas de hambúrgueres diferentes mas *exactamente semelhantes* e se sentam em mesas idênticas no canto. Cada uma delas pensa então «Esta mesa está com gordura». Como um destes pensamentos é verdadeiro enquanto o outro é falso (no caso de Joan a mesa pode estar apenas húmida), parece que temos de insistir que os pensamentos pertencem a tipos diferentes. Mas não há nada nos módo(s) de apresentação das mesas que distinga esses pensamentos. A diferença tem, portanto, de residir nos seus objectos, ou seja, na diferença numérica entre as duas mesas. De modo que, em comparação com o exemplo do Big Ben dado acima, pode-se considerar que a descrição destes pensamentos com a indicação de qual das mesas está em causa não é um simples acidente, dizendo, por exemplo: «Mary pensa que *aquela* mesa (a que está à frente dela) está com gordura, enquanto Joan pensa que *aquela* mesa (a que está à frente *dela*) está com gordura».

Mas este argumento só pressupõe, sem justificação, que os detentores originais dos valores de verdade são *tipos* de pensamento em vez de *sinais* de pensamento. É bom lembrar que os teóricos do conteúdo limitado não negam que os pensamentos têm condições de verdade; limitam-se a negar que os pensamentos (enquanto tipos) devem ser individuados em termos das suas condições de verdade. Por conseguinte, se forem os pensamentos de sinais que são os detentores dos valores de verdade, então podemos dizer que tanto Mary como Joan estão a ter pensamentos do mesmo tipo, com o mesmo conteúdo (limitado); mas visto que elas têm em mente diferentes *sinais* desse tipo, um pode ser verdadeiro enquanto o outro pode ser falso.

Outro argumento — mais poderoso — escolhe e defende a consequência russelliana de que um pensamento singular é *incapaz de existir* na ausência de um objecto adequado. (Se os pensamentos singulares são individuados pela sua relação com o objecto a que se referem, de tal maneira que esse objecto seja parte da identidade do pensamento, então se não há objecto, também não há pensamento.)

Isso pressupõe que tenho uma alucinação da presença de um gato e penso para comigo: «*Aquele* gato está perdido.» Na perspectiva russelliana, tento, mas sou *incapaz*, de ter aqui um pensamento singular. Apenas *parece*-me que tive um pensamento demonstrativo, quando não o tive. Ora, se queremos rejeitar a perspectiva russelliana, precisaremos de evitar esta consequência. Ora isto significa descobrir uma forma de dizer *que* pensamento consigo ter no caso da alucinação do gato. Outro argumento do externalismo, por conseguinte, é que nenhuma das alternativas disponíveis parece ser bem sucedida.

Em particular o conteúdo do pensamento singular (suposto) «*Aquele* gato está perdido» não é o mesmo que o conteúdo de qualquer pensamento *descritivo*, que estaria à minha disposição (mas que então seria falso) no caso do gato não existente. (Para estes fins admitimos que a verdade da teoria das descrições definidas de Russell, de acordo com a qual uma frase declarativa da forma «O F é G» deve ser analisada como dizendo «Existe um e só um F [relevante] e é G».)

E. g. (1): o pensamento ≠ «O gato do meu escritório perdeu-se» (pressupondo que nessa altura me encontro no meu escritório). Porque posso duvidar disto, ao mesmo tempo que continuo a acreditar que *aquele* gato está perdido, se me esqueço de onde estou. De forma que os pensamentos são distintos pelo critério intuitivo da diferença fregeano. Em alternativa, posso acreditar que há *dois* gatos no meu escritório e assim negar que *o* gato no meu escritório está perdido, embora continue a acreditar que *aquele* gato está perdido.

E. g. (2): o pensamento ≠ «O gato que está *ali* perdeu-se». Mais uma vez, porque numa sala de espelhos posso imaginar «*Aquele* gato está *ali*?», posso duvidar que o gato que está ali se perdeu, embora continue a acreditar que *aquele* gato se perdeu.

E. g. (3): o pensamento ≠ «O gato que está a causar agora *estas* mesmas experiências perdeu-se» (*contra* Searle, 1983, cap. 8). Porque, embora pareça implausível que alguma vez pudesse duvidar que *aquele* gato está a causar *estas* experiências (ou seja, as experiências que agora estão na base da minha referência demonstrativa àquele gato), parece muito incorrecto fazer com que todos os pensamentos demonstrativos envolvam a referência às experiências actuais de uma pessoa. Porque as minhas experiências normalmente não são objecto de atenção nesses casos. E de facto, é evidente que parece ser possível que alguém (uma criança pequena ou um autista, digamos) tenha o pensamento «*Aquele* gato perdeu-se» e que ainda não *tenha o conceito de* experiência.

Estes pontos dão origem a um argumento contra a própria coerência do conteúdo limitado. Porque se pressupõe que os conteúdos limitados estão disponíveis ao pensamento, quer os seus supostos objectos mundanos existam ou estejam presentes ou não. Mas se acontecer que na ausência de um objecto não houver maneira de constatar o conteúdo do pensamento singular suposto, então parece que não pode haver esse conteúdo independente do mundo.

3. A COERÊNCIA DO CONTEÚDO LIMITADO

Nesta secção aceitamos o desafio apresentado pelo argumento delineado acima. Observe que é uma premissa suprimida do argumento, aquela que alega que se existe de facto um conteúdo do pensamento, então ele pode ser especificado por meio de uma cláusula que. Ou seja, pressupõe-se que, se houver realmente um pensamento singular no caso da alucinação, então temos de ser capazes de *dizer* que pensamento existe, por meio de uma expressão da forma «Ele está a pensar *que isto e aquilo.*» Esta pretensão é tacitamente rejeitada nas propostas alternativas para a especificação do conteúdo limitado analisado na secção 3.1 abaixo. Será então examinado e criticado explicitamente na secção 3.2.

3.1. A ESPECIFICAÇÃO DO CONTEÚDO LIMITADO

Fodor (1987, cap. 2) reconhece que não conseguimos *exprimir* directamente um conteúdo limitado, usando uma cláusula que; porque qualquer uma dessas cláusulas assumirá automaticamente um ou outro conteúdo *extenso* (ou seja, condição de verdade). Mas ele pensa que conseguimos (tal como põe a questão) *introduzir sub-repticiamente* conteúdos limitados, fornecendo esses conteúdos com uma caracterização indirecta. Fodor defende, efectivamente, que os *conteúdos limitados são funções a partir de contextos para condições de verdade.* É assim que o conteúdo limitado que eu e o meu gémeo partilhamos quando cada um de nós diz «A água é húmida», é esse conteúdo único que, quando «baseado» na Terra tem a condição de verdade, H_2O *é húmida,* e quando baseada na Terra Gémea tem a condição de verdade, *XYZ é húmida.* (A maior parte da análise de Fodor diz respeito a exemplos de espécie natural.) Da mesma forma, o conteúdo limitado que partilhamos quando cada um de nós diz «*Aquele* gato é perigoso» é o único conteúdo que, quando baseado no contexto de Tiddles tem a condição de verdade, *Tiddles é perigoso,* e quando baseado no contexto de Tgiddles[4] tem a condição de verdade, *Tgiddles é perigoso.*

---

4 *Tiddle é o nome do gato da Terra. Twiddles é o gato da terra gémea. Optámos por adaptar a designação portuguesa (N. T.).*

Repare que a abordagem de Fodor torna os conteúdos limitados parasitas completos do conteúdo extenso — de facto, do conteúdo extenso concebido puramente em ermos de condições de verdade ou de estados de coisas mundanos. Para Fodor não teremos nada a ver com os sentidos fregeanos ou com *modos de apresentação* das condições de verdade. De facto, não há *mais* nada, para um dado conteúdo limitado, do que o seu estado que, quando incorporado num contexto produz uma condição de verdade e quando incorporado noutro contexto produz outro. De facto, como veremos no capítulo seguinte, o projecto de Fodor é oferecer uma semântica naturalista de conteúdo extenso, caracterizando a significação e a referência em termos puramente causais e depois construindo uma noção de conteúdo limitado para poupar. Por que razão Fodor é tão minimalista acerca da natureza do conteúdo limitado? Em parte por causa de um medo obsessivo do *holismo*, como veremos em devido tempo. Se alguém dissesse mais alguma coisa, de um género intracraniano, sobre aquilo que torna qualquer conteúdo limitado o conteúdo que ele é, isto teria presumivelmente de funcionar relacionando esse conteúdo com outros (a que outras crenças pode, por inferência, esse conteúdo conduzir o pensador, por exemplo). Mas então não há maneira de evitar dizer que o conteúdo (limitado) de qualquer crença implicará *todas* as outras crenças do sujeito. Isto é uma consequência que Fodor está desejoso de evitar.

Todavia, o principal problema da abordagem minimalista de Fodor é que ela não consegue dar-nos uma noção de conteúdo que satisfaça o *critério intuitivo de diferença* fregeano. Então, regressemos a um exemplo anterior, comparando os dois pensamentos: «Pavarotti é obeso» e «*Aquele homem* é obeso.» Estes são completamente diferentes, pelo critério intuitivo, visto que posso duvidar de um enquanto acredito no outro ou vice-versa. Mas eles acabam por processar o mesmo conteúdo limitado, na perspectiva de Fodor (e assim é como se também tivessem o mesmo conteúdo extenso, naturalmente). Porque se pode dizer de *cada um* destes pensamentos que é o pensamento que, quando incorporado num contexto contendo o cantor Pavarotti, de tal maneira que o elemento referencial do pensamento esteja causalmente ligado a essa pessoa, ele tem a condição de verdade: *Pavarotti é obeso.* Ambos os pensamentos acabam com uma condição de verdade que atribui a obesidade a um e mesmo homem. Da mesma forma, vejamos os dois pensamentos que se podem exprimir dizendo «*Aquele* homem é bem pago» (ambos, mais uma vez, envolvendo a referência ao cantor Pavarotti), onde um se baseia em visão e o outro na audição. Pelo critério intuitivo estes poderiam ser distintos, porque é evidente que uma pessoa pode duvidar se *aquele* homem (visto) é *aquele* homem (ouvido). Mas na perspectiva de Fodor eles acabam por ser o mesmo, visto que é exemplificada a mesma função a partir de contextos para condições de verdade. Os dois pensamentos são tais que, sempre que os elementos demonstrativos são causados por uma e mesma pessoa, então têm a mesma condição de verdade. Más notícias para Fodor, dizemos nós.

A proposta de Carruthers (1987a) é de início algo de semelhante. Consiste ela em que nós conseguimos descrever o conteúdo limitado que temos em mente, no caso da alucinação (por exemplo, de um gato perigoso), ao explorar a alegada identidade do conteúdo limitado através dos contextos. Efectivamente, podemos dizer «Ele tem um pensamento exactamente com o mesmo conteúdo (limitado) como se *tivesse* tido no caso de ter havido ali um gato real causando as suas experiências e se tivesse tido um pensamento demonstrativo, respeitante ao gato, de que *ele* é perigoso». E podemos dizer o que é comum a Peter$_t$ e Peter$_{tg}$ quando cada um tem um pensamento que exprimiriam com a expressão «*Aquele* gato é perigoso», ao dizer: «Cada um tem o pensamento genuíno que teriam sempre que tiverem um gato em frente deles, causando as suas experiências de modo a fundamentar um pensamento demonstrativo, e eles pensam, do gato perceptiva-mente presente, que *ele* é perigoso.» Repare que estas explicações não são *redutoras* — não tentam reduzir os pensamentos demonstrativos a qualquer outra coisa. Em vez disso, limitam-se a descrever o conteúdo de um pensamento-sinal demonstrativo ao especificá-lo como sendo idêntico ao conteúdo (limitado) de outro.

Ora, é evidente que, de certa maneira, esta proposta parece ser enganadora. Limita-se a *usar* uma alegada identidade do conteúdo limitado a fim de descrever o conteúdo de um pensamento alvo, sem tentar dizer-nos o que *é* o conteúdo limitado ou quais são as condições da identidade do conteúdo limitado. No entanto, nós consideramos que a proposta é suficiente para refutar a acusação de incoerência dirigida contra o conteúdo limitado — a acusação de que, num caso de alucinação, não há maneira de descrever o conteúdo (suposto) do pensamento singular que se tem. Pelo contrário, esse caminho existe e acabámos de o apre-sentar. Além disso, a proposta deixa em aberto a possibilidade de uma explicação mais substantiva do conteúdo limitado (de uma forma que a proposta de Fodor não autoriza). Pode dizer-se, por exemplo, que o conteúdo limitado do elemento demonstrativo *aquele homem*, quando tem por base uma apresentação visual, é dado pela localização no espaço egocêntrico no qual o homem é representado. É assim que todos os sinais do pensamento «*Aquele homem* é obeso», desde que representem o homem em questão na mesma posição no espaço egocêntrico do pensador, serão considerados como tendo exactamente o mesmo conteúdo limi-tado, independentemente de quaisquer outras diferenças entre os homens e as suas circunstâncias. É evidente que se trata, aqui, de uma proposta muito polé-mica. Mas ela ilustra o modo como a abordagem proposta ao conteúdo limitado pode admitir mais aditamentos.

Repare também que nas duas formas, referidas acima, de caracterização do conteúdo limitado (a de Fodor e a de Carruthers), o conteúdo limitado não é realmente nenhuma espécie de *conteúdo*, se com isto se entende algo que tem de ter um único valor semântico (verdadeiro ou falso). Porque os conteúdos limitados não têm, em si mesmo, condições de verdade, e não são, em si mesmos, *sobre* qualquer coisa. E não faz sentido perguntar se um conteúdo limitado, como tal, é verdadeiro ou falso. Só quando incorporado num contexto particular é que os conteúdos limitados acabam por ter condições de verdade. No entanto, um sinal individual de um dado conteúdo limitado normalmente terá uma condição de verdade em particular. Exceptuando os casos de alucinação, sempre que alguém pensa «*Aquele* gato é perigoso», o seu pensamento (limitado) acaba por ter uma ou outra condição de verdade, através da sua incorporação num contexto particular. De forma que uma maneira de pôr a questão é considerar que efectivamente são os *sinais* do conteúdo limitado, em vez dos tipos de conteúdo limitado, que têm condições de verdade e que são os detentores dos valores de verdade.

3.2. CONTEÚDOS E CLÁUSULAS QUE: ENFRAQUECENDO UM PRESSUPOSTO

O pressuposto que estava implícito no argumento para o estatuto russelliano (envolvimento do objecto) do pensamento singular que analisámos na secção 2.2 é que qualquer conteúdo genuíno tem de ser determinável numa cláusula que. As respostas dadas por Fodor e Carruthers examinadas acima consideram como garantido que este pressuposto é falso. Aqui *argumentaremos* que de facto é. Mas repare-se, antes de mais, que o pressuposto está muito difundido na filosofia. É assim que o leitor poderá encontrar pessoas assegurando que os cães e os gatos não têm, realmente, crenças (Davidson, 1975), com base em que não conseguimos *descrever* as suas crenças usando os *nossos* conceitos — não podemos dizer, por exemplo, «O gato acredita que o pássaro é comestível», visto que o conceito *pássaro* tem muitas conexões conceptuais (por exemplo, com «coisa viva») que provavelmente temos relutância em atribuir a um animal. Contudo, o pressuposto em questão não parece ter qualquer motivação.

É óbvio que isto só é aceite se o leitor (como nós) for um *realista* quanto às atitudes proposicionais, que pensa nas crenças e desejos como sendo independentes das descrições que delas fazemos. Mas é claro que a mesma coisa é verdadeira se, como faz Davidson, o leitor for um interpretacionista quanto às atitudes, defendendo que nada *mais* há no facto de se ser uma pessoa que acredita ou deseja, do que ser uma criatura cujo comportamento pode ser previsto e explicado com sucesso por meio de atribuições adequadas de crenças e desejos. Por que razão teríamos de insistir em que as descrições usadas para gerar previsões e as explicações *têm* de se exprimir na forma de uma cláusula que? Concordamos que a capacidade de especificar os conteúdos dos estados intencionais dos outros desta forma aumenta em grande medida as nossas capacidades de previsão e de explicação. Porque, como observámos acima no capítulo 4 (secção 3), a atribuição de um conteúdo de crença permite-nos fazer uma simulação do conteúdo e assim, através do enriquecimento inferencial, atribuir muitas outras crenças — e só podemos fazer uma simulação quando temos um conteúdo completo para inserir nos nossos próprios sistemas inferenciais *(off-line)*. Pelo contrário, a nossa observação das crenças dos animais e das crianças muito pequenas é irregular e incompleta. Mas mesmo que não consigamos prever o que eles *inferirão*, ainda conseguimos prever e explicar algumas das suas *acções* com base nessa descrição das suas crenças e desejos.

Quando se afirma que qualquer pensamento genuíno tem de ter um conteúdo determin*ável* na forma de uma cláusula que, há três coisas que isto pode significar:

1) Pode significar determinável *por alguém, em algum momento*. Mas então seria um princípio sem autoridade, a menos que nos limitássemos a fugir ao assunto que se opõe ao conteúdo limitado. Porque é evidente que as pessoas na Terra Gémea podem exprimir o seu pensamento numa cláusula que, ao dizerem: «Pensamos que a água é húmida.» E a pessoa com a alucinação da presença de um gato também pode dizer de forma semelhante: «Penso que *aquele* gato é perigoso.» A menos que nos limitemos a *pressupor* que os conteúdos limitados não existem, é difícil ver por que motivo esta descrição não devia ser considerada uma descrição genuína do conteúdo do seu pensamento.

2) Pode significar determinável *por nós, agora*. Mas então isto entra em conflito com a verdade óbvia de que há pessoas que têm pensamentos cujos conteúdos não consigo partilhar agora (e também cujos conteúdos não consigo exprimir agora numa cláusula que), porque me faltam alguns dos conceitos necessários. É evidentemente óbvio que existirão agora muitos pensamentos perfeitamente genuínos cujos conteúdos não consigo exprimir agora, aqueles que são tidos, por exemplo, por cientistas em disciplinas que ignoro.

3) Pode significar determinável *por nós, em princípio*. Isto responde à questão dos cientistas em (2) acima, visto que provavelmente posso aprender as suas teorias e adquirir os seus conceitos, e *depois* poderia descrever os seus pensamentos usando uma cláusula que. Mas continua a haver problemas no que respeita aos pensamentos dos animais, visto que parece provável que não consigo, mesmo em princípio (embora retenha o meu estatuto de sofisticado imputador de pensamentos) adquirir os conceitos que um gato usa para categorizar o seu mundo. Já que o pressuposto do senso comum de que os gatos têm pensamentos funciona muito bem, tem de haver um argumento poderoso e independente se o quisermos dispensar. Mas de facto não há nenhum.

De forma que nenhuma das propostas disponíveis é atraente. De facto, como assinala Fodor (1987), a razão por que não conseguimos descrever o pensamento singular do nosso gato-alucinador usando uma cláusula que é simples e trivial. É que, visto que *nós* não acreditamos na existência do gato, *nós* não conseguimos descrever o pensamento do alucinador usando um demonstrativo no âmbito de uma cláusula que (nem, de facto, usando *qualquer* conceito singular). *Nós* não conseguimos dizer «Ele pensa que *aquele* gato é perigoso», visto que tal exigiria que nós próprios tivéssemos um pensamento demonstrativo sobre o — pretenso — gato particular. Da mesma forma, a razão por que *nós* não conseguimos usar o termo «água» no âmbito de uma cláusula que para descrever os pensamentos de Peter$_{tg}$ é que a referência a esse termo, nas nossas bocas, está naturalmente ligada à constituição da matéria na Terra. É evidente que não há nada de profundamente significativo quanto à natureza do conteúdo a ser obtido desses factos — e decerto que não há aí qualquer refutação da coerência do conteúdo limitado.

4. EXPLICAÇÃO E CAUSALIDADE

Nesta secção vamos examinar as respectivas funções dos conteúdos extenso e limitado na explicação psicológica, perguntando se um ou outro podem ser causalmente relevantes para o comportamento e concluindo que só o conteúdo limitado é genuína e causalmente explicativo. Mas começamos com um argumento contra o conteúdo extenso e, a partir do seu insucesso, explicamos adequadamente o comportamento de um alucinador.

4.1. PENSAMENTOS DEMONSTRATIVOS ILUSÓRIOS: A ACUSAÇÃO

Os pensamentos do nosso gato alucinador acabam por dar origem a um poderoso argumento contra a ubiquidade do conteúdo extenso. Recordemos que uma das consequências da teoria do conteúdo extenso, tal como foi aplicada ao caso do pensamento singular, é que, na circunstância de não existir nenhum objecto real de pensamento (por exemplo, através de alucinação ou de informação incorrecta), então também não existe nenhum pensamento singular. Porque se pressupõe que os pensamentos singulares são russellianos, sendo individuados em parte devido aos objectos pensados. Nesses casos diz-se que as pessoas *testam*, ou tentam manter, um pensamento singular de um certo tipo, mas não conseguem.

Assim, comparem-se dois exemplos: num caso sou realmente defrontado com um gato, que eu entendo e acredito ser violento; eu penso «*Aquele* gato é perigoso» e dou-lhe um pontapé. No outro caso tudo é, da minha perspectiva subjectiva, exactamente a mesma coisa e culmina num movimento físico exactamente semelhante, excepto que não existe realmente nenhum gato ali; estou, simplesmente, a ter alucinações. Os teóricos do conteúdo extenso dirão que no primeiro caso tenho e ajo de acordo com um pensamento singular, mas que no segundo caso, não; simplesmente, *parece*-me que fiz a mesma coisa. Os teóricos do conteúdo limitado dirão, em contrapartida, que em cada caso tenho exactamente o mesmo tipo de pensamento, o que explica a minha acção, em virtude de exemplificar a mesma lei psicológica (envolvimento do conteúdo), nomeadamente a lei de que sempre que as pessoas se confrontam com alguma coisa perigosa, então elas agirão, *ceteris paribus*, para desviar ou evitar essa ameaça. É evidente que tudo isto se ajusta muito bem à intuição de que os dois casos são, psicologicamente falando, semelhantes.

O problema imediato para o russelliano consiste em explicar como é que, no exemplo da alucinação, o meu movimento é um acto intencional genuíno, que admite uma explanação racionalista (ou seja, envolvimento do conteúdo). Como é que uma acção que não é feita por uma razão (não é causada por um pensamento) pode ser realmente intencional? Contudo, no caso em questão, certamente que é. O meu pontapé certamente que não foi um simples reflexo, como um reflexo patelar, mas uma *tentativa de realizar alguma coisa*. Ora, a resposta habitualmente dada pelos russellianos é que ainda há muitos *outros* pensamentos (não singulares) à minha disposição, baseados na minha alucinação, que ainda podem servir para racionalizar a minha acção. De modo que continuarei a ter muitas crenças gerais como «Estou defrontado com um gato perigoso», «Há um gato *ali*» e assim por diante. E pode-se, então, dizer que ajo por causa destas crenças, a fim de desviar uma ameaça credível.

Há dois problemas com esta resposta. Primeiro, ela é imposta à (pretensa) distinção entre crenças *reais* (ou *centrais*) e *meramente disposicionais*. Esta distinção pode ser necessária para explicar como é que podemos ter um número infinito de crenças, consistente com o nosso espaço cognitivo finito. (Digo algo de verdadeiro sobre si quando digo que o leitor acredita que 1 é menor do que 2, que 1 é menor do que 3, que 1 é menor do que 4 e assim por diante indefinidamente.) A verdadeira questão é que temos um número finito de crenças realmente existentes, representadas e armazenadas de alguma forma no cérebro; e a partir destas crenças, estamos imediatamente dispostos a deduzir qualquer número de outras crenças, como o exige a situação. Ora, num caso em que vejo um gato e penso «*Aquele* gato é perigoso», parece perfeitamente possível que crenças como «Estou defrontado com um gato perigoso» são meramente disposicionais. Ou seja, eu concordaria imediatamente com elas se me perguntassem, mas não as teria realmente avaliado nem armazenado. No entanto, o russelliano tem de negar isto. Porque uma crença que é meramente disposicional não pode ser uma causa. Se a crença geral (não singular) «Estou defrontado com um gato perigoso» deve explicar o meu comportamento, então tem, primeiro, de se tornar real. De forma que o russelliano tem de sustentar que nós rotineiramente actualizamos um número de crenças muito maior do que parece — as quais, embora possíveis, por outro lado não são motivadas.

A segunda — e mais sólida — das objecções à resposta russelliana é a seguinte: mesmo que a crença «Estou defrontado com um gato perigoso» fosse de algum modo activada, decerto que não se exprimiria como um juízo consciente. O único pensamento (suposto) que eu tive *conscientemente* foi o pensamento singular «*Aquele* gato é perigoso». De forma que se o russelliano tiver razão, o meu acto de pontapear foi causado apenas por pensamentos não conscientes. E então (muito longe da implausibilidade intuitiva desta sugestão) o russelliano tem um verdadeiro problema. Porque nessa altura também tem de dizer que no caso verídico, onde há realmente um gato presente, a minha acção é causada apenas por pensamentos não conscientes. (Ou isso ou é causalmente sobredeterminado.) E nesse caso é difícil ver em que medida conseguimos evitar a consequência de que as minhas acções *nunca* são causadas por juízos singulares conscientes, mas *sempre apenas* por juízos gerais não conscientes. E é evidente que isso seria absurdo.

A única opção alternativa, para o russelliano, é afirmar que não são realmente pensamentos, mas, em vez disso, *sinais de pensamento* (frases declarativas ou objectos semelhantes a frases declarativas) que causam acções. E então o padrão da causalidade nos dois casos pode ser o mesmo. Porque no caso da alucinação não pode haver dúvidas de que tenho um *sinal* do pensamento de algum género. Por exemplo, posso ter na imaginação auditiva as palavras portuguesas «*Aquele* gato é perigoso» (ver o capítulo 8). Ou, como afirmou Fodor noutro contexto (1994), pode acontecer que os únicos componentes intracranianos dos pensamentos (largamente individuais) sejam os sinais de mentalês[5]. O russelliano limita-se a afirmar que, no contexto, estes sinais não exprimem qualquer conteúdo completo. Mas a dificuldade desta asserção é que atira a explicação das minhas acções para o nível errado. Ainda que, a um qualquer nível da descrição, as nossas acções sejam causadas pelos processamentos de frases declarativas (como, de facto, é defendido pelo modelo computacional; ver Fodor, 1980), nós *também* pensamos que elas são causadas, a um nível de descrição mais elevado, por pensamentos — estados psicológicos com conteúdo intencional. E é isto que os russellianos não conseguem acomodar, se considerarem esta última opção.

(Embora Fodor tivesse sido outrora um grande defensor do conteúdo limitado, no seu artigo de 1994 propõe usar o conteúdo extenso em conjunto com «modos de apresentação» — na forma de frases declarativas do mentalês — para fazer a explanação que anteriormente atribuíra ao conteúdo limitado. Mas, apesar da causa favorável a uma linguagem do pensamento — ver o capítulo 8 abaixo — esta

---

5 Em inglês: *Mentalese. Termo que designa a linguagem da mente (N. T.)*.

manobra não consegue preservar o género correcto de explicação psicológica. Édipo não ficou horrorizado por ter feito amor com Jocasta, mas depois ficou horrorizado por ter feito amor com a mãe. O motivo que o levou a arrancar os próprios olhos deve, evidentemente, chamar a atenção para o facto de que *compreendeu que* Jocasta é a sua própria mãe e foi assim que também compreendeu que cometera incesto — e não apenas porque acabou por ter algumas novas frases declarativas de mentalês, que se referem à sua mãe, assinaladas no seu cérebro.)

Até agora, neste capítulo, temos vindo a defender a coerência da noção de conteúdo limitado e argumentámos que os exemplos do pensamento singular experimentados nos casos de alucinação apresentam um poderoso desafio ao teórico do conteúdo extenso. Vamos agora debruçar-nos explicitamente sobre questões respeitantes às respectivas funções do conteúdo extenso e limitado na explicação psicológica (tanto da psicologia científica como popular).

4.2. O MESMO COMPORTAMENTO, AS MESMAS CAUSAS?

Regressemos aos exemplos da Terra Gémea. Alguém pode argumentar do seguinte modo: visto que, por hipótese, os comportamentos de Peter$_t$ e de Peter$_{tg}$ são exactamente os mesmos, também devemos procurar as mesmas explicações para esses comportamentos, ou seja, devemos atribuir aos dois Peters exactamente os mesmos pensamentos determinadores do comportamento. Suponhamos, então, que cada um dos dois Peters se confronta com um copo contendo um líquido incolor e que cada um tem um pensamento que deve exprimir pelas palavras «Ainda deixaram alguma água neste copo» e, consequentemente, ergue o copo para beber. Visto que o comportamento é o mesmo em cada caso, podemos pensar que as explicações que avançamos para esse comportamento também devem ser a mesmas — o que significa *não* individuar os pensamentos em termos da estrutura interna das espécies naturais em questão, mas em vez disso em termos limitados e independentes do ambiente real.

É evidente que o princípio de fundo a que aqui se faz apelo não é rígido. Porque pode haver casos de causalidade convergente. Ou seja, pode haver casos em que exemplos dos mesmos tipos de acontecimentos são causados por percursos muito diferentes. Isto é especialmente familiar no caso da acção humana, visto que são frequentes os exemplos em que as pessoas se comportam de forma semelhante, mas por razões muito diferentes. Pense-se, portanto, na diversidade de razões que as pessoas podem ter para se candidatarem por escrito a um emprego em particular: uma porque precisa de um emprego e qualquer emprego serve; outra porque quer aquele emprego em particular; outra porque quer agradar à mãe; e assim por diante. Contudo o comportamento em cada um destes casos é de um tipo idêntico (em alguns aspectos).

Apesar de tudo, sempre que dois sistemas estão em mudança e evoluindo de tal maneira que seguem exactamente trajectórias semelhantes, temos razões muito fortes para acreditar que os processos causais subjacentes são os mesmos. Imagine então duas cordas a serem testadas num laboratório de uma companhia: cada uma delas começa a esfiapar-se no mesmo lugar exactamente ao mesmo tempo, e depois cada uma quebra-se no mesmo sítio e, mais uma vez, ao mesmo tempo. É evidente que estes factos nos dariam razões para acreditar que as propriedades intrínsecas das duas cordas eram as mesmas e que elas estavam a ser submetidas às mesmas forças. De outro modo teríamos de acreditar que os efeitos semelhantes eram mera coincidência. Além do mais, quanto mais complexos forem os efeitos num par de sequências paralelas, tanto mais improvável é a coincidência. E lembre-se que nos exemplos da Terra Gémea, *todos* os comportamentos dos dois Peters são os mesmos numa duração de tempo *indefinida*!

Há uma objecção óbvia que os defensores do conteúdo extenso podem fazer ao argumento referido acima. Podem negar que os *comportamentos* de $Peter_t$ e $Peter_{tg}$ sejam os mesmos (de acordo com uma descrição intencional). E se eles não se comportam realmente da mesma maneira, então não é preciso haver a pressuposição de que os seus comportamentos sejam causados por pensamentos de tipos idênticos. Nesse sentido, pense-se no que fazem eles quando erguem e bebem a água dos copos: enquanto $Peter_t$ bebe *água* (H_2O), $Peter_{tg}$ bebe *águag*[6] (XYZ). Estes comportamentos podem ser considerados como pertencendo a dois tipos de acção diferentes. De forma que, com efeito, se pode objectar que o argumento acima referido pressupõe descrições de comportamento de conteúdo neutral (descritos não intencionalmente) — movimentos de braços, levantamento de copos e assim por diante, mas não o beber água/águag. Neste caso o argumento parece apenas fugir ao assunto em questão. Porque se os pensamentos são extensamente individuados, então também o serão as intenções de uma pessoa; e então também será o seu comportamento intencional.

Um ponto semelhante está associado ao pensamento singular. Examine-se o caso em que Mary e Joan pensam «*Aquela* mesa está com gordura» e cada uma pega num pano para a limpar. Ou examine-se o caso em que eu e o meu gémeo vemos um gato, pensamos «*Aquele* gato é perigoso» e damos-lhe um pontapé. Embora possa parecer ao princípio que nos dois tipos de caso estamos a lidar com dois exemplos do mesmo comportamento (limpeza da mesa e pontapé no gato, respectivamente), que deviam portanto acolher as mesmas explanações (limitadas), de facto os comportamentos *podem* ser categorizados como sendo

---

6 Em inglês: *twater*, abreviatura de *twin water*, ou seja, *água gémea*. Decidimos abreviar para *águag* (N. T.).

diferentes. Porque Mary limpa *esta* mesa enquanto Joan limpa *aquela*. E Peter$_t$ pontapeia Tiddle enquanto Peter$_{tg}$ pontapeia Tgiddles. De forma que se o pensamento singular for individuado relacionalmente, de tal forma que abranja os objectos reais que são pensados, então as acções orientadas por esses pensamentos, sob uma descrição intencional, também surgirão como estando relacionalmente individuados. E então o argumento referido acima cai por terra.

No entanto, repare que esta resposta externalista põe questões de igualdade e diferença de comportamento e de igualdade e diferença da explicação psicológica, na perspectiva da descoberta científica, de tal modo que podem parecer desagradáveis. Porque suponhamos que acontece que a água (à semelhança do jade) é constituída de forma diferente em partes diferentes do globo. Nesse caso Mary, na Inglaterra, e Kylie, na Austrália, podem ter estado envolvidas em *comportamentos diferentes* quando pegam num copo de água, mesmo previamente à descoberta da diferença. (Nós presumimos que o externalista pode dizer que se a água na Inglaterra é H_2O, mas na Austrália é XYZ, então a palavra «água» refere-se a substâncias diferentes quando usada por Mary e Kylie respectivamente.) E quando explicamos estes comportamentos dizendo «Ela quis beber água», as explicações também teriam sido diferentes, atribuindo pensamentos de um tipo diferente. De forma que a questão sobre quantos tipos de explicação psicológica existem depende da questão de quantos tipos de água (e de outras espécies naturais) existem — o que é possível, talvez, mas um tanto ou quanto difícil de engolir!

As pessoas por vezes admitem que se o conteúdo é individuado de forma limitada, então teríamos de recorrer ao *comportamento* individualizador em termos dos movimentos corporais envolvidos. Mas a coisa não se passa assim. Há imensas formas de classificar o comportamento, dependendo da finalidade e do contexto. Por vezes precisamos de classificar o comportamento em termos das intenções dos agentes, *construídas de forma limitada* — como, por exemplo, distinguir as perseguições dos cavaleiros à procura do Graal, dos alquimistas à procura da pedra filosofal, e dos caçadores contemporâneos do monstro do Loch Ness, mesmo que estejam todos à caça do ganso selvagem. O nosso homem, alucinado pelo gato, e outra pessoa realmente confrontada com um felino assustador também podem fugir com medo de um gato perigoso, no entanto uma pessoa não se pode afastar de alguma coisa que não existe. Algumas partes do nosso vocabulário para descrever acções têm amplas implicações, outras partes não. De forma que não se pode *extrair* ouro até o ouro ser extraído; embora possa *tentar* extrair ouro num lugar onde não há nada além de pirite de ferro, e possa fazer *prospecção de* ouro num mundo em que não haja esse tipo de matéria. O vocabulário adequado à classificação do comportamento dependerá de se saber se o nosso interesse se concentra nos agentes ou no seu ambiente, na explicação e previsão psicológica ou na aquisição e comunicação de outros factos (ver secção 5 abaixo, para a distinção relacionada entre conteúdo *explicativo* e *semântico*).

173

4.3. SERÁ QUE OS ESTADOS MENTAIS SE SOBREPÕEM AOS FACTOS LOCAIS?

Façamos outra tentativa. Considere a forma como o fisicalismo mental se exprime muitas vezes: afirmando que os estados mentais se sobrepõem aos estados cerebrais. Muitas vezes se disse que não pode haver diferenças ao nível mental, sem que haja algumas diferenças correspondentes no cérebro. Se duas pessoas têm estados mentais diferentes, então deve haver — segundo se afirma — *outra* diferença (física) entre eles (presumivelmente nos respectivos cérebros) que explique a diferença. Em comparação com o dualismo mental/físico, nós já não aceitamos que os factos mentais podem «flutuar livres» dos factos físicos. Pelo contrário, quase toda a gente hoje em dia é um fisicalista.

Isto agora dá origem a um argumento do conteúdo limitado. Porque é evidente que os estados cerebrais *não* são relacionalmente individuados. Ninguém quereria sustentar que Peter$_t$ e Peter$_{tg}$ têm dois estados cerebrais diferentes apenas com o fundamento de que um tem água no seu ambiente enquanto o outro tem água g no seu. Da mesma forma, ninguém quereria dizer que Mary e Joan têm estados cerebrais diferentes, apenas com o fundamento de que as mesas com que se confrontam são numericamente diferentes. De modo que, se os estados cerebrais são individuados não relacionalmente (ou seja, de forma limitada) e os estados mentais se sobrepõem aos estados cerebrais, então os estados mentais também têm de ser individuados de forma limitada. Porque de outra forma haveria diferenças mentais (relacionais) sem qualquer diferença cerebral correspondente.

No entanto, quando reflectimos, também este argumento foge à questão, favorecendo o conteúdo limitado. Porque se os estados mentais «não estão (inteiramente) na cabeça», como defendem os teóricos do conteúdo extenso, então, é certo que os estados mentais não se sobreporão apenas aos estados cerebrais. Em vez disso, vão sobrepor-se aos estados cerebrais *juntamente com os factos relacionais*. Isto pode ainda ser totalmente consistente com o fisicalismo, desde que aqueles factos relacionais sejam eles mesmos factos físicos (como, de facto, são).

Uma estratégia mais prometedora para um teórico do conteúdo limitado consiste em fazer apelo ao pensamento de que *os estados mentais devem sobrepor-se às capacidades causais*. Porque do ponto de vista da psicologia explicativa, só nos interessam as diferenças entre os estados mentais que reflectem as diferenças nas suas capacidades causais. E ali onde as capacidades causais dos sinais de dois estados mentais são idênticas, vamos querer, por conseguinte, considerá-los como sendo exactamente do mesmo tipo. (Nós compreendemos que «capacidades causais» neste caso incluem as *causas* potenciais assim como os *efeitos* potenciais do estado em questão. Também assumimos que a psicologia não é — ao contrário da geologia, por exemplo — uma ciência histórica; ou seja, não individua as espécies com que lida em termos da sua história causal real. Ver capítulo 7 para a discussão complementar.)

174

Ora, a noção de uma capacidade causal implica o envolvimento contrafactual. Falar das capacidades causais do estado S é falar, não apenas do que S realmente causa, mas também do que S *causaria* (ou seria causado por) em várias circunstâncias hipotéticas e contrafactuais. Visto a esta luz, é óbvio que as capacidades causais dos estados dos dois gémeos são as mesmas. Porque se Peter$_t$ estivesse na Terra Gémea, então ele comportar-se-ia exactamente da mesma maneira que Peter$_{tg}$ (mesmo sob uma descrição intencional); e se Peter$_{tg}$ estivesse na Terra, comportar-se-ia exactamente da mesma maneira que Peter$_t$. Da mesma forma, se Mary estivesse sentada onde está Joan, então comporta-se-ia como Joan e vice-versa. De facto, são as capacidades causais dos estados mentais que se sobrepõem aos estados cerebrais (descritos não relacionalmente). Então se insistirmos que os tipos de estados mentais se devem sobrepor às capacidades causais, seguir-se-á que o conteúdo é limitado. Porque, caso contrário, haveria diferenças (relacionais) entre os estados mentais (extensamente individuados) que não reflectiriam as diferenças das suas capacidades causais.

Parece que esta questão se pode tornar um poderoso argumento a favor do conteúdo limitado. Mas porque se deveria aceitar que os estados mentais só são distintos ali onde as suas capacidades causais também o são? Esta sequência dar-se-á se pensarmos que os estados mentais são, essencialmente, os postulados teóricos de uma protociência explicativa (ou seja, se aceitarmos uma ou outra das versões da «teoria da teoria» dos estados mentais, como defendemos no capítulo 4). Porque a ciência, em geral, classifica as entidades e os estados pelas suas capacidades causais, não se interessando pelas diferenças entre os estados que não se reflectem nas diferenças das suas capacidades causais. (Pelo menos isto é verdadeiro para as ciências que são a-históricas.)

Não há dúvida de que a psicologia popular pode ser *mais do que* uma protociência e também pode interessar-se pelas diferenças (meramente relacionais) entre os estados mentais que não se reflectem na sua capacidade causal. (De facto, argumentaremos neste sentido na secção 5 abaixo.) Mas na medida em que a psicologia popular tenta *pelo menos* fazer o trabalho de uma teoria científica — tipificando os estados pelas suas capacidades causais e explicando eventos como sendo causados pelos estados assim diferenciados — nessa medida, temos razão em categorizar os pensamentos de forma limitada, em termos de uma noção de conteúdo individuada não relacionalmente. Além do mais, se temos de extrair da psicologia popular uma noção de conteúdo apta a auxiliar uma psi-cologia científica baseada no conteúdo, então parece que, partindo dos argumentos referidos acima, seria melhor que a noção extraída fosse limitada.

Supondo que há certas *leis* (ou pelo menos *tendências nómicas*) psicológicas (envolvendo conteúdo), o que podemos concluir quanto à noção de conteúdo que provavelmente figura nessas leis (ou tendências)? É evidente que muita coisa depende da espécie de leis que está em questão. Algumas supostas leis psicológicas funcionam pela *quantificação sobre* o conteúdo, por exemplo; nesse caso nada mais se pode concluir sobre a natureza desse conteúdo. Por conseguinte, examinemos o seguinte raciocínio silogístico prático:

("x)("P)("Q)(se x quer que P e x acredita que, ao causar que Q, consegue causar que P e acredita que agora está dentro da capacidade de x causar que Q, então — *ceteris paribus* — x agirá de modo a tentar causar que Q).

Não parece que o silogismo consiga esclarecer a natureza dos conteúdos de *P* e *Q*. Mas algumas supostas leis psicológicas envolvem conteúdos ou tipos de conteúdos particulares — como a lei de que a Lua parece maior quando está perto da linha do horizonte; ou que as pessoas têm uma aversão ao incesto mãe-filho; ou que as pessoas agirão (*ceteris paribus*) de maneira a evitar ou desviar uma ameaça percepcionada. É evidente que seria melhor ter tipificado de forma limitada os conteúdos aqui envolvidos se queremos que as leis alcancem a generalidade requerida. Por exemplo, se a lei das ameaças envolve um conteúdo como «*Aquilo* é uma ameaça para mim», então este conteúdo precisará de ser individuado não relacionalmente, de modo a que muitos pensadores diferentes, tendo pensamentos demonstrativos sobre muitas coisas diferentes, possam não obstante ser abrangidos pela lei. Repetindo: se houver uma noção de conteúdo que adquire a sua vida e significado do modo como figura em (pretensas) leis psicológicas, então há uma boa razão para esperar que essa noção envolva princípios de individuação limitados (não relacionais).

Pode objectar-se que pelo menos algumas leis científicas fazem apelo a propriedades que são relacionalmente individuadas. Considere-se a descoberta científica de que a malária é causada por picadas de mosquito, por exemplo. Temos aqui uma lei (ou tendência nómica) relacionando a propriedade do padecimento da malária, por um lado, com a propriedade de *ter uma picada que foi causada por um mosquito*, por outro, ou seja, uma propriedade que é individuada pela sua relação com outra coisa (o mosquito). Então, porque é que a psicologia não poderia, da mesma forma, formular as suas leis em termos de propriedades do agente individuado pela relação com coisas externas ao agente? Mas, de facto, não há qualquer conexão nómica entre as picadas de mosquito e a malária. A lei relevante relacionará a malária com a presença de um certo género de parasita na corrente sanguínea. Acontece apenas que a via causal normal pela qual estes parasitas entram na corrente sanguínea é uma picada de mosquito. Mas é uma possibilidade real que no decurso da evolução esses parasitas possam vir a ser transmitidos por outros hospedeiros secundários, além dos mosquitos. A «lei» formulada relacionalmente não é realmente uma lei, mas sim uma generalização alinhavada de maneira mais ou menos útil com as propriedades associadas nomicamente genuínas (e individuadas não relacionalmente).

4.4. CONTEÚDO NA EXPLICAÇÃO: COMO É QUE AS RAZÕES PODEM SER CAUSAS?

Está profundamente integrado na nossa psicologia do senso comum ou popular que as nossas razões são causas das nossas acções. Pensamos que agimos normalmente como o fazemos *porque* acreditamos nisto e desejamos aquilo, ou *porque* pretendemos alcançar o outro. Mas é evidente que as razões são atitudes proposicionais com conteúdo, em parte individuadas em termos do seu conteúdo. Uma crença é sempre uma crença de *que P* e um desejo é (plausivelmente — há a questão de saber se os desejos por *objectos* particulares podem ser analisados sempre como desejos para a verdade de alguma proposição correspondente) um desejo de *que Q*. De modo que, quando acreditamos que as razões são causas, também acreditamos que *os estados individuados em termos dos seus conteúdos* são causas.

Mas agora põe-se o seguinte problema ao teórico do conteúdo extenso: se os conteúdos, por seu lado, são relacionalmente individuados, em termos dos objectos e propriedades externas ao sujeito, então como é que o conteúdo de um estado mental pode ser uma sua característica causalmente relevante? Porque é evidente que a causalidade é, em geral, *local*, mediada por propriedades intrínsecas (não relacionais) dos acontecimentos e estados em questão. Como pode acontecer que o facto de um estado permanecer numa certa relação com alguma coisa, que pode estar distante desse estado no espaço e no tempo, seja uma sua característica causalmente relevante, determinando em parte as suas capacidades causais? É evidente que existem exemplos de propriedades relacionalmente individuadas que são causalmente relevantes. Acabámos de analisar a relevância causal da propriedade relacionalmente individuada *ser uma picada de mosquito*. Agora consideremos a propriedade *ser um planeta*. Obviamente que esta propriedade é relacional: ser um planeta consiste em estar numa certa relação com o Sol. Contudo, estar nessa relação é um dos determinantes das capacidades causais dos planetas. Este caso é fácil de compreender, visto que a relação em questão está correlacionada com a existência de uma *força* causal (nomeadamente a gravidade) que actua sobre qualquer planeta *qua* objecto maciço. Não há nada de semelhante para nos ajudar quanto aos estados mentais extensamente individuados. Como é que o simples facto de que a matéria dos lagos e rios do meu ambiente seja composta de H_2O em vez de XYZ, por exemplo, interessa às capacidades causais da minha crença de que a água é húmida?

Algumas explicações naturalistas de conteúdo extenso (particularmente as versões da semântica informativa devidas a Dretske, 1988) são projectadas, em parte, para ultrapassar este problema. Segundo a explicação de Dretske, os estados mentais têm os conteúdos que têm em virtude da informação que contêm sobre o ambiente (onde a *informação* é uma noção causal). Então, o conteúdo pode acabar por ter relevância causal, desde que o estado mental em questão seja aparelhado para controlar um tipo particular de comportamento (quer através da evolução ou através da aprendizagem) *por causa da* informação que transporta. Mas é óbvio que esta solução para este problema tem de falhar. Uma razão é que o sucesso comportamental dos meus pensamentos aquáticos, por exemplo, não tem nada a ver com o facto de que eles transportam informação sobre H_2O (por oposição a XYZ), mas em vez disso com o facto de transportarem informação sobre as propriedades da água como a potabilidade, solvabilidade, e assim por diante — propriedades, note-se, que também são partilhadas com XYZ. Outra razão é que muitos pensamentos singulares (extensamente individuados) são únicos. Se eu pensar «*Aquele* gato é perigoso» e agir de acordo com isso, então não pode haver uma explicação histórica das capacidades causais do pensamento em termos da informação que transporta sobre aquele gato em particular, visto que é possível que nunca tenha encontrado aquele gato antes, não tendo, portanto, tal pensamento.

Alguns teóricos do conteúdo extenso responderam que realmente não há aqui qualquer problema a que tenham de responder (Klein, 1996). Porque na maior parte das explicações do conteúdo extenso, a relação em questão, em termos da qual o conteúdo de um estado é em parte individuado, é ela mesma *causal*. (Isto é verdadeiro para todas as variedades daquilo que McGinn chama «externalismo forte». Ver o seu artigo de 1989.) De modo que, quando penso «*Aquele* gato é perigoso», por exemplo, o meu pensamento acaba por ter o conteúdo extenso que tem em virtude da relação *causal* que se verifica entre a minha sinalização do pensamento e aquele gato em particular. De facto, individuar pensamentos extensamente é individuá-los em termos das suas causas, na maior parte das explicações. E então, é preciso dizê-lo, o conteúdo (extenso) de um pensamento tem, no fim de contas, de ser causalmente relevante. Porque a causa de uma causa tem de ser causalmente relevante para os efeitos da última. Se o meu pensamento sobre o gato explica a minha tentativa de o pontapear e o meu pensamento é causado pela presença de um gato em particular, então esse gato em particular é causalmente relevante para o meu pontapé. E então individuar o meu pensamento em termos da sua causalidade por aquele gato em particular é individuá-lo de uma forma que tem de ser causalmente relevante para o acto de pontapear.

No entanto, esta réplica não funciona. Porque não mostra que o conteúdo extenso é relevante para as capacidades causais distintivas de (enquanto oposto à mera existência de) um pensamento. A individuação dos estados em termos das suas causas não significa automaticamente (de facto, normalmente *não* significará) individualizá-los de forma relevante para as suas capacidades causais. (Note-se que por capacidade causal significamos, aqui, a capacidade de provocar certos *efeitos*. O nosso tópico agora é se as razões, enquanto tais, são causas; e não se as razões *têm* causas.) Vejamos, por comparação, o conceito *cadeira*. Para simplificar, também este individua termos da sua história causal: ser uma cadeira é ser um objecto cuja existência foi causada pela intenção de alguém em produzir alguma coisa para se sentar. Significa isto que a *cadeiridade*[7] é causalmente relevante para os efeitos que qualquer cadeira tem? Claro que não. Se eu tropeço numa cadeira no escuro e parto a minha perna, então não é *porque é uma cadeira* que eu parto a minha perna — não é porque o objecto em que tropeço tivesse sido criado com uma certa intenção na mente. Em vez disso, a causa da perna partida é eu ter prendido o meu pé num objecto com uma certa massa, rigidez e forma. O facto de que era uma *cadeira* que tinha essas propriedades é causalmente irrelevante. (A questão aqui é essencialmente a mesma que foi apresentada anteriormente respeitante à relevância causal do mosquito em relação à malária — as capacidades causais da picada dependem das suas propriedades intrínsecas, a sua causalidade não depende do mosquito.) Segundo nos parece, acontece a mesma coisa em relação ao conteúdo extenso. O facto de que o meu pensamento foi causado por um gato em particular em vez de outro ou por uma amostra de H_2O em vez de XYZ, é irrelevante para as suas capacidades causais. E então individuar estados mentais de forma extensa, em termos das suas causas extra-cranianas, é individuá-los de forma irrelevante para o estatuto causal do mental.

Peacocke (1993) argumentou que os conteúdos extensos (conteúdos descritos relacionalmente) ilustram *propriedades relacionais de movimentos*. De forma que, um e mesmo movimento da minha mão tanto pode ser um movimento *em direcção a alguém no jardim*, como um movimento *em direcção ao norte*. Mas só o primeiro é explicado dizendo que quero chamar a atenção para a presença daquela pessoa. Porque são sustentados vários elementos contrafactuais. Se aquela pessoa estivesse numa posição diferente no jardim, então eu continuaria ainda a apontar para ela (desde que a percepcionasse), mas já não estaria a apontar em direcção ao norte. Peacocke afirma que só os conteúdos extensos podem dar-nos este padrão de explicação de movimentos descritos relacionalmente por estados mentais descritos relacionalmente; só os conteúdos extensos nos dão o conjunto correcto de elementos contrafactuais.

Temos dois pontos a assinalar. O primeiro é que manter elementos contrafactuais não é a mesma coisa que ser uma causa. Por exemplo, imagine uma onda a quebrar-se na praia, destruindo assim um castelo de areia em particular. E suponha que as ondas ao quebrar-se produzem sempre uma *espuma de rebentação* (uma membrana de bolhas a rebentar). Então os seguintes elementos contrafactuais são verdadeiros: *a)* se a espuma de rebentação não estivesse presente, então o castelo de areia não teria sido destruído; *b)* se o castelo de areia não tivesse sido destruído, então a espuma de rebentação não teria estado presente. Mas a espuma de rebentação não é a causa da destruição. Em vez disso, o castelo

---

7 *No original inglês: chairhood (N. T.).*

de areia é destruído pela onda, que também causa a espuma de rebentação. De modo que o facto de que os conteúdos extensos sustentem elementos contrafactuais não revela que esses conteúdos sejam causas. Em vez disso, o conteúdo extenso pode sobrepor-se exactamente, de forma semelhante a uma lei, àquilo que realmente produz a causa (ou seja, um conteúdo limitado que acontece ter uma causa mundana particular).

O nosso segundo ponto (ver também Segal, 1989a) é que uma explicação de conteúdo limitado, proporcionada por factos relacionais, pode sustentar o *mesmo conjunto* de elementos contrafactuais. Exposto com mais pormenor, o exemplo de Peacocke é o seguinte:

1) Vejo uma pessoa no jardim;
2) Quero chamar a atenção para ela;
3) Então movo a minha mão na direcção dela.

O ponto é que esta explicação funciona, quer se conheça ou não mais alguma coisa da relação espacial entre eu mesmo e a pessoa em questão (por exemplo, se o leitor sabe ou não em que zona do quarto me encontrava nessa altura). E é verdadeiro que se ela estivesse numa posição diferente no jardim então, desde que 1) e 2) continuem a ser verdadeiras, eu teria movido a minha mão nessa direcção em alternativa.

No entanto é evidente que estas características da explicação podem ser reproduzidas numa explicação de conteúdo limitado. Uma explicação de conteúdo limitado do caso seria assim:

i) Experimento uma pessoa como sendo representada numa direcção em particular no espaço egocêntrico (um conteúdo que consigo ter quer seja ou não aquela pessoa em particular ou de facto alguém, que está ali);
ii) Quero chamar a atenção para a presença da pessoa que eu represento;
iii) Uma pessoa em particular é, efectivamente, a causa verídica da experiência em i);
iv) Então movo a minha mão na sua direcção.

Também aqui a explicação funciona quer se saiba ou não mais alguma coisa sobre onde eu e a pessoa estamos. E, também aqui, os elementos contrafactuais correctos são sustentados: se essa pessoa estivesse numa posição diferente então, desde que i), ii) e iii) continuem a ser verdadeiras, eu teria movido a minha mão nessa direcção.

A vantagem, neste caso, encontra-se efectivamente do lado da explicação do conteúdo limitado. Porque Peacocke será forçado a postular três explicações psicológicas diferentes para os casos onde *a)* eu percepciono a pessoa no jardim, *b)* não a percepciono a ela mas o seu irmão gémeo idêntico e *c)* onde estou com alucinações; porque se diz que tenho pensamentos diferentes em cada caso. Mas o teórico do conteúdo limitado pode propor exactamente a mesma forma de explicação para *a)* e *b)* — sendo a única diferença que uma pessoa diferente será escolhida na cláusula(iii). Além do mais, a explicação *c)* só diferirá na medida em que a cláusula iii) é completamente omitida — o que nos dá justamente os elementos contrafactuais correctos, já que tudo o que nessa altura é relevante é onde a minha experiência *representa* uma pessoa como existindo. De forma que numa explicação de conteúdo limitado, o aspecto *psicológico* da explicação será o mesmo para os três casos.

A teoria do conteúdo extenso pode responder às dificuldades que temos apresentado dizendo que não há qualquer problema em *especial* com a explicação do modo como os conteúdos extensos, *qua* conteúdos, podem ser causas, visto que essencialmente o mesmo problema surgirá em ligação com todas as concepções de conteúdo. Porque, apesar de tudo, como fisicalistas, temos de acreditar que todos os movimentos corporais terão causas suficientes a um nível neurológico — eventos cerebrais causando eventos cerebrais, causando a contracção dos músculos, causando a movimentação dos braços em certas direcções e assim por diante. Então, como é possível haver espaço também para que as razões sejam causas, a menos que as descrições da razão sejam apenas *modos alternativos de descrever* os eventos cerebrais? Nesse caso não será *qua* razão que um dado evento cerebral é uma causa.

Há um grande número de possibilidades diferentes para responder à alegação de que todo o conteúdo precisa de ser epifenomenal. A mais directa (e, para as nossas mentes, a mais convincente) é realçar (1) que as razões serão causas em virtude do seu conteúdo se figurarem num conjunto diferente de *leis* causais envolvendo conteúdo; e (2) afirmar que há, de facto, essas leis. A primeira parte desta resposta não é excessivamente controversa. Porque há poucos autores que estejam prontos a afirmar que as únicas causas reais só existem ao nível da física subatómica. Todavia, há exactamente o mesmo género de razão para afirmar que todos os processos — de qualquer nível, e qualquer que seja o seu grau de complexidade — têm de ser realizados a níveis físicos subatómicos. De qualquer forma, se a segunda parte da resposta citada acima fosse verdadeira, mostraria que as razões têm o mesmo género de estatuto causal que os genes ou as moléculas de H_2O ou de qualquer outra espécie natural acima do nível da física elementar. Logo: a afirmação (2) *é* verdadeira? É claro que se tornaria evidente que há muitas leis envolvendo conteúdo, variando desde as altamente particulares («A Lua parece maior perto da linha do horizonte», «As pessoas têm uma aversão ao incesto mãe-filho») às mais gerais («As pessoas tentam, *ceteris paribus*, conseguir o que querem» — e verifique que *todas* as leis acima do nível da física elementar são *ceteris paribus*). E se os argumentos referidos acima são sólidos, essas leis só empregarão e sustentarão conteúdos que são individuados de forma limitada.

5. CONTEÚDO DA PSICOLOGIA POPULAR

Admitamos que se tenha verificado que o conteúdo da psicologia popular é extenso, enquanto o conteúdo da psicologia científica seria limitado; admitamos também que se tenha verificado que o conteúdo limitado é realmente incoerente; então isto significaria que as perspectivas de uma psicologia científica intencional seriam desanimadoras. Significaria que a psicologia popular seria a única espécie de psicologia intencional que poderíamos ter. Embora tenhamos argumentado, efectivamente, que o conteúdo da psicologia científica devia ser limitado, negámos que a noção de conteúdo limitado fosse incoerente. De forma que deste lado não há qualquer ameaça à psicologia científica. Mas será que há, agora, uma ameaça eliminativista contra a psicologia popular? Se a psicologia popular está empenhada no conteúdo extenso, mas a ciência nos diz que esse conteúdo é limitado, significa isso que a psicologia popular está errada e deve ser substituída? Obviamente que tudo isso depende daquilo que a psicologia popular está a tentar *fazer*.

Qual é, portanto, a nossa noção de senso comum de conteúdo? Muitos autores que defendem o conteúdo limitado *não* pensam que este seja uma concepção ou um componente do nosso senso comum. É assim que Fodor (1987) pensa que a noção psicológica popular é *extensa* — de facto é puramente referencial, tratando apenas de propriedades e indivíduos mundanos. (Trata-se aqui, por conseguinte, de uma noção de conteúdo com que o próprio Russell estaria inteiramente familiarizado.) Mas ele também pensou (agora já não está tão certo disso; ver o seu artigo de 1994) que é imperativo que sejamos capazes de *construir* uma noção de conteúdo limitado para servir como base da psicologia científica. Outros (Burge, 1991) pensam que uma noção de conteúdo limitado é, efectivamente, *legítima*, mas não faz parte da nossa psicologia do senso comum efectiva — defendendo que a nossa noção de conteúdo efectiva é um híbrido russelliano de referência associado ao modo de apresentação fregeano. *Nós* pensamos, pelo contrário, que o conteúdo limitado forma (ou devia formar) uma faixa na nossa noção de senso comum (uma faixa que Carruthers rotulou algures de «conteúdo cognitivo» — ver o seu artigo de 1989; aqui adoptamos a terminologia de «conteúdo explicativo»), sendo a outra puramente referencial (rotulada de «conteúdo semântico»).

5.1. DUAS ESPÉCIES DE CONTEÚDO

Afirmamos que há duas perspectivas diferentes que podemos, e regularmente assumimos, adoptar em relação aos conteúdos dos pensamentos das pessoas — que há duas espécies diferentes de *interesse* que podemos e aceitamos nas descrições dos conteúdos do pensamento, cada uma das quais motiva um conjunto diferente de limitações de identidade. Por vezes o nosso interesse nos pensamentos e atribuições do pensamento tanto é *explicativo* como *previdente*. Muitas vezes o nosso principal interesse nos pensamentos das outras pessoas é usá-los de maneira a que consigamos explicar o que é que essas pessoas fizeram ou prever o que farão. E muitas vezes, nesta perspectiva, será crucial saber o itinerário preciso em que o pensador conceptualiza o assunto — pode ser muito diferente explicar o remorso de Édipo no caso de o conteúdo do seu pensamento ser descrito como «Estou casado com a minha Mãe» ou como «Estou casado com Jocasta». De forma que os nossos princípios de individuação precisarão pelo menos de ser fregeanos, exigindo a identidade do modo de apresentação para a identidade do conteúdo do pensamento. Mas da mesma forma, nesta perspectiva explicativa e previdente em geral, *não* nos interessa a verdade ou a falsidade dos pensamentos atribuídos. De modo que os princípios de individuação podem ser abstraídos dos referentes mundanos efectivos dos conceitos que compõem o pensamento — esse conteúdo pode ser *limitado*.

Por vezes, por outro lado, o nosso interesse nos pensamentos dos outros é *comunicativo* ou de *aquisição de crenças*. Muitas vezes a nossa perspectiva dos pensamentos dos outros é que os seus pensamentos podem dar-nos alguma coisa em que queremos desejar acreditar ou negar. Consideramos que neste caso os modos de apresentação fregeanos não têm relevância. O que importa é que devemos obter *quais* os objectos e propriedades mundanos por que se interessam os pensamentos das pessoas. De forma que esses conteúdos são puramente russellianos. Parece-nos que a perspectiva popular de que a nossa concepção de senso comum do conteúdo é um híbrido russelliano/fregeano provém da *combinação* destas duas perspectivas e ou vive de uma dieta de exemplos que vacila de forma ambígua entre elas.

Devemos então sustentar que a nossa noção de senso comum do conteúdo é em si mesma ambígua? Serão as condições de identidade dos conteúdos atribuídos em frases declarativas da forma «A acredita que P», algumas vezes puramente referenciais e outras vezes limitadas, dependendo do contexto? Não necessariamente. Pode acontecer que tenhamos uma noção de conteúdo directa e inequívoca, mas de tal forma que a relatividade do propósito do conteúdo esteja inscrita na própria noção. Assim, «A acredita que P» pode significar algo como «O conteúdo da crença de A é bastante semelhante ao conteúdo que *Eu* exprimiria pela asserção P para as finalidades em vista». Onde as finalidades em vista são psicológicas (explicativas ou previdentes), as limitações impostas dão-nos um conteúdo limitado. Mas onde as finalidades são comunicativas, então as limitações dão-nos uma noção que é a pura condição da verdade. Mas a própria expressão de conteúdo teria o mesmo significado em ambas as vezes.

Parece-nos muito provável que *nós* empreguemos uma noção de conteúdo limitado quando o nosso principal interesse é psicológico; e que onde se apresentem exemplos claros a esta luz, eles evocarão intuições que suportam o conteúdo limitado. Imagine um caso onde dois detentores de bilhetes de uma lotaria local — Peter e Paul — estão num alarido junto da loja dos bilhetes, gritando e batendo na porta. Perguntamos: «Porquê? Por que razão estão os dois a comportar-se assim?» Resposta: «Cada um acredita na mesma coisa: que ganhou a lotaria.» Aqui não sentimos qualquer remorso em atribuir o *mesmo* pensamento aos dois, apesar do facto de que cada um dos seus pensamentos (naturalmente) dizer respeito a um assunto diferente — nomeadamente, ele mesmo. Por conseguinte, estamos aparentemente muito felizes por individuar os pensamentos de forma limitada, abstraindo as diferenças do assunto para fins de explicação psicológica. Agora alarguemos o exemplo de tal maneira que a verdade se torne relevante. Perguntamos: «Quem ganhou? Ganharam ambos ou só um deles?» Resposta: «Só ganhou o Peter; o Paul leu mal o número do seu bilhete.» Agora, acho que as nossas intuições sofrem uma mudança. Somos levados a insistir que eles pensam em coisas diferentes, porque um estava certo enquanto o outro estava errado. É exactamente isto que a posição esboçada acima teria previsto.

Parece provável, portanto, que uma faixa da nossa noção de conteúdo da psicologia popular é *explicativa*, conformando-se com princípios limitados de individuação. É assim que devia ser se, como sugerimos no capítulo 2, a nossa psicologia popular incorpora um conjunto de *leis* psicológicas mais ou menos explícitas ou *tendências nómicas*, que exigiriam então uma noção de conteúdo limitado para a sua formulação adequada, se os argumentos dados acima estão correctos. Se tudo isto estiver certo, então não temos de rever ou reconstruir a psicologia popular a fim de conseguir algo que possa servir como base adequada para a psicologia científica. Pelo contrário, *já* está na forma correcta e podemos esperar que as psicologias popular e científica se misturem sem discrepâncias uma com a outra.

No entanto, é importante sublinhar que as condições de identidade dos pensamentos que atribuímos são uma coisa, mas a forma superficial das frases declarativas que usamos ao fazê-lo pode ser coisa muito diferente. Baseamo-nos numa diversidade de convenções e capacidades ao comunicar o conteúdo explicativo, muitas vezes deixando que este último seja armazenado a partir do contexto. Assim, no exemplo acima, explicámos o comportamento dos detentores dos bilhetes de lotaria dizendo: «Cada um acredita que *ele* ganhou.» Mas é evidente que eles mesmo não empregariam um modo de apresentação singular da terceira pessoa no seu próprio pensamento. Aqui sabemos *qual* é o pensamento (limitado) que se tem em mente — é o mesmo pensamento que *eu teria* expresso ao dizer «Ganhei» — mas usamos um meio indirecto para o descrever.

5.2. CONTEÚDO SEMÂNTICO

Parece-nos que também empregamos uma noção de conteúdo que é puramente referencial ou russelliana; e que o fazemos quando o nosso interesse nos pensamentos e nas descrições de pensamentos é basicamente a aquisição de crenças. Sublinhemos primeiro um aspecto da comunicação linguística. Parece-nos que a comunicação conseguida, em muitos contextos, *não* exige o conhecimento mútuo de modos de apresentação ou de sentidos fregeanos. Basta haver um conhecimento mútuo *daquilo* que é dito *sobre o quê*. Veja-se o seguinte exemplo: o leitor é um guarda de segurança num museu, ao qual foi entregue uma nova escultura. O leitor está sentado fora da sala onde a escultura é a única obra de arte em exposição, mas ainda não a viu. Então, ouve um visitante na sala dizer: «Essa escultura não mereceu o que pagaram por ela.» Será que consegue compreender esta observação? Parece-nos que o leitor a compreendeu completamente (*contra* Evans, 1982). Você sabe de *que* coisa se está a falar e sabe o que se diz sobre ela. Mas você não *partilha* com o homem que acabou de falar nenhum modo de apresentação do referente da sua frase demonstrativa, nem sabe nada sobre aquilo com que o modo de apresentação se pode parecer (no fim de contas, contudo, a pessoa que fala pode ser cega e sentir a escultura com as suas mãos; esta questão não faz grande diferença para que o leitor consiga compreendê-la).

Porque é que as condições para a comunicação conseguida, em geral, são como são, exigindo apenas o conhecimento mútuo de condições mundanas de verdade? Com a intenção de responder, reflecte naquilo *para* que serve basicamente a comunicação. A comunicação é um importante canal para a aquisição de novas crenças, sendo apenas ultrapassada, na nossa economia cognitiva, pelo sentido da visão. Quando as pessoas me dizem coisas, em geral acredito nelas. Isto funciona porque, quando as pessoas acreditam em coisas, em geral acreditam veridicamente. E depois, aquilo que realmente interessa, a fim de tornar a comunicação linguística um método fidedigno de aquisição de crenças, é que as *condições de verdade* das crenças em qualquer uma das extremidades do processo devem ser as mesmas. Quando o leitor afirma algo com a forma «a é F», então, desde que eu saiba *a que* coisa se refere o leitor por «a» e *que* propriedade designa por «F», não interessa quão diferente lhe podem ser estas coisas apresentadas a si — se o seu pensamento é verdadeiro, então também o meu o será.

Muitas vezes a comunicação tem lugar de uma só vez, dizendo-nos aquilo em que alguém acredita. Continuando com o exemplo do museu dado acima: suponhamos que Mary é uma crítica de arte famosa e que o leitor me diz a mim «Mary pensa que a nova escultura não valeu o dinheiro que pagaram por ela». Isto dá-me motivos para acreditar naquilo em que Mary acredita, justamente como se eu tivesse ouvido *dizer*: «Aquela escultura não valeu o dinheiro.» E aplicam-se as mesmas condições para a compreensão. A fim de que a sua declaração sirva como um meio fidedigno para a aquisição de uma nova crença, tudo o que interessa é que eu saiba *qual* é a escultura sobre a qual recai a crença de Mary e o que é que ela pensou sobre isso. Os modos de apresentação de Mary não interessam para nada. Portanto, sempre que o nosso *interesse* seja basicamente a aquisição de crenças, as limitações impostas a uma correcta descrição do pensamento de Mary são apenas que essa descrição deve preservar as condições de verdade originais. E isto dá-nos uma noção do conteúdo de pensamento que é puramente a condição de verdade.

Pensamos que isto explica a grande influência das intuições que se orientam para o conteúdo extenso. Visto que há, de facto, uma noção de conteúdo — *conteúdo semântico* — que é individuado por condições de verdade mundanas, estamos aptos, se não conseguirmos verificar as diferentes perspectivas sobre a descrição de conteúdo, a pensar que *a* noção de conteúdo tem de ser russelliana, ou seja, envolve o mundo. Mas a verdade é que nós também empregamos uma noção de conteúdo — *conteúdo explicativo* — que é individuado de forma limitada, onde o nosso interesse reside na explicação psicológica.

Embora nos pareça provável que o senso comum emprega *tanto* uma noção de conteúdo limitado *como* uma noção de conteúdo extenso para finalidades diferentes, não é esta a questão verdadeiramente crucial. Não nos importaria se acabasse por ser *indeterminada* quer o senso comum empregue duas diferentes noções de conteúdo quer apenas uma noção híbrida. Interessa é que, uma vez que há duas perspectivas muito diferentes e aceitáveis sobre a noção de conteúdo e duas finalidades diferentes para as quais empregamos essa noção, vemos que *devíamos* empregar duas noções distintas (ou uma sensível ao contexto, com condições de aplicação diversificadas). Aqui, como tantas vezes acontece na filosofia, o que interessa não é a noção que temos actualmente, mas, em vez disso, a noção que *devíamos* ter, considerando as nossas finalidades (ver Carruthers, 1987b; ver também Craig, 1990).

6. CONCLUSÃO

Neste capítulo refutámos argumentos a favor da ubiquidade do conteúdo extenso e contra a coerência do conteúdo limitado. Argumentámos que o conteúdo limitado não só é coerente, mas também é a noção que devia ser empregue para fins de explicação psicológica, quer popular quer científica. Também admitimos que devemos empregar uma noção de conteúdo que é extensa, em contextos comunicativos onde os nossos interesses são de aquisição de crenças.

LEITURAS SELECCIONADAS

Em defesa do conteúdo extenso: Putnam, 1975a; Burge, 1979, 1986a, 1986b; Evans, 1981, 1982; McDowell, 1986, 1994; McCulloch, 1989.

Em defesa do conteúdo limitado: Fodor, 1980, 1987, 1991; Blackburn, 1984, cap. 9; Block, 1986; Noonan, 1986, 1993; Segal, 1989a, 1989b, 1991.

VII
CONTEÚDO NATURALIZADO

Neste capítulo vamos rever os três principais tipos dos projectos em vigor para naturalizar a semântica: a semântica informativa (ou co-variância causal); a semântica teleológica; e a semântica funcional. Há vários problemas em cada um, embora talvez haja menos para o último tipo. Depois argumentamos que o estatuto natural do conteúdo não exige, de facto, uma semântica completamente redutora, mas pode, em vez disso, ser reivindicado pela sua função na psicologia científica.

1. INTRODUÇÃO

Recordemos, do capítulo 2, que um dos principais compromissos realistas da psicologia popular é para com a existência de estados com *conteúdo* ou *significação* representativa. Encontra-se aqui, portanto, a fonte daquilo que talvez seja o desafio eliminativista mais importante da psicologia popular (que também é um desafio para qualquer psicologia científica baseada no conteúdo). Este desafio provém daqueles que duvidam de que tanto a *significação* como a *representação* tenham qualquer realidade no mundo natural. O problema é o seguinte: como é que um estado físico (o caso de um padrão de descarga neuronal) consegue representar qualquer aspecto do mundo (e, assim, ser verdadeiro ou falso) por direito próprio, independentemente da nossa interpretação desse estado? O projecto contemporâneo de naturalizar a semântica pode ser visto com mais acuidade como uma reacção a este problema. De diversas maneiras, as pessoas tentaram esclarecer, em termos puramente naturais (ou seja, em termos estabelecidos a partir das ciências naturais ou aceitáveis por ela), o que é para um estado representar, ou *ser acerca* de, outro.

(A noção do *natural*, aqui, é parasitária da noção de *ciência* natural. Uma propriedade natural é aquela que é escolhida por um termo derivado de uma ou outra teoria (verdadeira) da ciência natural ou que é referida por um termo que pode ser definido em termos da terminologia da ciência natural, incluindo termos de cunho científico geral, como «causa». De forma que a propriedade de ser uma mãe é natural, desde que os termos que se lhe refiram sejam indispensáveis na biologia científica. E a propriedade de ser um primo afastado de segundo grau também é natural, desde que embora os termos que se lhe referem não constem de qualquer teoria científica, podem ser construídos por definição dos termos que *figuram* nessas teorias.)

Ser realista acerca das atitudes proposicionais significa acreditar que as diferenças entre a *crença* que P e o *desejo* que P, ou entre a crença que *P* e a crença que *Q*, são reais, formando parte da estrutura do mundo independentemente das nossas teorias, interpretações e sistemas de classificação. Nesse caso, será melhor que também nós acreditemos que essas propriedades podem ser naturalizadas. Porque as únicas verdadeiras propriedades independentes da mente que existem — que não são meros reflexos dos nossos sistemas de classificação — são aquelas que a ciência consegue descobrir e descrever (Armstrong, 1978). Mas significará isso que temos de acreditar que tais propriedades podem ser *reduzidas* a outros termos? Repare que as diversas formas de semântica naturalizada que iremos examinar são *redutoras*, tentando dizer o que significa *que* P para um estado em termos de co-variância causal, história selectiva ou papel funcional. De facto, a maior parte das versões dessas teorias tenta estabelecer as condições necessárias e suficientes para que um estado signifique que *P* em termos naturais — sendo Fodor (1990) a excepção, ao tentar proporcionar apenas condições suficientes (uma questão que voltaremos a abordar nas secções 2 e 5 abaixo).

Regressaremos à questão de saber se a *naturalização* exige a *redução* na secção 5 (argumentaremos pela negativa). Nas três secções seguintes exploraremos os pontos fortes e fracos dos três principais programas de naturalização existentes. Cada um deles partilha o pressuposto de que a defesa da realidade das atitudes proposicionais com conteúdo quer dizer em que consiste (ou, pelo menos, no que pode consistir) para uma crença, significar *que* P em termos que em si mesmos não pressupõem noções semânticas.

Convém notar, antes de começar, que a questão da naturalização vem na linha do debate entre o conteúdo extenso e limitado que analisámos no capítulo 6, visto que até as teorias de conteúdo limitado insistem que (os sinais de) conteúdos limitados têm condições de verdade e tratam de coisas mundanas; simplesmente afirmam que não estão *tipificadas em termos das* duas condições de verdade. Assim, o *acerca de* dos nossos pensamentos é qualquer coisa que terá de ser explicado de um modo ou de outro. Enquanto a maior parte dos autores que se encarregaram da questão da naturalização foram teóricos do conteúdo extenso (ver abaixo), os teóricos de conteúdo limitado também se deviam interessar por mostrar que as relações semânticas (referência, verdade e coisas semelhantes) existem como parte

190

da ordem natural do mundo. Porque é essencial que os conteúdos limitados sejam uma espécie de estados cujos sinais possuam em geral propriedades semânticas. E visto que podemos querer explicar o sucesso de uma dada acção em termos da *verdade* de um pensamento (digamos), ou da incapacidade em termos da falsidade, estas propriedades dos conteúdos do pensamento não são opcionais, mesmo para um teórico do conteúdo limitado.

2. SEMÂNTICA INFORMATIVA

A semântica informativa ou de co-variância causal é uma versão da semântica naturalista. As teorias semânticas deste tipo afirmam que a significação é contida pelas conexões causais entre a mente e o mundo. *Grosso modo*, a ideia é que para um termo mental «S» significar *S*, as sinalizações[1] de «S» têm de co-variar causalmente com Ss — ou seja, Ss, e só Ss, causam a sinalização de «S». De modo que a ideia é que para o termo «rato» (ou o seu equivalente mentalês, que daqui em diante passamos a escrever como RATO) significar *rato*, as sinalizações do termo RATO na crença têm de ser fidedignamente causadas pela presença de ratos e só pela presença de ratos. Esta explicação é completamente naturalista, visto que os únicos termos que figuram nela são «causa», juntamente com termos que se referem a propriedades mundanas por um lado e sinais de palavras e sinais de frases declarativas físicas por outro.

As teorias informativas do conteúdo mental são modeladas no sentido de «representar» o que é adequado sempre que há relações co-variantes causais no mundo natural e assim sempre que um estado do mundo *contém informações sobre* outro (ver Dretske, 1981). É assim que dizemos que «Sete anéis na árvore *significam* (representam) que a árvore tem sete anos de idade», «Nuvens escuras significam chuva», «Aquelas manchas significam sarampo» (ou seja, «as manchas daquele tipo co-variam causalmente com a presença de sarampo»), e assim por diante. Mas por que é que alguém haveria de começar com uma teoria *semântica* neste ponto? Visto que é óbvio que não há uma verdadeira *intencionalidade*, ou *acerca de*, presentes nestes exemplos, porque os tomamos como modelo? Há pelo menos duas razões diferentes de atracção.

Uma provém da verificação de que este mesmo sentido de co-variância causal do «representar» é empregue explicitamente pelos neuropsicólogos que estudam o cérebro. Eles dirão, por exemplo, que «a excitação desta célula *representa* a presença de uma linha vertical no campo visual», considerando que a causa da excitação da célula dá-se quando, e só quando, está presente uma linha vertical. Há então

---

1 Em inglês no original: *tokening (N. T.)*.

a esperança de que consigamos construir uma noção completamente desenvolvida da representação mental a partir deste simples ponto de partida, tal como o neuropsicólogo espera constituir uma do sistema visual a partir desses materiais simples.

A segunda fonte de atracção é sublinhada em particular por Fodor (1987, 1990). A explicação é *atomista* por oposição a *holística*, na forma. Ou seja, tenta dar a significação de cada termo mental um a um, sem mencionar a significação de qualquer outro estado mental do pensador. Fodor acredita que qualquer explicação naturalista, realista aceitável de conteúdo intencional deve ser atomista. O seu raciocínio é que, uma vez que se admite qualquer grau de holismo na explicação, então não há qualquer princípio a impedir que se diga que *todas* as crenças reais do pensador contribuem em parte para o conteúdo de qualquer representação dada. Isto implicaria então que não há dois pensadores que consigam ter uma crença com o mesmo conteúdo, visto que haverá sempre algumas diferenças nas crenças dos dois. O conteúdo tornar-se-ia, então, *idiossincrático*, o que o inutilizaria como base para uma psicologia científica, porque é evidente que esta procura leis intencionais *gerais* para serem aplicadas a *todos* os pensadores na população. Regressaremos à questão do holismo na secção 4.4.

2.1. O PROBLEMA DA REPRESENTAÇÃO INCORRECTA E DA DISJUNÇÃO

O problema óbvio que as teorias informativas têm de ultrapassar é permitir a possibilidade da representação incorrecta (normal). Porque é manifestamente possível — de facto é muito comum — que as nossas crenças e pensamentos representem o mundo incorrectamente. Mas parece *impossível* que um estado tenha *informação errada* sobre outro, no sentido causal objectivo da informação que está em questão (excepto pela violação da cláusula *ceteris paribus* que orienta a co-variância). Por exemplo, se as nuvens escuras não co-variam apenas com a chuva, mas também co-variam com ventos fortes, então as nuvens escuras que não são seguidas de chuva não representam incorrectamente o estado do tempo (embora *nós*, como observadores, possamos estabelecer uma falsa referência a partir delas); em vez disso, aquilo que as nuvens escuras *realmente* representam (ou seja, co-variam causalmente com) é a chuva ou ventos fortes. Da mesma forma, se as manchas normalmente causadas pelo sarampo também podem ser causadas por, digamos, uma intoxicação por metal, então a presença dessas manchas neste último caso *não* significa (ou seja, não inclui informação sobre) sarampo (embora elas possam levar o médico a um diagnóstico errado); em vez disso, o que as manchas desse caso realmente significam é sarampo ou intoxicação por metal.

Por conseguinte, a dificuldade das teorias da informação quando aplicadas ao caso dos estados mentais é evitar aquilo que por vezes se chama «o problema

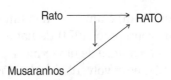

FIGURA 7.1 — Dependência causal assimétrica
(as setas representam a causalidade ou a dependência causal)

da disjunção». Suponhamos que por vezes me engano confiadamente quanto a certas espécies de musaranhos, trocando-os por ratos. Ou seja, não só a presença de um rato no meu ambiente me leva a, confiadamente, pensar em RATO, como também a presença de uma certa espécie de musaranho me leva a pensar RATO. Então, o que é que RATO representa para mim? Se os símbolos mentais significam aquilo com que, confiadamente, co-variam, então parece que RATO pode significar *musaranho ou rato* em vez de apenas *rato*. De forma que, no fim de contas, não estou enganado quando penso RATO na presença de um musaranho. De facto, se este problema se generaliza, parece que, de acordo com as teorias semânticas informativas, vai ser impossível que *alguém alguma vez* se engane (a não ser que haja uma falha dos mecanismos que medeiam a percepção)! É evidente que isto é absurdo.

A abordagem mais desenvolvida deste problema foi apresentada por Fodor (1987, 1990). A sua solução preferida consiste em formular a teoria em termos de *dependência causal assimétrica*. Ou seja, Fodor afirma que um termo mentalês «S» refere-se a Ss, e só a Ss, desde que as conexões causais entre «S» e quaisquer outros objectos (não S) que podem causar sinalizações de «S» sejam causalmente dependentes assimetricamente da conexão causal entre sinalizações de «S» e Ss. De forma que, se quaisquer outros tipos de objectos juntamente com Ss causam as sinalizações de «S», só o farão *porque* Ss causa sinalizações de «S». A explicação, portanto, é esta (também representada no diagrama da figura 7.1 acima):

RATO significará *rato* (e assim musaranhos terão a sua representação adulterada por RATO) se:

i) ratos causam sinalizações de RATO, e
ii) se ratos não causaram sinalizações de RATO, musaranhos não as teriam causado, e
iii) se musaranhos não causaram sinalizações de RATO, os ratos deviam tê-las causado.

Assim, (i)-(iii) captam a ideia de que a conexão *musaranhos* para RATO é causalmente dependente assimetricamente da conexão *rato* para RATO.

Repare-se que Fodor apenas oferece uma condição *suficiente* para que RATO signifique *rato* e não uma condição *necessária e suficiente* (ou seja, o que precede imediatamente as cláusulas (i)-(iii) é um «se», não um «se e só se»). Isto está em concordância com a sua concepção (1974) de naturalização. Em geral, ele considera que não pode haver a *redução* de um termo T problemático numa terminologia puramente natural (que envolveria a declaração das condições necessárias e suficientes para que T se verificasse). Porque a maior parte das propriedades de alto nível admitem múltiplos exemplos em factos de nível inferior. O máximo que se pode esperar é uma declaração, em termos naturais, de uma das *condições de realização* para que T se verifique. Ou seja, o máximo que se pode esperar é uma declaração de condições *suficientes* para a sua aplicação. De forma que não é bom tentar refutar a explicação de Fodor procurando casos onde RATO signifique *rato* mas onde as condições (i)-(iii) não se apliquem colectivamente. Em vez disso, teríamos de encontrar um caso onde as condições (i)-(iii) se apliquem, mas RATO não significa, intuitivamente, *rato*. Será possível fazer isto?

Podemos pensar nesta possibilidade. Consideremos qualquer termo T com *casos marginais* (por exemplo, «vermelho» ou «desporto»). Chamemos aos casos centrais onde T se aplica Cs e aos casos marginais Ms. (Repare que Ms *são* casos de T, só casos marginais.) Não parecerá plausível que a aplicação de T aos casos marginais é assimetricamente dependente da sua aplicação aos casos no centro? Ou seja, poderá não ser plausível que (i) Cs causem sinalizações de T e (ii) se Cs não causarem as sinalizações de T, Ms não as teriam causado e (iii) se Ms não causarem as sinalizações de T, Cs ainda as teriam causado? Nesse caso a teoria de Fodor ter-nos-ia dito que os casos marginais não são realmente casos de Ts! De facto, ter-nos-ia dito que Ms são *incorrectamente* classificados como Ts! De forma que vermelhos-alaranjados *não* são vermelhos (por oposição a vermelhos marginais), e natação sincronizada *não* é um desporto (por oposição a um marginal).

Vejamos esta objecção com mais minúcia para o caso da cor, para ver como podemos prosseguir com ela. Suponhamos que o carmesim é o representante do nosso vermelho central e suponhamos que o caso marginal é um vermelho-alaranjado que os falantes continuariam a categorizar como «vermelho» numa escolha forçada ou quando falam cuidadosamente. É óbvio que o equivalente de (i) é verdadeiro — os objectos carmesins são a causa de pensarmos VERMELHO. Ora o que seria preciso para que os objectos carmesins *não* fossem a causa de pensarmos VERMELHO? Ou seja, para que o antecedente de (ii) fosse verdadeiro? Uma possibilidade é que sejamos cegos para as cores. Outra possibilidade é que o termo mentalês VERMELHO seja aproveitado para outra significação (por exemplo, *azul* ou *rato*) enquanto carmesim é a causa da sinalização de um item mentalês diferente, digamos, XYZ. Mas em qualquer dos casos, os vermelhos-alaranjados não teriam sido a causa de nós pensarmos VERMELHO também, ou seja, (ii) é verdadeiro. Então o que levaria a que os vermelho-alaranjados não fossem a causa de nós pensarmos VERMELHO? Ou seja, para que o antecedente de (iii) fosse verdadeiro? É provável que bastasse introduzir em português, e tornasse notório, um termo diferente (como «vermelharanja»[2]) apenas para aquela tonalidade de vermelho-alaranjado. Mas nessas circunstâncias, o carmesim ainda teria sido a causa de pensarmos VERMELHO, e assim (iii) é verdadeiro. Portanto, as condições (i)-(iii) estão preenchidas, e a explicação de Fodor implica que o vermelho-alaranjado (por hipótese, um caso marginal de vermelho) *não* seja agora vermelho. E depois temos o nosso contra-exemplo.

2.2. O PROBLEMA DAS CADEIAS CAUSAIS

No entanto, é provável que o maior problema para qualquer semântica informativa seja o seguinte: onde é que paramos, na cadeia causal que conduz à sinalização de um símbolo mental, para marcar a significação deste último? Qualquer símbolo mental incluirá sempre informação sobre eventos exteriores e interiores àquele que consideraríamos intuitivamente como seu referente. Por exemplo, qualquer termo que co-varie com segurança com *rato* também co-variará com segurança com *acasalamento de rato*, visto que a palavra é tal que, sempre que há um rato, houve sempre um acasalamento entre ratos no passado. (Ignoramos as possibilidades da inseminação artificial, clonagem e reprodução *in vitro* para simplificar — elas tornariam as condições causais de fundo para *rato* disjuntivas, ao mesmo tempo que permitiam que o mesmo ponto se mantivesse.) Então o que é que revela que RATO significa *rato* e não *acasalamento de rato*?

É muito duvidoso que neste ponto Fodor possa recorrer à ajuda da dependência causal assimétrica. Pois parece que temos uma dependência *simétrica* entre a conexão *rato* para RATO e a conexão *acasalamento de rato* para RATO, ou seja, se os ratos não foram a causa de eu pensar RATO, então também o acasalamento de ratos não teria sido; mas se acasalamento de ratos não tivesse sido a causa de eu pensar RATO, então também ratos não teria sido. Exemplos deste género proporcionam um apoio poderoso a alguns géneros de semântica teleológica ou a algumas formas de semântica funcional (ver secções 3 e 4 abaixo, respectivamente). De forma que podemos dizer que RATO significa *rato*, porque a sua *função* é co-variar com ratos e não acasalamento de ratos, ou seja, a função de RATO na cognição é concentrar o nosso comportamento de forma diferente, sobre os ratos. Ou pode dizer-se que RATO significa *rato*, por causa das espécies de *inferência* que os sujeitos são levados a fazer, por exemplo, de RATO para COISA VIVA e não de RATO para EVENTO TEMPORAL.

Um problema semelhante surge a respeito da co-variância causal com eventos interiores. Suponhamos que pela estimulação eléctrica do local correcto no meu córtex, um experimentador leva-me a pensar RATO. Então o que revela que RATO

---

2 Em inglês no original: *oranred (N. T.)*.

195

significa *rato* e não *causa neuronal imediata de* RATO? Mas neste caso parece que temos dependência assimétrica da forma errada — se ratos não foram a causa de eu pensar RATO (por exemplo, porque o termo mentalês XYZ é aproveitado para fazer o trabalho como alternativa), então a causa neuronal imediata (real) de RATO teria sido a causa de eu pensar RATO (onde RATO seria agora aproveitado para significar qualquer outra coisa); e se a causa neuronal imediata (real) de RATO não tivesse sido a causa de eu pensar RATO (mas tivesse sido qualquer outro evento neuronal), então ratos não teria sido a causa de eu pensar RATO (em vez disso, RATO teria sido aproveitado para qualquer outra significação). E também aqui a solução parece mover-se para uma forma de semântica teleológica ou talvez funcional. De qualquer maneira, prevemos que se houver forma de assegurar a dependência assimétrica da conexão *causa neuronal imediata de* RATO para RATO sobre a conexão *rato* para RATO, haverá no mínimo que se fazer apelo velado à *função* de RATO na cognição normal.

3. TELEOSSEMÂNTICA

Como já vimos, uma maneira de motivar uma forma de semântica teleológica é considerá-la como necessária para rectificar as deficiências da semântica informativa (é a perspectiva de Dretske, 1988). Mas há muitas outras maneiras para se tentar a naturalização da semântica em termos teleológicos e biológicos.

3.1. A CAUSA A FAVOR DA TELEOSSEMÂNTICA

Uma fonte de atracção é reparar que a mente é um sistema em transformação, como o corpo. A mente, como o corpo, foi configurada e seleccionada pela evolução, pelo que seria de esperar que nela encontrássemos sistemas e mecanismos com *funções apropriadas*, ou seja, sistemas que *pretensamente* agem de uma forma em vez de outra, no sentido em que só existem porque *agiram* de uma forma em vez de outra no passado e revelaram-se bem sucedidos. E alguns destes sistemas serão aqueles que processam informação, estabelecem objectivos e executam planos. De facto, parece natural pensar que as atitudes proposicionais — crenças e desejos, em particular — terão funções adequadas, pressupondo-se que funcionam de uma forma em vez de outra no âmbito da nossa cognição. *Pretende-se* que os desejos nos levam a agir e *pretende-se* que as crenças orientam as nossas acções em direcção ao sucesso, em qualquer ambiente dado, ao proporcionar-nos representações correctas do estado da realidade. E depois basta um pequeno passo deste ponto para a ideia de que o *conteúdo* das atitudes proposicionais também terá funções.

(Repare, contudo, que este pequeno passo pode ser contrariado; como Fodor — 1990, cap. 3 — assinala. Do facto de que o cabelo tem uma função — proteger o escalpe de queimaduras do Sol, digamos — é óbvio que não se segue que qualquer cabelo individual tem uma única função, diferente das outras; de facto, parece muito improvável que a tenha. De modo que do facto de que as crenças em geral têm uma função, não se segue que a *crença que P* tem um função diferente da *crença que Q*.)

Isto dá-nos o projecto da teleossemântica. Se pudéssemos dizer em que é que consiste para um estado ter o conteúdo P em termos daquilo que é *pressuposto* que esse estado alcance na cognição, então teríamos efectuado uma redução natu-ralista, contanto que a noção da função adequada invocada na explicação seja genuinamente biológica. *Grosso modo*, a ideia será que o conteúdo (condição de verdade) de uma crença é esse estado do mundo que permite que a crença alcance aqueles efeitos (nomeadamente, a acção bem sucedida) que se *pressupõe* que al-cance (ou seja, que é sua função alcançar).

Outra forma de motivar este género de explicação teleológica é verificar que muitas marcas que ocorrem naturalmente, empregues pelos sistemas biológicos, só raramente co-ocorrem com os fenómenos que (é o que pretendemos dizer) re-presentam. Porque uma característica evoluída não tem de ser sempre bem suce-dida, nem sequer muitas vezes, a fim de ser seleccionada. Basta-lhe conferir *alguma* vantagem aos organismos que a possuem (sem que incorram em desvantagens significativas). Por exemplo, suponhamos que uma espécie particular de esquilos--terrestres usa uma série de chamamentos de alarme para avisar sobre potenciais predadores (um pouco como o macaco verde, só que menos discriminatória) — um chamamento para *águia*, um para *serpente*, e um para *grande gato*. É muito pos-sível que o chamamento que significa *águia* deve ser na maioria das vezes um falso alarme, despoletado por qualquer pássaro grande voando no céu. Como os custos para os esquilos de se protegerem sob uma árvore são pequenos, enquanto os ga-nhos, nas ocasiões em que *há* uma águia a aproximar-se, são muito grandes. É me-lhor esconderem-se desnecessariamente muitas vezes, do que arriscarem a não se esconderem quando é preciso e acabarem por ser comidos. De forma que em termos de *informação incluída* parece que o chamamento de alarme significa apenas «grande pássaro». Mas quando consideramos a *função* do chamamento de alarme nas vidas dos esquilos, vemos que foi seleccionado em virtude dessas ocasiões, e só dessas ocasiões, quando inclui a informação de que uma águia está no céu. E então isto, de acordo com a teleossemântica (e de acordo com a intuição), é o que significa.

3.2. DUAS DISTINÇÕES

Ao desenvolver a sua versão de teleossemântica, Millikan (1984) estabeleceu uma distinção importante entre os *produtores* e os *consumidores* de representações mentais. E ela alega que são os consumidores que estão em primeiro lugar quando se trata de determinar os conteúdos intencionais. No caso de um percepto visual, por exemplo, o sistema produtor será o módulo visual que constrói essa representação a partir da informação que atinge a retina. E o sistema consumidor será os diversos raciocínios práticos e sistemas de controlo de acção que *usam* (ou podem usar) esse percepto no decurso do seu funcionamento normal. (Ver figura 3.3, por exemplo. Repare que um sistema consumidor para um tipo de estado mental pode ser um sistema produtor para outro. Um sistema inferencial que produz crenças a partir de perceptos é um sistema consumidor relativamente ao último, mas ele mesmo é um sistema produtor para a faculdade de raciocínio prático.) Ora a função de um dado estado mental radica nos seus efeitos (os efeitos que se *pressupõe* que ele tem) nos consumidores desses estados. Portanto, temos de olhar para o último ao atribuir o conteúdo ao estado em questão.

Parece-nos que Millikan levanta aqui uma questão importante, que é independente das abordagens teleológicas como tais e que incorpora uma crítica significativa da semântica informativa (ou «indicativa»). A questão é que a significação de uma marca, *para um sistema*, só pode ser a significação que tem para os processos internos a esse sistema que consomem ou usam essa marca. Não é bom que uma marca inclua informação sobre alguns estados de coisas mundanos se, por assim dizer, o resto do sistema não sabe o que ela faz! Este ponto dá-nos agora a esperança de progredirmos no problema da disjunção. Se perguntarmos porque é que RATO não significa *musaranho ou rato* — dado que frequentemente reconheço incorrectamente os musaranhos como ratos e dado que RATO muitas vezes inclui informação sobre musaranhos — a resposta possível é que o resto do sistema só funciona com formas adequadas aos ratos e não aos musaranhos ou ratos. Então, de RATO o sistema infere NÃO MUSARANHO, mas também talvez PODE SER UMA PESTE DENTRO DE CASA. E isso vai levar-me a responder «Sim» se me perguntarem se há um rato e não um musaranho por perto, e assim por diante. De forma que as representações de RATO têm uma variedade de outros efeitos, sobre a inferência e a acção, cujo sucesso exige a presença de um rato e não a de um musaranho. De modo que se RATO vai ter os efeitos que se *supõe* que tenha, é preciso incluir a informação *rato* e não *musaranho ou rato*. E isso, por consequência, pode ser considerada a sua condição de verdade.

É importante verificar que a maior parte daqueles que optam por alguma das versões da teleossemântica, como Millikan (1984, 1989), Dretske (1988) e Papineau (1987, 1993), são muito claros no apoio à noção de *função, evolucionista e seleccionadora*. Nesta perspectiva, as funções de qualquer propriedade F são aqueles efeitos de F que explicam porque é que o sistema em questão *tem* aquela propriedade, ou seja, em termos dos quais conseguimos explicar o modo como a propriedade foi seleccionada para e ou foi defendida em sistemas desse tipo. As funções, nesta perspectiva, são pois essencialmente históricas. Para conhecer a função de uma coisa ou propriedade, não basta observar o que ela faz *presente-mente*. Além disso, é preciso descobrir qual é o efeito, de entre as coisas que ela faz presentemente (talvez apenas raramente), que explica a razão por que existe aquela coisa ou propriedade. Assim, para conhecer a função da cauda do pavão, é preciso perguntar qual dos efeitos dessas caudas dos antepassados dos pavões (presumivelmente, neste caso, a atracção dos pavões fêmea) explica a razão por que foram seleccionadas e ou preservadas.

A contraditória noção de função, que *não* foi adoptada pelos defensores da teleossemântica, é an-histórica. Neste sentido, as funções de qualquer propriedade F são aqueles efeitos de F que são benéficos para qualquer sistema ou processo mais extenso de que F faz parte ou que desempenham a função de manter as capacidades desse sistema mais extenso. De forma que nesta linha, se uma propriedade tem ou não uma função depende inteiramente do modo como essa propriedade acaba por ser possuída em primeiro lugar. Neste sentido, perguntar pela função da cauda do pavão é perguntar o que é que a cauda *faz ao* pavão (que benefício lhe confere), de uma forma que põe entre parênteses, como irrelevante, a questão do modo como o pavão acabou por ter aquela cauda. Esta noção de função é em geral rejeitada com base na sua falta de respeitabilidade científica e que a sua aplicação pode ser vaga e relativa ao observador (mas ver Cummings, 1975, para as respostas). Porque:

1) Como determinamos os limites do sistema de que a propriedade alvo faz parte? A menos que se consiga encontrar um princípio de selecção de sistemas, então qualquer efeito de uma coisa pode ser contabilizada como sua função. (Considere o som feito pelo coração quando bate: é evidente que *não* é a sua função. Mas agora considere que o «sistema» é a relação médico-doente. Visto que é o batimento cardíaco que permite ao médico diagnosticar uma doença cardíaca, esse batimento conferirá benefícios a esse «sistema» e assim acaba, no fim de contas, por ser escolhido como função do coração!)

2) Como é que determinamos, objectivamente, aquilo que é contabilizado como *benefício* do sistema assim definido?

A objecção é que não há um princípio de resposta a estas duas questões (voltamos a responder a esta objecção na secção 3.5). Em contrapartida, a noção evolucionista de função é mantida para ser objectiva na sua aplicação e também definida como qualquer outra noção da biologia científica. Pois se uma propriedade F tem ou não alguma função desenvolvida ø reduz-se à questão de saber se de facto os exemplos de F causaram ø no passado e que por sua vez causaram o facto de F ser exemplificada agora. E isto é uma questão de facto causal objectivo. (Efectivamente, dada a polifuncionalidade, isto não é muito claro. Quase todas

as características morfológicas ou de comportamento terão um perfil de custo-
-benefício complexo. Haverá então alguma maneira objectiva de seleccionar um
elemento desse perfil como sendo *a* função? Mas se não, então o problema da
indeterminação do conteúdo pode voltar a pôr-se.)

3.3. O PROBLEMA DA DISJUNÇÃO VOLTA A APARECER?

É óbvio que a semântica teleológica pode fazer *alguns* progressos no problema
da disjunção. Se no lusco-fusco do anoitecer eu confundir um tigre à distância
com um gatinho malhado mais próximo, então, é de presumir que podemos dizer
que o meu estado perceptivo representa incorrectamente o tigre como um gato
malhado, com base em que é justamente para a realização deste género de discriminação que os meus mecanismos perceptivos foram seleccionados. *Pressupõe-se*
que uma representação do gato malhado conduz a acções de acariciar e alimentar
ou, pelo menos, da ignorância da presença do seu objecto. Estas acções não são (é
inútil dizer) adequadas a respeito do tigre. Mesmo assim, Fodor argumenta que
a semântica teleológica pode ainda estar fatalmente infectada com uma versão
do problema da disjunção (1990, cap. 3). Porque, visto que a teleologia não consegue distinguir entre propriedades que são *seguramente co-exemplificadas* no
ambiente do organismo, terá de deixar indeterminada qual destas propriedades
é representada.

Consideremos o reflexo de disparo da língua da rã. Ele normalmente é feito
em reacção a uma mosca que passa a voar por perto, mas pode ser efectivamente
induzido por uma pequena coisa preta que se movimente ao longo do campo de
visão da rã, como é o caso de um grão de chumbo de caçadeira atirada por um
experimentador. Somos levados a dizer que o estado perceptivo da rã *representa
incorrectamente* o grão de chumbo de caçadeira como uma mosca. Mas podemos
justificar isto recorrendo à função? Podemos demonstrar que a função do percepto
da rã é representar *moscas* por oposição a *pequenas coisas pretas* ou por oposição a
moscas ou grãos de chumbo de caçadeiras? Fodor não argumenta, visto que nos ambientes em que o sistema perceptual da rã evoluiu e foi conservado, uma coisa é
uma mosca se e só se for uma pequena coisa preta e se e só se for uma mosca ou
grão de chumbo de caçadeira. E do ponto de vista da evolução, não interessa de
que forma se conta a história. Tanto se pode dizer que a função (e por conseguinte
o conteúdo) do estado da rã é *representar moscas*, visto que esse estado evoluiu
por causa do seu efeito em causar disparos que conduziram (dada a natureza do
sistema digestivo da rã) ao aumento da sobrevivência; como se pode dizer que a
sua função é representar *pequenas coisas pretas*, visto que esse estado evoluiu por
causa do seu efeito em causar disparos que conduziram (dado o facto de que todas
as pequenas coisas pretas são moscas) ao aumento da sobrevivência; ou pode até

dizer-se que a sua função é representar *moscas ou grãos de chumbo de caçadeira*, visto que evoluiu para causar disparos que conduziram (dado que todas as moscas ou grãos de chumbo de caçadeira foram moscas) ao aumento da sobrevivência.

Fodor continua afirmando que a noção de *função* só pode ser usada para discriminar entre estes casos se nos transferirmos para a sua versão enquadrada em termos de contrafactuais, em vez de em termos de história selectiva real. Ou seja, podemos perguntar se o estado em questão *teria sido* seleccionado se a rã tivesse vivido num ambiente onde todas as pequenas coisas pretas em movimento fossem grãos de chumbo de caçadeira. É óbvio que a resposta é «Não». Então se a função de um estado é o dos seus efeitos que asseguram a sua existência em circunstâncias reais *e contrafactuais*, podemos dizer que a função do detector de movimentos da rã é representar *moscas* e *não* quaisquer outras *pequenas coisas pretas* ou *moscas ou grãos de chumbo de caçadeira*. (De facto, a prossecução deste género de abordagem da identidade funcional levar-nos-ia à conclusão de que o percepto da rã representa *alimentação do ambiente*, visto que teria continuado a evoluir como o fez em ambientes onde todas as pequenas coisas em movimento eram abelhas ou vespas ou bocados de carne atirados por experimentadores humanos. Isto parece estar certo.)

Abaixo, voltaremos à ideia de que a semântica é abordada de melhor maneira pelo emprego de uma noção an-histórica de função. Mas primeiro basta reparar numa resposta alternativa à forma do problema da disjunção aqui apresentada, sugerida pelo nosso anterior debate do RATO. A teleossemântica pode admitir a indeterminação no conteúdo da representação da rã que causa o seu disparo, porque o mecanismo em questão é imediato e simples. Mas em casos mais complexos, onde a representação alimenta um padrão distinto de inferências, estes efeitos suplementares podem ser usados para resolver a indeterminação. Assim, aquilo que revela que o *meu* estado representa *mosca* e não *mosca ou grão de chumbo de caçadeira*, neste sentido, é que estou inequivocamente preparado para inferir dele COISA VIVA e TEM ASAS. Se estes estiverem entre os efeitos pressupostos pelo estado, então podem ajudar a triangular a função correcta. Nesta abordagem, portanto, a teleossemântica admitiria que determinadas funções — e portanto determinados conteúdos — só aparecem quando o sujeito sobe na escala filogenética, para incluir organismos capazes de inferências crescentemente complexas e sofisticadas. Isto parece intuitivamente muito plausível.

3.4. A OBJECÇÃO DO HOMEM DO PÂNTANO

Se calhar a objecção mais forte contra a teleossemântica é ela requerer que criaturas (e ou partes de criaturas) que *não* evoluíram (de maneira que as suas propriedades e partes não possuem *funções adequadas*) têm de carecer de quaisquer estados intencionais. O exemplo do *homem do pântano* de Davidson (1987), que foi configurado acidentalmente a partir de um velho tronco de árvore num pântano por um relâmpago, de tal forma que é idêntico molécula a molécula a uma pessoa real viva, é muitas vezes usado para insistir nesta questão. O homem do pântano age e reage a questões exactamente como as pessoas normais, visto que o seu cérebro acidentalmente configurado lhe proporcionou um conjunto inteiro de «crenças», «objectivos» e «memórias». Mas de acordo com a teleossemântica, o homem do pântano carece de facto de quaisquer crenças ou de quaisquer outros estados com conteúdo intencional, porque, existindo por acidente, carece de estados com funções adequadas. Esta situação é altamente contra-intuitiva. Não estaríamos fortemente inclinados a dizer que o homem do pântano *acredita* (erroneamente) que tem 44 anos de idade e que *deseja* (de forma embaraçosa) instalar-se numa casa com a mulher de outra pessoa, por exemplo? Mas de acordo com a teleossemântica não podemos dizer estas coisas. Em vez disso, só *se* o homem do pântano tiver essas crenças e desejos. De facto, ele não tem nada, porque nenhum destes estados tem funções adequadas.

Papineau (1987) enfrenta esta objecção e responde que nesta questão as nossas intuições precisam de ser corrigidas. Porque sublinha que, tanto ele como a teleossemântica em geral não oferecem uma *análise conceptual* da noção de conteúdo. Em vez disso, o que está a ser oferecido é uma teoria naturalista da *natureza* do conteúdo. E é perfeitamente possível que os nossos conceitos sejam reflexões deficientes da realidade ou estejam desenquadrados desta. De modo que o nosso *conceito* de conteúdo nos levaria a dizer que o homem do pântano tem pensamentos com conteúdo, mas a *natureza* do conteúdo é tal que, de facto, não tem. Mas esta resposta, embora seja aceitável até certo ponto, não aborda o verdadeiro problema. Porque a dificuldade da teleossemântica não é apenas que nos sintamos pré-teoricamente *inclinados* a dizer que o homem do pântano tem crenças e desejos. Além disso, o comportamento do homem do pântano está subsumido justamente pelas mesmas leis psicológicas (envolvendo conteúdo) que podem ser usadas para explicar e prever o comportamento de pessoas normais. Não só *conseguimos* explicar o comportamento do homem do pântano atribuindo-lhe crenças e desejos, como é isso o que *devemos* fazer, segundo nos parece; porque são as crenças e os desejos que causam o seu comportamento, tal como causam os das outras pessoas. Nesse caso, as crenças e os desejos não podem ter os seus conteúdos individuados em termos de função evolucionista, contrariamente ao que afirma a teleossemântica.

Esta questão também pode colocada dizendo: *a psicologia não é uma ciência histórica* — a psicologia está interessada no presente e na forma como as nossas mentes funcionam *agora*, não no passado, ou na forma como as nossas mentes conseguem abrir o seu caminho. (Até a chamada «psicologia evolucionista» olha para o passado principalmente para adquirir pistas para a estrutura modular do funcionamento mental presente. Ver Barkow *et al.*, 1992. O facto de uma ciência empregar métodos ou argumentos históricos não faz dela uma ciência histórica no sentido de usar *princípios históricos de individuação*.) De forma que a noção de função empregue na psicologia devia ser an-histórica e não evolucionista. Também se pode dizer que a psicologia não é uma ciência histórica; o seu interesse pelo coração é um interesse naquilo que o coração faz *agora*. E é de notar que quem pensa que todas as funções são evolucionistas terá de dizer que também falta coração ao homem do pântano!

Se a teleossemântica insiste que o conteúdo de uma representação só pode derivar da função para que foi seleccionado, então fica sobrecarregada com mais consequências impraticáveis. Trata-se, por exemplo, de uma questão altamente controversa na psicologia e na linguística saber se a nossa faculdade inata da linguagem foi seleccionada e tem uma função (histórica) — com Chomsky e outros alinhando de um lado e Pinker e outros do outro. (Chomsky, 1988, pensa que a nossa capacidade de linguagem pode ser um género de subproduto decorrente da existência de um cérebro grande; ver Pinker e Bloom, 1990, e Pinker, 1994, para o caso contrário.) Todavia, os dois lados desta polémica insistem que a faculdade da linguagem contém *representações* inatas. Ora, nesta questão, as nossas simpatias estão muito firmemente do lado de Pinker, que diz que o sistema de linguagem *evoluiu*. Mas seria deveras estranho se aquilo que parecia ser um debate científico substancial acabasse por ser resolvido de forma trivial pelos filósofos, com base em que a própria propriedade de *ser uma representação* pressupõe uma função histórica.

Repare que esta objecção não envolve um regresso oculto à ideia de que a teleossemântica é avançada como uma peça de análise conceptual *a priori*. Não, admitimos que a teleossemântica é produzida pela reflexão filosófica à luz de crenças substanciais de fundo, também envolvendo — e de forma crucial — a reflexão sobre os compromissos da prática científica nesta área. O nosso ponto é que, como há um debate científico substancial sobre a questão da evolução ou não das representações inatas da faculdade da linguagem, os autores que se encontram empenhados neste debate não podem acreditar que o conteúdo representativo é individuado em termos de história da selecção, sob pena de tornarem a questão irracional. O debate sobre este assunto sugere que a noção *científica* de conteúdo não pode ser teleosfuncional, como não é teleológica a noção psicológica popular.

O que estes pontos sugerem, por conseguinte, é que a forma mais prometedora de desenvolver uma análise de conteúdo em termos de função iria aproximá-la muito mais do funciona*lismo* da filosofia da mente do que geralmente se lhe reconhece. Os funcionalistas pensam que os estados mentais hão-de ser individuados em termos do seu papel causal normal ou *função* na cognição. A teleossemântica pensa que os conteúdos dos estados mentais hão-de ser individuados pelas suas *funções* distintivas (normalmente históricas, ou evolucionistas). Mas se, como sugerimos, esta última perspectiva se desenvolver melhor em termos de uma noção de função an-histórica e contemporânea, então as duas posições tornar-se-ão muito mais difíceis de distinguir. Pode acontecer, efectivamente, que a teleossemântica, devidamente compreendida, seja uma variedade da semântica funcional — sobre a qual se pode ver o debate na secção 4 abaixo.

3.5. A RECENSÃO DAS FUNÇÕES AN-HISTÓRICAS

Se a teleossemântica empregar uma noção de função que *não* seja evolucionista, então como havemos de responder às acusações de arbitrariedade e relatividade do observador que aparecem a seguir? Um percurso possível é esboçado por Fodor e discutido sucintamente em cima, em termos de evolução sob cenários contrafactuais. Porque é, seguramente, uma questão de facto, objectiva, que os detectores de movimento da rã tenham evoluído ou não e tiveram ou não suportes numa variedade de ambientes contrafactuais. De forma que uma maneira de objectivar o que é que o detector de movimento da rã faz para a rã (ou seja, a sua função contemporânea) é aproveitá-lo em termos da gama de circunstâncias contrafactuais em que esse detector aumentou a capacidade de sobrevivência e ou de reprodução.

Outra forma de refutar a acusação de arbitrariedade é assinalar que as funções compreendidas em termos de contribuições benéficas para um sistema mais extenso podem ser perfeitamente objectivas, desde que o sistema em questão seja uma *espécie natural*, cujos processos são orientados por *leis causais*. Portanto, desde que a mente seja uma espécie natural, da forma que a psicologia considera garantida e desde que as diversas transições psicológicas em que os conteúdos podem ser integrados sejam legítimas (mais uma vez, como é pressuposto pela psicologia), então não pode haver nenhuma objecção de princípio ao uso da noção de *função dentro do sistema psicológico* na caracterização dos conteúdos dos nossos estados intencionais. Ou pelo menos assim nos parece, de qualquer modo.

Mas como podemos distinguir, nesta abordagem, os efeitos de um estado mental que são funções suas, daqueles que não são? Pensamos que isto terá de ser feito em termos dos efeitos do estado que em parte explicam as operações ininterruptas do sistema que os contêm — efeitos de funções são aqueles efeitos que fazem parte da *explicação* das operações do sistema mais extenso que os contêm. Compare-se o seguinte: a função do coração, agora, consiste em bombear sangue (quer ele tenha evoluído ou não para fazer isso) e *não* causar um som rítmico. Mas ambos são efeitos do coração. Onde está a diferença? A diferença está (em parte) em que é *porque* o coração bombeia sangue que o sistema continente (o corpo vivo) continua a existir. Se o coração não bombeasse sangue então o sistema de que faz parte (o organismo vivo) não podia funcionar como o faz.

Em contrapartida, a execução de um batimento cardíaco não é causalmente relevante para o funcionamento ininterrupto do organismo. De forma que poderíamos dizer que a função de uma crença em particular na cognição é dada por aqueles dos seus efeitos que se presume ter, o que em parte explica o modo como o sistema cognitivo continua a funcionar com sucesso — por exemplo, não levando a previsões falsas, nem levando a acções mal sucedidas.

4. SEMÂNTICA FUNCIONAL

A semântica teleológica enfrenta dificuldades muito graves. Uma dessas dificuldades é que não parece aceitável explicar as propriedades semânticas dos pensamentos em termos da noção de *função* histórica ou selectiva. Sugerimos, pelo contrário, que a psicologia (tanto a científica como, especialmente, a do senso comum) está principalmente interessada no presente. A nossa psicologia baseada no conteúdo está interessada nas leis e nos princípios que orientam o funcionamento cognitivo *presente* e não necessariamente no modo como essas leis e princípios acabaram por ser o que são. Isto sugere que a melhor via a seguir pela teleossemântica é a análise do conteúdo em termos da noção de função *corrente* — onde a função corrente de uma propriedade F é esse efeito de F no interior do sistema que explica em parte o funcionamento ininterrupto do sistema.

Mas talvez ainda continue a ser inaceitável que todos os pensamentos *tenham* uma função neste sentido. Por exemplo, o conteúdo da minha crença de que o universo é finito não desempenha qualquer papel na explicação da razão por que é que o meu sistema cognitivo continua a funcionar, visto que a única razão que continuo a ter é que não encontrei qualquer razão para o rejeitar (é evidente que não é uma coisa com que tenha de *concordar para agir*!). Então, o que podemos fazer é continuar a afinar a noção de função, de tal modo que a função de estado seja justamente o seu *papel* funcional ou causal dentro do sistema — onde a caracterização do papel causal do estado seja justamente a descrição do padrão característico de causas e efeitos que ele normalmente tem dentro do sistema, sem qualquer compromisso com a ideia de que alguns dos efeitos do estado desempenham um papel no suporte da existência do próprio sistema. Este é, pois, o projecto da semântica funcional.

4.1. EM DEFESA DA SEMÂNTICA FUNCIONAL

Um argumento a favor da semântica funcional é um argumento do funcionalismo sobre os estados mentais *em geral*. Como vimos no capítulo 1, a maior parte dos filósofos pensa agora que a forma de evitar o dualismo sobre o mental, e de compreender a relação entre mente e cérebro, é pela aceitação de que os estados mentais são individuados pelo seu papel causal, conceptualizado a um certo nível de abstracção a partir dos mecanismos físicos no cérebro que exemplificam esses papéis. De facto, aceitámos (no capítulo 2) que a psicologia popular incorpora uma *teoria* implícita da estrutura causal e do funcionamento da mente, de tal maneira que os diversos tipos de estado mental podem ser individuados pela sua posição dentro da teoria. O argumento, então, é que quando alargamos esta abordagem a estados como *a crença que P* obtemos a semântica funcional. Mas *quais* são precisamente as causas e crenças normais de um estado que devem ser usadas para o individuar? Todas? E só as causas e os efeitos *reais* num pensador em particular? Argumentaremos que a resposta a ambas as questões deve ser «Não».

Para vermos este último ponto (que não são apenas as causas e os efeitos reais que contam), repare-se que a teoria funcionalista da mente afirma que individua os estados mentais em termos das suas interacções causais *potenciais* com os estímulos físicos, com outros estados mentais e com o comportamento. As relações causais com outros estados *reais* do sujeito nem sempre desempenham um papel definitivo. Por exemplo, nenhum teórico funcionalista afirmaria que a minha dor tem de ser uma espécie de estado mental diferente do seu, apenas porque acontece que tenho um desejo de parecer corajoso enquanto você não. Pelo contrário, os funcionalistas insistirão que os nossos estados são os mesmos, desde que *venham* a ter os mesmos efeitos *se* todos os nossos outros estados mentais forem semelhantes. Da mesma forma, embora os funcionalistas aceitem que *algumas* conexões causais com outros estados mentais reais (nomeadamente, as conexões não mediadas) desempenhem um papel definitivo na individuação de alguns tipos de estado mental, negariam que a identidade do estado mental é transitiva ao longo das cadeias dessas conexões. É evidente que nenhum funcionalista desejaria negar que os cegos têm desejos, por exemplo (ou seja, estados determinadores da acção do mesmo tipo que têm as pessoas que vêem), apenas por causa das diferenças nas conexões causais remotas desses estados! (Os desejos de estados em reserva tendem a ser activados pela crença de que a coisa desejada está disponível nessa altura e essas crenças são muitas vezes causadas, no caso normal, pela experiência visual do objecto desejado).

Quando o argumento é alargado à *crença que P*, então é óbvio que não será a totalidade das conexões causais entre esse estado e as outras crenças e desejos reais do agente que a individuam, mas em vez disso serão as conexões potenciais. Não serão as ligações causais *reais* de uma crença com outras crenças e desejos que constituem o seu conteúdo, mas em vez disso será o conjunto de condições daquilo que o sujeito *pensaria* ou *faria* na presença de (algumas mas não de todas) outras crenças e desejos — hipotéticos. (Este ponto vai bastante longe na resposta à acusação de Fodor de *idiossincrasia* do conteúdo; porque as mesmas condições podem ser verdadeiras para diferentes pensadores, apesar das grandes variações das suas crenças reais. Ver Carruthers, 1996c, cap. 4.)

Um segundo argumento para a semântica funcional é uma espécie de argumento «o que mais há?» das pessoas que trabalham na semântica das crenças e das declarações. Considera-se em geral que não podemos individuar conteúdos (ou seja, conteúdos explicativos por oposição a conteúdos semânticos — veja-se o capítulo 6) apenas em termos de referência, visto que tal os retalharia em fatias *demasiado espessas*. Ou seja, não se conseguiriam distinguir os conteúdos do pensamento que são, intuitivamente, diferentes. Por exemplo, a crença de Édipo, «Jocasta tem mais de 40 anos», difere em conteúdo da sua crença, «A mãe tem mais de 40 anos», mesmo que Jocasta seja, efectivamente, a sua mãe. Porque, como não sabe que Jocasta é a sua mãe, seria possível que Édipo tivesse uma crença sem a outra. Contudo, como a referência é a mesma, o que *mais* pode distinguir estas crenças *excepto* as suas diferenças de papel causal? Por exemplo, a crença de Édipo de que tem 30 anos tenderá a causar nele a segunda das crenças referidas acima só na presença da crença de que uma menina de 10 anos não pode ter uma criança, enquanto a primeira das crenças referidas acima só será causada se ele *também* acreditar que Jocasta é a sua mãe.

Também vale a pena considerar um exemplo ligeiramente mais elaborado, para que ninguém reaja (como fez Fodor, 1994, cap. 2) recorrendo à composição, ao assinalar que JOCASTA e MINHA MÃE podem ser distinguidas em virtude do facto de que a última contém o conceito MÃE, enquanto a primeira não. O exemplo é o seguinte: imaginemos que aprendi a usar normalmente os termos das cores, através da visão, mas também aprendi a usar uma máquina manual que *de facto* (de forma desconhecida para mim) reage à cor — talvez vibrando na mão com uma intensidade proporcional aos comprimentos de onda predominantes que recebe. E suponhamos que fui treinado, ostensivamente, para usar um conjunto de termos, «olhemrev», «olerama», «edrev», e assim por diante; onde estes termos são *de facto* co-extensivos aos termos de cor, «vermelho», «amarelo», «verde», e assim por diante. Então, é óbvio que há circunstâncias em que eu posso acreditar que o tomate é vermelho sem também acreditar que é «olhemrev» ou vice-versa. E isto apesar do facto de o meu pensamento respeitar a mesma propriedade mundana. Aqui como antes o argumento é o seguinte: o que *mais* pode distinguir os conteúdos das crenças «o tomate é vermelho» e «o tomate é olhemrev», além dos seus papéis funcionais? Porque não há, por hipótese, qualquer diferença de composição ou de sintaxe entre elas. O que torna as duas crenças diferentes, de facto, são coisas como, por exemplo, (a menos que eu *também* acredite que qualquer coisa «alhemrev» é vermelha) o de apontar apenas para a primeira que será causa de eu apontar para o tomate se me pedirem para mostrar alguma coisa vermelha; e se quero verificar a verdade da primeira, abrirei os meus olhos, enquanto se quero verificar a verdade da última, escolherei a minha máquina de vibração.

4.2. ELABORANDO A SEMÂNTICA FUNCIONAL

Qual é a melhor forma de desenvolvimento da semântica funcional? Uma questão é saber se deve ou não ser estabelecida a identidade de um estado com conteúdo para associar *todas* as espécies de causas e consequências características desse estado a um papel explicativo. Suponhamos, portanto, que a minha psicologia é tal que o pensamento «Há uma serpente por perto» causa sempre em mim um ataque de pânico — em que tem este efeito não porque eu *acredite* que as serpentes são perigosas, mas em vez disso por causa de alguma associação estabelecida na minha infância. Será que este efeito contribui para a identidade deste meu pensamento, dado que se o leitor expressar o pensamento com as mesmas palavras e este *não* lhe causa um ataque de pânico, podemos então concluir que não temos um e o mesmo tipo de pensamento? Ou suponhamos que o pensamento «Madonna vai visitar Sheffield» é a causa da tremura das minhas mãos, mas não das suas. Significará isto que nós não temos pensamentos com o mesmo conteúdo, porque os nossos pensamentos diferem ligeiramente nos seus papéis funcionais? Se respondermos «Sim» a estas questões, então estamos a propor que o conteúdo deve ser analisado em termos de papel bruto, causal e indiferenciado, onde *qualquer* causa e *qualquer* efeito — sejam eles cognitivos, afectivos ou fisicamente brutos — podem explicar a individuação do conteúdo. Se a resposta é «Não», então precisamos de encontrar um princípio para estabelecer um anel à volta do conjunto de causas e efeitos em que estamos interessados.

Parece inaceitável que o leitor e eu tenhamos pensamentos diferentes (que, contudo, expressaríamos exactamente com as mesmas palavras), apenas porque a «coloração emocional» ou os efeitos físicos desses pensamentos são diferentes. Mas, nesse caso, como podemos caracterizar o subconjunto relevante das causas e efeitos de um pensamento, que ainda vai constituir o seu papel funcional de definição de conteúdo? Uma maneira óbvia de avançar é dizer que só interessam para a identidade do conteúdo aquelas causas e efeitos que são *inferenciais* por natureza. Mas levanta-se então outro problema: o que é um processo *inferencial*? Como é que distinguimos as inferências dos outros géneros de transição cognitiva? É óbvio que não podemos dizer que uma transição é inferencial apenas no caso em que ela pode ser dividida em passos intermédios, visto que isto salientaria que a transição de «P & Q» para «P» *não* é inferencial! Mas então também não podemos dizer que um processo é inferencial apenas no caso em que é *válido*, ou (mais plausivelmente, visto que nem todas as inferências são dedutivas) apenas no caso em que *garantidamente gera uma verdade de outra verdade*, porque, neste caso, estaríamos a introduzir noções semânticas na nossa tentativa de naturalizar o conteúdo, o que seria equivalente a abandonar totalmente o projecto.

Neste ponto, parece haver duas maneiras possíveis de prosseguir com a semântica funcional. Uma seria adoptar uma página do manual da teleossemântica e dizer que um processo é inferencial apenas no caso em que ocorre quando a nossa cognição funciona da maneira que é *pressuposto* fazê-lo. Então a transição de «P & Q» para «P» acabará por ser inferencial, enquanto a transição do pensamento «Madonna vai visitar Sheffield» para a tremura das mãos não o será, como é ditado pela intuição. Porque a primeira transição ou é inata (e seleccionada) ou, pelo menos, mantida na cognição por causa do seu sucesso; enquanto a segunda não é nem uma nem outra. Mas repare que isto não nos pode levar a dizer que os próprios pensamentos têm funções. Em vez disso, diríamos que os pensamentos são individuados em termos das suas causas e efeitos normais, os quais se dão de acordo com a cognição quando esta funciona regularmente.

A outra maneira de prosseguir seria caracterizar como inferenciais aqueles processos que se dão de acordo com as *leis* psicológicas e ou que são apoios contrafactuais. Esta abordagem provavelmente cobriria grande parte dos fundamentos da proposta anterior, mas tem a vantagem de que a psicologia de conteúdo pode ser caracterizada de forma completamente an-histórica. Por conseguinte, desde que seja uma *lei* (ou tendência nómica, pelo menos) que as pessoas que acreditam em «P & Q» também vão acreditar em «P» *ceteris paribus*, então esta transição pode ser usada para caracterizar o papel funcional da anterior. Mas como presumivelmente *não* é legítimo que os pensamentos de Madonna visitando Sheffield causem a tremura das mãos, este efeito não fará parte do papel funcional desse pensamento.

4.3. O FUNCIONALISMO DOS DOIS FACTORES

Outro pormenor é que se compreende facilmente que a semântica funcional não é realmente uma *concorrente* da semântica informativa ou da semântica teleológica, na medida em que não trata verdadeiramente das mesmas questões. Pois, como é que a referência, ou a condição de verdade mundana, de um pensamento pode ser consequência do modo de funcionamento intracraniano desse pensamento? Como pode ser consequência da rede de inferências em que esse pensamento se integra? De facto, parece inevitável que a semântica funcional seja apenas a explicação naturalizada do conteúdo *limitado* e que não possa ser alargada para explicar o conteúdo *extenso*. Nesse caso alguém pode dizer que é um semântico informativo ou teleológico (acerca do conteúdo extenso) *e* um semântico funcional (acerca do conteúdo limitado) e não há uma verdadeira concorrência entre os dois domínios.

É verdade que algumas versões da semântica funcional tinham apenas a intenção de dar uma explicação do conteúdo limitado. E também é verdade que seria recomendável aos defensores do conteúdo limitado procurarem algumas dessas formas de semântica funcional se pretendem alcançar a explicação naturalista da noção que desejam. Mas é importante verificar que a semântica funcional não *tem* de ser limitada. Porque o papel funcional de um estado mental pode ser caracterizado de tal modo que consiga abranger as causas e efeitos mundanos desse estado, são, nesse caso, os papéis funcionais de «braços compridos», que envolvem o mundo, por oposição a «braços curtos» ou que estão dentro da cabeça (Block, 1986). Desta forma, podemos dizer que faz parte da função da crença «Madonna vai visitar Sheffield» ser ela causada por eventos que envolvem a própria Madonna e que vão ser causa em mim (tendo em conta os meus desejos) ficar à chuva toda a noite no exterior do Sheffield Arena a fim de a ver.

A semântica funcional também pode recorrer a uma forma de explicação de co-variância causal, ou informativa, a fim de caracterizar o elemento mundano envolvido na função. É assim que podemos dizer que um RATO pensado é aquele que inclui informação sobre ratos (que é causado, *inter alia*, pela presença de ratos), recorrendo a formas com as quais esse pensamento interage inferencial-mente com outros a fim de resolver o problema da disjunção e para o distinguir de outros pensamentos que podem envolver a mesma propriedade mundana. De forma que RATO tem o conteúdo *rato* e não *musaranho ou rato*, em virtude de ter tendência a ser causado pela presença de um rato e porque estou apto a inferir dele NÃO MUSARANHO e PODE ACASALAR COM OUTROS RATOS, e assim por diante. (Para um grande número de propostas diferentes que envolvem o desenvolvimento de uma semântica de dois factores, ver Field, 1977; Loar, 1982; McGinn, 1982; Block, 1986.)

4.4. A ACUSAÇÃO DE HOLISMO

É óbvio que há um sentido em que a semântica funcional é holística. Porque ao especificarmos o papel funcional de um estado — digamos, *a crença que P* — teremos de mencionar outros com os quais ela pode interagir causalmente; e muitos destes também serão estados com conteúdos semânticos (*a crença que Q; o desejo que R*; e assim por diante). E então, aparentemente, põem-se dificuldades ao projecto da *naturalização* do conteúdo. Pois, como é que se pode reduzir com sucesso a termos puramente naturais e causais o conteúdo *P* se as declarações que tentam fazer isso também têm de mencionar outros conteúdos? É fácil de ver que não se trata aqui de *reduzir* o conteúdo, mas apenas de empurrar a coisa de conteúdo para conteúdo. No entanto, não há aqui qualquer dificuldade e este sentido (fraco) em que a semântica funcional é holística não levanta qualquer problema ao projecto da naturalização. De facto, é característica ubíqua das teorias científicas (e outras) que contenham termos que só obtêm o seu significado a partir da sua relação com os outros termos da teoria. Mas como mostrou Lewis (1970), ainda se *pode* definir cada um destes termos *quantificando* as entidades que envolvem. Mas por agora não prosseguiremos com este assunto.

210

Fodor argumentou, contudo, que a semântica funcional tem de dar origem a uma forma de holismo muito mais forte do que esta e afirma que a psicologia científica pode não ser útil para essa forte noção holística de conteúdo (1987, cap. 3; Fogor e Lepore, 1992). Nesse caso, visto que as tentativas de naturalizar o conteúdo são orientadas em última instância por um desejo de defender a realidade das atitudes proposicionais ao mostrarem que elas podem ser incorporadas na ciência, seria melhor que não prosseguíssemos com esse objectivo adoptando a semântica funcional. Fodor afirma que a semântica funcional tem de tornar a identidade de qualquer conteúdo de crença dependente de *todas* as crenças a que está inferencialmente ligada. Nesse caso o conteúdo acabará por ser radicalmente idiossincrático e, raramente, se alguma vez, duas pessoas partilharão crenças exactamente com o mesmo conteúdo. Pois haverá sempre diferenças suficientes nos seus sistemas de crenças para assegurar que há *algumas* diferenças nas conexões inferenciais da candidata a crença. Mas se o conteúdo é idiossincrático, então parece que se torna inútil para as finalidades da psicologia científica. Porquanto essa psicologia procura leis que subsumirão todos os indivíduos da população.

Os adeptos da semântica funcional podem responder de várias maneiras ao referido problema do holismo forte. Já se mencionou uma delas: o papel funcional é na verdade um *potencial* funcional — e o mesmo conjunto de condicionais pode ser verdadeiro para pessoas que diferem nas suas crenças reais. Também há um grande número de outras propostas para estabelecer limites às conexões inferenciais de qualquer crença dada que considera a identidade do seu conteúdo (ver Carruthers, 1996c, cap. 4; Devitt, 1996). Na nossa perspectiva, embora difícil, não há razões para pensar que o problema seja insuperável. No entanto, neste ponto, vamos concentrar-nos em mostrar que embora a nossa noção de conteúdo da psicologia popular se revele fortemente holística, e portanto idiossincrática, isto não significa que a psicologia científica tenha de abandonar totalmente a noção de conteúdo.

O primeiro ponto a assinalar é que a maior parte da psicologia poderia funcionar perfeitamente bem mesmo com uma noção de conteúdo idiossincrática. Pois muitas generalizações psicológicas *quantificam sobre* o conteúdo, de tal maneira que não exigem que dois pensadores tenham sempre o *mesmo* conteúdo. É assim que o silogismo do raciocínio prático diz-nos que qualquer pessoa que deseje Q e que acredita *se P então Q* e que acredite que *P está ao alcance das minhas capacidades* tentará causar que P, *ceteris paribus*. Esta generalização pode permanecer verdadeira e conservar a sua capacidade de previsão e explicação, mesmo que não haja dois pensadores que exemplifiquem o *mesmo* exemplo dela (com conteúdos particulares substituídos por P e Q). Contudo, é evidente que este ponto por si mesmo não pode tornar inofensiva a acusação de idiossincrasia. Porque também é verdade que muitas generalizações psicológicas se relacionam com conteúdos *particulares* ou tipos de conteúdo.

Consideremos a afirmação de que existem diversas espécies de tabu do incesto, por exemplo. Se eu disser que as pessoas têm aversão ao pensamento de relações sexuais entre mãe e filho, então exprimi uma generalização em relação a um pensamento que mais ninguém, se não eu, pode partilhar, se o holismo forte for verdadeiro. Visto que mais ninguém pode ter aversão a *este* pensamento (um pensamento individuado pela totalidade das conexões inferenciais que ele tem, para mim), então a minha tentativa de generalização falha.

Uma tentativa de resposta a esta objecção seria pegar na sugestão de Stich (1983), de que a psicologia científica deve funcionar com uma *medida de semelhança* graduada dos conteúdos intencionais. As leis psicológicas podem então ser formuladas para conteúdos que são mais ou menos semelhantes entre si, mesmo que não haja pessoas para partilhar os conteúdos do pensamento que são, falando estritamente, idênticos. No entanto, como Fodor (1998) assinala, a *semelhança* de conteúdos tem de ser conseguida em termos da extensão da sobreposição nos conjuntos dos pensamentos com que um dado par de conteúdos é inferencialmente conectado. E isto por sua vez pressupõe que nós *identifiquemos* (absolutamente e não meramente como semelhante) os pensamentos em questão. De maneira que esta abordagem não parece ser muito prometedora.

Para se ver a possibilidade de responder à objecção de forma bastante diferente, note-se que nem todas as conexões inferenciais do conceito *incesto entre mãe e filho* serão igualmente relevantes para a existência do tabu do incesto. A fim de sentir a aversão relativamente ao pensamento «Jocasta comete incesto com o filho», há provavelmente diversas crenças que o leitor tem de ter e diversas inferências que tem de estar preparado para fazer — como a inferência de que Jocasta é consideravelmente mais velha, por exemplo. Mas é improvável que conexões inferenciais remotas com crenças sobre a dimensão média de uma família, digamos (para não falar de crenças sobre famosas romancistas femininas), tenham qualquer impacto. O que isto sugere, portanto, é que pode haver um subconjunto das conexões inferenciais totais de um dado conteúdo de pensamento que se relaciona com a verdade das generalizações legítimas em que aparece. Nesse caso a ciência psicológica poderia identificar o conteúdo em questão por meio do subconjunto relevante.

(Isto pode conduzir a uma situação em que seriam atribuídos à mesma representação mental — como JOCASTA COMETE INCESTO COM O SEU FILHO — conteúdos com *diferentes* condições de identidade em contextos diferentes, dependendo das leis psicológicas que estivessem em jogo. Mas não há nada de particularmente surpreendente nisto tudo e muito menos não há nada de subversivo da própria ideia de psicologia com base no conteúdo.)

Um exemplo verdadeiro pode ser-nos útil agora. Como vimos no capítulo 4, os psicólogos descobriram que há uma linha divisória no desenvolvimento normal que ocorre por volta dos 4 anos, antes da qual muitas das generalizações que são verdadeiras para nós em virtude de possuirmos uma psicologia popular são inaplicáveis. E a maior parte dos psicólogos diz, por conseguinte, que antes dos 4 anos as crianças não têm o conceito de *crença*, e são incapazes de ter pensamentos de crença. (Perner, 1991, diz que as crianças com 3 anos possuem o conceito nítido de *pré-crença* que é uma espécie de amálgama mais simples de *pretensão* e *crença*.) Todavia, também dizem que *depois* dos 4 anos todos nós possuímos o mesmo conceito de crença, embora possa haver entre os indivíduos muitas diferenças menores nas crenças referentes às crenças. É óbvio, portanto, que a ideia deles é que o conceito de *crença* há de ser individuado apenas por aquelas conexões inferenciais (como aquela que vai de «A acredita que P» a «A está num estado que pode ser falso») que são necessárias e suficientes para que as generalizações psicológicas relevantes sejam verdadeiras a nosso respeito.

Há uma moral a extrair deste género de caso. Fodor levanta objecções à semântica funcional com base na sua falta de «princípios» para diferenciar as inferências que são constitutivas da significação; de modo que todas as inferências teriam de ser consideradas como constitutivas da significação; de modo que o conteúdo se torna holístico e idiossincrático; e assim, infelizmente, não haveria leis psicológicas com conteúdo. Nós sustentamos que Fodor pôs a dialéctica do conteúdo ao contrário, de trás para a frente. A primeira coisa a afirmar é que há, inegavelmente, tendências causais psicológicas com conteúdo, com carácter legítimo. (De facto, repare-se como nos baseamos nelas a todo o momento — a fim de comunicar, pragmaticamente, muito mais do que precisamos de constatar explicitamente, por exemplo.) Mas sendo assim, dado que essas conexões legítimas existem, sempre se pode construir uma noção de conteúdo funcional — nomeadamente, a partir de todas as inferências necessárias aplicadas pela lei. Tudo aquilo que é idiossincrático é *precisamente aquilo que é omitido* do papel funcional que constitui o conteúdo. E temos então o princípio exigido.

5. NATURALIZAÇÃO *VERSUS* REDUÇÃO

As três principais teorias semânticas que foram examinadas (semântica informativa, semântica teleológica e semântica funcional) são impelidas por um desejo de *naturalizar* as propriedades semânticas, como a significação, a verdade e a referência. E este desejo, por seu turno, apoia-se na necessidade de evitar o *eliminativismo* aplicado à psicologia com base no conteúdo, como verificámos na secção 1. Mas a fim de verificar se uma semântica *naturalizada* teria de ser uma semântica *redutora*, precisamos de esclarecer melhor o que *é* exactamente uma explicação redutora de um fenómeno.

5.1. REDUÇÃO E REALIDADE

As reduções surgem, no mínimo, sob duas formas: *conceptual* e *metafísica*. As reduções conceptuais são em geral tentadas *a priori* e têm o propósito de estabelecer, em termos que não envolvam o conceito alvo, as condições necessárias e suficientes para que qualquer coisa satisfaça esse conceito. As reduções conceptuais são uma parte integrante da filosofia analítica. É assim que a tentativa de análise do conhecimento como *crença verdadeira justificada* é uma tentativa de redução da nossa noção de conhecimento a outros termos. O registo histórico da filosofia analítica não acalenta grandes esperanças na descoberta de muitas reduções conceptuais, havendo apenas as de alguns conceitos. Apesar do trabalho colectivo de várias gerações de filósofos analíticos, dificilmente se encontra um único caso em que haja acordo geral sobre uma definição redutora. É emblemático que a procura de definições redutoras tenha seguido o mesmo padrão deprimente. Primeiro, propõe-se uma definição (como em «conhecimento = crença verdadeira justificada»); depois encontram-se contra-exemplos da proposta feita (como nos casos Gettier para o conhecimento); depois a análise é remendada para acomodar estes contra-exemplos; mas depois descobrem-se mais contra-exemplos da nova análise; e assim por diante. De maneira que nos parece termos bases indutivas bastante sólidas para dizer que *não se podem encontrar reduções conceptuais* (ou pelo menos nenhuma que seja informativa). E assim, *a fortiori*, também é improvável que haja quaisquer reduções conceptuais de conceitos semânticos a ser feitas de futuro.

Uma explicação possível para a indisponibilidade geral da análise conceptual redutora é proporcionada pelo trabalho mais recente da psicologia cognitiva, como assinalaram Stich (1992) e Tye (1992). Uma diversidade de dados experimentais sugere que os conceitos são armazenados não sob a forma de declarações de condições necessárias e suficientes, mas, em vez disso, como *protótipos*. Um protótipo é uma representação de um membro protótipo da espécie, incluindo um conjunto (ponderado) de propriedades protótipo e talvez incluindo ainda um *paradigma* perceptivo derivado da familiaridade com um ou mais membros da espécie. Um protótipo para o conceito *cão*, por exemplo, incluiria *caça gatos, tem cães como parentes, come ossos, ladra quando está colérico ou receoso, é um mamífero, abana a cauda quando está feliz*, e assim por diante, juntamente com um modelo perceptivo, ou paradigma, derivado da experiência de um ou mais exemplos. Mas não há qualquer sugestão de que os cães precisem necessariamente de ter todas estas características. Em vez disso, decidir se alguma coisa é um cão é questão de ajuizar se é suficientemente semelhante ao cão protótipo. (E os juízos de «semelhança suficiente», por seu lado, podem ser sensíveis ao contexto e variarem com as finalidades de fundo.) Se o conceito *conhecimento* tem uma estrutura semelhante, então é óbvio por que motivo falharam todas as tentativas para produzir a análise redutora do conceito, numa declaração com condições necessárias e suficientes para o conhecimento. E se os conceitos semânticos também partilham a estrutura protótipo, então também parece improvável que se lhes pode proporcionar qualquer análise redutora.

As reduções metafísicas, pelo contrário, concentram-se nas propriedades mundanas em questão em vez de ser nas concepções que delas temos. A forma clássica dessas reduções é interteórica, como quando as leis de pressão-temperatura do gás são reduzidas a mecânica estatística. A lei de Boyle constata o seguinte: $PV = kT$. De maneira que se o volume (V) de um gás é mantido constante, um aumento de temperatura (T) causará um aumento correspondente na pressão (P). Esta lei pode, efectivamente, ser derivada da mecânica estatística, juntamente com os «princípios de ligação» de que a pressão é força por unidade de área e a temperatura significa a aceleração molecular. Pois como a aceleração média das moléculas (a temperatura) é aumentada, então a força por unidade de área exercida sobre a superfície do recipiente (a pressão) também aumentará, se essa área da superfície permanecer constante.

Tal como houve muito poucas reduções analíticas feitas com sucesso, também existem poucas reduções interteóricas bem sucedidas. A razão, neste caso, radica no fenómeno da *múltipla realizabilidade*. Parece ser muito comum que as leis das ciências especiais (química, biologia, neurologia, psicologia e assim por diante) sejam multiplamente realizáveis nos mecanismos de nível inferior. Se houver uma variedade de mecanismos físicos diferentes, envolvendo uma variedade de propriedades P_i físicas diferentes, qualquer uma das quais é suficiente para realizar uma propriedade T numa lei de ciência especial, então não será possível *identificar* a propriedade T da ciência especial com uma propriedade física única. Este género de situação aparece em especial no caso da biologia e da psicologia, onde sabemos que a evolução pode aparecer com um grande número de mecanismos diferentes para realizar a mesma função. Nesse caso, não é de esperar que sejamos capazes de encontrar explicações redutoras das propriedades psicológicas, incluindo as propriedades da semântica. De maneira que, se o realismo exige a naturalização, torna-se crucial saber se a naturalização, por seu lado, precisa da redução.

5.2. A NATURALIZAÇÃO SEM REDUÇÃO

É óbvio que a crença na realidade de alguma propriedade não pode, *em geral*, exigir uma redução bem sucedida dessa propriedade noutros termos, com pena de se dar uma regressão viciosa. Nem é muito plausível sustentar que todas as propriedades *acima do nível da física elementar* precisam de ser reduzidas aos termos dessa física a fim de se revelarem como reais. Porque então teríamos de negar a realidade dos tipos químicos e biológicos, assim como a realidade dos tipos psicológicos. Porque se acham muito poucas reduções interteóricas bem sucedidas e muito menos reduções ao vocabulário da física elementar. Em vez disso, devíamos aceitar que a existência de diversas ciências especiais é uma parte permanente e irredutível da nossa visão do mundo, reflectindo a maneira como o mundo natural é organizado em termos de leis e princípios operando a diferentes níveis de generalidade. E então tudo o que precisamos de fazer a fim de *naturalizar* uma propriedade é mostrar que ela aparece nas leis de uma ou outra ciência especial, em cuja persistência temos boas razões para acreditar.

Nesse caso, para aqueles de nós que acreditamos no estatuto científico da psicologia, não precisamos de fazer mais nada, a fim de naturalizar o conteúdo intencional, além de salientar que esses conteúdos aparecem nas leis da psicologia. De forma que quem tem procurado uma *redução* naturalizada do conteúdo intencional não só tem perseguido qualquer coisa que pode de facto ser inatingível, mas tem-no feito desnecessariamente. O que sempre fizeram foi defender o estatuto científico da psicologia intencional directamente, sem procurar qualquer género de redução.

No entanto, o que acontece à pretensa *unidade* da ciência no quadro aqui esboçado? Poderemos efectivamente permitir que todas as ciências especiais vagueiem independentemente umas das outras? Poderemos permitir que a ciência natural consista apenas em «mais um raio de uma lei que se segue a outra», sem qualquer necessidade de ordenação ou de integração entre elas? Se assim é, então não haveria objecções de princípio a fazer ao dualismo, visto que as leis da psicologia não exigiriam que se estabelecesse qualquer relação particular com as leis que governam os processos cerebrais. Mas é óbvio que a crença na irredutibilidade e realidade das ciências especiais não precisa de implicar temas tão fortes como estes. Pelo contrário, podemos continuar a insistir nas identidades de sinal entre as ocorrências das ciências especiais e os eventos físicos. Ou seja, sempre que houver uma propriedade assinalada e caindo sob a alçada de uma lei da ciência especial (pode ser da psicologia), podemos (e certamente que devemos) exigir que o sinal seja idêntico à (não seja outro além da) sinalização de uma propriedade de nível inferior (e, em última instância, física) ocorrendo ao mesmo tempo. De maneira que a crença na irreversibilidade das ciências especiais é pelo menos consistente com o nosso fisicalismo cheio de bons motivos.

Pode acontecer, efectivamente, que possamos (e devamos) acreditar numa versão mais fraca da doutrina da unidade da ciência, sem sucumbir ao reducionismo, como argumenta Smith (1992). *Grosso modo*, a ideia é que seja possível procurar *explicações* das leis da ciência especial em termos dos mecanismos de nível inferior. Ou seja, devia ser possível tornar *não misterioso* o que uma dada lei da ciência especial obtém, tendo em conta as vias em que as propriedades envolvidas nessa lei podem ser realizadas em mecanismos físicos e tendo em conta as leis de nível inferior que governam esses mecanismos. Pondo a questão de maneira ligeiramente diferente: é razoável acreditar que cada processo de *sinal*, ocorrendo

216

de acordo com uma lei de ciência especial, tem de se realizar num processo de sinal capaz de ser descrito no vocabulário de uma ciência de nível inferior, que também é legítimo nesse nível inferior. Nesse caso, a fim de sermos realistas (e naturalistas) em psicologia, temos de acreditar que em conexão com cada processo psicológico de sinal, há algum processo que pode ser descrito no vocabulário da física e ou da química e ou da neurologia, cuja ocorrência é *suficiente para* (porque é o *realizador de*) a ocorrência do processo psicológico em questão.

Mas não é necessário que sejamos já capazes de *apontar para* ou de proporcionar uma explicação desses processos de nível inferior, antes de conseguirmos acreditar na realidade do psicológico. Basta-nos ter uma *crença razoável* em que eles podem ser encontrados. E ainda menos se exige que esses processos realizadores sejam especificados mais ou menos *a priori*, em resultado da reflexão filosófica à luz do pano de fundo das nossas crenças. Pelo contrário, é evidente que a ciência tem de descobrir e esclarecer a(s) *interface(s)* entre a psicologia e a neurologia. De maneira que não há necessidade de que nós, filósofos, sejamos capazes de especificar, em vocabulário não psicológico, uma condição que seria suficiente para a ocorrência de qualquer estado psicológico com conteúdo.

Parece que a realidade, e o estatuto natural, do conteúdo é assegurado pela existência de uma psicologia científica baseada no conteúdo, desde que esta última possa ser, em princípio, unificada ao resto da ciência. De forma que se uma pessoa acredita na realidade (e no estatuto quase científico) da psicologia popular e nas perspectivas da psicologia científica baseada no conteúdo em geral (como acontece com Fodor, 1987, e como nos acontece a nós), então nada mais é preciso fazer para naturalizar o conteúdo, além de mostrar que os processos psicológicos são implementados em mecanismos que podem, em última instância, ser mecanismos físicos. E, aparentemente, a teoria computacional da cognição (também defendida por Fodor, 1980) pode ao menos ter um começo auspicioso ao fazer isso.

Continua a ser verdade que, por vezes, persistimos em dar uma explicação redutora de alguns fenómenos psicológicos envolvendo o conteúdo, ou seja, a especificar os mecanismos de implementação de forma a explicar, em pormenor, como é que o processo de nível superior se exemplifica neles. E também é verdade, se acreditamos pelo menos numa forma fraca da unidade da ciência, que estamos empenhados em encontrar teorias neurológicas ou outras de nível inferior que devem tornar não misterioso o motivo por que a nossa ciência psicológica funciona tão bem como é costume, ou seja, teorias de mecanismos subjacentes em consequência dos quais conseguimos entender por que motivo os fenómenos envolvendo conteúdo se agrupam da maneira que o fazem. Mas é de salientar que estas tarefas *não* devem ser empreendidas por filósofos de gabinete. A tarefa de procurar o grau indispensável de unidade da ciência e de oferecer explicações redutoras é científica e não deve ser tentada por uma reflexão *a priori*.

A nossa perspectiva, portanto, é que muitas coisas passadas sob o rótulo do «conteúdo naturalizado» foram incorrectas ou, pelo menos, mal orientadas. Até o próprio Fodor — o próprio Sr. Ciências Especiais (ver o seu artigo de 1974) — é culpado neste assunto. É evidente que, embora Fodor tenha outrora tentado fazer o que parecia serem avaliações redutoras do conteúdo (ver os seus trabalhos de 1984, 1985b e 1987), abandonou por agora a procura de condições *necessárias e* suficientes para que possa haver um dado conteúdo; agora só procura condições suficientes (1990). E esta posição pode parecer pelo menos um gesto na direcção da realizabilidade múltipla. A ideia parece ser a seguinte: embora não nos exijam que proporcionemos condições naturais, *necessárias* a um dado conteúdo (visto que esse conteúdo pode ser realizado numa diversidade de condições *diferentes*), pelo menos ainda parece haver a possibilidade de encontrar condições naturais *suficientes* para um dado conteúdo, condições essas que desempenham o papel realizador. Mas parece que Fodor ainda continua a pensar que as condições suficientes em questão podem ser descobertas por uma reflexão *a priori*. Mas por que razão se haveria de esperar que essa procura pudesse ser conduzida *a priori* ou que a suficiência em questão tivesse de ser conceptual?

5.3. O FUTURO DA SEMÂNTICA NATURALIZADA

Significa isto que não há qualquer verdade nas várias explicações redutoras da intencionalidade propostas pelos filósofos que analisámos? Não, não insistimos nisso. Por qualquer razão, há um mistério acerca da origem do conteúdo. O mundo nem sempre conteve representações. De forma que as representações devem ter evoluído de uma forma ou outra na ordem natural. Estamos encantados em concordar que a questão do modo como é que isso aconteceu pode ser respondida recorrendo aos elementos básicos da teleossemântica, especificamente, ao sistema fidedigno de estados de indicadores sensíveis, seleccionados para fins de controlo comportamental. (Compare-se uma explicação modesta das origens da troca monetária — à pouco auspiciosa tentativa de fazer uma análise redutora de todas as espécies e quantidades de valor monetário.)

Por outro lado, acontece que o filósofo, teoricamente, pode proporcionar, efectivamente, as *condições necessárias* da intencionalidade ou de qualquer conteúdo intencional dado. Evidentemente que isto será de esperar se os conceitos forem representados sob a forma de protótipos, como analisámos anteriormente. Repare que entre as características protótipo de cães, enumeradas acima, estavam duas — *tem cães como parentes* e *é um mamífero* — que são pelo menos condições necessárias aceitáveis para que uma criatura seja um cão. De forma que é de prever que também no caso dos conceitos semânticos há condições necessárias que podem ser articuladas mais ou menos *a priori*. (Ver Williamson, 1995, que assinala justamente esta questão em conexão com o nosso conceito de conhecimento.)

Aquilo que propomos, por conseguinte, é que os filósofos comecem a explorar variantes dos programas naturalistas analisados neste capítulo — talvez com ênfase nas explicações funcionais, tanto na sua forma de «braços compridos» ou completadas por limitações de co-variância causal — com a perspectiva de proporcionar, teoricamente, não uma explicação *redutora* das propriedades intencionais nem sequer um conjunto de condições *suficientes* do conteúdo intencional, mas um conjunto de condições *necessárias*. Estas proporcionariam limitações ao que for preciso para haver uma criatura com conteúdos intencionais em geral e ao que é preciso para haver um dado conteúdo P em particular. E também há um grande campo de trabalho interdisciplinar com psicólogos, na procura de explicações para as condições necessárias à aplicação de um dado corpo de generalizações psicológicas, como foram analisadas na secção 4.4 acima em ligação com o conceito de crença.

6. CONCLUSÃO

Neste capítulo explorámos os pontos fortes e fracos de três diferentes programas de naturalização na semântica, argumentando que, dos três, existe uma forma de semântica funcional que se apresenta como a melhor oportunidade. Mas também argumentámos que as pretensões redutoras destes programas estão mal orientadas, especialmente quando tomadas como exercício *filosófico*. Embora possa ser necessário ao estatuto natural das propriedades intencionais que as leis envolvendo conteúdo, da psicologia científica, sejam explicáveis à luz de mecanismos realizadores, essas explicações devem ser descobertas *a posteriori* pelos cientistas naturais. Os filósofos deviam, no máximo, propor e defender algumas condições necessárias para que as criaturas tenham conteúdos intencionais.

LEITURAS SELECCIONADAS

Sobre a semântica informativa: Dretske, 1981, 1986; Fodor, 1987, 1990; Loewer e Rey, 1991.

Sobre a teleossemântica: Millikan, 1984, 1986, 1989; Papineau, 1987, 1993; Dretske, 1988.

Sobre a semântica funcional: Loar, 1981, 1982; McGinn, 1982; Block, 1986; Peacocke, 1986, 1992.

Sobre a naturalização: Fodor, 1974; Smith, 1992; Stich, 1992; Tye, 1992.

Sobre conceitos na filosofia e na psicologia: Margolis e Laurence, 1999. (Ver especialmente o longo ensaio introdutório dos editores.)

VIII
FORMAS DE REPRESENTAÇÃO

Nos dois últimos capítulos, examinámos a natureza do conteúdo psicológico. No presente capítulo, vamos dedicar-nos à questão do modo como esse conteúdo é *representado* no cérebro ou de qual poderá ser o seu *veículo*. Seguindo-se à introdução para esclarecer os temas elementares, o capítulo divide-se em duas partes principais. Na primeira, a estória do mentalês ortodoxo é comparada à sua concorrente conexionista. Depois, na segunda, vamos examinar a função que as representações da linguagem natural desempenham na cognição humana. Uma questão recorrente é saber quais são os compromissos da psicologia popular, se os tiver, a respeito da representação do conteúdo.

1. PRELIMINARES: PENSANDO COM IMAGENS

Uma resposta tradicional às questões acabadas de pôr, respeitante aos veículos dos nossos pensamentos é que o pensamento consiste inteiramente em *imagens* mentais (na maioria visuais) dos objectos a que dizem respeito os nossos pensamentos e esses pensamentos interagem por meio de *associações* (na maior parte aprendidas) entre essas imagens. De maneira que quando penso num cão, faço-o em virtude de ter uma espécie de imagem mental de um cão; e quando infiro que os cães ladram, faço-o em virtude da associação que foi criada em mim entre as imagens mentais do *cão* e do *ladrar*. Esta perspectiva foi mantida muito frequentemente através da história da filosofia, pelo menos até muito recentemente, particularmente entre os empiristas (Locke, 1690; Hume, 1739; Russell, 1921). Aqueles que mantêm esta perspectiva argumentarão, portanto, que o pensamento é independente da linguagem porque consideram que a posse e manipulação de imagens mentais não precisam de envolver ou de pressupor qualquer forma da linguagem natural.

De facto, para a explicação imagética o pensamento consiste na manipulação de imagens mentais e os pensamentos herdam as suas propriedades semânticas das capacidades representativas das imagens que os constituem. A primeira parte desta afirmação pode ter algo de importante e correcto, como argumentaremos na secção 3 deste capítulo. Pode acontecer que o nosso pensamento consciente pressuponha a imaginação e que as imagens mentais (particularmente imagens de frases declarativas da linguagem natural) estejam implicadas em todos os nossos pensamentos conscientes. Mas a segunda parte — semântica — da afirmação é definitivamente incorrecta, como passamos agora a debater.

As imagens, por si mesmo, quando não são completadas por uma grande quantidade de conhecimento anterior (e, por conseguinte, de pensamento) por parte do pensador, ficam confinadas a representações de aparência. Ter uma imagem mental visual é representar perante si mesmo o modo como alguma coisa poderia parecer; ter uma imagem mental auditiva é representar perante si mesmo o modo como alguma coisa soaria; e assim por diante. Isto origina imediatamente um problema para a teoria imagética do pensamento, visto que muitas das nossas próprias palavras e conceitos não representam aqueles tipos de coisas que *têm* uma aparência. Por exemplo, e mais ou menos ao acaso, repare-se nos conceitos lógicos como *e, ou, não*; os conceitos temporais como *amanhã, ontem, ano*; conceitos para propriedades abstractas como *inflação* (de dinheiro), *primo* (de números); e termos de números como *dezasseis* ou *sessenta e quatro*. Não há, em nenhum destes casos, qualquer imagem mental que pareça ser, ainda que remotamente, adequada para exprimir o que queremos dizer.

Além disso, temos muito conceitos que representam coisas que *têm* aparência, mas não as representam *em virtude da* sua aparência. Repare-se, por exemplo, no conceito de *paragem de autocarro*. É evidente que as paragens de autocarro têm uma aparência característica (embora seja diferente em diferentes partes do país, para não falar das diferentes partes do mundo). Mas se eu roubar um sinal da paragem de autocarro e o colocar no meu jardim como ornamento, o meu jardim não se transforma numa paragem de autocarro. Em vez disso (de forma muito geral), uma paragem de autocarro *é um lugar onde se pressupõe que parem os autocarros*. Como é que se pode exprimir isto numa imagem? Mesmo que a minha imagem seja a de um autocarro parando junto de um sinal de paragem de autocarro, com pessoas a entrar e sair, ela não alcança a generalidade da ideia de um lugar onde os autocarros (em geral) param; nem afecta a normatividade implícita na ideia *se pressupõe que parem*.

À luz de pormenores como estes, é óbvio que nenhuma imagem ou sequência de imagens pode por si mesma incluir o conteúdo de um pensamento tão simples como «toda a relva é verde», muito menos uma proposição complexa como «pode descobrir-se vida em Marte nos próximos dez ou vinte anos». Todavia, nada impede as pessoas de usarem imagens como *marcas* para exprimir os seus pensamentos, um pouco como se usam as palavras. No entanto, porém, não será o conteúdo representativo da imagem, enquanto tal, que vai determinar o conteúdo do pensamento. É evidente que qualquer pessoa pode empregar imagens de objectos com condições de aplicação convencionalmente determinadas, um pouco como a caligrafia hieroglífica ou ideográfica. Mas então, nesse caso, não há qualquer diferença acerca da afirmação de que o pensamento envolve sempre algum género de linguagem, porque um sistema de imagens deste género pretensamente reflecte as propriedades estruturais e as capacidades combinatórias de uma linguagem.

Apesar dos detalhes a que acabamos de nos referir, é evidente que não pretendemos afirmar que as imagens mentais nunca poderiam desempenhar um papel numa coisa que se pode chamar com propriedade «pensamento». É evidente que por vezes os nossos pensamentos consistem numa mistura de frases declarativas e imagens mentais. De modo que, quando se raciocina num problema prático qualquer, eu posso ter um pensamento misto como o seguinte: «Se puser este tamborete sobre a mesa *assim* [inserir imagem], então ao subir para cima dele serei capaz de me esticar *assim* [inserir imagem].» (Repare que não pretendemos fugir ao assunto respeitante à *linguagem em que* parte desse pensamento se dá. Os componentes não imagísticos do pensamento também se podem exprimir em mentalês, tendo em consideração tudo aquilo que incluímos neste caso.) Além disso, por vezes, os nossos pensamentos conscientes podem consistir *inteiramente* em imagens de objectos (e não imagens usadas como símbolos convencionais). Os pensamentos de compositores podem por vezes consistir inteiramente em imagens auditivas, na medida em que eles manipulam imagens de padrões de melodias e de acordes, experimentando diferentes possibilidades até atingirem qualquer coisa que os satisfaça. Os pensamentos de um engenheiro ou de alguém que tente arrumar um conjunto de malas de viagem na bagageira de um automóvel podem consistir inteiramente em imagens visuais de arrumação de objectos. E os pensamentos de alguém tentando encontrar o caminho num quarto às escuras podem consistir apenas numa imagem em evolução do plano do quarto no espaço egocêntrico, actualizando-se de acordo com os seus movimentos.

Contudo, neste capítulo vamos concentrar-nos exclusivamente no pensamento *proposicional* ou *completamente conceptual*, ou seja, na espécie de pensamento cujo conteúdo pode ser adequada e correctamente descrito por meio de uma cláusula que proposicional. Muitos de nós sentimos intuitivamente que os pensamentos imagísticos não são cabalmente descritos nas cláusulas que que somos obrigados a usar se queremos exprimi-los na linguagem. Por exemplo, se planeei o meu trajecto desde minha casa até à estação de comboio fazendo o seu mapa na minha cabeça, usando uma imagem do plano da cidade, então não me sentiria muito convincente se começasse a descrever esse pensamento dizendo: «Eu estava a pensar que devia começar por ir para o centro da cidade e depois curvar à direita.» Nada disto se consegue aproximar da riqueza daquilo que efectivamente pensei. Além disso, como assinalámos acima, as imagens mentais nem sequer conseguem captar o conteúdo de uma proposição relativamente simples como «toda a relva é verde». Isto sugere que há duas espécies diferentes de pensamento — o pensamento imagístico, por um lado, e o pensamento proposicional, por outro.

É polémico saber exactamente em que medida estas duas formas de pensamento são diferentes. Os psicólogos cognitivos levantam particularmente a questão de saber se as imagens visuais são semelhantes a quadros, resultantes das representações com propriedades análogas às dos mapas, ou se são semelhantes a descrições, sendo auxiliadas por descrições complexas do respectivo assunto. Trata-se do debate entre as teorias *pictóricas* e *descritivas* da natureza das imagens mentais. (Ver Tye, 1991, para uma explicação sobre este assunto.) Não nos propomos participar neste debate. Vamos confinar a nossa atenção àquelas formas de pensamento que são inequivocamente proposicionais, reservando o juízo sobre se o pensamento imagístico também é ocultamente proposicional na forma.

2. MENTALÊS *VERSUS* CONEXIONISMO

Então, como é que os pensamentos proposicionais se incluem na cognição? Como se representa o conteúdo? Lembremo-nos de que a perspectiva realista considera que as atitudes proposicionais — crenças, desejos e coisas semelhantes — interagem umas com as outras causalmente para produzir comportamentos que respeitem os seus conteúdos semânticos. A crença de que está escuro lá em baixo na cave combina-se com o desejo de ver por onde caminho quando estou lá, para não andar ao acaso, mas de maneira a produzir a intenção de encontrar alguns meios de iluminação. Por seu lado esta intenção pode combinar-se com a crença de que há uma tocha disponível, de modo a fazer com que eu leve essa tocha na mão quando desço à cave. Como é que isto é possível? Como é que as atitudes proposicionais conseguem ter capacidades causais que reflectem a sua *relação com o mundo*, assim como as suas relações lógicas umas com as outras, o que é diferente de terem um conteúdo semântico? Há, realmente, três problemas diferentes, mas estreitamente relacionados, que precisamos de resolver.

Primeiro, as atitudes proposicionais são *sistemáticas*, tendo conteúdos que estão sistematicamente relacionados uns com os outros de tal maneira que qualquer pessoa capaz de acreditar (ou então de pensar) num dado conteúdo será capaz de acreditar ou de pensar num grande número de conteúdos estreitamente relacionados. Qualquer pessoa capaz de acreditar *que Jane ama John* também será capaz de ter o pensamento *que John ama Jane*. Porque é que isto será assim? Como é que se pode explicar este facto sobre atitudes proposicionais?

Segundo, as atitudes proposicionais são *produtivas*, no sentido em que qualquer pessoa capaz de pensar será capaz de ter um número ilimitado de (ou, pelo menos, *imensos*) pensamentos. Se o leitor consegue pensar que Jane tem uma mãe, então consegue pensar que a mãe de Jane tem uma mãe e que a mãe da mãe de Jane tem uma mãe, e assim por diante (sujeito, naturalmente, a limitações de memória e outros espaços cognitivos). Não há fim para os novos pensamentos que os pensadores conseguem ter. Também este facto precisa de ser explicado.

Terceiro, as atitudes proposicionais interagem causalmente umas com as outras de tal maneira que respeitam os seus conteúdos semânticos e os conceitos que as compõem. Era este assunto que estava mais perto da superfície na nossa declaração inicial do problema, feita há três parágrafos. Crenças e desejos interagem para causar intenções e as crenças interagem com outras crenças para gerar novas crenças, de maneira a serem muito receptivas aos *conteúdos* desses estados e por meio de transições que são em geral racionais. Como é que isto pode acontecer? Como é que os padrões de causalidade conseguem respeitar as relações semânticas de implicação e o apoio em provas?

2.1. A CAUSA DO MENTALÊS

A solução clássica para estes três problemas tem sido a de considerar as crenças como relações com frases declarativas internas, como tem sido consistentemente defendido por Fodor (1975, 1978, 1987 Appendix; ver também Field, 1978; Davies, 1991). De facto, as frases declarativas têm conteúdos que são sistematicamente determinados a partir dos conteúdos das suas palavras componentes, juntamente com regras de combinação. Se o leitor compreende as palavras e conhece as regras de sintaxe, então é capaz de compreender novas combinações de palavras que nunca tinham sido encontradas antes. E é evidente que pelo mesmo sinal as frases declarativas são produtivas, visto que as regras da sintaxe são recorrentes. De modo que a hipótese da frase declarativa nos proporciona soluções para os problemas da sistematização e produtividade: o pensamento é sistemático e produtivo porque há *uma linguagem do pensamento* (LdP).

Além disso (e também proporcionando a solução para o terceiro problema) os sinais das frases declarativas podem ter capacidades causais, em virtude de serem entidades físicas particulares. Se as crenças e os desejos consistem em frases declarativas ou estruturas parecidas com frases declarativas, codificadas no cérebro de forma diferente, então não deve haver qualquer dificuldade em explicar o modo como as crenças e os desejos podem ser causas. (A propósito de analogia, pense-se na maneira como as frases declarativas podem ser armazenadas em padrões magnéticos sobre uma fita de gravação. Estes sinais de frases declarativas são, então, *causa* das ondas sonoras resultantes da fita em funcionamento.) E se, além disso, imaginarmos que a mente está organizada de modo a fazer cômputos sobre estas frases declarativas de maneira a respeitar a sua sintaxe, então os papéis causais das frases declarativas respeitarão as suas propriedades semânticas. Porque a semântica é, em parte, um reflexo da sintaxe. E então teremos conseguido explicar como é que as crenças e os desejos podem ter papéis causais que dependem dos seus conteúdos semânticos.

Por exemplo, um conceito lógico como *e* ou *não* pode ser incluído num item lexical de tipo qualquer, caracterizando-se pela sua capacidade de inserção em certos padrões de inferência característicos. *Grosso modo*, «&» significa *e* desde que o sistema computacional a que pertence garanta que é governado pelas seguintes formas de inferência: *(P & Q) →P; (P & Q) →Q; e P, Q →(P & Q)*. E também um conceito como *paragem de autocarro* pode ser constituído por alguns itens lexicais (pode ser PARAGEM DE AUTOCARRO) caracterizados ambos pelas suas conexões causais com objectos mundanos (paragens de autocarro) e pela forma como aparecem em diferentes padrões de inferência (como *paragem de autocarro → os autocarros devem parar*) envolvendo ainda outros itens lexicais provenientes de outras partes da linguagem do pensamento.

Repare que o argumento do mentalês pode ser consideravelmente fortalecido, perguntando apenas *porque é que* as atitudes proposicionais devem ser sistemáticas. Será um mero facto bruto sobre (alguns) conhecedores[1], que se forem capazes de ter alguns pensamentos, então também serão capazes de ter pensamentos estruturalmente relacionados? Horgan e Tienson (1996) dizem que não e desenvolvem aquilo que chamam *o argumento de seguimento* para o mentalês. Eles afirmam que qualquer organismo que consegue reunir informação e responder flexível e inteligentemente a um ambiente complexo e em constante mudança tem de possuir estados representativos de estrutura compósita.

Repare-se nos primeiros seres humanos, por exemplo, empenhados na caça e nas colheitas. Eles teriam tido necessidade de não perder o rasto dos movimentos e propriedades de muitos indivíduos — tanto humanos como não humanos — actualizando as suas representações consoante as necessidades. Durante a caçada, teriam necessidade de estar atentos a rastos da presa, relembrando avistamentos anteriores e padrões de comportamento, e ajustando a sua procura de acordo com as condições meteorológicas e a estação do ano, ao mesmo tempo que vigiavam os movimentos e os pontos fortes e fracos especializados dos outros caçadores do grupo. Da mesma maneira, ao fazerem as colheitas, teriam necessidade de se lembrar das propriedades de muitos tipos diferentes de plantas, bagas e tubérculos, procurando em lugares diferentes de acordo com a estação do ano, ao mesmo tempo que estavam atentos à possibilidade de investida de predadores

---

1 No original inglês: *cognisers (N. T.)*.

e seguiam os movimentos das crianças e dos outros colectores à sua volta. Além disso, todos esses humanos precisariam de seguir e de actualizar continuamente os atributos sociais e mentais dos outros membros da sua comunidade. (Este ponto vai revelar-se muito importante na nossa análise das perspectivas que Dennett tem acerca da consciência no capítulo 9.)

Os seres humanos (e outras criaturas inteligentes) precisam de recolher, reter, actualizar e raciocinar sobre uma grande variedade de informação, tanto social como não social. Parece não haver outra forma de dar sentido a esta capacidade senão pressupondo que ela é auxiliada por um sistema de estados representativos compositamente estruturados. Estes estados podem, por exemplo, ser formados por diferentes elementos representando indivíduos e as suas respectivas propriedades, de modo que estas possam ser diversificadas e actualizadas enquanto permanecem predicados de uma e a mesma coisa. Mas então os estados que são composicionalmente estruturados são *ipso facto* sistemáticos (e também produtivos) — se o estado representando *aRb* é composto de representações diferentes para *a, R,* e *b*, então é natural que o pensador consiga desenvolver a partir destas representações uma representação de *bRa*. E dizer que os estados de atitudes proposicionais são compositamente estruturados *é* dizer justamente que têm propriedades parecidas com as da semântica e, por conseguinte, que há — no sentido pretendido — uma linguagem do pensamento.

Na explicação clássica, não só os pensamentos estão incluídos nas frases declarativas do mentalês, como as transições entre estas frases declarativas são *computacionais*, envolvendo transições causais orientadas por regras que servem para compreender as leis intencionais do senso comum e da psicologia científica; essas frases declarativas e essas transições computacionais entre frases declarativas são realizadas de uma maneira ou outra nos estados neuronais do cérebro. Pode-se compreender este quadro com mais clareza em termos dos três níveis de análise de Marr (1982): primeiro há o nível *funcional* (de topo), em que as transições dos estados mentais são caracterizadas como *tal* e em que as leis intencionais são descobertas e formuladas; depois há o nível *algorítmico* (médio), em que as regras para transformar as frases declarativas do mentalês podem ser especificadas; e depois finalmente há o nível de *implementação* (inferior), onde se podem descrever os processos físicos que servem para executar estes passos algorítmicos.

Este quadro clássico sobre a forma como se realizam os processos cognitivos no cérebro tem sido desafiado pelos recentes desenvolvimentos do conexionismo. Mas é importante distinguir entre o conexionismo como pretensão acerca da simples *implementação* de nível inferior dos processos cognitivos (o nível inferior de Marr), por um lado, e as tentativas de usar o conexionismo para usurpar completamente quer o nível da explicação algorítmica (médio), quer o nível da descrição psicológica (topo), por outro lado. A primeira não ameaça a explicação computacional clássica da cognição: é possível que um programa que tritura símbolos corra numa máquina conexionista, exactamente como as redes conexionistas são de facto moldadas por programas que correm em computadores digitais ortodoxos. É a extensão do conexionismo ao domínio cognitivo — algorítmico — que é controversa, seja ela para propor identidades tipo com propriedades psicológicas ou para lhes encontrar substitutos.

2.2. ALGUNS ARGUMENTOS COMUNS (NA MAIOR PARTE RUINS) A FAVOR DO CONEXIONISMO

Como explicámos no capítulo 1 (secção 2.5), o conexionismo é muitas vezes defendido com base na plausibilidade neurológica. Diz-se que o facto de cada uma das células nervosas do córtex se conectar com centenas de outras células semelhantes, muitas vezes com extensas conexões de «retorno»[2] assim como *feedforward*, sugere provavelmente que as representações são *distribuídas* através dessas redes neuronais. Mas não é o que se passa: não há, simplesmente, qualquer relação entre uma ideia e a outra. E do pouco que se sabe da representação dentro dos sistemas neuronais reais parece que em geral é local, em vez de ser distribuída.

Por exemplo, a principal área visual do córtex conhecida por «V1» (a área que é claramente lesada no caso da cegueira; ver figura 3.1) parece ser um mapa retinotópico, de tal modo que a estimulação de diferentes áreas da retina faz um mapa directamente para a estimulação de áreas do córtex semelhantes e espacialmente relacionadas — de maneira que se o leitor conseguisse ver o padrão de estimulação em V1, conseguiria, quase literalmente, ver o que é que o sujeito estava a ver. E embora o sistema visual se bifurque depois num grande número de diferentes correntes de processamento — de entre as quais sobressaem a «corrente o quê» e a «corrente onde» — continua a ser possível encontrar células individuais, ou pequenos grupos de células, respondendo de forma diferente a características particulares, como a presença de uma cor ou a uma linha vertical numa região particular do campo visual. De facto, com base no que se sabe até agora, parece muito provável que o processamento neuronal, em geral, continua por meio das operações lógicas da adição e subtracção, de tal maneira que o estatuto representativo dos neurónios individuais é preservado. Portanto, os neurónios que representam arestas direitas nas diferentes partes do campo visual irão agregar-se (exceptuando qualquer entrada do neurónio representando a curvatura) para causar na célula a excitação que representa, digamos, a presença de uma linha recta.

---

2 Há sempre o dilema da tradução de *feed-back*. Optei pelo mero *retorno (N. T.).*

O conexionismo também é muitas vezes defendido quando se sublinha que o processamento no cérebro é realizado em paralelo e não em série como num computador convencional. Mas trata-se de uma confusão. O processamento *paralelo* não deve ser confundido com processamento *distribuído*; e só este último é inconsistente com a explicação da cognição baseada no mentalês. De facto, qualquer pessoa que acredite na modularidade devia aceitar o processamento paralelo. Se o sistema visual se subdivide num grande número de módulos diferentes, por exemplo, cada um dos quais processa a sua absorção independentemente dos outros antes de transmitir o resultado para ser integrado, então o sistema visual processará as absorções em paralelo. Mas é questão muito diferente alegar que o processamento que se dá *dentro* de um dado módulo ou submódulo não contém qualquer estado que represente independentemente dos outros.

De maneira que é importante distinguir entre o processamento *paralelo* e o processamento *distribuído*. Se houver que estabelecer um contraste entre os sistemas simbólico e conexionista, esse contraste *não* devia ser considerado como sendo entre as formas de processamento linear e paralelo. Que o cérebro seja conhecido por processar conteúdos em paralelo, em muitos domínios, não proporciona qualquer apoio à abordagem conexionista. É perfeitamente possível para os sistemas simbólicos processar conteúdos em paralelo, ao transferir o processamento para uma diversidade de módulos ou de submódulos, cada um dos quais funciona independentemente dos outros. Como vimos nos capítulos 3 e 4, a tese que favorece uma estrutura modular da cognição (incluindo a cognição central) é muito forte. De forma que nos satisfaz admitir que o processamento das absorções perceptivas seja conduzido em paralelo; e que os processos centrais do pensamento e do raciocínio também são muitas vezes conduzidos em paralelo, sendo transferidos para uma diversidade de módulos conceptuais. Tudo isto é consistente com aqueles processos que envolvem computações feitas sobre símbolos ou estruturas semelhantes a símbolos. Contudo, o assunto é diferente se o conexionismo for compreendido como propondo que o processamento é distribuído através de uma rede, calculando padrões de activação através de nódulos, de tal modo que nenhuma das computações em questão pode ser descrita como transformações de símbolos.

O conexionismo também é por vezes defendido quando se assinala que os sistemas de memória humanos se degradam notoriamente, com uma perda gradual de função, de maneira que só os modelos conexionistas conseguem explicar. Ora, pode acontecer que uma pequena interferência nos nódulos ocultos na rede continuem ainda a deixar que o sistema produza resultados imperfeitos mas aceitáveis, enquanto a avaria de um processador em série é susceptível de ter como resultado o colapso do programa todo. Mas significa isto que o conexionismo proporciona o melhor modelo para o modo como a memória funciona bem, funciona defeituosamente e se deteriora? Se a dissociação no desempenho cognitivo nas outras áreas se explica mais cabalmente postulando os módulos, então é evidente que há uma hipótese alternativa. Por conseguinte, pensamos que vale a pena tentar saber se este efeito não pode ser explicado postulando um sistema de memória estruturado a partir de muitos submódulos, que podem ser danificados independentemente.

Não pretendemos fazer a concessão de que *alguns* sistemas de memória humanos conseguem funcionar por *armazenamento sobreposto*. Isto é particularmente plausível ali onde a memória consiste em capacidades de reconhecimento de um género ou de outro, porque o ponto mais forte dos sistemas de conexão é o reconhecimento de padrões. (Por exemplo, houve algum sucesso em projectar programas de conexão para reconhecimento de rosto — ver O'Toole *et al.*, 1994.) Desconfiamos que não há nada na explicação da psicologia popular da memória de reconhecimento que exija que essas memórias sejam representadas individualmente. Mas *pensamos* que a psicologia popular está empenhada na ideia de que os *processos* cognitivos (por exemplo, da inferência prática ou da formação de crença) envolvem eventos individuais (e com conteúdos individualizados) — ver secção 2.3 em baixo. Além disso, se houver alguma coisa no *argumento de seguimento* delineado mais acima, então a memória precisará de ser permanentemente actualizada com informação fornecida em linguagem do pensamento e ela mesma também informará os processos de tomada de decisões que exigem a capacidade representativa dessa linguagem.

Em geral, também há que ter cuidado em permitir que qualquer sistema conexionista distribuído que pode ser treinado para imitar o desempenho humano num domínio do reconhecimento ou memória pode, por conseguinte, ser tratado como exploratório, ou seja, como proporcionando uma explicação *adequada* do desempenho humano nesse domínio. Também é crucial que o sistema partilhe a mesma trajectória da aprendizagem humana. De forma que se os seres humanos conseguem ter uma aprendizagem única no domínio em questão, por exemplo, então também a consegue ter qualquer rede conexionista que tenha a capacidade humana como modelo adequado. Esta limitação é muito comummente ignorada ou encoberta pelos modeladores conexionistas, ao não darem qualquer informação sobre as vias de treino ou ao confiná-la a obscuras notas de rodapé. Mas, de facto, é indispensável. Recordemos que no capítulo 3 se afirma que um dos principais argumentos a favor do programa de investigação modularista e inatista em ciência cognitiva é a *velocidade* da aprendizagem humana em muitos domínios, seguindo uma trajectória de desenvolvimento comum que se sobrepõe a absorções ambientais imensamente variáveis. Na medida em que um sistema conexionista num desses domínios exige um número improvavelmente alto de cursos de treino ou um grau de estrutura improvável imposto à sequência das suas absorções, será incapaz de funcionar como modelo da cognição humana no domínio em questão. A moral é: a fim de avaliar qualquer alegação conexionista, é preciso em primeiro lugar conhecer os pormenores do regime de treino.

2.3. O CONEXIONISMO E A PSICOLOGIA POPULAR

Em que medida é o conexionismo consistente com a psicologia popular? É óbvio que isso depende dos compromissos desta última e da natureza e da subtileza do primeiro. Como ficará esclarecido dos nossos debates nos capítulos 1, 2 e 4, acreditamos que a psicologia popular concebe a mente como um sistema estruturado que pode ser sujeito a diversos níveis de análise funcional. De modo que a percepção (num grande número de modalidades diferentes) alimenta, mas é distinta, da crença de longo prazo; que por sua vez é convocada a produzir crenças, juízos e memórias activadas; as acções são produzidas por intenções e orientadas por crenças e percepções; e as intenções são o produto de processos de raciocínio envolvendo quer crenças activadas quer desejos activados, que são espécies de estado diferentes entre si; e assim por diante.

Uma forma como o conexionismo pode ser inconsistente com a psicologia popular seria, então, não conseguir replicar, num grau significativo, a arquitectura funcional correcta. Por exemplo, a proposta de que o cérebro é uma única e grande rede distribuída, em cujas operações é impossível distinguir entre percepções, juízos e objectivos, certamente que seria inconsistente com a psicologia popular. Mas acontece que ninguém fez tal alegação de forma séria. Como se sabe que o cérebro está subdividido numa grande variedade de subsistemas separados e funcionalmente caracterizáveis, não há nenhum conexionista que faça uma proposta inconsistente com este conhecimento. Nesse caso e nesta medida, também não haverá qualquer inconsistência com a psicologia popular.

Pondo o assunto de forma um tanto diferente: suponhamos que representámos os compromissos funcionais da psicologia popular em forma de caixas, num diagrama com diversos sistemas de processamento. Então ninguém (incluindo os conexionistas) pode apresentar propostas inconsistentes com a psicologia popular ao propor arquitecturas funcionais que diferem dos compromissos populares. Mas é evidente que toda a gente concordará com a alegação mínima de que há uma arquitectura funcional (complexa) passível de ser descrita. E seria possível aos conexionistas confinarem as suas alegações aos processos internos das diversas caixas no diagrama da crença popular.

Examinemos uma das caixas dentro da organização funcional postulada pela psicologia popular, a caixa para o «raciocínio prático», digamos. Estará a psicologia popular comprometida com qualquer coisa atinente à organização interna da caixa ou ela poderia também ser uma rede conexionista distribuída? Consideremos que aquilo que pensamos tem lugar quando alguém se compromete com uma porção simples de raciocínio prático: ele quer comer uma maçã, ver uma maçã numa taça de fruta e assim formar e realizar a intenção de a seleccionar e comer. Usando as abreviaturas CRE, DES e INT para representar crença, desejo e intenção, respectivamente, e a anotação de parêntesis rectos para representar os conteúdos, poderia parecer que as pessoas estão pelo menos empenhadas com a ocorrência das seguintes sequências de estados:

> DES [posso comer uma maçã]
> CRE [*há* uma maçã]
> → INT [como o que está *ali*]

Primeiro, há aqui um compromisso com a *co*-ocorrência de diversos estados de crença e desejo que interagem uns com os outros para produzir a intenção. Mas parece não haver nisto qualquer dificuldade particular para o conexionismo. Ele podia ser modelado por dois bancos diferentes de nódulos de entrada para a rede: um para a entrada de crenças e outro para a entrada de desejos.

Segundo, há um compromisso com os componentes conceptuais comuns aos estados — é porque o desejo é por *maçãs* e a minha crença perceptiva representa que está *ali* uma *maçã* que eu formo a intenção de comer *aquele* objecto (nomeadamente o objecto que está *ali*). Parece improvável que um sistema conexionista distribuído consiga preservar estas propriedades. Parece particularmente improvável que qualquer padrão de activação entre os nódulos de entrada seja preservado nos nódulos de saída, como seria exigido para que houvesse um componente conceptual comum no estado de CRE e de INT, representando a localização da maçã. Ou, então, se existir esse padrão, será inteiramente acidental, enquanto a psicologia popular o considera um integral da inferência, necessário para a sua racionalidade. Porque se a *mesma* representação não fizesse parte dos estados CRE e INT, então pensamos que não seria racional que eu agisse.

Aquilo com que a psicologia popular está comprometida assumidamente, sob a forma da identidade de representação, é a igualdade de conteúdo conceptual, *não* necessariamente a igualdade do veículo representativo (como numa frase declarativa particular do mentalês). O nosso argumento é que são necessárias formas robustas e seguras de processamento de conteúdos conceptuais idênticos. Isto representa de facto um dilema para o defensor das arquitecturas cognitivas conexionistas. Se um sistema de redes conexionistas *não consegue* fornecer estes conteúdos conceptuais partilhados de uma forma segura, então não consegue modelar a organização funcional da cognição — pelo menos na medida em que isto é conhecido da psicologia popular. Por outro lado, se um sistema dessas redes *consegue* fornecer esses conteúdos conceptuais, então não se percebe por que é que haveria de defender que é uma arquitectura conexionista distinta, em vez de ser uma implementação conexionista de um sistema que também pode ser descrito em termos de representações e regras de processamento.

Veja-se agora um exemplo de raciocínio teórico (descrito de forma folgada, para incluir qualquer sistema que possa originar novas crenças a partir das antigas). Mais uma vez a psicologia popular parece estar envolvida com a existência de *séries de pensamento* e raciocínio, no interior das quais são sinalizados pensamentos discretos e onde, uma vez mais, os componentes conceptuais comuns são partilhados entre pensamentos consecutivos nessa sequência. Imaginemos que regresso a casa do trabalho para ouvir o gato miar. Então, ao usar CRE para representar as novas crenças baseadas na percepção da inferência e MEM para representar as antigas, ocorre a seguinte sequência:

CRE [o gato mia]
MEM [quando o gato mia, muitas vezes é porque tem fome]
→ CRE [é provável que o gato tenha fome]
MEM [a comida tira a fome]
→ CRE [dar comida ao gato provavelmente vai tirar-lhe a fome]
→ CRE [dar comida ao gato provavelmente vai fazer com que pare de miar]

Nós acreditamos que os vários passos nesta sequência de pensamento são diferentes uns dos outros. E parece ser fundamental para a racionalidade da sequência que haja elementos conceptuais comuns partilhados entre os estados, por exemplo, que *gato* deva aparecer em todos os quatro estados CRE e que *fome* deva aparecer nos dois estados MEM. E mais uma vez parece improvável que uma rede conexionista distribuída consiga reproduzir estas características do raciocínio teórico.

Será que a nossa crença psicológico-popular na sistematicidade causal dos processos cognitivos é um derivado de uma forma da linguagem natural? Será porque o povo acredita que o pensamento é levado a cabo em linguagem natural ou porque *relatam* actos de pensamento em linguagem natural, que acaba por acreditar que o pensamento é sistemático? Bem, como veremos mais tarde neste capítulo, pensamos que uma maneira de exemplificar a sistematicidade é que os processamentos de pensamento conscientes devem envolver frases declarativas da linguagem natural imagéticas, de tal maneira que o pensamento consciente seja conduzido na «fala interior». Se os veículos dos pensamentos proposicionais conscientes são as frases declarativas da linguagem natural, então a sistematicidade do pensamento consciente pode ser um derivado da sistematicidade da linguagem. Mas temos dúvidas de que seja este o motivo por que as pessoas acreditam na sistematicidade. Se assim fosse, então elas ficariam satisfeitas em deixar que os conexionistas reinassem livremente no domínio do pensamento não consciente, ou no que respeita às criaturas não linguísticas — e isto significaria então que os animais e as crianças não conseguiriam realizar qualquer inferência genuína. De facto o nosso empenhamento popular na sistematicidade causal parece até certo ponto derivar da crença popular na inferência sistemática.

Conquanto tenhamos dúvidas em saber se há alguma coisa na psicologia popular que nos leve a acreditar que pensamentos proposicionais ocorrentes são assinalados nas frases declarativas da linguagem natural, pelo menos o povo acha esta ideia bastante natural. É discutível saber se isto se deve, nos pensamentos relatados, a que passemos facilmente do uso de uma cláusula que («Mary pensou que se estava quase a partir») para o uso do discurso indirecto («Mary pensou, "Está quase a partir-se"»); ou se, em vez disso, o uso do discurso indirecto reflecte a nossa crença no papel da linguagem natural no pensamento. De facto, temos tendência a suspeitar deste último, visto que a «fala interior» é um fenómeno introspectivo familiar — embora ubíquo (Hurlburt, 1990, 1993) e visto que os padrões da fala interior parecem reflectir muito acentuadamente os papéis inferenciais e causais característicos do pensamento. (Voltaremos a este assunto nas secções 3.4 e 3.5 abaixo).

Significa isto que o conexionismo é uma ameaça às crenças da psicologia popular acerca da mente? Deverão os modestos resultados obtidos até aqui pelos modelos conexionistas levar-nos a imaginar que as nossas crenças populares sobre a mente podem estar radicalmente erradas? Será que estes resultados nos dão motivos suficientes para pensar que essas crenças *estão* provavelmente erradas? Neste ponto, somos propensos a seguir a linha dura. Como *sabemos* que a inferência humana envolve sinalizações de estados discretos e como *sabemos* que muitos destes estados partilham componentes conceptuais comuns, qualquer modelo conexionista adequado da inferência humana tem como limitação a capacidade de replicar estes factos. Se as redes conexionistas são incapazes de gerar relações sistemáticas entre os seus estados — excepto se for por acidente — do género apresentado acima, então tanto pior para o conexionismo, dizemos nós.

2.4. CONEXIONISMO E SISTEMATICIDADE

Parece que alguns conexionistas aceitam, pelo menos tacitamente, a questão posta e dedicam as suas energias a mostrar que os sistemas conexionistas *conseguem* apresentar sistematicidade (Smolensky, 1988, 1991, 1995). Por exemplo, já se reparou muitas vezes que os sistemas conexionistas distribuídos que foram treinados num domínio qualquer (digamos, no domínio respeitante a bebidas quentes e recipientes de bebida) acabarão por apresentar certos *padrões* complexos nos seus resultados correspondendo a certos componentes das respectivas entradas. Estes vectores de activação serão, em geral, transversais aos limites conceptuais — com vectores correspondendo a *caneca contendo café* ou *caneca contendo chá com leite* (entre os quais não haveria nenhum elemento comum correspondente a *caneca*), em vez daquilo que pensamos como sendo os conceitos atómicos mais usuais: *caneca* ou *café*. Mas, contudo, eles podem ser pensados como componentes conceptuais do resultado.

234

De modo que por vezes os conexionistas alegam que conseguem acomodar a sistematicidade de eventos com conteúdo nos termos em que os padrões de activação conseguem apresentar uma «aglomeração» diferenciada, adequada a diferentes conceitos. Mas, em primeiro lugar, isto parece ser justamente um facto bruto acerca de (algumas) redes conexionistas. Parece não haver nada no conexionismo, como tal, que o afiance ou que o torne provável. E, em segundo lugar, estes padrões parecem ser causalmente epifenoménicos. Não é uma aglomeração particular de activações nodulares que explica o resultado e os outros efeitos de um sistema, mas, em vez disso, é o nível de activação através de todos os nódulos. Foi assim que Fodor argumentou que conquanto esses vectores de activação possam existir, eles não desempenham qualquer papel *causal* na actividade de uma rede conexionista; enquanto *nós pensamos* que os componentes conceptuais desempenham um papel causal no raciocínio (Fodor e Pylyshyn, 1988; Fodor e McLaughlin, 1990).

Alguns autores acusaram Fodor de fazer aqui um género de *falácia reducionista* (Matthews, 1997). A sugestão é que Fodor tem de raciocinar do seguinte modo: como o verdadeiro trabalho causal numa rede conexionista é feito pelos níveis de activação dos nódulos individuais, juntamente com o peso com que cada nódulo transmite a sua activação a outros nódulos, um *padrão* de activação não pode ser, por si mesmo, causalmente eficaz; em vez disso, ele simplesmente sobrevém àquilo que faz o verdadeiro «puxa e empurra» no sistema, nomeadamente as actividades dos nódulos individuais. Este argumento é falacioso porque a actividade causal dentro desses sistemas complexos consegue funcionar e ser correctamente descrita a muitos níveis diferentes. Será que esta mesma linha de argumentação aplicada a um sistema químico, por exemplo, não revelaria que as propriedades químicas seriam causalmente irrelevantes, porque o verdadeiro «puxa e empurra» é feito pelos subjacentes mecanismos subatómicos? (é evidente que há uma certa ironia na atribuição desta falácia a Fodor visto que ele é conhecido por defender a realidade e a eficácia causal das «ciências especiais» — ver o seu artigo de 1974).

Efectivamente, o argumento não precisa de pressupor que o verdadeiro trabalho causal tem de ser feito a um nível mecanicista. Nós (e Fodor) ficamos muito contentes em admitir que há verdadeira causalidade sempre que houver eventos ligados entre si por uma lei causal ou pela tendência nómica (produtiva) segura, como vimos no capítulo 7. De modo que ficamos muito contentes em admitir que um padrão de activação pode, em princípio, ser o género de coisa que consegue produzir causalmente um efeito, desde que haja algumas leis *ceteris paribus* vinculando o padrão aos seus efeitos. O ponto crucial é que nos sistemas conexionistas distribuídos não há razão para acreditar que haja quaisquer dessas leis vinculando as aglomerações de activações aos resultados. Em geral essas aglomerações são instáveis e susceptíveis à mudança quando se apresenta ao sistema uma nova gama de absorções. E mesmo que uma aglomeração de activação se mantenha suficientemente estável para suportar uma certa generalização vinculando padrões de activação aos resultados, trata-se aqui de um facto sobre o modo como funciona uma rede em particular, em vez de uma regularidade do processamento conexionista que pode ter um estatuto legítimo. Visto que os padrões de aglomeração são um produto das absorções durante a fase de treino e do método de ajustamento de pesos e tendências em reacção à informação sobre o resultado e aquilo que os padrões são, é *altamente sensível* às absorções exactas e ao método de ajustamento. De modo que também aqui é preciso verificar os pormenores do regime de treino, em vez de se verificar apenas o desempenho de um espécime único de uma rede treinada.

2.5. CONEXIONISMO, HOLISMO E O PROBLEMA DO ENQUADRAMENTO

Horgan e Tienson (1996) estabeleceram uma distinção importante entre dois compromissos diferentes e parcialmente independentes das abordagens clássicas (ou seja, simbólicas; *não* conexionistas) da ciência cognitiva. Por um lado, os classicistas estão comprometidos com a ideia de que as atitudes proposicionais têm uma *estrutura sintáctica*, ou seja, com a ideia de que há uma linguagem do pensamento (LdP). E, por outro lado, estão comprometidos com a alegação de que o processamento cognitivo é *orientado por regras*, funcionando de acordo com algoritmos exactos (ainda que probabilísticos). Parece muito provável que a segunda ideia referida implica a primeira, ou seja, que o processamento algorítmico tem de funcionar em estados estruturados. Mas a primeira não implica a segunda, embora os estados cognitivos sejam estruturados sintacticamente, podia acontecer que as transições entre esses estados não fossem orientados por regras, mas, em vez disso, num certo sentido, fossem «caóticos». Horgan e Tienson argumentam extensivamente a favor da alegação de que as atitudes proposicionais são estados estruturados sintacticamente. Como vimos, eles argumentam que não podemos dar sentido à cognição inteligente complexa sem pressupor que os estados mentais se baseiam sistematicamente em componentes conceptuais. Mas também argumentam contra a assumpção clássica da *algoritmicidade*. Em vez disso, pensam que a forma correcta de modelar e explicar as transições de estados mentais será usar uma ou outra forma da *teoria dos sistemas dinâmicos*.

Sentimo-nos satisfeitos por aprovar esta distinção. E nós também queremos insistir em que as atitudes proposicionais são estados estruturados compositamente. Em si mesmo, isto basta para assegurar a realidade dos estados postulados pela psicologia popular, visto que é evidente que o povo não se acha comprometido com nada respeitante à natureza algorítmica dos processos que transformam

236

e geram esses estados. Além disso, parece-nos ser uma questão em aberto — e completamente empírica — saber se o processamento cognitivo é algorítmico ou se seria modelado com mais vantagem por um ramo diferente da teoria matemática, como a teoria dos sistemas dinâmicos. Mas nós pensamos que o *argumento* que Horgan e Tienson oferecem em defesa do processamento não algorítmico (seguindo Putnam, 1988) é infundado.

Horgan e Tienson põem como premissa do seu argumento o *holismo epistémico*, concentrando-se especialmente na ciência e no método científico. Na ciência, tudo pode ser potencialmente relevante para tudo. Como afirmam eles:

> Serão as baleias e os golfinhos relevantes para as questões sobre a evolução humana? Não, se a tarefa for a produção de uma história darwiniana do *homo sapiens*. Mas se a questão for o papel do uso do instrumento na evolução da inteligência humana, então seria relevante comparar a cognição das baleias e dos golfinhos com a humana e (na medida do possível) a cognição hominídea original, visto que se diz que as baleias e os golfinhos são muito inteligentes de entre os animais não humanos e não são utilizadores de ferramentas (1996, p. 38).

Actualmente é um fenómeno familiar e bem documentado da história da ciência que o que parece serem questões completamente independentes em domínios de investigação afastados uns dos outros têm, no fim de contas, uma forma de se tornarem relevantes uns para os outros. Isto motiva a ideia de Quine de uma «teia» de crença científica (Quine, 1951), em que as relações de apoio epistémico são distribuídas directamente através do sistema e em que uma alteração em qualquer parte da teia consegue, em princípio, ser acomodada ao fazerem-se ajustamentos em regiões remotas.

Dada a verdade do holismo epistémico, Horgan e Tienson argumentam depois que é muito provável que a cognição central — e, em particular, a fixação da crença — devia ser auxiliada por algoritmos de processamento rigoroso, sejam eles probabilísticos ou não. Porque parece ser impossível projectar algoritmos que permitam a *qualquer* crença ou elemento de prova ser relevantes para a fixação de uma dada crença. De facto, quem trabalha com as abordagens clássicas da ciência cognitiva enfrenta um dilema, que acabou por ser conhecido como o «problema do enquadramento». *Ou* tentam permitir que tudo seja relevante para tudo e nesse caso é difícil evitar a explosão combinatória — assim torna-se obviamente impossível procurar em cada uma das suas crenças, juntamente com as suas consequências lógicas, sempre que o leitor tomar uma decisão. *Ou* colocam um «quadro» em volta da informação que é considerada relevante para uma tarefa de processamento em particular, em cujo caso já não podem fazer justiça à natureza holística da fixação da crença. A única maneira de sair deste dilema, argumentam Horgan e Tieson, é abandonar a procura do processamento conjunto dos algoritmos, e tentar modelar a cognição central em termos da teoria dos sistemas dinâmicos, que pode então ser exemplificada numa rede conexionista.

No entanto, uma das falácias deste argumento é a mesma que aparece em Fodor (1983) e que foi analisada com pormenor no capítulo 3 em cima. É que o argumento envolve a passagem do holismo *epistémico* na ciência ao holismo *cognitivo* ou holismo acerca da fixação da crença dentro das mentes de pensadores individuais comuns. Claro que a ciência é um empreendimento colectivo e intersubjectivo. Normalmente chega-se aos novos resultados empíricos e às novas teorias através da colaboração e análise entre um grande número de investigadores; e, depois de publicados, são sujeitos ao criticismo e debate no seio da comunidade científica como um todo, muitas vezes estendendo-se por enormes períodos de tempo. O facto de que a confirmação da teoria sob estas circunstâncias é fortemente holística não proporciona qualquer razão particular para pensar que o mesmo venha a ser verdadeiro acerca da cognição dos pensadores comuns, que tiveram de preparar as suas mentes em tempo real — muitas vezes em segundos ou minutos em vez de anos — e muitas vezes sem qualquer oportunidade de terem um debate público.

Outro ponto contra o argumento de Horgan e Tienson é a dificuldade que há em acasalá-lo com o género de modularismo acerca da cognição central que defendemos neste livro. A sua imagem parece ser definitivamente a de um sistema central *singular* — uma teia de crença sem costuras — no seio da qual as forças e as influências circulam para trás e para a frente de forma dinâmica. A nossa perspectiva, pelo contrário, é que a cognição central contém provavelmente uma grande variedade de módulos conceptuais em que cada um se dedica ao processamento de informação em domínios particulares.

É evidente que os pensadores individuais, com as suas mentes modularizadas, têm de conseguir fazer ciência. Mas esta possibilidade pode depender crucialmente (e ser sustentada por) recursos externos — públicos — proporcionados pela linguagem falada e escrita, pela matemática, bibliotecas, computadores e coisas semelhantes, assim como pelos recursos cognitivos do indivíduo (Clark, 1998, e secção 3.2 em baixo). Também é verdade, evidentemente, que os diversos módulos centrais têm de ter a capacidade de reunir a sua informação de uma maneira ou outra e comunicar uns com os outros de modo a estabelecer a crença. Também aqui a linguagem natural pode ter um papel importante a desempenhar, como o género de *língua franca* por meio da qual interagem os sistemas centrais modulares (Carruthers, 1988a, e secção 3.6 abaixo). Ou o «fundo» central onde os resultados dos diferentes sistemas modulares interagem pode ser proporcionado pelo pensamento *consciente* (ver Mithen, 1996, e secções 3.4 e 3.5 abaixo).

No entanto, estas são questões para a futura investigação interdisciplinar, de momento só podemos fazer especulações. E é evidente que não queremos encerrar a possibilidade de que seja necessária alguma forma de teoria dos sistemas dinâmicos para explicar a fixação da crença na cognição comum, mesmo que seja dada a verdade do modularismo. Mas pensamos que seria prematuro abandonar o paradigma do algoritmo neste estágio. Os investigadores deviam explorar aquilo que pode ser feito para modelar o processamento dentro de uma variedade de sistemas conceptuais modulares e também as formas em que esses sistemas conseguem interagir, em termos algorítmicos (mas quase certamente probabilísticos).

3. O LUGAR DA LINGUAGEM NATURAL NO PENSAMENTO

Quando a questão do lugar da linguagem natural na cognição foi debatida pelos filósofos a discussão foi, quase sempre, conduzida *a priori* em termos universais. Foram propostos vários argumentos a favor da alegação de que é uma verdade conceptualmente necessária que *todos* os pensamentos exigem linguagem (por exemplo: Wittgenstein, 1921, 1953; Davidson, 1975, 1982b; Dummett, 1981, 1989; McDowell, 1994). Mas estes argumentos dependem todos, de uma forma ou outra, da concepção anti-realista da mente — afirmando, por exemplo, que não conseguimos *interpretar* ninguém que tenha um determinado pensamento muito refinado, na ausência de comportamento linguístico (Davidson, 1975). Tendo em conta que a perspectiva adoptada neste livro — e partilhada pela maior parte dos psicólogos cognitivistas — é acentuadamente realista, não pretendemos dedicar-nos a esses argumentos.

Repare-se que também Davidson *et al.* se empenham em negar a existência de pensamentos genuínos nos animais não humanos, visto que é muito improvável que esses animais consigam compreender e usar uma linguagem natural (ou seja, no sentido relevante de «linguagem» — ver Premack, 1986). Esta conclusão entra em conflito não apenas com a crença do senso comum, mas também com aquilo que se descobriu sobre a cognição animal, tanto experimentalmente como pela observação do seu comportamento na selva (Walker, 1983; Allen e Bekoff, 1997). De modo que não só os argumentos de Davidson *et al.* são infundados, como temos razões independentes para pensar que a sua conclusão é falsa.

Por conseguinte, propomos que se considere como garantido que o pensamento é *conceptualmente* independente da linguagem natural e que muitos tipos de pensamentos podem ocorrer *realmente* na ausência dessa linguagem. Mas isto deixa em aberto a possibilidade de que *alguns* tipos de pensamento podem envolver a linguagem por uma questão de necessidade natural, tendo em vista a forma como a cognição humana está estruturada. Vamos concentrar-nos nesta alegação mais fraca. Essas alegações parecem-nos injustificadamente mal exploradas pelos investigadores das ciências cognitivas — em parte, não há dúvida, porque foram apresentadas juntamente com as alegações *a priori* e universais de alguns filósofos, que foram correctamente rejeitadas. Vamos referir-nos a todas as formas desta alegação mais fraca como (versões da) *concepção cognitiva da linguagem*, visto que têm em comum o facto de atribuírem à linguagem natural um lugar constitutivo nos processos cognitivos centrais do pensamento e do raciocínio. Vamos referir--nos à perspectiva contraditória da linguagem da ciência cognitiva normalizada como sendo um simples sistema de entrada/saída da mente — ou seja, como uma simples *conduta* para passar as crenças de mente para mente — como sendo a (exclusiva) *concepção comunicativa da linguagem*. É evidente que qualquer pers-pectiva considera que a linguagem vai ser usada para finalidades de comunicação. A questão é: o que mais pode ela fazer por nós?

3.1. AS OPÇÕES

Que lugar se pode encontrar para as frases declarativas da linguagem natu-ral nos processos cognitivos centrais? A resposta da ciência cognitiva ortodoxa é: «nenhum». Uma parte do motivo desta resposta acabou de ser dada. É que os investigadores admitiram que qualquer género de resposta positiva haveria de os comprometer com perspectivas que consideram absurdas, como a impos-sibilidade conceptual de os animais e as crianças terem pensamentos genuínos. Mas outro ponto é que se acredita que a linguagem é, quase universalmente, um módulo de entrada e saída da mente diferenciado; o que aparentemente torna difícil ver como é que ele conseguiria, ao mesmo tempo, estar envolvido decisi-vamente na cognição central. Há ainda outra razão: visto que a maior parte das pessoas acredita que as criaturas não linguísticas partilham pelo menos algumas das suas funções cognitivas connosco (digamos, o raciocínio prático), as frases declarativas da linguagem natural não podem ser decisivamente exigidas para executar essas funções (mesmo que a modalidade do «exigidas» aqui seja apenas a da necessidade natural, em vez da conceptual).

A primeira destas razões desaba logo que são estabelecidas as distinções exigidas. Alegar que um pensamento qualquer implica a linguagem natural, tanto como matéria de facto ou como necessidade natural, é perfeitamente consistente com a recusa de que é *conceptualmente* necessário que *todos* os pensamentos devam envolver a linguagem. De modo que podemos rejeitar as alegações convictas de alguns filósofos, ao mesmo tempo que continuamos a defender que a linguagem natural está decisivamente implicada pelo menos em algumas formas do processo central do pensamento.

A segunda razão também é fraca, como fica esclarecido pela analogia com o sistema visual. Este é o paradigma por excelência de um sistema modular de entrada. Todavia, como se observou no capítulo 3, sabe-se que partilha mecanismos com a imaginação, que se trata, claramente, de um processo central, implicado tanto no raciocínio como na fixação da crença (Kosslyn, 1994). Tal como a cognição central pode reforçar os recursos do módulo visual na imaginação visual com a finalidade de fazer raciocínios espaço-visuais, também pode ser capaz de reforçar os recursos do módulo da linguagem, na «fala interior», com a finalidade de fazer raciocínios conceptuais ou proposicionais. Este ponto precisa de ser mais desenvolvido.

De acordo com Kosslyn (1994), a imaginação visual explora os trilhos neuronais de baixo para cima (desenvolvidos na visão normal para dirigir a procura visual e para aumentar o reconhecimento de objectos) a fim de gerar estímulos visuais no córtex occipital, que são então processados pelo sistema visual da forma normal, justamente como se fossem perceptos visuais. Nesta explicação, a análise visual normal continua por um grande número de etapas. Primeiro, a informação proveniente da retina é cartografada[3] para um *buffer*[4] nos lóbulos occipitais. Daqui, têm então lugar duas correntes separadas de análise — codificação de propriedades espaciais (posição, movimento, e assim por diante) nos lóbulos parietais, e codificação de propriedades de objecto (como forma, cor e textura) nos lóbulos temporais. Estas duas correntes são reunidas depois num sistema de memória associativa (nos lóbulos temporais superiores posteriores), que também contém informação conceptual, onde são comparadas com dados armazenados. É nesta etapa que se pode dar o reconhecimento do objecto. Mas se o reconhecimento não se realiza imediatamente, ocorre então uma procura pelos dados armazenados, orientada pela informação parcial já disponível do objecto. As representações dos objectos são retroprojectadas através do sistema visual para os lóbulos occipitais, mudando a atenção visual e pondo questões relevantes da entrada visual. Esta última etapa é auxiliada por uma rica rede de trilhos neuronais retroprojectados desde as áreas visuais «mais altas», mais abstractas, do cérebro para o córtex occipital. E é esta última etapa que é explorada na imaginação visual, de acordo com a explicação de Kosslyn. Uma representação conceptual ou outra não visual (seja da letra «A») é retroprojectada através do sistema visual de tal maneira que origina actividade no córtex occipital (justamente como se estivesse a ser percepcionada uma letra «A»). Esta actividade é depois processada pelo sistema visual da forma normal para produzir um percepto quase visual.

Repare-se como é difícil alguém defender que a imagética visual é um simples epifenómeno dos processos de raciocínio cognitivos centrais, que não desempenha, por direito próprio, qualquer função real nesses processos. Pelo contrário, parece provável que muitas tarefas não possam ser facilmente resolvidas por nós sem desenvolver uma imagem visual (ou outra). Imaginemos, então, que

---

3 No original inglês: *mapped* (N. T.).
4 Termo informático. Designa o armazenamento temporário de dados de informação (N. T.).

pedem ao leitor para descrever (oralmente) a forma que está contida na letra maiúscula «A». Parece inteiramente plausível que o êxito desta tarefa exige a geração de uma imagem visual dessa letra, de onde a resposta («um triângulo») pode então ser lida. De forma que o funcionamento da cognição central parece evidente devido, em parte, à cooptação dos recursos do sistema visual para gerar representações visuais, que podem ser usadas para resolver diversas tarefas de raciocínio espacial. E isto abre-nos por conseguinte a possibilidade muito real de que a cognição central *também* possa dispor dos recursos do sistema de *linguagem* para gerar representações das frases declarativas da linguagem natural (na «fala interior»), que também podem ser usadas numa diversidade de tarefas de raciocínio *conceptual*.

A terceira razão mencionada acima para recusar o envolvimento constitutivo da linguagem natural na cognição central — nomeadamente que os animais não linguísticos são de facto capazes de pensar — também pouco demonstra. Porque qualquer pessoa está preparada para admitir que há processos de pensamento diferentes dos humanos. (Os pensamentos *mantidos explicitamente* por oposição aos mantidos *implicitamente* seriam um dos candidatos, assinalados de tal modo que pudessem estar promiscuamente disponíveis para outros processos cognitivos; os pensamentos *conscientes* por oposição aos *não conscientes*, que estão disponíveis à reflexão de níveis mais elevados seriam outro dos candidatos; e é presumível que haja também um grande número de domínios particulares que só podem ser pensados pelos humanos, com os seus recursos conceptuais diferenciados e o seu alto grau de sofisticação cognitiva.) Nesse caso o envolvimento da linguagem natural só pode ser confinada àqueles tipos de pensamento que nos são característicos.

De facto, conseguimos distinguir pelo menos quatro níveis de intensidade diferente da concepção cognitiva da linguagem, ou seja, quatro graus diferentes de envolvimento potencial da linguagem natural na cognição, ordenados do mais fraco para o mais forte (mas são todos mais fracos do que as alegações conceptuais universais rejeitadas acima):

1) A linguagem é usada como andaime para ampliar algumas espécies de pensamento — instruções aprendidas verbalmente podem ser repetidas em voz alta ou subvocalmente por aqueles que estão a adquirir novas capacidades (Vygotsky, 1934-86); signos e texto (quer na «fala interior» subvocal ou publicamente produzidos) podem ser usados para descarregar as exigências sobre a memória e para proporcionar objectos para uma reflexão adicional descontraída (Clark, 1998); e novas formas de simbolismo (como o sistema numérico decimal) podem reduzir as exigências de cálculo de certas formas de pensamento. Quase toda a gente aceitará, em maior ou menor grau, este papel da linguagem no pensamento.

2) A linguagem é o veículo para o pensamento *consciente*, pelo menos nos seus aspectos proposicionais, ou totalmente conceptuais (por oposição aos aspectos baseados em imagens visuais ou em imagens auditivas) (Carruthers, 1996c, tese NN$_w$ e 1998b). Esta perspectiva acaba por admitir que o pensamento enquanto tal é transmitido em frases declarativas de mentalês. Mas quando os pensamentos são assinalados conscientemente — ou seja, de tal modo que ficam disponíveis reflexivamente para outro pensamento, de ordem mais alta (ver capítulo 9) — são-no em virtude de receberem expressão numa frase declarativa de uma linguagem natural imagética. Essas frases declarativas imagéticas podem ser consideradas como constitutivas do pensamento consciente desde que os outros efeitos da cognição, característicos desses pensamentos, dependam da ocorrência da frase declarativa imagética em questão.

3) A linguagem é o veículo do pensamento proposicional/conceptual *explícito* (ou seja, *promíscuo*), servindo como *língua franca* que escora as interacções entre um grande número de sistemas centrais quase modulares (Mithen, 1996; Carruthers, 1996c, tese NN$_s$ e 1998a). Nesta explicação, as frases declarativas imagéticas da fala interior seriam justamente a variedade consciente de um fenómeno mais geral; porque também o pensamento não consciente podia ser transmitido pelas representações da linguagem natural, talvez pelas frases declarativas da «forma lógica» de Chomsky ou FL. Apesar de a linguagem natural conservar o estatuto de um módulo de entrada/saída, pode-se apresentar uma versão evolucionista sobre o modo como ela acabou por escorar e tornar possível o pensamento conceptual amplamente disponível.

4) É a linguagem que cria e torna possível a manipulação mental dos conceitos, transformando a arquitectura de processamento paralelo do cérebro num processador em série e proporcionando-lhe a maior parte dos seus conteúdos. Uma variante desta ideia é a visão de Dennett (1991a) acerca da mente consciente como uma *máquina joyceana*, de acordo com a qual é a colonização do cérebro por *memos* (ideias, conceitos — na maior parte suportados por itens lexicais da linguagem natural) que transforma completamente as energias e capacidades do cérebro. Outra variante é a ideia de Bickerton (1990, 1995) de que a evolução da linguagem envolvia uma reorganização massiva da conectividade neuronal do cérebro, de tal modo que consegue suportar o pensamento conceptualizado pela primeira vez. Em ambas as teses referidas, não é apenas o pensamento conceptual *consciente* e ou *explícito* que depende da linguagem, mas, em vez disso, é a própria capacidade de pensamento conceptual enquanto tal que envolve a linguagem.

Os cientistas cognitivos em geral quase não têm considerado a hipótese (1) — presumivelmente porque a julgam um aspecto periférico da cognição humana — embora na maior parte aceitem a sua veracidade. E na maior parte rejeitaram a hipótese (4), com base em que é muito extremista, diminuindo injustificadamente as capacidades cognitivas das crianças pequenas e de outros animais. As hipóteses (2) e (3), na medida em que são examinadas, são em geral combinadas com (4) e rejeitadas por essa razão. Vamos começar por analisar os pontos fortes e fracos destas teses nas secções que se seguem. Esta análise tem de ser, inevitavelmente, provisória e exploratória, tendo em conta a falta de investigação sobre as suas questões. Esperamos convencer os nossos leitores de que há aqui assuntos que merecem uma investigação interdisciplinar suplementar.

3.2. O ANDAIME LINGUÍSTICO

Toda a gente deve concordar em que a linguagem natural é uma condição necessária para que os seres humanos consigam ter pelo menos alguns tipos de pensamentos. Porque a linguagem é, pelo menos, a conduta através da qual adquirimos muitas das nossas crenças e conceitos, e em muitos casos dificilmente poderíamos ter adquirido de outra forma os conceitos constituintes. É assim que conceitos que emergiram após muitos anos de trabalho colectivo por parte dos cientistas — como *electrão, neutrino* e *ADN* — seriam *de facto* inacessíveis a alguém que estivesse privado de linguagem. Tudo isto devia ser óbvio. Mas tudo o que realmente demonstra é que a linguagem é *necessária para* alguns tipos de pensamento; não que a linguagem esteja realmente *envolvida em* esses pensamentos ou seja o seu *veículo representativo*.

Nota-se amiúde que as aptidões linguísticas e cognitivas das crianças pequenas normalmente se desenvolvem conjuntamente. Se a linguagem da criança estiver desenvolvida, então acontece o mesmo com as suas aptidões para uma série de tarefas; se a linguagem da criança se atrasar, então também as suas aptidões cognitivas se atrasarão. Para citar apenas um item com uma profusão de indícios empíricos: Astington (1996) relata ter encontrado uma grande correlação entre a aptidão linguística e a capacidade da criança para ultrapassar tarefas de crença falsa, cuja solução exige que elas atribuam, e raciocinem a partir daí, a crença falsa a outra pessoa. Não mostrarão estes dados e outros semelhantes que a linguagem está constitutivamente envolvida no pensamento da criança? No mesmo espírito, podemos citar os imensos défices cognitivos que se observam nos raros casos em que as crianças crescem sem estarem em contacto com a linguagem natural. Repare-se, por exemplo, nos casos das chamadas «crianças lobo», que sobreviveram na selva na companhia de animais ou das crianças mantidas isoladas pelos pais longe do contacto humano (Malson, 1972; Curtiss, 1977). Re-

244

pare-se também nas limitações cognitivas das crianças profundamente surdas nascidas de pais que ouvem bem e que ainda não aprenderam a linguagem gestual (Sachs, 1989; Schaller, 1991). Estes exemplos podem ser pensados de modo a mostrar que a cognição humana, para funcionar adequadamente, exige a presença da linguagem natural.

Mas tudo o que esses dados revelam é que, uma vez mais, a linguagem é uma *condição necessária para* certas espécies de pensamento e cognição; e não que ela esteja realmente *implicada nessas* formas de cognição. Isto explica-se facilmente do ponto de vista de alguém que aprova a concepção da linguagem da ciência cognitiva como simples sistema de entrada/saída da cognição central. Porque a linguagem, nos seres humanos, é uma condição necessária da enculturação normal. Sem a linguagem, há muitas coisas que as crianças não conseguem aprender; e com o atraso da linguagem, há muitas coisas que as crianças só aprenderão mais tarde. Por conseguinte, estamos sempre à espera que o desenvolvimento cognitivo e linguístico prossiga paralelamente. Não se segue daqui que a própria linguagem seja realmente *usada* na cognição central das crianças.

Podemos retirar declarações mais contundentes do trabalho de Vygotsky (1934/1986), quando argumenta que a linguagem e a fala servem como *andaimes* de apoio para o desenvolvimento das aptidões cognitivas nas crianças em crescimento. Os investigadores que têm trabalho dentro desta tradição estudaram as verbalizações autodirigidas das crianças pequenas — por exemplo, observando os efeitos dos seus solilóquios e dos seus comportamentos (Diaz e Berk, 1992). Eles descobriram que as crianças tinham tendência a verbalizar mais quando as tarefas pedidas eram mais exigentes e aquelas que verbalizavam mais tinham tendência a ter mais sucesso na resolução de problemas. Mas esta pretensão do *andaime linguístico* da cognição permite outras leituras. No seu ponto mais fraco, não diz mais do que já foi admitido acima, ou seja, que a linguagem pode ser uma *condição necessária para* a aquisição de certas aptidões cognitivas. No seu ponto mais forte, por outro lado, a ideia seria que a linguagem integra o funcionamento do nível superior do sistema executivo — que faria dela então uma variante das ideias a serem analisadas nas secções 3.4 e 3.5 abaixo.

Clark (1998) argumenta a favor de um género intermédio da variante da ideia de Vygotsky, defendendo uma concepção de linguagem como *instrumento cognitivo*. De acordo com esta perspectiva — que ele rotula de *concepção supracomunicativa* da linguagem — alguns processos alargados do pensamento e do raciocínio envolvem constitutivamente a linguagem natural. A ideia é que a linguagem é usada não apenas para a comunicação, mas também para aumentar as capacidades cognitivas humanas. É assim que, ao escrever uma ideia, por exemplo, consigo descarregar as exigências sobre a memória, apresentando a mim mesmo um objecto para uma reflexão suplementar sem pressas; e ao realizar cálculos aritméticos sobre um pedaço de papel, consigo manipular tarefas de cálculo que de outra forma seriam demasiado exigentes para mim (e para a minha memória de curto prazo).

A principal diferença entre a explicação supracomunicativa e as perspectivas mais fortes que examinaremos mais adiante neste capítulo, *não* se devia exprimir dizendo que para a primeira, os sinais das frases declarativas servem para aumentar mas não constituem o pensamento, enquanto para as últimas o sinal das frases declarativas *é* o pensamento. Porque não há ninguém que defenda que uma frase declarativa da linguagem natural assinalada *é* (ou é suficiente para) um pensamento. (Veja-se o caso de um falante monolinguístico de russo enunciando uma frase declarativa de inglês, por exemplo.) De facto, os defensores das concepções cognitivas da linguagem deviam aceitar que o conteúdo de uma frase declarativa interna assinalada dependerá de grande quantidade de conexões elementares e de processos subpessoais. Em vez disso, a afirmação mais forte considerará que a frase declarativa é um *componente necessário do* pensamento e que (certos tipos de) raciocínio envolve necessariamente essas frases declarativas.

A diferença entre as duas perspectivas pode ser apresentada da seguinte maneira: de acordo com as formas mais fortes da concepção cognitiva, uma sinalização particular de uma frase interna é (por vezes) uma parte inseparável do episódio mental que inclui o conteúdo do pensamento assinalado em questão; de modo que não há evento neuronal ou mental na altura que possa existir distintamente dessa frase declarativa, podendo ocupar um papel causal característico desse género de pensamento e que inclui o conteúdo em questão; e é assim que a linguagem está constitutivamente envolvida com (certos tipos) de cognição, mesmo quando nos concentramos em pensamentos assinalados. No entanto, para a explicação supracomunicativa, o envolvimento só surge quando nos concentramos num *processo* alargado de pensamento ou raciocínio ao longo do tempo. Enquanto se der um pensamento de sinal, a explicação pode e, de facto, abastece--se na concepção da linguagem que contém o padrão de entrada/saída. Pode-se dizer que há um episódio neuronal que inclui o conteúdo do pensamento em questão, onde um episódio desse tipo consegue existir na ausência de qualquer frase declarativa da linguagem natural e consegue ter um papel causal característico do pensamento, mas que, no caso em questão, origina a produção de uma representação na linguagem natural. Isto pode proporcionar depois benefícios adicionais ao sistema do género dos que são explorados por Clark (por exemplo, exigências de descarregamento da memória).

A explicação supracomunicativa consegue proporcionar uma explicação muito convincente do uso da linguagem (especialmente da linguagem escrita) no solilóquio, como quando alguém escreve notas para si mesmo ou realiza um cálculo num pedaço de papel. É menos óbvia a explicação que pode dar para a fala *interior*. Como não há qualquer meio de representação fora da mente, é evidente que não conseguimos dizer que a função da «fala interior» seja *des*carregar as exigências da memória. No entanto, o que talvez possamos dizer é que a «fala interior» serve para *alargar* a memória (Varley, 1998). Porque já está assente que as capacidades do sistema da memória humana podem ser alargadas imensamente por *associação* (Baddeley, 1988). Se for pedido que se memorize uma lista de itens, por exemplo, será mais eficiente associá-los com outra coisa qualquer, em vez de simplesmente repetir os nomes para si mesmo (mesmo que eles sejam repetidos muitas vezes). Por conseguinte, o leitor pode imaginar que anda pelas divisões da sua casa e vai colocando os itens em cada quarto. Isto dá-lhe então uma determinação independente daqueles itens situados na memória — tanto os pode recordar directamente, como se pode recordar dos quartos, a partir dos quais pode extrair o item associado.

Algo de muito semelhante pode acontecer no caso da verbalização interior. Ao traduzir um pensamento subjacente (de linguagem não natural) para o seu equivalente de linguagem natural imagética, podemos determinar uma posição independente desse pensamento na memória, aumentando a sua probabilidade de estar à disposição para integrar os nossos processos de raciocínio como e quando surgir a oportunidade. Isto pode, por conseguinte, aumentar a gama e complexidade dos pensamentos e das sequências de raciocínio que estão à nossa disposição. Embora esta proposta de aumento de memória possa não proporcionar, necessariamente, a *melhor* explicação para a fala interior (ver Carruthers, 1996c, caps. 6 e 8), é evidente que se trata de uma explicação possível.

Nesta secção introduzimos duas alegações bastante fracas respeitantes ao lugar da linguagem natural na cognição central. A primeira é que a linguagem é uma condição necessária para que tenhamos pelo menos algumas espécies de pensamentos. Esta tese devia ser aceitável para toda a gente e é demasiado fraca até para valer como forma de concepção cognitiva da linguagem. A segunda alegação é que alguns processos complexos e ou alargados do pensamento só são possíveis para nós quando são sustentados pela linguagem. Esta perspectiva supracomunicativa *pode* valer como forma de concepção cognitiva da linguagem; mas ainda é muito fraca para que uma ou outra das suas variantes sejam já aceites pela maior parte dos cientistas cognitivistas. A parte restante deste capítulo vai ocupar-se com uma variedade de variantes mais fortes e estimulantes da concepção cognitiva.

3.3. A LINGUAGEM E A MENTE CONCEPTUAL: DENNETT E BICKERTON

Dennett (1991a) argumenta que as capacidades cognitivas humanas foram completamente transformadas na sequência do aparecimento da linguagem natural, na medida em que a mente foi colonizada por *memos* (ideias ou conceitos que são transmitidos, retidos e seleccionados de uma forma supostamente análoga aos genes — ver Dawkins, 1976). Anterior à evolução da linguagem, nesta imagem, a mente era um feixe de processadores conexionistas distribuídos — que conferiam aos primeiros hominídeos um certo grau de flexibilidade e inteligência, mas que eram muito limitados nas suas capacidades de cálculo. A chegada da linguagem significou então que toda uma nova arquitectura cognitiva — em série — podia ser programada no sistema. Foi a isto que Dennett chamou a *máquina joyceana* (assim chamada de acordo com a «corrente da consciência» de James Joyce). A ideia (a que regressaremos no capítulo 9) é que há um processador de nível mais alto que corre numa corrente de representações de linguagem natural, usando conexões entre ideias já aprendidas e padrões de raciocínio adquiridos em e através da aquisição de memos linguísticos. Por conseguinte, nesta explicação, a mente manipuladora de conceitos é uma espécie de construção social, nascida devido à absorção de memos da cultura circundante, que tanto depende da linguagem natural como envolve constitutivamente a linguagem natural.

As propostas de Bickerton (1990, 1995) são algo semelhantes, mas têm um sabor mais biológico. Ele pensa que, antes da evolução da linguagem, a cognição hominídea tinha capacidades extremamente limitadas. Estas primeiras formas de cognição hominídea consistiam em grande medida num conjunto de sistemas computacionais relativamente simples, escorando uma série de reacções a estímulos, condicionadas e flexíveis mas essencialmente comportamentais. Mas, depois, a evolução da linguagem, há cerca de 100 000 anos, envolveu uma reescrita dramática do cérebro hominídeo, originando, distintamente, a inteligência humana e as capacidades conceptuais. Bickerton, como Dennett, admite que, a seguir à evolução da linguagem, a mente humana passou por outras transformações, como a mudança e o aumento do armazenamento de ideias e conceitos socialmente transmitidos. Mas a alteração essencial foi coincidente com, e constituída por, uma alteração biológica — o aparecimento da faculdade da linguagem estruturada de forma inata. Pois Bickerton é um inatista no que respeita à linguagem (de facto, o seu trabalho inicial sobre a crioulização das linguagens pidgin[5] — 1981 — é citado muitas vezes como parte de um argumento a favor da base biológica da linguagem; ver Pinker, 1994). E é a linguagem que, pressupõe ele, nos conferiu a capacidade para o «pensamento desligado[6]», ou seja, a capacidade de pensar e raciocinar sobre tópicos e problemas em abstracto, independentemente de qualquer estímulo sensível em particular.

---

5 Língua franca, constituída de elementos de outras línguas e utilizada para a actividade comercial entre povos de línguas diferentes *(N. T.)*.
6 No original inglês: *off-line thinking (N. T.)*.

Estas perspectivas fortes não nos parecem correctas. E isto por duas razões. Primeira, porque subvalorizam as capacidades cognitivas das crianças pré-linguísticas, dos animais e das primeiras formas de hominídeos. É assim que o *homo erectus*, por exemplo, foi capaz de sobreviver em ambientes de tundra extremamente severos (presumivelmente sem linguagem: ver abaixo). É muito difícil perceber como é que isto poderia ter acontecido sem uma grande capacidade de planeamento muito sofisticado e sem uma grande interacção social complexa (como argumentou Mithen, 1996). E a segunda razão, as perspectivas de Dennett e de Bickerton são inconsistentes com o género de modularismo do processamento central defendido nos capítulos 3, 4 e 5 acima. A nossa perspectiva é que a mente contém uma variedade de módulos conceptuais — para leitura da mente, detecção de batoteiros e assim por diante — que provavelmente têm uma considerável ascendência, anterior ao aparecimento da faculdade modular da linguagem. De maneira que os hominídeos já eram capazes de ter pensamento conceptual e de raciocinar de forma complexa, e presumivelmente «desligada», *antes* da chegada da linguagem (voltaremos a este assunto no capítulo 9).

Porque pensamos que a linguagem se desenvolveu *depois* dos módulos conceptuais de processamento central? Porque é que Dennet e Bickerton não podiam afirmar que a linguagem se desenvolveu primeiro, com os vários módulos centrais aparecendo posteriormente? Bem, parece começar a haver um consenso, baseado numa diversidade de indícios (e aceites por Bickerton), de que a evolução da linguagem coincidiu com o aparecimento do *homo sapiens* há cerca de 100 000 anos na África do Sul (ver Mithen, 1996, para as recensões). Nesse caso, é muito improvável que pudesse haver tempo para que um grande número de sistemas modulares complexos aparecesse entre essa altura e a dispersão humana pelo globo, apenas algumas dezenas de milénios depois. Além disso, é difícil compreender, de qualquer modo, como é que a linguagem podia ter evoluído na ausência de capacidades de leitura da mente altamente desenvolvidas (Gomez, 1998), que temos sobejas razões para acreditar que estavam presentes, em forma primitiva, no nosso antepassado comum e nos outros primatas (Byrne, 1995).

3.4. PENSAMENTO CONSCIENTE 1: APRENDIZAGEM E INFERÊNCIA

Mesmo que não seja a linguagem a suportar o pensamento *conceptual*, enquanto tal, pode acontecer que seja ela o veículo para o pensamento conceptual *consciente*. Pode dar-se o caso de que frases declarativas da linguagem natural imagética, na «fala interior», sejam os principais veículos para os nossos pensamentos proposicionais conscientes (por contraposição aos espaço-visuais) (Carruthers, 1996c, Mithen, 1996). Nesta perspectiva, já estariam instalados diversos sistemas centrais modulares — incluindo um decisivo módulo de leitura da mente — antes da evolução da linguagem; assim como também já estaria instalada a capacidade para diversas formas da imaginação sensitiva (Wynn, 1993). Nesta etapa, os hominídeos teriam sido capazes de atribuir pensamentos a si mesmo com alguma segurança com base na auto-interpretação, em vez de terem o género de acesso não inferencial aos seus próprios pensamentos, o que era necessário para que esses pensamentos pudessem ser considerados conscientes.

(Gazzaniga — 1992, 1994 — pensa que esta é a única espécie de acesso aos nossos próprios pensamentos de que nós, os seres humanos modernos, usufruímos. Ele acredita que há um sistema de teoria da mente especializado — a que chama *o intérprete* — localizado no lóbulo frontal esquerdo, cuja tarefa é construir, por auto-interpretação, uma metanarrativa sobre o decurso da vida mental própria do sujeito. A nossa perspectiva é que nesse caso não existe uma coisa como o pensamento consciente. Voltaremos a este assunto mais adiante.)

Com a chegada da linguagem, nós, seres humanos, teríamos então sido capazes de ter frases declarativas imagéticas em linguagem natural, em «fala interior», para cujas formas e conteúdos haveríamos de ter acesso não inferencial, em virtude da sua disponibilidade para a nossa faculdade de leitura da mente — por conseguinte classificando-as como «conscientes» (ver capítulo 9). Se estas frases declarativas tivessem ocupado, de algum modo, papéis causais característicos do pensamento, então isto teria significado que nos tornámos capazes de ter pensamento conceptual consciente pela primeira vez e que as frases declarativas em linguagem natural seriam constitutivas desse pensamento.

O que está aqui em debate é a questão do papel causal da «fala interior». Não está em dúvida o *fenómeno* da fala interior. Nem devia estar a alegação de que temos acesso não inferencial aos eventos da fala interior, permitindo por conseguinte classificá-los como «conscientes». A questão é saber se as *próprias* frases declarativas da fala interior ocupam ou não os papéis causais que são diferentes dos pensamentos que essas mesmas frases declarativas exprimem. Uma perspectiva considera que ocupam. Nesta explicação, é *porque* eu assinalo na imaginação auditiva a frase declarativa «o mundo está a aquecer, logo tenho de usar menos carburante», por exemplo, que consigo daí em diante ir a pé até ao trabalho em vez de conduzir. A outra perspectiva é que não ocupam. Nesta explicação o próprio pensamento está incluído numa frase declarativa de mentalês, digamos, e é o veículo mentalês que tem os efeitos adicionais na cognição e na acção, característicos de um pensamento com esse conteúdo. Mas mesmo nesta perspectiva mais fraca a frase declarativa imagética não precisa de ser epifenomenal — ela pode, por exemplo, desempenhar um papel no alargamento da memória, apresentando assim sequências possíveis do pensamento que de outra forma seriam demasiado complexas para se terem em mente (Jackendorff, 1997; Clark, 1998; Varley, 1998).

Não é fácil ajuizar entre estas duas perspectivas do papel causal da «fala interior». Mas um ponto a favor da hipótese «pensar com a linguagem» é que ela pode ser um pressuposto da nossa crença de que não nos comprometemos de modo nenhum com o pensamento proposicional *consciente*. Se a «fala interior» não é considerada como pensamento, então é provável que só venhamos a conhecer os nossos próprios pensamentos por meio de uma rápida auto-interpretação. Esta conclusão condicional é suportada de maneira muito convicta por um valioso corpo de dados provenientes da literatura da psicologia social, onde se descobriu que há circunstâncias em que os sujeitos imaginam auto-explicações que são manifestamente falsas, mas sem constatarem que é exactamente isto que estão a fazer (Nisbett e Wilson, 1977; Nisbett e Ross, 1980; Wilson *et al.*, 1981; Wilson, 1985; Wilson e Stone, 1985). Por exemplo, quando se pede às pessoas para seleccionarem de uma gama de itens *idênticos* (camisas, digamos), apresentados de forma idêntica, elas revelam uma preferência acentuada por itens colocados no lado direito da amostra. Mas as explicações das suas próprias escolhas nunca se referem à posição, mas em vez disso mencionam a qualidade superior, a aparência, a cor e assim por diante. Estas explicações são obviamente imaginadas. (Lembre-se que não há de facto qualquer diferença entre estes itens.) E note que as explicações das pessoas, aqui, podem ser oferecidas apenas alguns segundos depois da escolha original. De forma que é improvável que o problema seja da memória (contrariamente à sugestão feita por Ericsson e Simon, 1980). Além disso, embora as explicações sejam de facto trazidas a lume pelo questionário do experimentador, há todos os motivos para pensar que elas podiam ser igualmente dadas espontaneamente, se as circunstâncias o tivessem exigido.

A melhor explicação destes dados e de outros semelhantes (e a explicação oferecida por Nisbett e Wilson) é que nesses casos os sujeitos não têm qualquer forma de acesso espontâneo aos seus processos de pensamento reais. (Ver também Gopnik, 1993, para uma gama de dados sobre o desenvolvimento usados para argumentar a favor da mesma conclusão.) Em vez disso, carecendo de acesso imediato aos seus raciocínios, o que as pessoas fazem é comprometerem-se numa rápida auto-interpretação retrospectiva, atribuindo a si mesmo os pensamentos e sentimentos que elas pensam que *deviam* ter nessas circunstâncias ou tais que dêem sentido ao seu próprio comportamento. De facto, olhando para toda a gama de dados experimentais disponíveis, o factor comum a todos esses casos onde os indivíduos imaginam auto-explicações falsas é que as verdadeiras causas dos pensamentos, sentimentos ou comportamentos em questão são *desconhecidas da psicologia do senso comum*. Por conseguinte, a melhor explicação dos erros é que em *todos* os casos de pensamento não verbalizado, os indivíduos *empregam* realmente a psicologia do senso comum, baseando-se nos seus princípios e generalizações para atribuir estados mentais a si mesmos. A característica distintiva dos casos onde ocorre a imaginação é simplesmente que nestes casos a própria psicologia do senso comum é inadequada.

Esta explicação também é suportada por dados neurofisiológicos, em particular pelas investigações dos pacientes com o cérebro dividido, levadas a cabo por Gazzaniga e colegas durante muitos anos (Gazzaniga, 1992, 1994). Porque nestes casos as auto-atribuições são feitas de tal maneira que *sabemos* que não podem envolver o acesso aos processos de pensamento envolvidos, mas são feitas exactamente com a mesma imediatez fenomenológica como acontece normalmente. E estas auto-atribuições ainda podem envolver os pensamentos mais comuns e quotidianos, sendo de tal modo incorrectos que manifestamente *não* dependem das inadequações da psicologia do senso comum, como tal, nem de quaisquer características especiais do caso — pelo contrário, são justamente casos em que a faculdade da leitura da mente carece de dados suficientes para construir uma interpretação correcta. Portanto, se houver aqui qualquer envolvimento de uma auto-interpretação inconsciente, ela pode estar envolvida em qualquer lugar. Podemos desenvolver esta questão.

Como se sabe, no que diz respeito aos pacientes com o cérebro dividido (comissurotomia), a informação pode ser apresentada a, e as reacções provenientes de, cada uma das metades do cérebro independentemente da outra. Nos casos que nos interessam ambas as metades dos cérebros têm alguma compreensão da linguagem, mas só o hemisfério cerebral esquerdo tem acesso ao sistema de produção de linguagem; o hemisfério cerebral direito, contudo, é capaz de iniciar outras formas de actividade. Quando uma instrução como «Caminha!» é transmitida apenas ao hemisfério cerebral direito, o sujeito pode erguer-se e começar a abandonar o quarto. Quando lhe perguntam o que está a fazer, ele (ou seja: o hemisfério cerebral esquerdo) pode responder: «Vou buscar uma cola ao frigorífico.» Esta explicação é completamente imaginada, visto que a acção foi realmente iniciada pelo hemisfério cerebral direito, por razões a que, como sabemos, o hemisfério cerebral esquerdo não tem acesso.

Como notámos acima, estes fenómenos e outros semelhantes levaram Gazzaniga a postular que o hemisfério cerebral esquerdo abriga um subsistema cognitivo com um propósito especial — de facto, um módulo de leitura da mente — cuja função é construir continuamente explicações racionais para o comportamento próprio e para o das outras pessoas. E então, parece razoável pressupor que este mesmo subsistema é responsável pela auto-explicação imaginada dos dados dos sujeitos normais analisados por Nisbett e Wilson. De facto, é razoável pressupor que este subsistema é responsável por *todo* o acesso, ou acesso *aparente*, que temos aos nossos pensamentos não verbalizados. De modo que se a «fala interior» *não* tem o papel causal do pensamento, então parece muito provável que não exista pensamento consciente. (Para uma análise mais alargada, ver Carruthers, 1998b).

Outros apoios indirectos da hipótese do «pensamento com a linguagem» também podem provir da nossa análise dos dados do raciocínio no capítulo 5.

Recordemo-nos de que Evans e Over (1996) argumentam que os processos de raciocínio humano precisam de ser compreendidos como funcionando a dois níveis distintos — um nível implícito, não consciente, orientado por uma variedade de heurísticas físicas e princípios de relevância; e um nível explícito, consciente, em que os sujeitos tentam conformar-se a várias normas de raciocínio. E lembremo-nos, também, de que esta última espécie de raciocínio é considerada como estando essencialmente dependente da linguagem. Então basta acrescentar que o raciocínio explícito pode ser conduzido em sequências de frases declarativas da linguagem natural imagética para se conseguir a noção de que a «fala interior» é constitutiva do pensamento consciente.

É fácil compreender o modo como algumas dessas versões de dois níveis da cognição central podem aparecer, se pressupusermos que as normas do raciocínio são construções sociais de alguma espécie, ensinadas e transmitidas por meio da linguagem. Repare — como uma espécie de modelo simples — no que acontece quando alguém participa num curso de lógica na universidade: aprende a fazer alguns géneros de transição entre frases declarativas com certas formas, abstendo-se de fazer aquelas que aprenderam a reconhecer como inválidas. Então, no fim do curso — pelo menos é o que se espera! — têm um conjunto de disposições inferenciais que diferem das que tinham antes e que são disposições para fazer transições entre *frases declarativas*. Se estas mesmas disposições inferenciais orientam, daí em diante, (algumas das) transições que fazem entre frases declarativas da fala interior, então temos uma justificação da óptica de que as frases declarativas da fala interior conseguem ocupar o papel causal característico do pensamento. Porque, por hipótese, estas inferências não ocorreriam de modo nenhum a um nível não consciente.

Devemos sublinhar que esta imagem do papel da linguagem na cognição consciente *não é computacional*. A ideia não é a de haver processos que transformam e operam sobre frases declarativas na fala interior apenas em virtude das propriedades sintácticas desta última. Pois, normalmente, uma frase declarativa da linguagem natural imagética aparece-nos já carregada com o seu conteúdo. A fenomenologia da fala interior vê a nossa mente atravessada por significações revestidas de formas, tal como a fenomenologia da audição de outras pessoas a falar considera que *ouvimos a significação nas* palavras que elas usam. Devido a isto, a alegação dos dois níveis, aqui esboçada, não está à altura da explicação fodoriana da mente computacional. Por tudo o que dissemos, pode bem acontecer que, subjacente a cada frase declarativa da linguagem natural imagética esteja uma frase declarativa do mentalês que lhe confere a respectiva significação. Ainda pode acontecer que as frases declarativas imagéticas sejam constitutivas de algumas espécies de pensamento, se houver inferências que só têm tendência a fazer alguma coisa quando alguns conteúdos são assinalados na forma da linguagem natural.

3.5. PENSAMENTO CONSCIENTE 2: TEORIAS DOS DOIS NÍVEIS

Acabámos de esboçar uma das maneiras como as linguagens naturais se podem ter tornado constitutivas do pensamento conceptual consciente, pela mediação de *normas* de bom raciocínio, socialmente aprendidas e construídas. Outra possibilidade — que é ortogonal, mas consistente com esta — foi desenvolvida recentemente por Frankish (1998, a publicar; ver também Cohen, 1992), baseada em algumas das primeiras ideias de Dennett (1978c). A ideia é que a linguagem — seja ela observável ou subvocal — forma o objecto de diversas formas de mentalização de nível mais elevado, que em conjunto originam um nível completamente novo de cognição, que Frankish chama «mente virtual». É a este nível que podemos *constituir* ou *mudar* conscientemente as nossas mentes, decidindo adoptar uma certa opinião à luz dos seus indícios ou então decidir adoptar um certo objectivo à luz das considerações que o fazem parecer atraente.

Nesta explicação, a cognição de baixo nível é essencialmente *passiva* por natureza. As crenças são formadas não reflexivamente por uma diversidade de processos subpessoais de percepção e inferência. Mas isto não significa que a cognição de baixo nível seja incapaz de ter conteúdos de pensamento muito sofisticados. Pelo contrário, na perspectiva de Frankish, tudo o que podemos pensar conscientemente na mente virtual, também pode ser pensado não conscientemente. E no segundo plano da mente virtual, estão a linguagem e um sistema de leitura da mente cuja interacção coordenada origina um novo nível de cognição, que é, em contrapartida, *activo* por natureza. A este nível podemos formular uma frase declarativa em «fala interior» usando a imaginação auditiva, visual ou mesmo manual (para frases declarativas da linguagem gestual). A ocorrência e o conteúdo dessa frase declarativa está, depois, à nossa disposição para reflectirmos nela — podemos imaginar sobre a sua provável veracidade, procurar indícios que a apoiem e finalmente *constituir as nossas mentes* para a aceitar ou rejeitar.

A *aceitação* de alto nível, nesta perspectiva, é uma espécie de adopção de política. Quando decido aceitar uma frase declarativa que tenho estado a examinar, adopto assim a política de raciocinar e agir exactamente como se eu acreditasse nela. Para fazer isto, preciso de ter uma concepção de como é que alguém que acreditou nela haveria de raciocinar e agir exactamente, razão pela qual a aceitação implica, de forma essencial, e depende de uma teoria da mente. É evidente que isto não quer dizer que eu *conscientemente* pense em mim mesmo como se tivesse adoptado uma certa política. É a formação e a execução da política que constitui a crença, virtual, de alto nível — o que não significa que tenho de me conceber a mim mesmo *como* formando e executando uma política. Pelo contrário, só penso em mim como constituindo a minha mente. Mas constituir a minha mente *é* comprometer-me com uma política, segundo a explicação de Frankish. É estar essencialmente dependente da capacidade de imaginar as frases declarativas que eu aceito — que é o que dá à linguagem natural uma posição constitutiva no âmago da «mente virtual».

Suponha que penso para mim mesmo «imagino se P». Depois de reflectir no conteúdo de «P» e nos seus indícios pró e contra, admitamos que depois decido aceitá-lo, empenhando-me por isso em pensar e raciocinar como acredito que um crente em P o faria. Contanto que as minhas crenças sobre as inferências e acções características da crença em P sejam suficientemente correctas e contanto que, também, eu consiga no futuro recordar e realizar os meus compromissos, então podemos ver como é que a aceitação constitui uma espécie de crença virtual. Porque ao expressar os meus compromissos estarei a reflectir os estados e as actividades de alguém que acredita (baixo nível) em P.

Repare que esta explicação do lugar da linguagem natural no pensamento consciente é diferente da anterior — embora compatível. De acordo com a explicação esboçada na secção 3.4, aprendemos a fazer certas transições inferenciais entre frases declarativas da linguagem natural, onde anteriormente carecíamos de qualquer disposição para fazer transicções semelhantes entre os pensamentos. De modo que, quando activamos as nossas disposições inferenciais adquiridas, os sinais dessas frases declarativas formam uma parte indispensável do processo do pensamento em questão; daí que se justifique uma forma de concepção cognitiva da linguagem. Na explicação de Frankish, pelo contrário, *empenhamo-nos* em fazer certas transições inferenciais sempre que constituímos as nossas mentes; daí que se ponha parte da nossa vida mental sob o nosso próprio controlo intencional. Mas também aqui, a linguagem desempenha um papel constitutivo.

3.6. PENSAMENTO CONCEPTUAL EXPLÍCITO: FL E PROMISCUIDADE INFERENCIAL

A última possibilidade a explorar é a de que pelo menos algumas representações conceptuais do processo central podem já ser constituídas por símbolos da linguagem natural (*não* imagéticos, *não* conscientes). Por exemplo, para Chomsky (1995a, 1995b), há um nível de representação linguística a que ele chama «forma lógica» (FL), onde a faculdade da linguagem faz a *interface* com os sistemas cognitivos centrais. Pode então dizer-se que uma parte ou todo o pensamento conceptual e proposicional consiste na formação e manipulação destas representações de FL. Em particular, poderia acontecer que a sinalização numa representação de FL é aquilo que torna *explícito* um dado conteúdo (no sentido de Karmiloff-Smith, 1992), ou seja, este formato serve para o tornar geralmente disponível (ou «promíscuo») inferencialmente fora do seu domínio cognitivo dado, conferindo assim o potencial para interagir com uma ampla gama de operações cognitivas centrais. Nesta explicação não seriam apenas alguns *sinais* do pensamento (consciente) que envolveriam constitutivamente as representações da linguagem natural; mas certos pensamentos explícitos, como *tipos* (sejam eles conscientes ou não conscientes), envolveriam essas frases declarativas.

A hipótese pode ser então que o pensamento de processo central funciona por acesso e manipulação das representações da faculdade da linguagem. Onde essas representações são *apenas* em FL os pensamentos em questão serão não conscientes. Mas onde a representação da FL é usada para gerar uma representação fonológica totalmente desenvolvida (uma frase declarativa na imaginação auditiva ou um episódio da «fala interior»), o pensamento será consciente. Mas afinal qual é a diferença essencial entre a hipótese de que (muitas formas do) pensamento e raciocínio de processo central funcionam, em parte, pela disposição de frases declarativas de FL e a hipótese de que elas são totalmente conduzidas em mentalês? O importante aqui é que as frases declarativas de FL *não* são frases declarativas de mentalês — não são representações puras do processo central, mas, em vez disso, dependem de recursos proporcionados pela faculdade da linguagem; e não são universais a todos os pensadores, mas são obtidas de uma ou outra linguagem natural.

(Os filósofos e os lógicos deviam notar que a FL de Chomsky é muito diferente daquilo que *eles* querem dizer por «forma lógica». Em particular, as frases declarativas de FL não contêm apenas constantes e quantificadores, variáveis e substantivos vazios. Em vez disso, elas consistem em itens lexicais sacados da linguagem natural em questão, sintacticamente estruturados, mas organizados de tal maneira que as ambiguidades mais amplas e semelhantes são resolvidas e com os pronomes com referências cruzadas às suas frases nominais vinculativas e assim por diante. E os itens lexicais serão interpretados semanticamente, associados a quaisquer estruturas que assegurem a sua significação com base em conhecimentos.)

Além do mais, a proposta não consiste em que a FL seja a linguagem de todo o processamento central (como se pressupõe que seja o mentalês). Porque, primeiro, grande parte da cognição central pode empregar imagens visuais ou outras, ou modelos e mapas cognitivos (Jonhson-Laird, 1983). Segundo, e mais importante, a nossa proposta é que a FL só serve como intermediário entre um grande número de sistemas centrais quase modulares, cujos processos internos terão lugar, pelo menos em parte, noutro meio de representação qualquer (talvez padrões de activação numa rede conexionista ou algoritmos calculados sobre frases declarativas do mentalês). Esta ideia será desenvolvida mais adiante. Mas basicamente o pensamento é que os diversos sistemas centrais podem ser estabelecidos de maneira a considerarem as representações da linguagem natural (da FL) como absorções e para gerarem essas representações como produto. Isto torna possível que o produto de um módulo central (por exemplo, a leitura da mente) seja considerado como absorção por outro (o sistema de detecção de batoteiro, por exemplo), facilitando por isso que diversos sistemas modulares cooperem na solução de um problema e interajam de tal forma que possam originar processos de pensamento.

Mas de que modo é que uma hipótese deste tipo pode ser *possível*? Como é que um sistema central modular consegue interpretar e gerar representações da linguagem natural, se não transformar primeiro uma absorção de FL numa representação conceptual distinta (de mentalês, como tem de ser) e depois usando-a para gerar outra representação conceptual como produto, que pode então ser fornecida ao sistema da linguagem para construir ainda outra frase declarativa de FL? Mas se a história é *esta*, então o próprio módulo central em questão não utiliza os recursos do sistema da linguagem. E também é difícil ver porque é que os módulos centrais não poderiam comunicar uns com os outros trocando as frases declarativas do mentalês que geram como produtos e assumem como absorções imediatas. Façamos um rápido esboço da resposta evolucionista à questão do modo como a FL, em vez do mentalês, poderia ter acabado por ser o meio de comunicação intracraniana entre os módulos centrais. (Para mais detalhes, ver Carruthers, 1998a).

Imaginemos que o quadro elaborado por Mithen (1996) da mente do *homo erectus* e dos neandertais está geralmente correcto. Ou seja, imaginemos que as suas mentes contivessem um conjunto de módulos centrais mais ou menos isolados para lidar com os diferentes domínios de actividade — um módulo de leitura da mente para as relações sociais e para a explicação e previsão comportamentais; um módulo de detecção de batoteiro para mediar a troca cooperativa; um módulo de história natural para processar informação sobre os estilos de vida das plantas e dos animais; e um módulo físico, essencialmente implicado no fabrico de utensílios de pedra. Quando se acrescentava um módulo de linguagem a este conjunto, ele teria evoluído, como é natural, para considerar como absorções os produtos dos diversos módulos centrais, de maneira a que os hominídeos pudessem falar sobre as relações sociais, a troca cooperativa, o mundo biológico e o mundo dos objectos e artefactos físicos. (Pensamos que é improvável que a linguagem *só* tenha evoluído devido a conversas sobre relações sociais, como sugere Mithen, 1996, na linha de Dunbar 1996. Porque, se a leitura da mente já tivesse tido ocasião de aceder a conteúdos não sociais — como já teria acedido se tivesse de prever e explicar o comportamento não social — então teria havido um poderoso motivo para comunicar esses conteúdos. Ver Gomez, 1998.) Também parece plausível que cada um desses módulos se alterou de maneira a ter em consideração a linguística e as *absorções* perceptivas, de modo que bastaria haver uma simples referência a um evento para invocar o sistema de processamento especializado adequado.

Então, com os módulos centrais admitindo absorções linguísticas e gerando produtos linguísticos, está preparado o palco para que a linguagem se torne o meio de comunicação intra craniano entre sistemas modulares, quebrando, por isso, as barreiras entre as áreas cognitivas especializadas no sentido em que Mithen as caracteriza como sendo diferentes da mente humana moderna. Isto era tudo o que era preciso para que os seres humanos começassem a exercitar a sua imaginação numa base regular, gerando internamente frases declarativas, em «fala interior», que pudessem depois ser tomadas como absorções pelos vários sistemas modulares centrais. É provável que posteriormente este processo se tenha tornado semiautomático (quer devido a aprendizagem excessiva, quer devido à evolução de conexões neuronais suplementares), de maneira que mesmo sem pensamento consciente, as frases declarativas de FL eram constantemente geradas para servir de intermediárias entre os sistemas cognitivos centrais.

4. CONCLUSÃO

Neste capítulo examinámos o modo como os conteúdos do pensamento proposicional são representados na mente/cérebro humano. Argumentámos que há uma versão da hipótese da «linguagem do pensamento», por contraste com qualquer forma forte de conexionismo, que é a mais provável. Esta linguagem pode ser um «mentalês» inato e universal, como Fodor argumentou há muito tempo (1975). Ou pode ser, pelo menos em parte, frases declarativas da linguagem natural que são os veículos dos nossos pensamentos (conscientes e ou explícitos). Caso se venha a verificar esta última possibilidade, como suspeitamos, teremos então ainda outra justificação para a nossa auto-imagem da psicologia popular. Porque é evidente que nos *parece* que temos pensamentos proposicionais que são conscientes e que a corrente da «fala interior» é constitutiva desse pensamento.

LEITURAS SELECCIONADAS

Sobre o conexionismo *versus* LdP: Fodor, 1975, 1978 e 1987, Apêndice; Bechtel e Abrahamsen, 1991; Davies, 1991; Macdonald e Macdonald, 1995b (contém comunicações de Smolensky, Fodor e Pylyshyn, Fodor e McLaughlin e Ramsey *et al.*); Horgan e Tienson, 1996.

Sobre o lugar da linguagem natural na cognição: Vygostky, 1934/1986; Weiskrantz, 1988 (uma recolha de comunicações por psicólogos); Dennett, 1991a; Pinker, 1994; Bickerton, 1995; Carruthers, 1996c; Mithen, 1996; Carruthers e Boucher, 1998 (contém comunicações de Carruthers, Clark, Dennett e Frankish).

IX
CONSCIÊNCIA: A ÚLTIMA FRONTEIRA?

Muitas pessoas pensaram que a consciência — particularmente a consciência fenomenal ou o género de consciência que está envolvida quando uma pessoa passa por estados com uma fenomenologia subjectiva distinta ou «sensação» — é inerentemente, e talvez irremediavelmente, misteriosa (Nagel, 1974, 1986; McGinn, 1991). E muitos teriam pelo menos concordado com Chalmers (1996) ao caracterizar a consciência como o «problema duro», que forma uma das poucas «fronteiras finais» que falta conquistar à ciência. Neste capítulo analisamos as perspectivas da explicação científica da consciência, argumentando que os novos «misterianos» têm estado excessivamente pessimistas.

1. PRELIMINARES: DISTINÇÕES E DADOS

Nesta primeira secção do capítulo, vamos primeiro rever algumas distinções importantes a estabelecer; e depois examinaremos alguns dos indícios que uma boa teoria da consciência devia ser capaz de explicar.

1.1. DISTINÇÕES

Um dos principais desenvolvimentos dos anos mais recentes foi a distinção entre diferentes noções de consciência (ver particularmente Rosenthal, 1986; Dretske, 1993; Block, 1995; e Lycan, 1996) — se bem que nem toda a gente admita completamente *quais* são as distinções que têm de ser estabelecidas. Todos concordam em distinguir consciência da *criatura* de consciência do *estado mental*. Uma coisa é dizer *de uma pessoa individual ou organismo* que é consciente (tanto em geral como de qualquer coisa em particular); e outra coisa muito diferente é dizer *de um dos estados mentais* de uma criatura que é consciente.

Também há concordância em distinguir, no interior da própria consciência da criatura, entre variantes *intransitivas* e *transitivas*. Dizer de um organismo que é consciente *simpliciter* (intransitivo) é dizer justamente que está desperto, por oposição a adormecido ou comatoso. Parece não haver aqui quaisquer dificuldades filosóficas ocultas. Mas dizer que um organismo é consciente de *isto e aquilo* (transitivo) é normalmente dizer pelo menos que *percepciona* isto e aquilo. De forma que dizemos que o rato está consciente do gato rondando fora da toca, para explicar o motivo porque é que não sai; significando isto que ele *percepciona* a presença do gato. Dar uma explicação da consciência da criatura transitiva seria, então, tentar estabelecer uma teoria da percepção. É evidente que *há* muitos problemas nesta situação; mas continuaremos como se tivéssemos soluções para eles.

Todavia, há dois detalhes sobre a percepção que vale a pena assinalar neste contexto. O primeiro é que os conteúdos perceptivos podem ser — e muitas vezes são, em certo grau — *não conceptuais*. Contanto que a percepção nos apresente muitas vezes um mundo de objectos categorizados em espécies (mesas, cadeiras, gatos e pessoas, por exemplo) por vezes pode apresentar um mundo que é a-conceptualizado, preferencialmente apresentado como *regiões de espaço preenchido* (e no caso das crianças mais pequenas e de muitas espécies de animais, é provável que isso aconteça muitas vezes). A percepção apresenta-nos uma série complexa de superfícies e espaços preenchidos, mesmo quando não temos qualquer ideia *daquilo* que percepcionamos e ou não temos conceitos adequados para aquilo que percepcionamos.

O segundo detalhe — relacionado com o primeiro — é que os conteúdos perceptivos são *análogos* por oposição a digitais, pelo menos em relação aos conceitos que possuímos. É assim que as percepções de cor, por exemplo, nos permitem fazer um número indefinido de discriminações de granulação fina, que ultrapassam de longe as nossas capacidades de categorização, descrição e memória. Eu percepciono justamente *esta* tonalidade de vermelho, justamente com *esta* iluminação, por exemplo, que sou incapaz de descrever em termos diferentes de «a tonalidade de *este* objecto agora». Esta é, pelo menos em parte, a origem da ideia comum de que a consciência — neste caso, a consciência da criatura transitiva — é *inefável* ou envolve propriedades não descritíveis. Mas deveria ser óbvio que não há nada aqui de especialmente misterioso ou problemático. Que os nossos perceptos tenham subtileza suficiente para escapar à malha de qualquer rede conceptual não significa que não possam ser totalmente explicados em termos representativos e funcionais.

Contudo, há que fazer uma escolha respeitante à consciência da criatura transitiva. Caso contrário, pode haver uma fonte potencial de confusão. Pois temos de decidir se o estado perceptivo, em virtude do qual um organismo pode ser considerado como estando transitivamente consciente de algo, tem de ser ele mesmo consciente (consciência de estado — ver abaixo). Se dissermos «Sim» então precisaremos de saber mais sobre o rato do que reconhecer simplesmente que percepciona o gato, caso queiramos convencer-nos de que tem consciência do gato — precisaremos de estabelecer que o seu próprio percepto do gato é consciente. Se dissermos «Não», por outro lado, então a percepção que o rato tem do gato será suficiente para o considerar consciente do gato. Mas podemos dizer que embora o rato esteja consciente do gato, o estado mental em virtude do qual está consciente não é ele mesmo consciente! Consideramos que é melhor evitar aqui qualquer linguagem da consciência da criatura transitiva, a fim de ultrapassar o inconveniente da confusão. Não perderíamos nada de importante ao fazer isto. Podemos simplesmente dizer que o organismo O *observa* ou *percepciona* X; e podemos então afirmar explicitamente, se quisermos, que o seu percepto é ou não é consciente.

Regressando agora à noção de consciência do *estado mental*, há outra grande distinção a fazer entre consciência *fenomenal* — que é uma propriedade de estados que é *como algo* que está no interior e que tem uma «sensação» diferente — e várias noções definíveis funcionalmente, como a consciência de *acesso* de Block (1995). (Block define um estado mental de consciência de acesso como aquele que está disponível para processos de formação de crença, raciocínio prático e reflexão racional; e — de forma derivada — para ser expresso na fala.) A maior parte dos teóricos acreditam que há estados mentais — como pensamentos ou juízos ocasionais — que são conscientes (qualquer que seja o sentido definível funcionalmente correcto), mas que não são fenomenalmente conscientes. (Uma excepção aqui é Carruthers, 1996c, cap. 8, que argumenta que os pensamentos proposicionais ocasionais só podem ser conscientes — pelo menos no caso humano — ao serem assinalados em frases declarativas da linguagem natural imagética, que depois passarão a possuir propriedades fenomenais.) Mas há um grande debate sobre se os estados mentais podem ser fenomenalmente conscientes sem também serem conscientes no sentido funcionalmente definível — e ainda há um debate maior sobre se a consciência fenomenal pode ser *explicada* em termos funcionais e ou representativos.

Parece óbvio que não há nada de profundamente problemático quanto às noções funcionalmente definíveis da consciência do estado mental, numa perspectiva naturalista. Porque as funções mentais e as representações mentais são o ponto de passagem das explicações naturalistas da mente. Mas isto deixa muito espaço para o debate sobre a forma correcta que a explicação funcional deveria assumir. Alguns autores afirmam que a condição de um estado consciente no sentido relevante é ser composto de maneira a ter um impacto nos processos de tomada de decisão do organismo (Kirk, 1994; Dretske, 1995; Tye, 1995), talvez também com a necessidade adicional de que esses processos sejam distintamente *racionais* (Block, 1995). Outros autores pensam que a necessidade relevante é que o estado esteja convenientemente relacionado com representações de ordem mais alta — pensamentos de ordem mais alta, descrições de ordem mais alta e ou experiências de ordem mais alta — desse mesmo estado (Armstrong, 1984; Rosenthal, 1986; Dennett, 1991a; Carruthers, 1996c; Lycan, 1996).

Aquilo que muitas vezes *é* considerado como uma problemática naturalista, pelo contrário, é a consciência fenomenal (Nagel, 1986; McGinn, 1991; Block, 1995; Chalmers, 1996). Pois como é que um estado ou evento físico (por exemplo, um padrão particular de descarga neuronal) consegue possuir *propriedades fenomenais*? Uma experiência consciente, uma sensação consciente ou uma imagem visual consciente *têm* alguma coisa de característico. E parece que ninguém, exceptuando aqueles que desfrutaram esses estados *sabem* o que eles são. Como é que se pode explicar este aspecto fenomenal da nossa vida mental consciente num enquadramento fisicalista? Há aqueles que respondem dizendo que, efectivamente, os estados conscientes *não* são físicos (Jackson, 1982); e há quem diga que nunca conseguiremos *compreender* o modo como os estados conscientes *podem* ser físicos, ao mesmo tempo que continuamos a acreditar que o sejam (Nagel, 1974, 1986; McGinn, 1991).

Da mesma forma, a consciência fenomenal desafia qualquer afirmação do funcionalismo e da teoria da teoria para proporcionar explicações *compreensivas* do mental. Pois é possível que consigamos descrever sistemas que seriam funcional e teoricamente equivalentes à mente humana, mas que não desejaríamos, intuitivamente, dizer que eram conscientes ou eram objecto de sensações fenomenais. E as experiências pensadas dos «*qualia* invertidos» e «*qualia* ausentes» parecem revelar que não se podem caracterizar funcionalmente as qualidades fenomenais das nossas experiências. Pois se uma pessoa pudesse ser funcionalmente equivalente a mim ao mesmo tempo que tivesse as suas experiências de vermelho e verde invertidas, ou completamente ausentes, então parece que a qualidade sentida da minha experiência de vermelhidão não pode ser qualquer género de característica funcional (Block, 1978, 1990; Shoemaker, 1986; Searle, 1992).

A consciência fenomenal pode ser considerada, de forma mais geral, como um desafio à ciência. De facto, muitos cientistas consideram a consciência (juntamente com a questão da origem do universo) como uma das «últimas fronteiras», um último bastião de mistério que ainda falta cair perante a investida da explicação científica. E alguns cientistas, como Penrose (1989, 1994), pensaram que a solução do problema pode proporcionar a chave para outros problemas da ciência, particularmente da física elementar. A nossa tarefa será verificar a existência de razões de princípio que justifiquem a incapacidade de explicar a consciência fenomenal; e (se a resposta for negativa) verificar quais foram os progressos realmente conseguidos na respectiva explicação.

Temos, assim, distinções entre consciência da *criatura* (intransitiva e transitiva), por um lado, e consciência do *estado mental*, por outro. Depois, nesta última, temos distinções entre consciência *fenomenal* e várias formas de consciência de estado funcionalmente definidas (consciência de acesso de primeira ordem, consciência de ordem mais alta e assim por diante). A nossa principal tarefa será analisar se a consciência fenomenal pode ser explicada em termos de uma ou outra noção funcionalmente definível. Mas há ainda outra distinção a fazer, para que não haja confusão com qualquer das noções discutidas — e essa é a *auto*consciência.

A autoconsciência admite variedades mais fracas e mais fortes, onde cada uma é propriedade disposicional do agente. No sentido fraco, para que uma criatura seja autoconsciente, basta que seja capaz de se familiarizar consigo mesma como um *objecto* diferente dos outros (e talvez também seja capaz de se familiarizar consigo mesma como tendo um passado e um futuro). Esta forma de autoconsciência não é conceptualmente muito exigente e é plausível que muitos animais a possuam. *Grosso modo*, ela só envolve o conhecimento da diferença entre o próprio corpo e o resto do mundo físico. Mas o sentido mais forte da autoconsciência envolve a familiaridade consigo mesmo de nível mais alto *como* um eu, como um ser com estados mentais. Isto é muito mais exigente e é possível que só os seres humanos (provavelmente juntamente com os grandes macacos) sejam autoconscientes neste sentido. Para que um organismo seja autoconsciente desta maneira, tem de ser capaz de se familiarizar consigo mesmo como uma entidade com uma vida *mental* contínua, com memórias das suas experiências passadas, conhecimento dos seus desejos e objectivos para o futuro. Isto é ainda mais exigente do que a consciência do pensamento de ordem mais alta, visto que envolve não apenas pensamentos de ordem mais alta sobre os nossos próprios estados mentais actuais, como uma concepção do eu como uma entidade permanente com esses estados, ou seja, com uma vida mental passada e futura.

1.2. ESTADOS MENTAIS CONSCIENTES *VERSUS* NÃO CONSCIENTES

Vamos concentrar-nos principalmente na adequação dos vários registos funcionais (e ou representativos) da consciência de estado, especialmente na questão de saber se qualquer um deles consegue dar uma explicação satisfatória da consciência fenomenal. Mas essas teorias têm outro *desideratum* crucial: elas deviam ser capazes de explicar a distinção entre estados mentais conscientes e não conscientes. Aqui argumentamos que qualquer tipo de estado mental admite estas duas variedades.

Pense-se nas actividades rotineiras, como conduzir, andar a pé ou tomar banho, que levamos a cabo com a nossa atenção consciente posta algures. Quando conduzo para casa por uma estrada conhecida, por exemplo, muitas vezes não presto atenção consciente ao que faço na estrada. Em vez disso, estarei muito concentrado a pensar num problema do trabalho ou a fantasiar sobre as minhas férias de Verão. Nesses casos é comum que eu então — um tanto nervosamente — «caia em mim», com a súbita constatação de que não tive a menor ideia do que vi ou fiz fisicamente durante os últimos minutos. Contudo, é evidente que estive a ver, senão teria chocado com o carro. De facto, o passageiro que segue sentado ao meu lado relata-me correctamente que eu *vi* o veículo parado em segunda fila junto da berma da estrada, visto que eu virei o volante com destreza para o evitar. Mas eu não estava ciente de o ver, tanto naquela altura como mais tarde na memória. A minha percepção daquele veículo não era consciente.

Este exemplo encontra-se num dos limites de um espectro de fenómenos familiares, que merecem — todos eles — ser classificados como exemplos de percepção não consciente. Porque há, além disso, muitos casos em que, embora continuando a desfrutar da experiência consciente, eu também apresento sensibilidade para características do meu ambiente que *não* percepciono conscientemente. Por exemplo, ao caminhar pela rua e tendo percepções conscientes de muitos aspectos do que me cerca, também posso subir e descer o lancil do passeio e fazer ajustamentos de diversas irregularidades e obstáculos no meu trajecto de que não tenho conhecimento consciente. Como todos os fenómenos deste espectro envolvem sensibilidade às características mutáveis do ambiente e visto que — o que é mais importante — se ajustam claramente ao modelo de raciocínio prático da explicação, merecem ser descritos como experiências perceptivas que não são conscientes. Pois se pode verdadeiramente dizer de mim que dei um passo sobre o lancil do passeio porque *quis* evitar a queda, *vi* que o lancil estava ali e *acreditei* que ao dar um passo mais elevado evitaria um tropeção. De modo que neste caso há um *ver* genuíno que não é consciente.

(Algumas pessoas — por exemplo, Dennett, 1991a — tentaram explicar estes fenómenos em termos de perda instantânea de memória, em vez de experiência não consciente. Nesta explicação, o meu percepto do lancil do passeio *era* consciente, mas visto que não lhe foi atribuído nenhum espaço na memória, não posso relatá-lo nem recordá-lo. Todavia esta explicação parece ficar excluída pela existência de casos onde uma pessoa consegue reagir não conscientemente às mudanças — como é o caso da redução de velocidade de um metrónomo — que é demasiado gradual para ser perceptível num instante, e que, portanto, tem de pressupor uma memória intacta.)

Repare-se, também, no impressionante fenómeno da *visão cega*. Sabe-se desde há algum tempo que os pacientes com lesões em algumas áreas do córtex estriado (área V1) ficarão aparentemente cegos em parte do seu campo visual. Eles declaram sinceramente que não vêem nada nessa região. Descobriu-se mais tarde, contudo, que alguns desses pacientes se revelavam notavelmente eficientes para avaliar a posição de uma fonte de luz, ou a orientação de uma linha, no seu lado «cego». Quando a sua elevada taxa de sucesso neste exercício lhes foi assinalada, os pacientes ficaram genuinamente surpreendidos — na realidade pensavam que faziam a avaliação ao acaso. Mas os dados revelam convincentemente que são capazes de fazer pelo menos discriminações perceptivas simples não conscientes — ver Weiskrantz (1986) para os detalhes. De facto, mostrou-se que alguns pacientes conseguiam alcançar e agarrar objectos situados nas suas zonas cegas com 80 ou 90 por cento da precisão habitual e de apanharem bolas que lhes eram lançadas desde as zonas cegas, mais uma vez sem conhecimento consciente (Marcel, a publicar).

Além da actividade mental ausente e da visão cega, também existem fenómenos como o sonambulismo, em que os sujeitos conseguem percepcionar claramente, até certo grau, mas aparentemente sem qualquer consciência. E Block (1995) descreve casos de epilépticos que continuam as suas actividades quando passam por uma convulsão suave, mas que o fazem sem dela terem conhecimento consciente. De facto, a literatura psicológica está actualmente *cheia* de exemplos de processamentos perceptivos não conscientes, incluindo o equivalente da visão cega noutras modalidades dos sentidos — «audição surda», «toque insensível», e assim por diante (ver Baars, 1988, e Weiskrantz, 1997, para as recensões).

Além disso, parece altamente provável que as crenças e os desejos possam ser activados sem que apareçam nos processos do pensamento consciente. Veja-se, por exemplo, as crenças de um jogador de xadrez sobre as regras de xadrez. Enquanto joga, essas crenças têm de estar activas — organizando e ajudando a explicar os lances feitos e o padrão do raciocínio do jogador. Mas elas não são enumeradas conscientemente. Os jogadores de xadrez não pensarão conscientemente nas regras que condicionam o seu jogo, excepto quando lhes é pedido que as expliquem a um iniciado ou quando há alguma questão acerca da legalidade de um lance. É evidente que as crenças em questão continuarão *acessíveis* à consciência — os jogadores podem, à vontade, relembrar e enumerar as regras do jogo. Sendo consideradas como estados permanentes (como crenças adormecidas), as crenças em questão continuam a ser conscientes. Contudo, mostrámos que as crenças podem ser activadas de maneira não consciente. Acontece a mesma coisa com os desejos, como o desejo de evitar obstáculos que orientam os meus movimentos enquanto conduzo com a mente ausente. De forma que, evidentemente, os pensamentos tal como os eventos ou os episódios mentais não têm de ser conscientes.

O mesmo ponto pode ser estabelecido essencialmente partindo de uma perspectiva ligeiramente diferente, ao examinarem-se os fenómenos da resolução não consciente de problemas. Muitos pensadores e escritores criativos relatam que as suas melhores ideias lhes aparecem inesperadamente, sem reflexão consciente (Ghiselin, 1952). Veja-se, ainda, alguns exemplos mais mundanos. Posso ir deitar-

-me sem ter sido capaz de resolver um problema em que estive a pensar conscientemente durante o dia e depois acordo na manhã seguinte com uma solução. Ou ao escrever uma comunicação, podemos ser incapazes de ver como se há-de construir um argumento para a conclusão particular que queremos, fazendo com que a atenção consciente se volte para outras coisas. Mas quando voltamos a escrever após um intervalo, tudo nos parece estar devidamente nos seus lugares. Nesses casos, é evidente que estivemos a pensar — a desenvolver e a mobilizar as crenças e os desejos relevantes — mas não conscientemente.

Uma das coisas que uma boa teoria da consciência do estado tem de fazer, portanto, é proporcionar uma explicação satisfatória da distinção entre estados mentais conscientes e não conscientes, explicando o que se passa com os diversos fenómenos em questão para que caiam num ou noutro lado da divisória.

2. MISTERIANISMO

Nesta secção vamos rever os argumentos mais importantes apresentados em defesa do *misterianismo* — a doutrina que assevera que a consciência fenomenal é, e deve continuar a ser, um mistério. Propomos mostrar que nenhum destes argumentos é obrigatório. É evidente que esta crítica, por si, não é um argumento positivo *contra* o misterianismo. Voltaremos então ao projecto positivo na secção 3, examinando várias das explicações propostas da consciência fenomenal.

2.1. FACTOS EM PERSPECTIVA E SUBJECTIVOS?

Nagel (1986) realçou que, quando fazemos ciência, tentamos representar o mundo a partir de nenhum ponto de vista em particular. Quando procuramos fazer uma caracterização objectiva do mundo e dos processos que nele têm lugar, tentamos encontrar maneiras de descrever o mundo que sejam independentes da estrutura particular dos nossos órgãos dos sentidos ou das nossas perspectivas limitadas e necessariamente parciais. Também tentamos descrever a nossa própria relação com o mundo no mesmo vocabulário essencialmente objectivo e sem perspectiva. De maneira que, quando fazemos ciência, em vez de falarmos sobre cores, falamos sobre as propriedades reflexivas das superfícies e dos comprimentos de onda da luz; e tentamos explicar a percepção da cor em termos do impacto dos raios de luz nos cones e bastonetes da retina e dos outros eventos neuronais que depois são provocados no cérebro. Na expressão de Nagel, a visão científica do mundo é *a visão de sítio nenhum*.

No entanto, Nagel argumenta que há alguns factos que são, e têm de ser, *invisíveis* à ciência. E como são invisíveis à ciência, inevitavelmente têm de ser *inexplicáveis* para a ciência. São factos em perspectiva e subjectivos. A ciência consegue proporcionar (ou pelo menos admite) uma descrição sem perspectiva do desenho dos objectos no meu escritório, por exemplo, mas não consegue explicar o facto de que a secretária esteja *ali* enquanto eu estou sentado *aqui*. Nagel pensa que é porque esses factos estão inerentemente em perspectiva. Eles caracterizam lugares, não objectivamente, mas do ponto de vista de uma perspectiva particular — nomeadamente a minha, neste caso. Da mesma forma, um dia a ciência será capaz de proporcionar uma descrição objectiva completa do que acontece no meu cérebro quando percepciono um tomate vermelho. Mas ela não consegue explicar, defende Nagel, aquilo com que se *parece* o ver um tomate vermelho — a *sensação subjectiva*, ou a *fenomenologia*, da própria experiência. A ciência pode ter a esperança de descrever os processos da percepção objectivamente, partindo de fora, mas isto deixa de lado o que são estes processos *para o sujeito*, partindo de dentro.

Estas afirmações não são convincentes tal como são formuladas, pois misturam o nível da *referência* (o domínio dos factos) com o nível dos *sentidos* (o domínio dos conceitos e modos de apresentação desses factos). Além dos factos respeitantes ao desenho espacial dos objectos no meu escritório, não há *outro* facto no mundo, nomeadamente o facto de que a secretária está *ali* enquanto eu estou *aqui*. Em vez disso, temos aqui outras formas de representar, do ponto de vista de um sujeito particular, parte dos mesmíssimos factos mundanos. Também se pode pensar que não há mais factos para além daqueles que dizem respeito aos processos cerebrais de alguém percepcionando o vermelho, nomeadamente os factos de *como* é essa experiência. Em vez disso, a sensação subjectiva da experiência pode ser simplesmente o modo como esses eventos cerebrais se apresentam ao sujeito. Não é necessário que haja aqui *dois* factos (o evento cerebral e a sensação fenomenal), mas apenas um facto representado de forma diversa — nomeadamente, de forma objectiva, do ponto de vista da ciência, e de forma subjectiva, do ponto de vista do sujeito a quem ocorre o evento cerebral.

Ora, presume-se que as próprias representações, ou a existência de modos de apresentação, são uma classe de factos. Juntamente com os factos sobre o mundo, representados por nós de diversas maneiras, também há factos sobre a nossa representação do mundo. De forma que juntamente com os factos sobre o desenho espacial do quarto, *há* outros factos que dizem respeito ao modo como eu represento esse desenho partindo da minha perspectiva particular. Mas ainda não foi apresentada nenhuma razão para que estes não possam ser caracterizados objectivamente. Um observador consegue descrever o ponto de vista partindo do qual eu percepciono o quarto e a maneira como o quarto me aparecerá desse ponto de vista. (Em certo sentido, trata-se de uma simples questão de geometria.) Não há aqui nada que sugira a existência de uma categoria especial de facto que tenha de ser invisível para a ciência.

(Repare-se que basicamente a mesma resposta que aqui foi dada, pode ser dada à afirmação de Nagel de que também há factos *meus* irredutíveis e inexplicáveis, envolvidos na caracterização de perspectivas e estados mentais como sendo *meus* (1986, cap. 4). Nagel pode ter razão ao considerar que os pensamentos do Eu são irredutíveis a outros tipos de representação, integrando o controlo do comportamento, em particular, de uma forma diferente e insubstituível. Mas isto não revela nada sobre a existência de qualquer categoria de facto especial.)

2.2. O QUE MARY NÃO SABIA

Acabámos de responder a um argumento que tenta mostrar que as diferentes perspectivas do mundo adoptadas por diferentes sujeitos escapam a qualquer descrição objectiva ou explicação científica. Jackson (1982, 1986) apresentou uma variação deste argumento, projectado para mostrar que o aspecto subjectivo da experiência (a sensação fenomenal), em particular, é um *facto* genuíno sobre a experiência que não pode ser captada em termos físicos ou funcionalistas.

Jackson imagina o caso de Mary, que viveu toda a vida num quarto a preto e branco. No momento em que ele pega na história, Mary nunca teve qualquer experiência de cor; mas podemos pressupor que não há nada de errado com o seu sistema visual — ela ainda tem a *capacidade* da visão colorida. Ora, Mary também é uma cientista, vivendo numa era científica muito mais avançada do que a nossa. De modo que se pode pressupor que Mary conhece *tudo o que há para saber* sobre física, fisiologia e organização funcional da visão colorida. Ela sabe exactamente o que acontece no cérebro de alguém quando experimenta o vermelho e tem uma compreensão completa do comportamento dos sistemas físicos envolvidos. De forma que conhece todos os factos objectivos e científicos sobre a visão colorida. Mas é evidente que há uma coisa que ela *não* sabe: *como* é a experiência do vermelho. E ao sair do seu quarto a preto e branco, há alguma coisa nova que ela *aprenderá* quando experimentar o vermelho pela primeira vez. Como o conhecimento de todos os factos físicos e funcionais não dão a Mary conhecimento de *todos* os factos, Jackson argumenta, então, que há alguns factos — nomeadamente factos sobre experiências e sensações subjectivas — que não são factos físicos nem funcionais e que também não podem ser explicados em termos de factos físicos ou funcionais.

Uma réplica importante a este argumento é desenvolvida em profundidade por Lewis (1988). Ela estabelece uma distinção entre duas espécies diferentes de conhecimento. Por um lado, há o conhecimento *proposicional* (muitas vezes chamado «conhece *isso*»), que é conhecimento de factos; e, por outro, há conhecimento *prático* (muitas vezes chamado «conhece *como*»), que é o conhecimento do modo como se faz alguma coisa. É assim que o conhecimento que o leitor tem da história da Grã-Bretanha é proposicional (sabe *que* a Batalha de Hastings foi travada em 1066, por exemplo), enquanto o seu conhecimento sobre atar cordões de sapatos é (amplamente) prático — conhece muito poucos *factos* sobre atar cordões de sapatos e ficaria desorientado se tivesse de me *dizer* como os atar (excepto se fizesse uma descrição do que é preciso fazer partindo de uma imagem de memória da adequada sequência de acções); em vez disso, *consegue* justamente realizar essa acção; tem a capacidade de a fazer. Depois de feita esta distinção, a resposta a Jackson pode ser a seguinte: saber como é uma experiência, não é conhecimento proposicional, mas é conhecimento prático.

O que falta a Mary no seu quarto a preto e branco, nesta explicação, é uma *capacidade* — a capacidade de reconhecer, recordar e imaginar experiências de vermelho. E o que a experiência lhe ensina a ela, ao deixar o seu quarto, é justamente isso — a capacidade de reconhecer experiências de vermelho (sem ter de se basear em qualquer inferência partindo de factos psicológicos), e a capacidade de lembrar e visualizar essas experiências. De forma que não é necessário que haja *factos* para além dos factos físicos e funcionais que Mary já conhecia. Porque ela não *aprende* quaisquer novos factos quando sai do quarto. Em vez disso, ela adquire algumas novas aptidões que não possuía anteriormente. E isto não nos põe quaisquer problemas. Porque não há ninguém que queira sustentar que simples conhecimentos de factos podem conferir a alguém capacidades práticas — o conhecimento de todos os factos sobre esquiar não fariam do leitor um esquiador, por exemplo.

Pode objectar-se que é evidente que Mary adquire algum conhecimento proposicional novo quando é libertada do quarto (Loar, 1990). Ela pode, por exemplo, aprender alguma coisa que expressaria dizendo: «*Esta* cor [apontando para uma coisa vermelha] é mais quente do que *esta* [apontando para uma coisa amarela].» É evidente que o conhecimento que ela exprime assim é o conhecimento de *que* uma cor é mais quente do que a outra. Mas trata-se aqui de um conhecimento que não podia ter anteriormente, visto que envolve conceitos de reconhecimento de cor («*esta* cor») que Mary não possuía enquanto esteve no quarto. Mas este é um debate sobre o modo como se *tipificam* factos. Serão os factos diferentes se os *conceitos* usados para os descrever forem diferentes? Ou os factos só são diferentes se os objectos e as propriedades mundanas neles envolvidas também forem diferentes? A objecção do argumento de Lewis assume a primeira. Mas então voltamos à confusão entre sentido e referência, analisada acima. Como sublinha Loar, a existência de alguns *conceitos* que só se possuem por ter havido certas experiências (nomeadamente, conceitos de reconhecimento de experiência) não mostra que *aquilo que é reconhecido* (nomeadamente as próprias experiências) transcende de qualquer modo a descrição física ou funcional.

2.3. FECHAMENTO COGNITIVO?

McGinn (1991) argumentou que a solução do problema da consciência fenomenal (ou seja, o problema da compreensão de como se pode dar ou ser explicada a consciência fenomenal em termos de eventos físicos no cérebro) *nos está cognitivamente fechada*. Ele argumenta, primeiro, que a afirmação de Chomsky de que temos diversos mecanismos de aprendizagem inatos com fins específicos, especializados em domínios particulares como a linguagem natural ou a psicologia popular, tem como corolário que *alguns* domínios podem estar-nos cognitivamente fechados. Estes domínios poderiam conter realmente factos suficientes para responder às questões que lhes podemos pôr, mas a estrutura inata das nossas mentes significa que nunca seremos capazes de discernir essas respostas. De forma que estes domínios, embora não *intrinsecamente* misteriosos (metafisicamente), têm de permanecer sempre misteriosos *para nós*. Há, portanto, motivos para pensar que a realização da consciência fenomenal nos eventos cerebrais físicos é um desses domínios.

Ora, é evidente que temos tendência para discordar da primeira premissa deste argumento. Do facto de que as nossas mentes contenham mecanismos especializados de aprendizagem que tornam a aquisição do conhecimento de certos domínios particularmente *fácil* para nós, não se segue que haja domínios que nos sejam cognitivamente *fechados*. Só se segue que há domínios onde a aprendizagem será *menos fácil*. Desde que o nosso mecanismo de aprendizagem com fins específicos também se possa desenvolver, com um pouco menos de eficácia, fora do seu domínio original; ou desde que além destes mecanismos também tenhamos alguns mecanismos de aprendizagem de fins *gerais* (e é evidente que *tem* de ser uma ou outra destas possibilidades ou então o fechamento cognitivo seria um facto familiar da vida diária); então pode bem acontecer que *todos* os domínios possam ser eventualmente submetidos a uma investigação sistemática. Mas o que realmente interessa para as nossas finalidades é a segunda premissa de McGinn. Porque mesmo que pensemos (*contra* a primeira premissa) que não há uma boa razão para *esperar* encontrar áreas de fechamento cognitivo, teremos de continuar a olhar para este caso dizendo que, como questão de facto, a consciência fenomenal, em particular, tem de permanecer misteriosa para nós.

McGinn sugere que o problema da consciência fenomenal radica num hiato explicativo entre as qualidades da experiência subjectiva, ou *sentida*, por um lado, e os eventos neuronais subjacentes aos nossos cérebros, por outro. E argumenta que há apenas duas maneiras de fechar este hiato. *Ou* usamos a introspecção para aprofundar as propriedades fenomenais das nossas experiências, talvez procurando um conjunto mais sofisticado de conceitos fenomenais com os quais consigamos categorizar e descrever as qualidades subjectivas dessas experiências. *Ou* conseguimos trabalhar partindo da outra extremidade, investigando os eventos físicos dos nossos cérebros, esperando concluir, partindo deles (talvez por meio de algum género de inferência da melhor explicação) com uma compreensão da consciência fenomenal.

Mas podemos desde logo verificar que nenhuma destas estratégicas terá sucesso. Porque é óbvio que não há qualquer viabilidade de que investigações introspectivas adicionais das nossas experiências nos levem a ver em que medida estas mesmas experiências poderiam ser eventos neurológicos dos nossos cérebros. Nem parece ser possível que investigações científicas adicionais dos nossos cérebros consigam levar-nos ao postulado de que estes eventos possuem características fenomenais. Porque o nosso único modo de acesso aos estados cerebrais (quando caracterizados como tais — lembre-se de que McGinn admite que os estados de consciência *provavelmente são* estados cerebrais) é pela observação, partindo da perspectiva de uma terceira pessoa. E é difícil ver como é que qualquer sequência de inferências para a melhor explicação, começando pelas propriedades observadas desses estados, poderia alguma vez levar-nos a uma coisa que é inerentemente subjectiva, nomeadamente as características sentidas das nossas experiências. De modo que, embora McGinn admita que a consciência fenomenal seja quase de certeza uma característica física dos nossos cérebros, ele pensa que o conhecimento deste facto continuará a ser sempre um mistério.

Há pelo menos duas grandes falhas neste argumento. A primeira é que McGinn parece esquecer completamente que pode haver muitos níveis diferentes de investigação e descrição científicas entre a neurociência e a psicologia do senso comum, incluindo diversas formas de computacionalismo, juntamente com os tipos de descrição funcional característicos de grande parte da psicologia cognitiva. Pois pode facilmente parecer misterioso como é que *alguma coisa* natural consegue ser física, caso tentemos saltar por cima de muitos estádios intermédios ao mesmo tempo. Por exemplo, pode parecer facilmente misterioso o modo como um organismo vivo consegue manter-se num conjunto integrado, se apenas nos concentrarmos no facto de que qualquer um desses organismos consistir, em última instância, de partículas ondulatórias subatómicas governadas por princípios indeterministas e se nos esquecermos de todos os níveis intermediários de descrição que existem pelo meio. E como veremos na secção 3, as explicações disponíveis mais plausíveis da consciência fenomenal são de natureza *cognitiva*, tentando usar uma ou outra noção funcionalmente definível da consciência de estado para explicar as qualidades subjectivas das nossas experiências.

Mas a segunda e grande falha do argumento de McGinn é que ignora a possibilidade de conseguirmos fechar o hiato explicativo entre a consciência e o cérebro ao operar com a inferência para a melhor explicação da própria consciência fenomenal. De facto, é óbvio, quando se reflecte nisso, que o inquérito deve seguir nesta direcção. Porque raramente — se alguma vez — acontece na ciência termos de procurar explicações de nível mais alto de fenómenos de nível mais baixo. Por exemplo, não vamos pedir à biologia que explique porque é que as reacções químicas funcionam como funcionam. Em vez disso, procuramos compreender fenómenos de nível mais alto em termos da sua realização em processos de nível mais baixo. E ainda não foi apresentada qualquer razão para justificar que esta estratégia não funcione quando aplicada à consciência fenomenal, como acontece no resto da natureza. Adoptar esta estratégia seria procurar explicar a consciência fenomenal em termos de alguns mecanismos ou arquitecturas cognitivas subjacentes, que esperaríamos então conseguir explicar, por seu lado, em termos de sistemas computacionais mais simples, continuando assim até que, por fim, se atinjam as estruturas neuronais e os processos cerebrais conhecidos. Embora talvez ainda não tenhamos uma razão particular para manter o *optimismo* sobre o sucesso desta estratégia, é evidente que o género de pessimismo de princípio de McGinn nos parece infundado.

2.4. MAIS HIATOS EXPLICATIVOS?

Chalmers (1996) argumenta que quase todos os estados e propriedades do mundo natural (com excepção da consciência fenomenal e de estados que de uma maneira ou outra envolvem a consciência fenomenal, incluindo qualidades secundárias como as cores e os sons) sobrevêm *logicamente* à totalidade do estado microfísico do mundo. Ou seja, ele pensa que é conceptualmente impossível, ou inconcebível, que possa existir um universo exactamente igual ao nosso no que respeita à totalidade da sua descrição microfísica e que partilhe as nossas leis físicas elementares, mas diferindo no que respeita a qualquer uma das suas propriedades químicas, geológicas, geográficas, meteorológicas, biológicas, psicofuncionais ou económicas. Porque após a atribuição das propriedades, posição e movimento da última partícula microscópica do universo, deixa simplesmente de haver *espaço* para qualquer outra variação (excepto pela adição conservadora — Chalmers admite que um mundo pode diferir do nosso ao ter alguma coisa *extra*, como os anjos constituídos de ectoplasma não físico, desde que não haja diferença na distribuição das partículas microfísicas).

Em contrapartida, Chalmers afirma que a consciência fenomenal *não* sobrevêm logicamente ao mundo físico. Pois é fácil imaginar um mundo micro-fisicamente idêntico ao nosso, mas em que não há nada que se pareça com um organismo (incluindo os seres humanos) nesse mundo. É o mundo *zumbi*. E é a plausibilidade da concepção de mundos de zumbis (e ou mundos de *qualia invertidos* — ver abaixo) microfisicamente idênticos ao nosso próprio mundo que torna o problema da consciência fenomenal tão *difícil*, de acordo com Chalmers — o que faz com que seja de facto insolúvel, partindo de um enquadramento físico e ou funcionalista.

272

Chalmers também defende que só aquelas propriedades naturais que sobrevêm logicamente às físicas podem admitir qualquer género de explicação redutora. (Por explicação redutora ele pretende dizer a explicação por exemplificação em, ou composição por, mecanismos e processos de nível mais baixo; de forma que a *explicação* redutora deve ser distinguida com acuidade da redução ontológica ou teórica, do género da que foi discutida acima no capítulo 7, secção 5.) De acordo com Chalmers, o nosso conceito de qualquer processo, estado ou evento dados, de nível mais alto, especifica as condições que qualquer explicação redutora desse fenómeno tem de preencher. Por exemplo, o nosso conceito de *vida* contém noções como *reprodução* e *geração de energia por processos metabólicos*, que se encontram entre as funções que qualquer coisa viva tem de realizar. E então uma explicação redutora da vida demonstrará como é que mudanças e processos químicos adequados podem justamente constituir o desempenho dessas funções. O fenómeno da vida é explicado quando vemos como é que esses eventos químicos de nível mais baixo, adequadamente dispostos e sequenciados, exemplificarão exactamente aquelas funções que fazem parte do nosso conceito de *coisa viva*. De facto, os sucessos científicos que proporcionam essas explicações redutoras garantem a nossa crença de que a física está fechada no nosso mundo e que proporcionam as bases para afirmar que todos os fenómenos naturais sobrevêm em factos microfísicos.

Visto que os conceitos de estados e processos químicos, geológicos, geográficos, meteorológicos, biológicos, psicofuncionais e económicos são em geral funcionais, é possível que os eventos dessa espécie admitam explicações redutoras. Mas os nossos conceitos de estados fenomenalmente conscientes são diferentes, como ficou evidenciado pela plausibilidade de concepção de mundos de zumbis (e de *qualia* invertidos). Se conseguimos conceber estados funcionalmente idênticos às nossas experiências conscientes embora sendo fenomenalmente diferentes, então não podemos conceptualizar os últimos em termos de funções. É provável que os nossos conceitos sejam antes, aqui, simples conceitos de *reconhecimento*, consistindo estes na nossa capacidade de reconhecimento imediato de estados fenomenais de diversas espécies. É isto que estabelece o hiato explicativo entre as funções neurológicas ou cognitivas, por um lado, e a consciência fenomenal, por outro. Chalmers afirma que, de facto, conseguimos antever que qualquer explicação redutora da consciência fenomenal em termos neurológicos ou cognitivos está condenada ao insucesso. Pois essas «explicações» só proporcionam mecanismos para exemplificar algumas *funções*, que têm de ficar aquém da *sensação* possuída por muitos tipos de estado de consciência. Como não conceptualizamos os nossos estados de consciência em termos de função, mas sim em termos de sensação, então as explicações de função não têm cabimento. Daí a existência do «difícil problema» da consciência fenomenal.

Ora, grande parte desta argumentação é mais ou menos correcta. Admitimos que as explicações redutoras funcionam normalmente especificando mecanismos de nível mais baixo para cumprimento de uma função de nível mais alto. E concordamos que temos à nossa disposição apenas conceitos de reconhecimento de estados fenomenalmente conscientes. Mas discordamos das conclusões que Chalmers tira destes factos. O seu erro consiste em assumir que uma dada propriedade ou estado só pode ser explicado redutoramente com sucesso se os mecanismos propostos são aquilo que podemos chamar «imediatamente satisfatórios cognitivamente», no sentido em que se harmonizam com a maneira como estes estados são conceptualizados. Embora o «hiato explicativo» tenha algum significado cognitivo, revelando alguma coisa sobre a maneira como conceptualizamos as nossas experiências, ele não revela nada sobre a natureza dessas mesmas experiências. Até certo ponto é isso que defendemos.

Uma boa explicação redutora da consciência fenomenal (do género oferecido por teorias do pensamento de ordem mais alta, por exemplo — ver secção 3.3 abaixo) pode explicar uma diversidade de características das nossas experiências conscientes, ao mesmo tempo que também explica a natureza e a existência dos nossos próprios conceitos de reconhecimento. E uma boa arquitectura cognitiva consegue explicar por que é que os sujeitos que a exemplificam têm a tendência natural para fazer muitas das afirmações tradicionalmente feitas pelos filósofos no que respeita aos *qualia* — que os qualia são inefáveis, privados, definidos não-relacionalmente, e conhecidos com certeza pelo sujeito, por exemplo. É evidente que ainda será possível, com o *emprego* dos nossos conceitos de reconhecimento da experiência, imaginar versões zumbi exactamente dessa arquitectura. Mas ver-se-á que isso *não* levanta qualquer problema explicativo suplementar. Essas arquitecturas zumbi não se tornam concebíveis devido à natureza da experiência consciente, mas apenas devido à maneira como (conseguimos) *conceptualizar* essas experiências. De facto, não há qualquer propriedade ou fenómeno mundano que tenha de ficar por explicar. Pois, como veremos, até a *própria* liberdade de conceptualizar pode ser explicada dessa maneira.

Portanto, admitimos que as sensações fenomenais ausentes ou invertidas são conceptualmente possíveis. É assim que conseguimos conceber a possibilidade de zumbis indetectáveis. Estes seriam pessoas *funcionalmente* indistintas de nós mesmos, agindo, comportando-se e falando como nós, mas a quem falta completamente uma fenomenologia interior. Da mesma forma, podemos conceber a possibilidade de fenomenologias invertidas (ver figura 9.1 abaixo). Podemos conceber que outras pessoas, quando olham para alguma coisa vermelha, têm a espécie de experiência subjectiva que eu descreveria como uma experiência de verde e que, quando olham para alguma coisa verde, têm o género de experiência que *eu* tenho quando olho para um tomate maduro. Mas enquanto *eles* descrevem como «uma experiência de verde» aquilo que *eu* descrevo como «uma experiência de

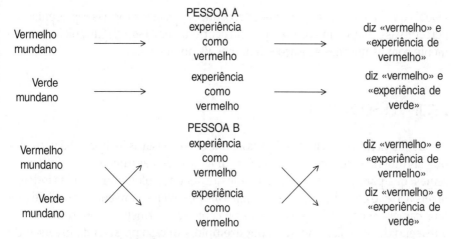

FIGURA 9.1 — Um caso de fenomenologia invertida

vermelho» (e vice-versa), a diferença nunca emerge no nosso comportamento. Ambos dizemos que a relva é verde e origina experiências de verde e que os tomates são vermelhos e originam experiências de vermelho. Será que estes factos sobre *conceptibilidade* revelam que os aspectos subjectivos das nossas próprias experiências têm de ser definíveis não representativamente e não funcionalmente?

Não. A melhor resposta a estes argumentos é admitir que as sensações ausentes e invertidas são *conceptualmente* possíveis, mas assinalando que daí não se segue que são logicamente (*metafisicamente*) possíveis — muito menos que são *naturalmente* possíveis; e afirmar que só as últimas poderiam estabelecer a existência real dos *qualia*. De facto, o argumento é presa essencialmente da mesma fraqueza do argumento «o que Mary não sabia». Podemos admitir que há conceitos de reconhecimento da experiência e da maneira como os estados subjectivos sentem distintamente e podemos admitir que esses *conceitos* não são definidos relacionalmente ou causalmente, enquanto insistimos que as propriedades que esses conceitos escolhem *são* relacionais. As sensações ausentes e invertidas são conceptualmente possíveis porque os conceitos são de reconhecimento. Mas é porque as propriedades que esses conceitos escolhem são realmente relacionais, que as sensações ausentes e invertidas não são, de modo plausível, nem natural nem metafisicamente possíveis.

Elaborar este pensamento é, efectivamente, desenvolver uma explicação de pensamento de nível mais alto, da consciência fenomenal, que analisaremos na secção 3. A ideia é que esses estados acabam por possuir as suas propriedades fenomenais em virtude de haver pensamento de nível mais alto sobre os nossos estados perceptivos e, em particular, ao dispor de conceitos de reconhecimento da experiência. Para uma primeira abordagem: nessa explicação, qualquer criatura que consiga percepcionar o vermelho e que consiga fazer todas as discriminações visuais que eu consigo e que consiga reconhecer as suas próprias representações perceptivas de vermelho como e quando ocorrem, será *ipso facto* um sujeito exactamente com as mesmas sensações fenomenais do que eu.

2.5. INVERSÕES REAIS?

Infelizmente para a linha referida acima, em resposta a Chalmers, há variantes dos argumentos de espectro invertido (mas não dos argumentos de *qualia* ausentes) que parecem mostrar justamente que fenomenologias invertidas indetectáveis não são concebíveis, mas *naturalmente* possíveis — em cujo caso não é metafisicamente necessário que todos os perceptos de vermelho sejam semelhantes a respeito da *sensação*. Aqui está, por exemplo, um caso possível da inversão do espectro intrapessoal (Shoemaker, 1981; Block, 1990):

1) Pegamos numa pessoa normal e inserimos lentes inversoras de cor nos olhos (ou inserimos um transformador neuronal no seu nervo óptico, que transpõe a actividade neuronal normalmente característica de ver verde, e continuamos assim rodando pelo círculo das cores). Essa pessoa diz que a relva parece vermelha e o sangue parece verde.
2) Depois de um período de confusão e de uso desviante, a pessoa consegue pôr os seus conceitos de cor a par com o resto de nós — por exemplo, ela diz (e pensa) que a relva é verde e que o sangue é vermelho. Mas ainda *se recorda* que a relva costumava parecer da mesma maneira que o sangue lhe aparece agora.
3) Tudo permanece como em (2), excepto que a pessoa sofre de amnésia. Então temos alguém que é funcionalmente indistinto de uma pessoa normal. Mas é evidente que aquilo que as experiências de cor lhe *parecem* ainda é o inverso do que é normal — e nesse caso *aquilo com que se parece* não pode ser funcionalmente caracterizável.

Algumas pessoas respondem a este argumento dizendo que o caso é de tal modo desviante que não temos qualquer boa razão para confiar no relato de memória do sujeito no estádio (2) — ver Dennett, 1988b. Se não confiamos na memória da pessoa, então não há qualquer razão para deixarmos de insistir que as sensações de cor mudam com a mudança nos conceitos e na linguagem que ocorrem em (2). Nesse caso não há inversão.

Block (1990) responde com um caso que não envolve confusão ou perda de memória — *a Terra invertida*. Trata-se de um caso de inversão *funcional* e *intencional*, mas onde (de modo plausível) a *sensação* permanece a mesma. Nesse caso segue-se a mesma conclusão: a última tem de ser diferente da primeira.

a) Há um lugar — seja ele uma Terra invertida ou duplicada, ou algum género de ambiente artificial restrito, como um quarto — onde todas as cores são inversas das normais. Neste lugar, o céu é amarelo, as bananas são azuis, a relva é vermelha, o sangue é verde, e assim por diante. Mas também o uso da linguagem dos seus habitantes é invertido. De modo que eles *dizem* «o céu é azul», «as bananas são amarelas» e assim por diante.

b) Um terráqueo normal é capturado, tornado inconsciente, inserem-lhe inversores de cores nos olhos (ou nos nervos ópticos) e é transportado para a Terra Invertida. Quando acorda não nota qualquer diferença — vê o céu azul, as bananas amarelas e assim por diante. E é dessa forma que ele descreve as coisas — *falsamente*, no que diz respeito aos seus próprios conceitos de cores, porque o céu *não* é azul, é amarelo.

c) Depois de um período bastante longo na Terra Invertida, os seus conceitos (e os conteúdos intencionais dos seus pensamentos de cores) mudam para ficarem alinhados com os dos seus co-locutores, de forma que quando ele diz «o céu é azul», ele quer dizer a mesma coisa que as pessoas da comunidade de fala a que então pertence (nomeadamente, que o céu é amarelo); e então diz alguma coisa verdadeira.

No estádio (c) temos alguém que é funcional e intencionalmente o inverso de uma pessoa normal da Terra. Mas é evidente que aquilo que as suas experiências lhe *parecem* continuou a ser o mesmo! De maneira que quando olha para um céu amarelo e pensa o pensamento verdadeiro que expressaria ao dizer «o céu é azul», é, subjectivamente para ele, exactamente como era quando olhava para um céu azul na Terra.

No entanto, este argumento da Terra Invertida pressupõe que a significação e os conceitos têm de ser individuados *extensamente*, em termos dos objectos e propriedades do ambiente do pensador (como também é feito pelo argumento mais tradicional da inversão intrapessoal). De modo que é porque a pessoa diz «azul» na presença de coisas amarelas, numa comunidade de linguagem onde todos os falantes normalmente se referem às coisas amarelas como «azuis», que ele significa *amarelo* e exprime o conceito *amarelo* com o termo «azul».

Mas há aqueles que pensam que os conceitos e os conteúdos intencionais também podem ser individuados de forma *restrita*, abstraindo os objectos e propriedades reais do ambiente do pensador, particularmente quando os conteúdos são individuados com propósitos de explanação psicológica. De facto, a legitimidade e a aptidão do conteúdo limitado para a psicologia foram defendidas em profundidade no capítulo 6 acima. E, se a pessoa *retiver*, inalterados, os conceitos de cor e os conteúdos intencionais de cor (limitados) na Terra Invertida, então não é verdade que ela esteja completamente invertida no que respeita a conteúdos intencionais. E nesse caso o argumento para a distinção da *sensação* dos conteúdos intencionais falha. Porque então não será *apenas* a sensação que continuará a ser a mesma na Terra Invertida; como também serão os seus conceitos de cor individuados limitadamente e os estados perceptivos individuados limitadamente.

A pessoa na Terra começou com um conceito de reconhecimento de *azul*, entre outros. Este conceito pode ser individuado extensamente para algumas finalidades, envolvendo uma relação com a azulidade mundana ou então pode ser individuada limitadamente. O conceito limitado pode ser especificado da seguinte maneira: é o conceito de reconhecimento que poderia aplicar sempre que tivesse experiências análogas de cor de tal género que, em circunstâncias normais no mundo real, são originadas por objectos azuis. Na Terra Invertida, mesmo depois de os conteúdos extensos dos seus conceitos terem mudado para explicar do seu novo ambiente externo circundante, ainda dispõe desse mesmo conceito individuado limitadamente. Podemos dizer que se ela fosse levada de regresso para a Terra e lhe removessem os inversores de cor dos olhos, seria esse mesmo conceito de reconhecimento que iria aplicar em relação aos perceptos do céu azul. E agora já conseguimos identificar a *sensação* de uma experiência de azul como sendo esse estado perceptivo *representativo* que iria activar uma aplicação de reconhecimento do conceito de *azul* individuado limitadamente. De modo que não há nada no argumento da Terra Invertida que nos obrigue a reconhecer os *qualia* como propriedades não representativas da experiência.

No caso da Terra Invertida, é o comportamento da pessoa e os estados mentais individuados extensamente que são invertidos. Mas como vimos, isso não nos impede de caracterizar a *sensação* das suas experiências como sendo a mesma em termos intencionais (individuados limitadamente). No caso da inversão intrapessoal, pelo contrário, o comportamento da pessoa e os estados individuados extensamente permanecem os mesmos, após amnésia, tal como eram antes da inserção dos inversores de cores. Mas um funcionalista pode pensar que há diferenças funcionais que não se mostram exteriormente — neste caso, as diferenças no conteúdo limitado dos estados perceptivos intervenientes. De forma que podemos dizer que são os conteúdos (individuados limitadamente) das suas experiências perceptivas que sofreram a inversão, apesar de não haver qualquer diferença neste comportamento.

2.6. EXISTEM PROPRIEDADES NÃO REPRESENTATIVAS DA EXPERIÊNCIA?

Aqueles que pensam que a existência da consciência fenomenal levanta problemas insuperáveis para as explicações funcionalistas do mental e ou aqueles que pensam que a consciência fenomenal é, e tem de continuar a ser, inevitavelmente misteriosa, quase de certeza que acreditam nos *qualia*. Ora, quase toda a gente aceita que as experiências conscientes têm sensações fenomenais características e que existe alguma coisa que é *como* que o assunto dessa experiência. E algumas pessoas usam o termo *qualia* para se referirem justamente à subjectividade característica da experiência — o que faz com que a existência dos *qualia* seja indiscutível. Mas os crentes nos *qualia* em qualquer sentido forte, defendem que a sensação característica de uma experiência se deve, pelo menos em parte, à sua posse de propriedades subjectivamente *não* representativas e *não* relacionalmente definidas. Nesta perspectiva, portanto, além dos diferentes modos como as nossas experiências representam como é o mundo, as nossas experiências *também* têm propriedades que são intrínsecas e que não representam nada para além delas mesmas. Também se afirma muitas vezes que os *qualia* são *privados* (incognoscíveis para qualquer pessoa excepto o seu sujeito), *inefáveis* (indescritíveis e incomunicáveis aos outros), assim como conhecíveis com *certeza* absoluta pela pessoa que os tem.

É óbvio que se as nossas experiências possuem *qualia* (neste sentido forte), então há problemas para as explicações naturalistas da mente. Porque haverá então aspectos da nossa vida mental que não podem ser caracterizados em termos funcionais ou representativos. Da mesma forma, se houver *qualia*, então a tarefa de explicar o modo como o sistema físico possui consciência fenomenal parece ser realmente difícil. Porque é evidentemente difícil compreender como é que qualquer propriedade ou evento físico do nosso cérebro poderia ser, ou poderia realizar, um estado fenomenal que é intrínseco, privado, inefável e conhecido com certeza.

A resposta mais directa a este argumento é *Quine qualia* («Quine = negar a existência de»; ver Dennett, 1998b; Harman, 1990; Tye, 1995). Com isto, sustenta-se que *não há* propriedades não representativas da experiência (ou, de qualquer modo, não existem aquelas que estão disponíveis à consciência — é evidente que haverá propriedades físicas intrínsecas dos estados cerebrais em acção). A melhor forma de apresentar este argumento consiste em afirmar que os estados perceptivos são *diáfanos* ou *transparentes*. Que o leitor olhe para uma árvore verde ou para um tomate vermelho. Agora tente concentrar-se o melhor que conseguir *não* nas cores dos *objectos*, mas na qualidade da sua *experiência* dessas cores. O que acontece? Consegue fazê-lo? Plausivelmente, apesar de tudo, vai dar consigo mesmo a prestar cada vez mais atenção às cores do mundo externo. Uma percepção de vermelho é um estado que representa uma superfície como tendo uma determinada qualidade distintiva — *vermelhidão*, com um matiz ou outro em particular — e prestar muita atenção ao seu estado perceptivo acaba por ser prestar muita atenção à qualidade do mundo *representado* (ao mesmo tempo que está ciente dele *como* representado — isto vai tornar-se importante mais tarde). É evidente que em casos de ilusão perceptiva ou de alucinação, pode não haver realmente qualquer qualidade do mundo representado, mas apenas uma representação. Mas é ainda plausível que não haja nada na sua experiência que esteja para além da maneira como ela representa o mundo como ser.

279

Mas então o que se passa com as sensações corporais, como pruridos, comichões e dores? Serão, também elas, estados puramente representativos? Se assim for, *o que* representam elas? Pode parecer que tudo o que realmente existe numa dor é um género particular de qualidade *não* representativa, que é experimentada como desagradável. Nesse caso, se formos obrigados a reconhecer os *qualia* para as experiências corporais, pode ser mais simples e mais plausível admitir que as percepções exteriores também possuem *qualia*. Mas de facto a causa a favor dos *qualia* não é mais forte por estar em conexão com a dor do que com a cor (Tye, 1995). Em ambos os casos as nossas experiências representam para nós uma propriedade perceptiva particular — num caso, de uma superfície externa, no outro caso, de uma região do nosso próprio corpo. No caso da percepção da cor, o meu estado perceptivo fornece o conteúdo «*essa* superfície tem *essa* qualidade». No caso da dor, o meu estado estabelece um género exactamente paralelo de conteúdo, nomeadamente «*essa* região do meu corpo tem *essa* qualidade». Em cada caso *essa qualidade* exprime um conceito de reconhecimento, onde o que é reconhecido não é um *quale*, mas, de preferência, uma propriedade que o nosso estado perceptivo representa como sendo exemplificado no lugar em questão.

Se o que foi referido acima estiver correcto, então os *qualia* já não podem ser reivindicados pelos discursos da introspecção, nem pelo argumento de «o que Mary não sabia», nem pelo argumento dos «*qualia* invertidos» (discutido e rebatido, respectivamente, nas secções 2.2 e 2.4-2.5, acima).

3. TEORIAS COGNITIVISTAS

Como vimos, os argumentos apresentados em defesa do misterianismo são menos do que convincentes. O que resta deste capítulo será dedicado a explorar os pontos fortes e fracos de diversas tentativas de explicar a consciência fenomenal em termos cognitivos. O principal contraste que vamos considerar é entre teorias que oferecem as suas explicações em termos de representações de primeira ordem e aquelas que fazem apelo a representações de ordem mais alta de um género ou outro. Mas podemos representar as diversas tentativas de dar uma explicação redutora da consciência fenomenal numa estrutura de árvore ramificada, como na figura 9.2 abaixo.

A primeira escolha a tentar (ponto de escolha (1) na figura 9.2), é entre a explicação redutora da consciência fenomenal em termos físicos (presumivelmente neurobiológicos) e a explicação cognitiva e ou funcional. Por exemplo, Crick e Koch (1990) propõem que a consciência fenomenal pode ser identificada com as oscilações neuronais sincronizadas de 35 a 75 hertz nas áreas sensitivas do córtex. Contudo, em vista das sugestões feitas na secção 3.2 acima, na nossa análise de McGinn, parece improvável que qualquer explicação redutora em termos neuro-

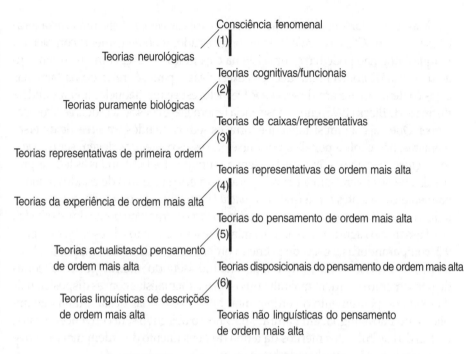

Consciência fenomenal

Teorias neurológicas

Teorias cognitivas/funcionais

Teorias puramente biológicas

Teorias de caixas/representativas

Teorias representativas de primeira ordem

Teorias representativas de ordem mais alta

Teorias da experiência de ordem mais alta

Teorias do pensamento de ordem mais alta

Teorias actualistasdo pensamento
de ordem mais alta

Teorias disposicionais do pensamento de ordem mais alta

Teorias linguísticas de descrições
de ordem mais alta

Teorias não linguísticas do pensamento
de ordem mais alta

FIGURA 9.2 — A árvore das teorias da consciência

biológicos consiga ter sucesso — há aqui a tentativa de pular sobre demasiados níveis explicativos ao mesmo tempo.

Já foi proposto um grande número de teorias funcionais diferentes que integram um ou outro género de «caixa da consciência fenomenal». Em algumas delas a caixa da consciência está relacionada com outros aspectos da cognição, mas ainda não foi feita nenhuma tentativa para explicar as características da consciência fenomenal que parecem mais confusas. Por falta de melhor termo chamámos a estas «teorias puras em lógicas de caixas[1]» (o termo «teorias em lógicas de caixas obviamente não explicativas» pode ser descritivamente mais adequado). Por exemplo, num modelo devido a Schachter *et al.* (1988), há um sistema de conhecimento consciente (ou SCC) definido pelas suas relações com um grande número de módulos especializados, por um lado, e os sistemas executivos e de memória verbal, por outro. O modelo é projectado para explicar diversos dados de dissociação — por exemplo, que às pessoas com prosopagnósia pode faltar o reconhecimento consciente de rostos, embora se possa, contudo, demonstrar que o reconhecimento (por exemplo, por reacções galvânicas da pele) está a ter lugar a um nível qualquer.

---

1 No original inglês: *pure boxological theories (N. T.).*

281

Mas não se faz qualquer tentativa para explicar *por que é que* uma caixa localizada, como o SCC, na cognição deve conter estados fenomenalmente conscientes. Porque é que não pode haver um sistema cuja função é fazer com que o seu conteúdo esteja disponível para decisões executivas e para ser relatado na fala, mas cujos conteúdos careçam de *sensação*? De facto, este é um daqueles lugares onde a distinção de Block (1995) entre consciência fenomenal e consciência de *acesso* começa a doer. Que haja algum sistema que torne os seus conteúdos *acessíveis* de diversas maneiras, não explica por si só por que é que esses conteúdos devem ser *parecidos com alguma coisa* que os seus sujeitos têm de suportar. De facto, todas as teorias propostas que nos interessam tentam explicar o aspecto subjectivo de estados fenomenalmente conscientes em termos do *conteúdo* diferenciado possuído por esses estados, ou seja, todas essas teorias optam pelo ramo vertical no ponto de escolha (2).

Passaremos agora a trabalhar os quatro restantes pontos de escolha da figura 9.2, comparando: as teorias de primeira ordem com as de ordem mais alta (3); as teorias de experiência de ordem mais alta (ou «sentido interno») com as teorias do pensamento de ordem mais alta (4); as formas actualistas com as disposicionais da teoria do pensamento de ordem mais alta (5); e formas desta última que implicam ou não a linguagem natural (6). O nosso objectivo será convencer o leitor, no fim do capítulo, dos méritos da teoria do pensamento de ordem mais alta disposicionalista não envolvendo linguagem.

3.1. TEORIAS REPRESENTATIVAS DE PRIMEIRA ORDEM

Dretske (1995) e Tye (1995) desenvolveram independentemente teorias representativas de primeira ordem da consciência fenomenal muito semelhantes. Em ambos os casos o objectivo é caracterizar todas as propriedades — «sentidas» — fenomenais da experiência em termos dos *conteúdos* representativos análogos (não conceptuais) da experiência. De maneira que a diferença entre uma experiência de verde e uma experiência de vermelho será explicada como uma diferença nas propriedades representadas — digamos, propriedades reflexas das superfícies — em cada caso. E a diferença entre uma dor e uma comichão é explicada de forma semelhante em termos representativos — dizendo-se que a diferença reside nas diferentes propriedades (espécies diferentes de perturbação) representadas como estando localizadas em regiões particulares do próprio corpo do sujeito. O principal argumento que apoia as teorias de primeira ordem é que elas conseguem explicar a *transparência* da experiência consciente, discutida na secção 2.6 acima. Se algumas dessas teorias estiverem correctas, então é óbvio porque é que, ao tentar concentrar-me na minha *experiência* consciente, eu acabe por me concentrar nos estados *representados* pela minha experiência — é porque não há *mais* nada numa experiência fenomenalmente consciente além de um certo género

FIGURA 9.3 — Representacionalismo de primeira ordem

de conteúdo representativo equilibrado e acessível ao pensamento manipulador de conceitos (como aparece representado na figura 9.3).

Dretske e Tye diferem um do outro principalmente nas explicações que dão da relação de representação. Para Dretske, o conteúdo de um estado representativo é teleologicamente fixado, em termos dos objectos/propriedades que se *pressupõe* que esse estado representa, dadas as histórias evolucionista e de aprendizagem do organismo. Para Tye, pelo contrário, o conteúdo de um estado é definido em termos de co-variância causal em circunstâncias normais — onde a noção de circunstâncias *normais* pode ser ou não definida teleologicamente, dependendo dos casos. Mas ambos concordam que o conteúdo deve ser individuado *externamente*, de maneira a abranger objectos e propriedades do ambiente do organismo. Começaremos o nosso exame sugerindo que estes autores omitiram um detalhe ao seguirem para uma noção de conteúdo externalista e que a sua posição ficaria mais forte se tivessem aprovado de preferência uma explicação de conteúdo *limitado*.

Já vimos, na secção 2.5 acima, que é legítimo responder ao argumento da Terra Invertida para os *qualia* invocando uma noção limitadamente individuada do conteúdo perceptivo. No entanto, os externalistas conseguem responder de forma muito diferente ao porem condições (teleológicas) adicionais à individuação de conteúdo. De facto, tanto Dretske como Tye estão em posição de afirmar que o conteúdo das experiências da pessoa continua o mesmo, não invertido, na Terra Invertida. Porque o estado em que a pessoa está quando olha para o céu amarelo é o estado que se *pressupõe* representar a azulidade ou que devia *normalmente* co--variar com a azulidade, dadas as suas histórias evolutivas terrenas. No entanto, há casos que eles não conseguem explicar tão facilmente.

Vejamos mais uma vez o exemplo de Davidson (1987) do *homem do pântano* (analisado no capítulo 7 acima), acidentalmente criado por um raio que atingiu um toco de árvore num pântano, de tal maneira que acaba por ser idêntico a uma pessoa realmente existente, molécula a molécula. Dretske é obrigado a negar que o homem do pântano e a pessoa realmente existente estão sujeitos às mesmas experiências de cor (e de facto, ele tem de negar que o homem do pântano tem quaisquer experiências de cor), visto que os seus estados carecem de *funções*, tanto resultado da evolução como da aprendizagem. Dretske admite que esta consequência é altamente contra-intuitiva; e a intuição é o que mais lhe custa a engolir. Tye, por outro lado, acredita que tem melhores circunstâncias em relação a este exemplo, pois diz que as circunstâncias do homem do pântano podem ser consideradas «normais» por defeito. Mas depois vão surgir outros casos em que Tye será obrigado a dizer que os dois indivíduos passam pelas mesmas experiências (porque os seus estados são tais que têm de co-variar com as mesmas propriedades em circunstâncias que são normais para eles), quando a intuição sugeriria decididamente que as suas experiências são diferentes. Imagine, então, que o raio acaba por criar o homem do pântano com um par de lentes inversoras de cores como parte da estrutura da córnea dos seus olhos. Então Tye terá de dizer que o homem do pântano, quando olha para a relva verde, passa pelas mesmas experiências do seu duplo (que vê a relva *sem* essas lentes). Porque nas circunstâncias que são normais para o homem do pântano, ele está num estado que co-variará com a verdura. De forma que experimenta o *verde*, como acontece com o seu duplo. Também isto é altamente contra-intuitivo. É evidente que nós queríamos dizer que o homem do pântano experimenta o *vermelho*.

Há quem veja aqui razões suficientes para rejeitar imediatamente uma explicação representativa de primeira ordem da consciência fenomenal. Não concordamos. Estes exemplos, em vez disso, motivam apenas a adopção de uma explicação de conteúdo limitado da representação em geral, onde os conteúdos são individuados abstraindo dos objectos e propriedades particulares do ambiente do pensador. A nossa defesa do conteúdo limitado foi feita no capítulo 6. Considerando aqueles argumentos, parece óbvio que se poderia adoptar a naturalização de primeira ordem da consciência fenomenal ao mesmo tempo que se rejeita o externalismo.

3.2. AS DISTINÇÕES PERDIDAS

É evidente que não queremos dizer com isto que as abordagens da consciência de primeira ordem não sejam problemáticas. Uma das principais dificuldades dessas teorias é proporcionar uma explicação da distinção entre a experiência consciente e não consciente, esboçada na secção 1.2 acima. Porque, pelo menos em alguns destes casos, parece que temos representações de primeira ordem do ambiente que não só pesam no controlo do comportamento, mas que realmente o controlam. Então como é que os teóricos da primeira ordem conseguem explicar que as nossas percepções, nesses casos, não são fenomenalmente conscientes? Parece que só têm duas maneiras de responder: ou aceitam que as experiências da condução automóvel com a mente ausente *não* são fenomenalmente conscientes e caracterizam o que mais é preciso para tornar uma experiência fenomenalmente consciente em termos funcionais (de primeira ordem); ou insistem em que as experiências de condução automóvel com a mente ausente *são* fenomenalmente conscientes, mas de tal modo que são inacessíveis aos seus próprios sujeitos.

Kirk (1994) exemplifica a primeira abordagem, afirmando que um estado perceptivo com um dado conteúdo só é fenomenalmente consciente, e adquire uma «sensação», quando está perante os processos de tomada de decisão *correctos* — nomeadamente aqueles que constituem a componente executiva de nível mais alto do organismo. Mas isto é muito confuso. É completamente misterioso o modo como uma experiência com um e mesmo conteúdo poderia ser algumas vezes fenomenalmente consciente e outras não, dependendo apenas da função geral dos processos de tomada de decisão na cognição do organismo aos quais é apresentado — como é que o simples estatuto numa hierarquia de controlo consegue fazer tal diferença?

Tye (1995) pega na segunda abordagem. Em casos como os da condução automóvel com a mente ausente, diz que há experiência, fenomenalmente consciente, mas «escondida do sujeito». Isto dá então origem à afirmação altamente contra-intuitiva de que há experiências fenomenalmente conscientes para as quais o sujeito está cego — experiências que se *parecem* com alguma coisa que o sujeito pode ter, mas que desconhece. E ao explicar a distinção conhecer/desconhecer, Tye continua então para uma forma actualista da teoria do pensamento de ordem mais alta. Ele argumenta que só estamos cientes de uma experiência e das suas propriedades fenomenais quando lhe estamos realmente aplicando conceitos fenomenais. Então, há que enfrentar o dilema: *ou* não se consegue explicar a imensa riqueza da experiência que (conseguimos) conhecemos *ou* postula-se um conjunto imensamente complexo de pensamentos de ordem mais alta, envolvendo conceitos fenomenais, que acompanham cada conjunto de experiências de que somos conhecedores — sendo efectivamente o mesmo dilema enfrentado por qualquer teórico do pensamento actualista de ordem mais alta (ver secção 3.7 abaixo).

Não só a posição de Tye é contra-intuitiva como também é, certamente, incoerente. Porque a ideia do *como é que é* da experiência pretende caracterizar os aspectos *subjectivos* da experiência. Mas é evidente que não pode haver propriedades subjectivas da experiência sem estarem *disponíveis para* o sujeito e que o sujeito desconhecesse. Uma experiência que o sujeito desconhece não pode ser *como uma coisa* que o *sujeito* tem. Pelo contrário, uma experiência que é *como uma coisa* que se tem precisa de estar disponível para o sujeito dessa experiência — o que significa ser um alvo (real ou potencial) de um estado adequado de ordem mais alta.

Pode objectar-se que «subjectivo» implica «baseado em propriedades do sujeito» e que ficamos muito satisfeitos com a ideia de que os preconceitos de alguém, por exemplo, possam reflectir avaliações que são subjectivas neste sentido sem estarem à disposição do sujeito. Mas no caso da percepção já é verdadeiro que a subjectividade do mundo, para um sujeito, se baseia nas propriedades daquele que percepciona. Em que consistiria o resto da subjectividade *da experiência* se lhe retiramos a disponibilidade para o sujeito?

Este ponto leva-nos a pôr outra dificuldade geral — estreitamente relacionada — dessas explicações de primeira ordem que não conseguem distinguir entre como é o *mundo* (ou o estado do próprio corpo do organismo) para um organismo e como é a *experiência do mundo* do organismo (ou do seu próprio corpo) para esse mesmo organismo. É muito frequente não se dar por esta distinção nos debates sobre a consciência. Tye, por exemplo, diz alternadamente (por vezes no espaço de uma simples frase) que a sua avaliação explica como é a *cor* para um organismo com visão cromática ou explica como são *as experiências de cor* desse organismo. Mas a primeira é uma propriedade do mundo (ou provavelmente de uma parelha de percepcionadores do mundo), enquanto a última é uma propriedade da experiência do mundo do organismo (ou de uma parelha de experimentadores de experiência). Nós consideramos que estas propriedades devem ser distinguidas.

É um lugar-comum verificar que cada tipo de organismo ocupará um ponto de vista distinto sobre o mundo, caracterizado pela informação perceptiva que está à sua disposição e pelas discriminações perceptivas que é capaz de fazer (Nagel, 1974). É isto o que significa dizer que os morcegos (com a ecolocalização) e os gatos (sem visão cromática) ocupam um ponto de vista diferente sobre o mundo relativamente a nós. Pondo a questão de forma diferente mas equivalente: o mundo (incluindo os próprios corpos dos sujeitos) é subjectivamente apresentado a diferentes espécies de organismos de forma ligeiramente diferente. E tentar caracterizar isto é tentar caracterizar *como é* o mundo para esses sujeitos. Mas uma coisa é dizer que *o mundo* assume um aspecto subjectivo ao ser presente a sujeitos com capacidades conceptuais e discriminatórias diferentes e outra coisa muito diferente é dizer que *as experiências do mundo* do sujeito também têm esse aspecto subjectivo ou que há *alguma coisa com que a experiência se parece*. De forma que, com um raciocínio equivalente, este género de subjectividade parece exigir que os sujeitos possuam informação e façam discriminações entre os seus próprios estados de experiência. E é exactamente isto que proporciona, de facto, o fundamento racional da explicação representativa de ordem mais alta em contraste com a explicação representativa de primeira ordem.

De acordo com as teorias representativas de ordem mais alta, só os estados perceptivos de primeira ordem podem ser adequadamente explicados em termos da teoria representativa de primeira ordem. O resultado será uma explicação do ponto de vista — a perspectiva subjectiva — que o organismo assume em relação ao seu mundo (e aos estados do seu próprio corpo), dando-nos uma relação daquilo *como é o mundo*, para esse organismo. Mas o teórico da representação de ordem mais alta defende que é preciso mais alguma coisa para justificar *como é uma experiência* para um sujeito ou para explicar em que é que consiste, para *os*

286

estados mentais de um organismo, assumir um aspecto subjectivo. Por este motivo, defendemos que são necessárias as representações de ordem mais alta — estados que metarrepresentam os próprios estados mentais do sujeito. Visto que a maneira como o mundo aparece — subjectivamente — a um sujeito depende da maneira como as propriedades do mundo estão à sua disposição (e essa maneira baseia-se nas propriedades do sistema perceptivo do sujeito), é difícil ver em que mais poderá consistir a subjectividade da experiência do mundo, para além *da sua* disponibilidade para o sujeito através de algum tipo de representação de ordem mais alta.

3.3. A CAPACIDADE EXPLICATIVA DAS TEORIAS REPRESENTATIVAS DE ORDEM MAIS ALTA

Propomo-nos agora argumentar que a consciência fenomenal emergirá em qualquer sistema onde a informação perceptiva seja posta à disposição das representações de ordem mais alta sob forma análoga e onde o sistema seja capaz de reconhecer os seus próprios estados perceptivos, assim como os estados do mundo percepcionados. Com este postulado, conseguimos explicar por que motivo as sensações fenomenais devem ser pensadas de forma tão extensa que consigam integrar as propriedades dos *qualia*, ou seja, de serem definidas não relacionalmente, privadas, inefáveis e cognoscíveis com certeza absoluta pelo sujeito. (De facto concentramo-nos aqui completamente na questão da definição não relacional. Para os pontos restantes, ver Carruthers, 1996c, cap. 7.) Afirmamos que quaisquer sujeitos que exemplifiquem esse sistema cognitivo (ou seja, que exemplifiquem um modelo de representação de ordem mais alta da consciência de estado) normalmente acabarão por formar exactamente essas crenças sobre as características intrínsecas dos seus estados perceptivos — e acabarão por formar essas crenças, não porque tenham sido explicitamente programados para tal, mas, naturalmente, como um resíduo da maneira como a sua cognição está estruturada. Pensamos que isto vem, por conseguinte, demonstrar que a aptidão regular para representações de ordem mais alta dos nossos próprios estados mentais é condição suficiente para o desfrute de experiências que possuem para nós uma sensação subjectiva e fenomenal.

Repare-se, em particular, nas teses da definição não relacional para termos que se referem aos aspectos subjectivos de uma experiência. Trata-se de uma tese considerada minimamente tentadora por muita gente. Quando reflectimos naquilo que é essencial para que uma experiência seja considerada uma experiência de *como é o vermelho*, por exemplo, somos inclinados a negar que tenha a ver directamente com o ser causada pela presença de alguma coisa vermelha. Queremos insistir que é conceptualmente possível que uma experiência desse mesmo tipo possa ser causada normalmente pela presença de alguma coisa verde, digamos. Tudo o que é verdadeiramente essencial para a ocorrência de uma experiência de *como é o vermelho*, nesta perspectiva, é a maneira como essa experiência é sentida por nós quando a temos — e a sensação característica de uma experiência que a define e não as suas propriedades relacionais ou o seu papel causal característicos (ver Kripke, 1972).

Ora, qualquer sistema que exemplifique um modelo de consciência de ordem mais alta terá a capacidade de distinguir ou classificar estados informativos de acordo com a maneira como eles transportam a sua informação e não por inferência (ou seja, por auto-interpretação) ou descrição, mas imediatamente. Digamos que o sistema será capaz de reconhecer o facto de ter uma experiência de *como é o vermelho*, exactamente da mesma maneira directa e não inferencial com que reconhece o vermelho. (É exactamente isto que significa dizer que os estados perceptivos estão à disposição dos pensamentos de ordem mais alta, no sentido pretendido.) O sistema, por conseguinte, terá imediatamente à sua disposição conceitos da experiência puramente de reconhecimento. Nesse caso, sensações subjectivas ausentes e invertidas serão uma possibilidade conceptual imediata para alguém que aplique estes conceitos de reconhecimento. Se eu exemplificar esse sistema, serei capaz de pensar imediatamente «*este* tipo de experiência pode ter tido outra causa», por exemplo.

Admitimos que há conceitos de experiência que são puramente de reconhecimento e que assim não são definíveis em termos relacionais. Então, será que assim contrariamos a aceitabilidade do esquema conceptual funcionalista que forma o segundo plano das explicações cognitivas da consciência? Se for conceptualmente possível que uma experiência de *como é o vermelho* seja regularmente causada pela percepção da relva verde ou do céu azul, então isto significa que os factos cruciais da consciência têm de escapar à rede funcionalista, como é assegurado por muitos autores? Achamos que não. Porque as explicações de ordem mais alta não se encontram no âmbito da análise conceptual, mas sim no domínio da teoria substantiva do desenvolvimento. De forma que não é objecção a estas explicações que haja alguns conceitos mentais que não possam ser analisados (ou seja, definidos) em termos do papel funcional e ou representativo, mas são puramente de reconhecimento — desde que a natureza desses conceitos, e os estados que reconhecem, sejam adequadamente caracterizados dentro da teoria.

De acordo com as teorias da ordem mais alta, as propriedades que são efectivamente seleccionadas (nota: não como *tal*) por quaisquer conceitos da experiência puramente de reconhecimento não são, elas mesmas, igualmente simples e não relacionais. Quando reconheço em mim uma experiência de *como é o vermelho*, o que reconheço é, de facto, um estado perceptivo que representa a vermelhidão mundana e que escora, por seu lado, a minha capacidade de reconhecer e de agir diferencialmente sobre objectos vermelhos. E a causa normal do próprio conceito puramente de reconhecimento é exactamente a presença desse estado perceptivo, cujos sinais causam então outras mudanças características dentro da minha cognição. Não há aqui nada que suscite qualquer ameaça a uma teoria da mente naturalista.

Como qualquer organismo exemplificando um modelo de ordem mais alta de consciência de estado acabará naturalmente por ter justamente aquelas pretensões sobre as suas próprias experiências que os «malucos dos *qualia*» têm sobre as suas próprias, temos um bom motivo para pensar que a teoria da representação de ordem mais alta nos proporciona uma condição *suficiente* da consciência fenomenal. Mas haverá algum motivo para pensar que também é *necessária*, ou seja, para acreditar que a teoria da representação de ordem mais alta nos dá a verdade acerca do que *é* a consciência fenomenal? Uma razão para duvidar é que a teoria da representação de primeira ordem também pode beneficiar da explicação oferecida, como faz Tye (1995). Porque a teoria da representação de primeira ordem não precisa negar que nós, humanos, somos efectivamente capazes de representações de ordem mais alta. A teoria da representação de primeira ordem pode então ter a pretensão de revelar a verdade sobre a consciência fenomenal, enquanto invoca as representações de ordem mais alta para explicar, por exemplo, a possibilidade conceptual dos espectros invertidos. Pondo a questão de uma forma um pouco diferente — pode-se alegar que aquilo que *sustenta* a possibilidade de espectros invertidos (ou seja, a própria consciência fenomenal) está latente nos sistemas de representação de primeira ordem; mas só uma criatura com os conceitos indispensáveis (representações de ordem mais alta) pode realmente *manter* essa possibilidade.

No entanto, esta possibilidade parece falsa à luz do insucesso da teoria de primeira ordem em distinguir entre a subjectividade mundana e a subjectividade do estado mental, analisada na secção 3.2 acima. De facto, um sistema capaz de só ter representações de primeira ordem apenas terá as matérias-primas para sustentar uma espécie muito mais limitada de possibilidade. Um sistema assim pode conter, digamos, representações de primeira ordem de *vermelho*. Os seus estados representarão então diversas superfícies cobertas por uma determinada propriedade uniforme, para as quais podem possuir um conceito de reconhecimento. Isto proporciona as matérias-primas para pensamentos como «*aquela* propriedade [*vermelho*] pode efectivamente ser uma propriedade assim e assim [pertencente a capacidades reflexivas]». Mas não há aqui nada que possibilite pensamentos sobre a inversão espectral. À falta de uma forma qualquer de distinção entre *vermelho* e *a experiência de vermelho*, o sistema carece das matérias-primas necessárias para sustentar pensamentos como «outros podem experimentar o *vermelho* como eu experimento o *verde*», por meio das quais não apenas pretendemos dizer que um sistema de representação de primeira ordem carecerá dos conceitos necessários para enquadrar esse pensamento (isto é óbvio), mas que não haverá nada *nos conteúdos das experiências do sistema e de outros estados mentais* que os possam garantir.

3.4. ESTADOS DE CONSCIÊNCIA PARA OS ANIMAIS?

Tendo argumentado pela superioridade da teoria de representação de ordem mais alta sobre a teoria da representação de primeira ordem, voltamo-nos agora para a questão de qual será a extensão da distribuição dos estados mentais, na explicação própria da representação de ordem mais alta. Porque tanto Dretske (1995) como Tye (1995) alegam — sem qualquer argumento verdadeiro — que isto proporciona uma consideração decisiva a favor da sua abordagem mais modesta da representação de primeira ordem. Nós argumentaremos que eles têm razão em pretender que as teorias de representação de ordem mais alta têm de negar a consciência fenomenal aos estados mentais dos animais, mas não têm razão em dizer que isto proporciona qualquer motivo para aceitar uma explicação da representação de primeira ordem.

Gennaro (1996) defende uma forma da teoria do pensamento de ordem mais alta. E reconhece que se a posse de um estado mental consciente M exige uma criatura para conceptualizar (e manter uma teoria de ordem mais alta sobre) M *como M*, então é provável que muito poucas criaturas para além dos seres humanos podem ser contabilizadas como tendo estados de consciência. Concentremo-nos em particular no caso em que M é um percepto de verde. Se uma percepção consciente de uma superfície como verde exija que uma criatura tivesse o pensamento de ordem mais alta, «Estou a percepcionar uma superfície verde», então é provável que poucas criaturas, ou mesmo nenhuma, além do homem, se poderiam qualificar como sujeitos desse estado. Há um debate intenso para saber se mesmo os chimpanzés têm uma concepção de estados perceptivos como esses (ver Povinelli, 1996, por exemplo); nesse caso parece muito improvável que quaisquer não macacos a tenham. De forma que o resultado poderá ser que a consciência de estado esteja restringida aos macacos, se não exclusivamente aos seres humanos.

Trata-se de uma consequência a que Gennaro resiste vivamente. Ele tenta argumentar que é necessária uma sofisticação conceptual muito menor do que a referida. Para que M seja contabilizado como consciente, não é preciso que uma pessoa tenha um pensamento sobre M *qua* M. Basta, julga ele, que essa pessoa seja capaz de pensar M como *distinto de* outro estado N. É provável que o pensamento relevante de ordem mais alta assuma a forma «*isto* é distinto de *aquilo*». É evidente que esta situação é muito menos sofisticada. Mas as aparências podem enganar — e neste caso achamos que enganam.

O que é que seria preciso para que uma criatura pudesse pensar, de uma experiência de verde, que é diferente de uma experiência concomitante de vermelho?

Mais do que é preciso para que a criatura pense *do verde* que é diferente do vermelho, como é óbvio — isto não seria, de modo nenhum, um pensamento de ordem mais alta, mas, em vez disso, um pensamento de primeira ordem sobre a distinção de duas cores perceptivelmente presentes. De maneira que se o sujeito pensa «*Isto* é diferente de *aquilo*» e pensa, assim, alguma coisa de ordem mais alta, *alguma coisa* tem de ser o caso para que os relevantes *isto* e *aquilo* sejam *experiências* de cor por oposição às simples cores. O que poderá ser?

Parece haver apenas duas possibilidades. Ou, por um lado, o *isto* e *aquilo* são seleccionados como experiências em virtude de o sujeito apresentar — pelo menos veladamente — um conceito de *experiência* ou algo de equivalente (como um conceito de *aparência* ou *sensação* ou algumas versões próximas, como *cor aparente* ou *vermelho aparente*). Então, seria como o caso de primeira ordem onde penso «*Isto* é perigoso», pensando efectivamente num gato particular perceptivelmente presente, em virtude de um emprego velado do conceito *gato* ou *animal* ou *coisa viva*. Mas esta primeira opção apenas nos reconduz à perspectiva de que os pensamentos de ordem mais alta (e, desta maneira, a consciência fenomenal) exigem a posse de conceitos que seria implausível atribuir à maior parte das espécies animais.

Por outro lado, o pensamento referencial do sujeito sobre a sua experiência pode basear-se numa *discriminação* não conceptual *de* essa experiência como tal. Podemos aplicar aqui o modelo do caso de primeira ordem onde alguém — talvez uma criança pequena — pensa «*isto* é interessante», daquilo que de facto é um berlinde colorido (mas sem possuir os conceitos de *berlinde*, *esfera* ou mesmo *objecto físico*) em virtude de a sua experiência lhe ter apresentado uma série não conceptual de superfícies e formas no espaço, em que o berlinde é seleccionado como uma região de espaço preenchido, entre outras. A aceitação desta segunda opção levar-nos-ia, com efeito, a uma explicação da consciência da *experiência de ordem mais alta*. Foi justamente uma perspectiva como esta que Lycan (1996) defendeu recentemente, na linha de Armstrong (1968, 1984).

Como é possível que os animais consigam ter experiências de ordem mais alta? Lycan encara esta questão, argumentando que as experiências de ordem mais alta podem estar difundidas no reino animal, talvez servindo para integrar as experiências de primeira ordem do animal com a finalidade de ter um controlo comportamental mais eficaz. Mas há um certo número de coisas aqui que não batem certo. Uma é que Lycan subestima imenso a complexidade computacional exigida pelos controladores internos necessários para gerar as experiências de ordem mais alta requeridas. A fim de percepcionar uma experiência, o organismo teria de ter mecanismos geradores de um conjunto de representações internas com um conteúdo (ainda que não conceptual) representando o conteúdo dessa experiência. Convém recordar que as explicações quer do pensamento de ordem mais alta quer da experiência de ordem mais alta explicam como é que um aspecto das experiências de uma pessoa (do movimento, por exemplo) pode ser consciente enquanto outro aspecto (da cor, por exemplo) pode ser não consciente. De maneira que, em cada um destes casos, teria de se construir uma experiência de ordem mais alta de modo a representar justamente aqueles aspectos, em toda a sua riqueza e pormenor. Mas quando se reflecte nos imensos recursos computacionais dedicados ao processamento perceptivo na maior parte dos organismos, torna--se muito improvável que essa complexidade consiga ser duplicada, a um grau significativo, na produção de experiências de ordem mais alta.

É evidente que Lycan também está enganado na caracterização que faz da finalidade das experiências de ordem mais alta (acontecendo o mesmo, implicitamente, com a sua explicação do que as levaria a evoluir), porque não há qualquer razão para pensar que a *integração perceptiva* — ou seja, a integração de primeira ordem de diferentes representações do ambiente ou do corpo de alguém — também exige, ou podia ser efectuada, pelo processamento de segunda ordem. Tanto quanto sabemos, nenhum cientista cognitivo trabalhando no chamado «problema da vinculação» (o problema que consiste em explicar como é que as representações dos objectos e as representações de cores, digamos, se juntam numa representação de um objecto possuidor de cor) acredita que o processamento de segunda ordem desempenha qualquer papel no processo.

Repare-se também que não basta, evidentemente, para que uma representação seja tida como experiência de ordem mais alta, que ocorra a jusante, e seja originada de forma diferente, por uma experiência de primeira ordem. De modo que a simples existência de diferentes estádios e níveis de processamento perceptivo não é suficiente para estabelecer a presença de experiências de ordem mais alta. Em vez disso, estas últimas representações teriam de ter um papel cognitivo adequado — aparecendo em inferências ou fundamentando juízos de uma maneira diferente das representações de segunda ordem. O que seria este possível papel cognitivo? É muito difícil descortinar qualquer outra alternativa além daquela que as representações em questão precisariam para fundamentarem juízos de *aparência*, ou de *aspecto*, ajudando o organismo a negociar a distinção entre aspecto e realidade. Mas, nesse caso, tudo isto nos reconduz à ideia de que qualquer organismo capaz de consciência do estado mental precisaria de possuir *conceitos* de experiência, sendo assim capaz de ter pensamentos de ordem mais alta.

Concluímos que as teorias de ordem mais alta exigirão (quando completadas por alegações empíricas plausíveis sobre as capacidades representativas dos animais não humanos) que muito poucos animais para além de nós próprios estão sujeitos a estados mentais fenomenalmente conscientes. Trata-se de uma consideração decisiva — ou chega mesmo a ser uma consideração — a favor das explicações de primeira ordem? A nossa perspectiva é que não é, visto que nos faltam todas as bases para crer que os animais têm estados fenomenalmente conscientes. É evidente que a maior parte de nós tem uma poderosa crença intuitiva de que há alguma coisa de *como* é para um gato ou um rato experienciar o cheiro do queijo. Mas esta intuição explica-se facilmente. Porque quando atribuímos uma experiência ao gato nós muito naturalmente (quase de forma corriqueira) tentamos formar uma representação na primeira pessoa do seu conteúdo, tentando imaginar o que poderá ser «partindo de dentro». (Há pelo menos muita verdade nisto nas teorias *simulacionistas* analisadas no capítulo 4.) Mas é evidente que quando o fazemos, o que estamos realmente a fazer é imaginar uma experiência *consciente* — o que fazemos, efectivamente, é representar uma das nossas *próprias* experiências, que acarretará consigo a sua fenomenologia característica. Tudo o que podemos realmente pressupor, de facto, é que o gato *percepciona* o cheiro do queijo. Não temos quaisquer bases independentes para pensar que os seus perceptos serão fenomenalmente conscientes. (É evidente que essas bases não são proporcionadas pela necessidade de explicar o comportamento do gato. Para esta finalidade será suficiente o conceito de percepção, *simpliciter*.)

3.5. DUAS OBJECÇÕES

Repare que não são apenas os animais, mas também as crianças mais pequenas, que carecem de consciência fenomenal de acordo com as explicações do pensamento de ordem mais alta. Porque, como vimos no capítulo 4, os indícios apontam para que crianças com idades inferiores, digamos, a 3 anos, careçam dos conceitos de *aspecto* ou de *aparência* — ou então, careçam da ideia de percepção na medida em que ela envolve estados *subjectivos* do percepcionador — que são necessários para que as crianças tenham pensamentos de ordem mais alta sobre as suas experiências. Dretske (1995) usa este detalhe para apresentar uma objecção às teorias do pensamento de ordem mais alta, que é diferente do argumento dos animais, analisado acima. Ele pergunta se não será muito improvável que as crianças com 3 anos, por um lado, e as crianças mais pequenas, por outro, passem por *espécies* diferentes de experiências — nomeadamente, as que são fenomenalmente conscientes e aquelas que não o são. Admite-se que um dos conjuntos de crianças é capaz de ter pensamentos mais sofisticados (e de ordem mais alta) do que o outro. Mas será que as suas experiências são fundamentalmente as mesmas?

Como resposta podemos admitir que os *conteúdos* dos dois conjuntos de experiências são muito provavelmente idênticos, estando a diferença no facto de que as experiências das crianças mais pequenas terão falta da dimensão da *subjectividade*. Pondo a coisa de outra forma: *o mundo* tal como é experimentado pelos dois conjuntos de crianças será o mesmo, mas as crianças mais pequenas permanecerão cegas para a existência e a natureza das suas próprias experiências. Isto é uma diferença fundamental no modo como as suas experiências aparecem na cognição! E é suficientemente fundamental para justificar a afirmação de que as experiências de um conjunto de crianças são fenomenalmente conscientes enquanto as do outro de facto não são.

Uma preocupação relacionada com isto é desenvolvida por Tye (1995). Como já vimos, ele alega que as experiências conscientes, mesmo nos adultos, têm a qualidade da *transparência*. Se o leitor tentar concentrar a atenção na sua própria experiência de um tom brilhante de cor, por exemplo, vai descobrir que se concentra cada vez mais na própria cor. A atenção parece dirigir-se directamente para os objectos *através* da sua experiência. Parece que esta situação confere um apoio poderoso às explicações de primeira ordem da consciência fenomenal. Pois como é que pode estar correcta qualquer teoria do pensamento de ordem mais alta, visto que a transparência da experiência e todos os *fenómenos* envolvidos na consciência fenomenal parecem basear-se *naquilo que é representado*, em vez de se basearem no modo de representar?

Ora, de certa maneira, esta linha de pensamento é correcta — porque num sentido, a teoria da primeira ordem não consegue reconhecer nada para além do conteúdo da experiência fenomenalmente consciente. O que se acrescenta pela presença de um sistema de ordem mais alta é uma dimensão de *aparência* ou *aspecto* desse mesmo conteúdo de primeira ordem. Mas noutro sentido, isto *é* uma diferença de conteúdo, visto que o conteúdo *parecendo vermelho* é diferente do conteúdo *vermelho*. De forma que, quando me concentro na minha experiência de cor, consigo, num certo sentido, fazer qualquer outra coisa do que apenas concentrar-me na própria cor — consigo concentrar-me na forma como essa cor me *parece* a mim, ou na forma como *aparece*; e aqui trata-se de me concentrar na subjectividade do meu estado experiencial. É-nos então permitido afirmar que é exactamente essa possibilidade de me concentrar que confere às nossas experiências a dimensão da subjectividade e que assim as torna pela primeira vez fenomenalmente conscientes, da forma sugerida na secção 3.3 acima. (Ver secção 3.7 acima para uma elaboração adicional deste ponto).

3.6. EXPLICAÇÕES DE EXPERIÊNCIAS DE ORDEM MAIS ALTA *VERSUS* PENSAMENTOS DE ORDEM MAIS ALTA

Com a superioridade das explicações de ordem mais alta sobre as de primeira ordem da consciência fenomenal por ora estabelecida, o debate entre as diferentes formas da teoria da ordem mais alta está prestes a assemelhar-se a uma briga de família. É por isso que a nossa discussão nas duas próximas secções será muito vigorosa. Nesta secção vamos reflectir no ponto de escolha (4) da figura 9.2, entre teorias da experiência de ordem mais alta (ou «sentido interno»), por um lado, e teorias do pensamento de ordem mais alta, por outro.

O principal problema das teorias da experiência de ordem mais alta por oposição às teorias de pensamento de ordem mais alta é o problema da *função*. Surpreende-nos *para* que serve toda esta re-representação e como poderia ela ter evoluído, a menos que a criatura já estivesse capacitada para ter pensamentos de ordem mais alta. Na realidade, este ponto já apareceu na nossa análise de Lycan (1996) acima: a capacidade para discriminações de ordem mais alta das nossas próprias experiências, por exemplo, não poderia ter evoluído para auxiliar a integração e a discriminação da integração perceptiva de primeira ordem. (Contudo como sistema complexo, é evidente que teria de evoluir, em vez de ter aparecido por acidente ou como epifenómeno de outra função seleccionada. É evidente que a ideia de que podemos possuir uma faculdade do «sentido interno» que não foi seleccionada na evolução é quase tão absurda como a sugestão de que *visão* não foi seleccionada — e que se trata de uma hipótese que ninguém por ora conseguiria defender com seriedade.) Pode-se sugerir que as experiências de ordem mais alta servem para escorar e ajudar o organismo a negociar a distinção entre *aparência* e *realidade*. Mas isto já pressupõe que a criatura é capaz de pensamentos de ordem mais alta, mantendo pensamentos sobre as suas próprias experiências (ou seja, sobre a forma como as coisas *parecem*). E então, uma criatura capaz de pensamentos de ordem mais alta não *precisaria* de experiências de ordem mais alta. Só conseguiria aplicar os seus conceitos mentais directamente às — e na presença das — suas experiências de primeira ordem (ver secção 3.7 abaixo).

Em contrapartida, não há qualquer dificuldade em explicar (pelo menos em esboço) como é que evoluiu a capacidade de pensamentos de ordem mais alta. Basta aqui associar as narrativas normalizadas das literaturas da primatologia e da «teoria da mente» (Humphrey, 1986; Byrne, 1995; Baron-Cohen, 1995) — os humanos podem ter desenvolvido a capacidade de pensamentos de ordem mais alta por causa do papel que estes desempenham na previsão e explicação e, por conseguinte, na manipulação e direcção dos comportamentos alheios. E uma vez estabelecida a capacidade de pensar e raciocinar sobre as crenças, desejos, intenções e experiências dos outros, bastou um pequeno passo para virar essa capacidade para si mesmo, desenvolvendo conceitos de reconhecimento para alguns dos itens em questão. Esta situação deve ter originado benefícios adicionais, não só ao permitir-nos negociar a distinção aparência/realidade, mas também ao permitir-nos ganhar um certo grau de controlo sobre as nossas próprias vivências mentais. Depois de termos conseguido reconhecer e reflectir sobre os nossos próprios padrões de pensamento, também conseguimos (pelo menos num grau limitado) mudar e melhorar esses padrões. De forma que a consciência reproduz a flexibilidade e a melhoria cognitivas.

Outra sugestão feita na literatura é que a evolução da capacidade de experiências de ordem mais alta pode ter possibilitado aos macacos desenvolverem e apresentarem a capacidade para a «leitura da mente», atribuindo estados mentais uns aos outros e, dessa forma, permitindo-lhes prever e explorar o comportamento dos seus congéneres de espécie (Humphrey, 1986). Esta ideia encontra o seu equivalente na explicação do desenvolvimento das nossas capacidades de leitura da mente, proporcionada por Goldman (1993) e alguns outros simulacionistas. A alegação é que temos acesso introspectivo a alguns dos nossos estados mentais, que podemos depois usar para gerar simulações da actividade mental das outras pessoas, chegando assim a previsões ou explicações potencialmente úteis do seu comportamento.

A principal dificuldade desta proposta (muito longe da implausibilidade das explicações simulacionistas da nossa capacidade de leitura da mente — ver capítulo 4 acima) é compreender como é que o desenvolvimento inicial do «sentido interno», e o seu uso na simulação, poderia prosseguir na ausência de alguns *conceitos* mentais e também na ausência da capacidade para pensamentos de ordem mais alta. Há aqui um grande contraste com o nosso sentido exterior, onde facilmente se vê como é que formas simples de discriminação sensitiva podem começar a desenvolver-se na ausência de conceptualização e de pensamento. Um organismo com uma pequena área de pele sensível à luz, por exemplo (as primeiras etapas da evolução do olho), pode ficar associado, ou pode aprender, a mover-se em direcção a, ou afastar-se, de fontes de luz; e podemos imaginar circunstâncias em que isto conferiu alguma vantagem aos organismos em questão. Mas as etapas iniciais do desenvolvimento do sentido interno teriam exigido, na hipótese presente, a capacidade de simular a vida mental de outro ser. E a simulação parece exigir pelo menos um certo grau de conceptualização das suas entradas e saídas.

Suponhamos, no caso mais simples, que vou simular as experiências de outra pessoa quando encara o mundo do seu ponto de vista particular. É muito difícil ver o que é que me levaria a iniciar nesse processo, excepto um *desejo* de conhecer o que é que aquela pessoa *vê*. E é evidente que isto exige que eu possua um conceito de *visão*. O mesmo acontece no fim de um processo de simulação, que conclui com uma intenção simulada para realizar alguma acção *A*. É difícil ver como é que eu conseguiria ir daqui até à previsão de que a pessoa a ser simulada fará *A*, a menos que eu consiga conceptualizar o meu resultado *como* uma intenção de fazer *A* e a menos que eu saiba que as pessoas geralmente fazem aquilo que pretendem. Mas nesse caso tudo isto pressupõe que os conceitos mentais (e desta forma, a capacidade para pensamentos de ordem mais alta) já teriam de estar instalados *antes* (ou pelo menos em coincidência com) a capacidade das experiências de ordem mais alta (sentido interno) e da simulação mental.

3.7. TEORIAS ACTUALISTAS DE PENSAMENTO DE ORDEM MAIS ALTA *VERSUS* TEORIAS DISPOSICIONALISTAS

Tendo argumentado a favor da superioridade das teorias do pensamento de ordem mais alta sobre as teorias da experiência de ordem mais alta, chegamos agora ao ponto de escolha (5) da figura 9.2. A nossa escolha é entre as formas *actualistas* da teoria do pensamento de ordem mais alta — que sustentam que a consciência fenomenal exige a presença real de um pensamento de ordem mais alta apontado para o estado em questão — e as formas *disposicionalistas*, que explicam a consciência fenomenal em termos de *acessibilidade* ao pensamento de ordem mais alta. A teoria actualista do pensamento de ordem mais alta é defendida por Rosenthal (198, 1991a, 1993). A teoria disposicionalista do pensamento de ordem mais alta é elaborada e defendida por Carruthers (1996c — embora seja de notar que ele apresenta uma forma da teoria muito mais elaborada e complexa do que a que vai ser aqui defendida, exigindo em particular que os pensamentos de ordem mais alta devem ser pensamentos conscientes).

O principal problema das teorias actualistas do pensamento de ordem mais alta por oposição às disposicionalistas (e repare que este problema também afecta as teorias da experiência de ordem mais alta, que também são actualistas) é o da *sobrecarga cognitiva*. Pode parecer que podemos ter uma grande quantidade de experiências conscientes a qualquer momento — pense-se na audição intensa da *7.ª Sinfonia* de Beethoven enquanto se olha para os padrões de movimento na orquestra, por exemplo. Mas também pode haver uma quantidade de experiências da mesma dimensão que podemos experimentar *não* conscientemente; e parece improvável que se consigam fixar os limites entre os dois conjuntos de experiências. Quando caminho rua abaixo, por exemplo, há diferentes aspectos das minhas percepções que podem ser ora conscientes, ora não conscientes, dependendo dos meus interesses, pensamentos actuais e elementos salientes do ambiente. As teorias actualistas de ordem mais alta pretendem explicar a distinção em termos de presença, ou ausência, de um pensamento de ordem mais alta apontado para o percepto em questão. Mas nessa altura parece como se as nossas representações de ordem mais alta tivessem de ser tão ricas e complexas como as nossas percepções conscientes, visto que é a presença de um estado de ordem mais alta que explica, por cada um dos aspectos dessas percepções, o seu estatuto consciente. E quando se pensa na quantidade de espaço cognitivo e de esforço dedicados à percepção de primeira ordem, torna-se difícil acreditar que uma proporção significativa dessa carga cognitiva possa ser replicada mais uma vez sob a forma de representações de ordem mais alta para apoiar a consciência.

A única resposta remotamente plausível para um teórico actualista de ordem mais alta seria ir ao encontro de Dennett (1991a) ao negar a riqueza e a complexidade da experiência consciente. Mas isto não é, de facto, muito plausível. Pode

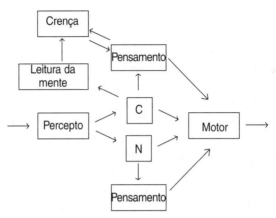

FIGURA 9.4 — Teoria disposicionalista de pensamento de ordem mais alta

ser verdade que nós só conseguimos *pensar* (conscientemente) uma coisa de cada vez (mais coisa menos coisa). Mas é claro que não há a mesma espécie de limite na quantidade que podemos *experimentar* conscientemente ao mesmo tempo. Mesmo admitindo que há uma diversidade de indícios demonstrando que a periferia dos campos visuais carece da espécie de determinação que intuitivamente acreditamos que ela possui, por exemplo, permanece a complexidade da visão focal, que ultrapassa de longe quaisquer capacidades de descrição que possamos ter.

As formas disposicionalistas da teoria do pensamento de ordem mais alta podem claramente evitar o problema da sobrecarga cognitiva. Elas têm de se limitar a postular um armazenamento de memória de curto prazo com uma finalidade especial — daqui para a frente chamado «C» de «consciente» — cuja função é, *inter alia*, tornar os seus conteúdos disponíveis para o pensamento de ordem mais alta. Veja-se a figura 9.4 acima, que encara duas vias diferentes para a informação perceptiva através da cognição: uma via não consciente e uma via consciente constituída como tal pela disponibilidade dos estados perceptivos do pensamento de ordem mais alta. De maneira que os estados perceptivos em C estão disponíveis para duas espécies de pensamento: o pensamento de primeira ordem, originando crenças e planos relacionados com o ambiente percepcionado, e o pensamento de segunda ordem, recorrendo a recursos da faculdade de leitura da mente, relacionando-se com a natureza e a ocorrência desses mesmos estados perceptivos. (Repare que há duas «caixas de pensamento» diferentes no diagrama, uma das quais está disponível para as experiências conscientes enquanto a outra está disponível para as experiências não conscientes. De facto, como modularistas convictos, presumimos que haverá diversos sistemas manipuladores de conceitos envolvidos em cada caso; mas não fazemos aqui quaisquer suposições sobre quais os sistemas de raciocínio que irão buscar as suas entradas partindo de C, partindo de N e talvez dos dois.) Todos os conteúdos de C — que podem, em princípio, ser tão ricos e complexos como se queira — podem então ser conscientes na ausência até de um único pensamento de ordem mais alta, desde que o sujeito seja *capaz* de ter pensamentos de ordem mais alta sobre quaisquer aspectos dos seus conteúdos. E repare que os conteúdos armazenados são justamente perceptos de primeira ordem, que podem então ser os objectos do pensamento de ordem mais alta – não sendo necessária qualquer re-representação.

É fácil ver como evoluiu um sistema com a estrutura pretendida. Começa-se com um sistema capaz da percepção de primeira ordem, que seria ideal que integrasse um armazenamento de memória perceptiva de curto prazo cuja função é apresentar os seus conteúdos, *equilibrados*, disponíveis para serem usados por diversos sistemas de raciocínio teórico e prático. (Por exemplo, veja-se a vigorosa defesa que Baar fez da ideia de um *espaço de trabalho global* — 1988, 1997). Depois acrescenta-se ao sistema uma faculdade de leitura da mente com capacidade para pensamentos de ordem mais alta, que pode pegar em entradas da memória perceptiva armazenada e permitir que adquira conceitos de reconhecimento a serem aplicados aos estados e conteúdos perceptivos desse armazenamento. E então a coisa acontece! É como se cada um destes estádios pudesse ser explicado e tivesse origem independente em termos evolucionistas. E há uma complexidade mínima metarrepresentativa envolvida.

Mas o disposicionalismo não poderá ser a *forma* errada a ser assumida por uma teoria da consciência fenomenal? É evidente que o estatuto fenomenalmente consciente é uma propriedade *real* — categórica — de qualquer percepto que não deve ser analisada dizendo-se que o percepto em questão *devia* dar origem a um pensamento alvo de ordem mais alta, em circunstâncias convenientes. De facto, não há aqui nenhuma dificuldade. Pois presume-se que o percepto está *realmente* armazenado na memória C de curto-prazo. De modo que o percepto é categoricamente consciente mesmo na ausência de um pensamento alvo de ordem mais alta, devido à sua presença na memória em questão. É apenas isso que constitui a memória como aquela cuja consciência dos conteúdos radica na sua relação de disponibilidade com o pensamento de ordem mais alta.

Ainda se pode imaginar como é que a simples *disponibilidade* para pensamentos de ordem mais alta confere aos nossos estados perceptivos as propriedades positivas características da consciência fenomenal, ou seja, dos estados que têm uma dimensão subjectiva ou uma sensação subjectiva diferente. A resposta encontra-se na teoria do *conteúdo*. Como observámos no capítulo 7, concordámos com Millikan (1984) que o conteúdo representativo de um estado depende, em parte, das capacidades dos sistemas que *consomem* esse estado. Não está correcto que um estado inclua informação sobre uma propriedade ambiental, se — por assim dizer — os sistemas que têm de consumir ou fazer uso desse estado não saibam que ele a inclui. Pelo contrário, *aquilo* que um estado representa dependerá, em parte, das inferências que o sistema cognitivo está preparado para fazer em presença desse estado ou dos tipos de controlo comportamental que pode exercer.

Sendo assim, desde que as representações perceptivas de primeira ordem estejam presentes perante o sistema consumidor que pode apresentar conceitos mentais e que contém conceitos de reconhecimento da experiência, então isto basta para tornar *ao mesmo tempo* essas representações, representações de ordem mais alta. É isto que confere às nossas experiências fenomenalmente conscientes a dimensão da subjectividade. Cada experiência é ao mesmo tempo (enquanto também representa um estado do mundo ou dos nossos próprios corpos) uma representação de que estamos a passar exactamente por essa experiência em virtude das capacidades do sistema consumidor de leitura da mente. Cada percepto de verde, por exemplo, é ao mesmo tempo uma representação de *verde* e uma representação de *parece verde* ou *experiência de verde*. De facto, a anexação de uma faculdade de leitura da mente aos produtos dos nossos sistemas perceptivos transforma completamente os conteúdos que contêm.

3.8. TEORIA DESCRITIVA DE ORDEM MAIS ALTA

Dennett (1991a) argumenta a favor de uma forma de teoria disposicionalista de ordem mais alta semelhante à que foi defendida acima, diferindo dela em dois aspectos principais. *Primeiro*, Dennett pensa que todas as nossas intuições sobre a consciência fenomenal derivam, em última instância, da disponibilidade dos estados face à descrição linguística e que a inserção de *pensamentos* entre os estados em questão e os nossos relatos desses pensamentos (de modo a proporcionar a teoria do pensamento de ordem mais alta) é desnecessária e tem uma motivação incorrecta. De modo que os estados conscientes são definidos como sendo aqueles que estão à disposição da *descrição* de ordem mais alta.

Segundo, Dennett nega a existência de qualquer armazenamento de memória de curto prazo (em que ele outrora acreditara — ver o seu artigo de 1978b) cuja função seja pôr os seus conteúdos à disposição das descrições de ordem mais alta. Em vez disso, a *disponibilidade* de um estado para descrever acaba por se tornar num caso em que é verdadeiro que ele *será* descrito em resposta a um pedido ou qualquer outra inquirição. Mas depois pensa que, provavelmente, o valor de verdade de um tal contrafactual é, em muitos casos, indeterminado, visto que minúsculas diferenças na cadência e expressão de qualquer inquirição podem dar resultados diferentes. (Compare-se a forma como as opiniões das pessoas podem ser manipuladas por expressões adequadas das questões, o que é familiar a qualquer inquiridor.) Isto proporciona então a famosa tese da *indeterminação radical da consciência* — em que a maior parte dos estados mentais nem são determinantemente conscientes nem determinantemente não conscientes; em vez disso, não há qualquer questão de facto em ambos os casos.

No que se segue, deixaremos de lado esta segunda parte do pensamento de Dennett, concentrando-nos na alegada ligação entre a consciência fenomenal e a linguagem. Isto acontece porque a causa defendida por Dennett sobre a indeterminação da consciência é em grande medida constituída pela sua rejeição daquilo que chama de modelos da consciência do «teatro cartesiano». Mas esta noção, no entanto, mistura um grande número de ideias diferentes. Muitas delas não são passíveis de objecção. E aquelas que *são* objectáveis não precisam de ser incluídas na teoria disposicionalista do pensamento de ordem mais alta, esboçada acima (ver Carruthers, 1996c, cap. 7). Além disso, parece muito improvável que os conteúdos perceptivos tenham de ser deixados fragmentados e distribuídos, como supõe Dennett, só sendo (parcialmente) integrados em reacção à pesquisa, pois muitas das finalidades da percepção exigem que os conteúdos perceptivos *já* estejam previamente integrados. Pense-se, por exemplo, num jogador de basquetebol seleccionando, numa fracção de segundo, um colega de equipa para receber o passe. A decisão pode depender de muitos factores respeitantes à distribuição precisa dos colegas da equipa e dos adversários no campo, que pode por sua vez envolver o reconhecimento das cores das respectivas camisolas. Pura e simplesmente não é plausível que toda esta informação só possa ser reunida em resposta a uma pesquisa de integral dos conteúdos da experiência. («Estou a ver alguém de vermelho à minha direita? Estou a ver alguém de amarelo aproximando-se de mim por trás?» E assim por diante.) De facto, em geral parece que as exigências do planeamento *on-line* de acções complexas exige um campo perceptivo integrado para sustentar e dar conteúdo aos pensamentos referenciais que esse planeamento envolve. («Só quando eu lhe lançar a bola é que posso então fazer uma deslocação para *aquela abertura ali* para receber o passe outra vez», e assim por diante.)

Então, porque é que Dennett pensa que a consciência fenomenal envolve a linguagem? Na sua obra de 1991 (cap. 10) Dennett é o primeiro de todos os preconizadores das virtudes da teoria do pensamento de ordem mais alta, mas depois argumenta que a inserção do *pensamento* entre a experiência e a sua expressão linguística é uma confusão desnecessária. Tudo em que temos razão para acreditar, com base na introspecção, é a existência de descrições linguísticas das nossas experiências, na «fala interior». E não há qualquer razão teórica válida para postular que essas descrições codificam um conjunto separado de pensamentos.

Temos aqui duas questões diferentes. Uma é se devemos apoiar uma concepção «codificada» (ou puramente comunicativa) da linguagem natural, de acordo com a qual temos *primeiro* de ter um pensamento que é *depois* traduzido para um meio linguístico. É possível rejeitar esta imagem (como sugerimos no capítulo 8) sem sustentar a explicação da consciência de descrição de ordem mais alta. Podemos admitir que o pensamento proposicional *consciente* é constituído pela manipulação das frases declarativas da linguagem natural, na fala interior, ao mesmo tempo que rejeitamos que as experiências dessas frases declarativas as constituem como fenomenalmente conscientes. Em vez disso, podemos alegar que as experiências dos pensamentos de ordem mais alta *não* conscientes seriam suficientes para as tornar fenomenalmente conscientes e podemos considerar que esses pensamentos de ordem mais alta são independentes da linguagem. Pelo menos é evidente que a primeira parte desta alegação tem bons motivos. Recorde-se, da secção 3.3 já referida acima, as características mais proeminentes da nossa explicação dos aspectos característicos e problemáticos da consciência fenomenal. Estes consistiam no conteúdo experimental *análogo* posto à disposição de um sistema manipulador de conceitos contendo *conceitos de reconhecimento* da experiência. Era então possível explicar a possibilidade de conceber propriedades fenomenais invertidas e ausentes, juntamente com a nossa tentação de insistir na privacidade e inefabilidade das experiências conscientes e só conhecidas com certeza absoluta pelo próprio sujeito. Não parece haver nada nesta explicação exigindo que os diversos pensamentos de ordem mais alta envolvidos (por exemplo, num juízo de reconhecimento apontado para uma experiência) devem ser conscientes. O elemento que faz o trabalho na explicação é a disponibilidade da experiência para os pensamentos de ordem mais alta e não a disponibilidade para os pensamentos conscientes de ordem mais alta.

A segunda — e verdadeira — questão é, portanto, se o pensamento proposicional, como tal, tem de envolver a linguagem. Neste ponto, Dennett consegue fazer correr o seguinte argumento: num *dado* ponto da cognição estruturada, portadora de conteúdo, os estados (sejam eles pensamentos ou descrições linguísticas) precisam de ser reunidos de forma tal que não envolvam quaisquer codificações de pensamentos anteriores. É óbvio que tem de ser este o caso sob pena de regresso ao infinito. De modo que é mais simples pressupor que essa reunião tem lugar ao nível da linguagem, em vez de se dar primeiro no pensamento que depois é codificado em linguagem. Aqui Dennett (1991) apoia o *modelo do pandemónio* da produção da fala, de acordo com o qual há uma série imensa de «génios da palavra» de nível mais baixo (sem pensamento) que concorrem uns com os outros «berrando» uma expressão ou palavra em particular. Esta competição contínua de feição semicaótica, influenciada pelo contexto e por uma diversidade de outros factores (presumivelmente incluindo os princípios gramaticais para a linguagem em questão), até que alguns dos génios da palavra surgem como vencedores claros e daí resulta uma frase declarativa agregada em linguagem natural.

Também nos disseram que o pensamento caracteristicamente humano foi criado quando o cérebro humano foi colonizado, em resultado da enculturação e da comunicação, por *memos*, ou seja, por ideias, ou conceitos, adquiridos com e através da linguagem natural. Estes memos estão contidos nas expressões da linguagem natural e o seu papel nesta nova forma de cognição (consciente) resulta dos modos como as frases declarativas agem e reagem no cérebro. E disseram--nos que a corrente da verbalização interior constitui uma nova espécie de *máquina virtual* no computador que é o cérebro humano. Diz-se que é um programa sequencial, baseado em frases declarativas, correndo numa arquitectura de computador conexionista, altamente paralela — de facto, uma *máquina joyceana* de corrente da consciência. Além disso, só com a chegada da linguagem ao cérebro hominídeo é que fomos capazes de ter pensamentos proposicionais *realisticamente construídos*, ou seja, pensamentos consistindo em eventos que suportam conteúdos discretos, estruturados e tendo uma função causal em virtude da sua estrutura.

Contudo, Dennett não afirma que a máquina joyceana é completa e exaustivamente responsável por aquilo que é característico da inteligência humana. A sua posição é que a máquina joyceana se sobrepõe a uma arquitectura cognitiva contendo muitos processadores especializados, cada um dos quais pode ter trazido consideráveis benefícios de adaptação e que contribuiu para o sucesso das primeiras espécies de hominídeos. Foi assim que podem ter começado a existir os sistemas especializados de leitura da mente, os sistemas de trocas cooperativas, os processadores para lidar com a física ingénua e com a fabricação de utensílios, os processadores para reunir e organizar a informação sobre o mundo vivo, os sistemas para seleccionar parceiros e para dirigir as estratégias sexuais, a faculdade para adquirir e processar a linguagem e assim por diante — justamente como pressupõem agora alguns psicólogos evolucionistas (ver Barkow *et al.*, 1992; Mithen, 1996). É característica de Dennett alegar que estes processadores não só funcionam em paralelo, como as suas operações internas são *conexionistas* por natureza, de maneira que *não* legitima com robustez as atribuições realistas do pensamento.

Por conseguinte, Dennett pode admitir que os hominídeos eram capazes de interacções sociais altamente sofisticadas antes do aparecimento da linguagem e da máquina joyceana. Nesse caso, os hominídeos podem ser *interpretados como* estando envolvidos no pensamento de ordem mais alta, do ponto de vista da atitude intencional (ver capítulo 2 acima). Mas isto não teria sido suficientemente *verdadeiro* para transformar os conteúdos destas experiências dos hominídeos de modo a torná-los fenomenalmente conscientes — só a disponibilidade da experiência para o pensamento de ordem mais alta *real* (construído realisticamente) poderia fazê-lo. E esta situação, do ponto de vista de Dennett, teria de esperar até à chegada da linguagem natural e do fluxo da fala interior.

Por conseguinte, ao escolher entre a teoria disposicionalista do pensamento de ordem mais alta e a teoria disposicionalista da descrição de ordem mais alta (ponto de escolha (6) na figura 9.1), a questão a responder é se os pensamentos de ordem mais alta estruturados e discretos são ou não independentes da linguagem. Se forem, então parece-nos que temos uma razão decisiva para preferir a teoria do pensamento de ordem mais alta à teoria da descrição de ordem mais alta.

3.9. A INDEPENDÊNCIA DOS PENSAMENTOS DE ORDEM MAIS ALTA RELATIVAMENTE À LINGUAGEM

O mesmo «argumento de seguimento» que esboçámos no capítulo 8 referido acima aplica-se — de facto aplica-se *por excelência* — à nossa capacidade para os pensamentos de ordem mais alta, sugerindo firmemente que a nossa faculdade de leitura da mente é assim estabelecida para representar, processar e gerar representações estruturadas dos nossos próprios estados mentais e de outras pessoas. Então, pressupondo que a faculdade de leitura da mente já estaria instalada antes da evolução da linguagem natural e ou que permanece intacta nos humanos modernos na ausência da linguagem, chegamos à conclusão de que os pensamentos de ordem mais alta (construídos realisticamente) são independentes da linguagem.

A tarefa central da faculdade de leitura da mente é tentar perceber e recordar quem é que pensa o quê, o que quer o quê, quem sente o quê e como é possível que pessoas diferentes raciocinem e reajam numa grande diversidade de circunstâncias. E todas estas representações têm de ser continuamente adaptadas e actualizadas. É efectivamente muito difícil entender como é que esta tarefa pode ser executada, excepto se não for devido ao funcionamento de representações estruturadas, cujos elementos têm significado para os indivíduos e para as suas propriedades mentais; de modo que as últimas podem ser diversificadas e alteradas enquanto não perde de vista um e o mesmo indivíduo.

Como é possível que essas representações estruturadas sejam independentes da linguagem natural? Muitas teorias da evolução da linguagem — especialmente aquelas que se incluem numa ampla tradição griceana — pressupõem que elas o são (Origgi e Sperber, em vias de publicação). Nestas explicações, a linguagem começou com os hominídeos usando arbitrariamente sinais «únicos» para comunicar uns com os outros, exigindo que eles continuassem com elaborados raciocínios de ordem mais alta respeitantes às crenças e intenções de uns e outros. Numa perspectiva contrária, é possível que antes da evolução da linguagem só existisse uma capacidade de leitura da mente razoavelmente limitada e que a linguagem e a capacidade para pensamentos estruturados de ordem mais alta, tivessem evoluído em conjunto (ver Gomez, 1998, para uma explicação deste género). No entanto, mesmo que tivesse sido assim, continuaria em aberto a questão de saber se a linguagem estaria implicada nas amadurecidas operações internas da faculdade de leitura da mente. Mesmo que tivessem evoluído em conjunto, pode bem acontecer que os pensamentos estruturados de ordem mais alta sejam possíveis para os indivíduos contemporâneos na ausência de linguagem.

Enquanto houver indícios que apoiem esta questão, eles suportam a perspectiva de que pode haver pensamentos estruturados de ordem mais alta independentemente da linguagem natural. Um género de indício relaciona-se com as pessoas surdas que crescem isoladas das comunidades de surdos e que não aprendem qualquer forma de sinais sintacticamente estruturados até muito tarde (Sachs, 1989; Goldin-Meadow e Mylander, 1990; Schaller, 1991). No entanto, estas pessoas projectam sistemas próprios de «sinais domésticos» e muitas vezes envolvem-se em pantomimas elaboradas para comunicar a sua significação. Estes parecem ser casos clássicos de comunicação griceana e parecem pressupor que a capacidade para pensamentos sofisticados de ordem mais alta permanece totalmente intacta na ausência da linguagem natural.

Outro género de indícios relaciona-se com as capacidades dos afásicos que perderam a capacidade de usar ou compreender a linguagem. Essas pessoas são geralmente bastantes habilidosas socialmente, sugerindo que as suas capacidades de leitura da mente permanecem intactas. E este ponto foi agora confirmado experimentalmente numa série de testes conduzidos com um homem afásico agramatical. Varley (1998) relata a realização de uma série de testes de «teoria da mente» (que testam a compreensão explícita das noções de crença e de crença falsa) feita a um afásico a gramatical. Este indivíduo tinha muitas dificuldades tanto a produzir como a compreender qualquer coisa semelhante a uma frase declarativa (que em particular envolvesse verbos). Parece, portanto, muito improvável que fosse capaz de estabelecer uma frase declarativa em linguagem natural da forma «A acredita que P». Contudo, passou em quase todos os testes realizados (que foram projectados para ele numa combinação de pantomima e explicação de palavra única).

Parece, portanto, que a capacidade para pensamentos de ordem mais alta pode ser retida na ausência da linguagem. Mas também temos o argumento de seguimento, concluindo que a capacidade de pensamentos de ordem mais alta exige representações estruturadas e discretas. De modo que concluímos que o pensamento de ordem mais alta, construído realisticamente, é independente da linguagem, mesmo no caso dos seres humanos. E é assim que há motivos para preferir a teoria disposicionalista do pensamento de ordem mais alta à teoria disposicionalista da descrição de ordem mais alta de Dennett.

4. CONCLUSÃO

Argumentámos neste capítulo que não há boas razões para considerar que a consciência — atendendo particularmente à consciência fenomenal — é insusceptível de uma explicação objectiva, cientificamente fundamentada. E argumentámos que se pode dar uma explicação cognitiva dessa consciência em termos da sua disponibilidade para pensamentos de ordem mais alta. De forma que, também aqui, aquilo que aparecia como um conflito potencial entre a psicologia do senso comum e a ciência acaba por se verificar ilusório.

LEITURAS SELECCIONADAS

Geral: Block *et al.*, 1997, é uma reunião excelente de cerca de 50 artigos e partes de livros, contendo muito material elementar nesta área.

Misterianismo: Nagel, 1974, 1986; Jackson, 1982, 1986; McGinn, 1991; Chalmers, 1996.

Teorias de primeira ordem: Dretske, 1995; Tye, 1995.

Teorias de ordem mais alta: Armstrong, 1968, 1984; Dennett, 1978b, 1991a; Rosenthal, 1986, 1991a, 1993; Carruthers, 1996c; Lycan, 1996.

REFERÊNCIAS

ALLEN, C., e BEKOFF, M. 1997. *Species of Mind: The Philosophy e Psychology of Cognitive Ethology.* MIT Press.

AMERICAN PSYCHIATRIC ASSOCIATION. 1987. *Diagnostic and Statistical Manual of Mental Disorders,* 3.ª edição revista. Washington.

ANTELL, E., e KEATING, D. 1983. Perception of numerical invariance in neonates. *Child Development,* 54.

ARISTÓTELES. 1968. *De Anima.* Trad. Hamlyn, Oxford University Press.

ARMSTRONG, D., 1968. *A Materialist Theory of the Mind.* Routledge.

—, 1973. *Belief, Truth, and Knowledge.* Cambridge University Press.

—, 1978. *Universals and Scientific Realism.* Cambridge University Press.

—, 1984. Consciousness and causality. *In* D. Armstrong e N. Malcolm, *Consciousness and Causality,* Blackwell.

ASPERGER, H. 1944. Die autistischen Psychopathen im kindesalter. *Archive für Psychiatrie und Nervenkrankheiten,* 117.

ASTINGTON, J. 1996. What is theoretical about the child's theory of mind?, *In* Carruthers e Smith, 1996.

ASTINGTON, J. e GOPNIK, A. 1988. Knowing you've changed your mind: children's understanding of representational change. *In* J. Astington, P. Harris e D. Olson, eds., *Developing Theories of Mind,* Cambridge University Press.

ATRAN, S. 1990. *Cognitive Foundations of Natural History.* Cambridge University Press.

AVIS, J., e HARRIS, P. 1991. Belief-desire reasoning among Baka children: evidence for a universal conception of mind. *Child Development,* 62.

BAARS, B. 1988. *A Cognitive Theory of Consciousness.* Cambridge University Press.

—, 1997. *In the Theatre of Consciousness.* Oxford University Press.

BADDELEY, A. 1988. *Human Memory.* Erlbaum.

BAILLARGEON, R. 1994. Physical reasoning in infancy. *In* M. Gazzaniga, ed., *The Cognitive Neurosciences,* MIT Press.

Baker, R., e Bellis, M. 1989. Number of sperm in human ejaculates varies in accordance with sperm competition theory. *Animal Behaviour, 37.*

Barkow, J., Cosmides, L., e Tooby, J., eds. 1992. *The Adapted Mind.* Oxford University Press.

Baron-Cohen, S. 1995. *Mindblindness.* MIT Press.

Baron-Cohen, S., e Cross, P. 1992. Reading the eyes: evidence for the role of perception in the development of a theory of mind. *Mind and Language, 7.*

Baron-Cohen, S., e Ring, H. 1994a. A model of the mindreading system: neuropyschological and neurobiological perspectives. *In* C. Lewis e P. Mitchell, eds., *Chidren in Early Understanding of Mind,* Erlbaum.

—, 1994b. The relationship between EDD e ToMM: neuropsychological e neurobiological perspectives. *In* C. Lewis e P. Mitchell, eds., *Children in Early Understanding of Mind,* Erlbaum.

Baron-Cohen, S., e Swettenham, J. 1996. The relationship between SAM and ToMM. *In* Carruthers e Smith, 1996.

Baron-Cohen, S.; Cox, A.; Baird. G.; Swettenham, J.; Drew, A.; Nightingale, N.; Morgan, K., e Charman, T. 1996. Psychological marker of autism at 18 months of age in a large population. *British Journal of Psychiatry, 168.*

Baron-Cohen, S.; Leslie, A., e Frith, U. 1985. Does the autistic child have a theory of mind?, *Cognition, 21.*

Baron-Cohen, S.; Tager-Flusberg, H., e Cohen, D., eds. 1993. *Understanding Other Minds.* Oxford University Press.

Bechtel, W., e Abrahamsen, A. 1991. *Connectionism and the Mind.* Blackwell.

Bever, T. 1988. The psychological reality of grammar. *In* W. Hirst, ed., *The Making of Cognitive Science,* Cambridge University Press.

Bever, T., e McElree, D. 1988. Empty categorias access their antecedents during comprehension. *Linguistic Inquiry, 19.*

Bickerton, D. 1981. *Roots of Language.* Ann Arbor.

—, 1984. The language bioprogram hypothesis. *Behavioral and Brain Sciences, 7.*

—, 1990. *Language and Species.* University of Chicago Press.

—, 1995. *Language and Human Behaviour.* University of Washington Press. (UCL Press, 1996.)

Blackburn, S. 1984. *Spreading the Word.* Oxford University Press.

—, 1991. Losing your mind: physics, identity, and folk burglar prevention. *In* Greenwood, 1991.

Block, N. 1978. Troubles with functionalism. *In* C. Savage, ed., *Minnesota Studies in the Philosophy of Science 9.* Excertos reeditados *in* Lycan, 1990.

—, 1986. Advertisement for a semantics for psychology. *Midwest Studies in Philosophy, 10.* Reeditado *in* Stich e Warfield, 1994.

—, 1990. Inverted Earth. *Philosophical Perspectives, 4.*

—, 1995. A confusion about a function of consciousness. *Behavioral and Brain Sciences, 18.*

Block, N., e Fodor, J. 1972. What psychological states are not. *Philosophical Review, 81.*

Block, N.; Flanagan, O., e Guzeldere, G., eds. 1997. *The Nature of Consciousness.* MIT Press.

Botterill, G. 1994a. Recent work in folk psychology. *Philosophical Quarterly, 44.*

—, 1994b. Beliefs, functionally discrete states e connectionist networks: a comment on Ramsey, Stich e Garon. *British Journal for the Philosophy of Science, 45.*

BOTTERILL, G. 1996. Folk psychology and theoretical status. *In* Carruthers e Smith, 1996.

BOUCHER, J. 1996. What could possibly explain autism? *In* Carruthers e Smith, 1996.

BOYD, R. 1973. Realism, underdetermination, and a causal theory of evidence. *Nous*, 7.

—, 1983. On the current status of the issue of scientific realisin. *Erkenntnis*, 19.

BROWN, D. 1991. *Human Universals*. McGraw-Hill.

BRUCE, V. 1988. *Recognising Faces*. Erlbaum.

—, 1996. *Unsolved Mysteries of the Mind*. Erlbaum.

BRUCE, V., e HUMPHREYS, G., eds. 1994. *Object and Face Recognition*. Erlbaum.

BRYANT, P., e TRABASSO, T. 1971. Transitive inference and memory in young children. *Nature*, 232.

BURGE, T. 1979. Individualism and the mental. *In* French *et al.*, eds., *Midwest Studies in Philosophy*. Reeditado *in* Rosenthal, 1991b.

—, 1986a. Individualism and psychology. *Philosophical Review*, 95. Reeditado *in* Macdonald e Macdonald, 1995a.

—, 1986b. Cartesian error and the objectivity of perception. *In* P. Pettit e J. McDowell, eds., *Subject, Thought and Context*, Oxford University Press.

—, 1991. Vision and intencional content. *In* E. Lepore e R . van Gulick, eds., *John Searle and his Critics*, Blackwell.

BUTCHER, C.; MYLEER, C., e GOLDIN-MEADOW, S. 1991. Displaced communication in a self-styled gesture system. *Cognitive Development*, 6.

BYRNE, R. 1995. *The Thinking Ape*, Oxford University Press.

BYRNE, R., e WHITEN, A., eds. 1988. *Machiavellian Intelligence*. Oxford University Press.

CAREY, S. 1985. *Conceptual Change in Childhood*. MIT Press.

CARRUTHERS, P. 1986. *Introducing Persons: Theories and Arguments in the Philosophy of Mind*. Routledge.

—, 1987a. Russellian thoughts. *Mind*, 96.

—, 1987b. Conceptual pragmatisrn. *Synthese*, 73.

—, 1989. *Tractarian Semantics*. Blackwell.

—, 1992. *Human Knowledge and Human Nature*. Oxford University Press.

—, 1996a. Simulation and self-knowledge. *In* Carruthers e Smith, 1996.

—, 1996b. Autism as mind-blindness. *In* Carruthers e Smith, 1996.

—, 1996c. *Language, Thought and Consciousness*. Cambridge University Press.

—, 1998a. Thinking in language? Evolution and a modularist possibility. *In* Carruthers e Boucher, 1998.

—, 1998b. Conscious thinking: language or elimination?, *Mind and Language*, 13.

CARRUTHERS, P., e BOUCHER, J., eds. 1998. *Language and Thought*. Cambridge University Press.

CARRUTHERS, P., e SMITH, P., eds. 1996. *Theories of Theories of Mind*. Cambridge University Press.

CASSCELLS, W.; SCHOENBERGER, A., e GRAYBOYS, T. 1978. Interpretation by physicians of clinical laboratory results. *New England Journal of Medicine*, 299.

CHALMERS, D. 1996. *The Conscious Mind*. Oxford University Press.

CHENG, P., e HOLYOAKL, K. 1985. Pragmatic reasoning schemas. *Cognitive Psychology*, 17.

CHERNIAK, C. 1986. *Minimal Rationality*. MIT Press.

CHOMSKY, C. 1986. Analytic studies of the Tadoma method: language abilties of three deaf-blind subjects. *Journal of Speech and Hearing Research*, 29.

CHOMSKY, N. 1959. Review of *Verbal Behavior* by B. F. Skinner. *Language, 35.*

—, 1965. *Aspects of the Theory of Syntax.* MIT Press.

—, 1975. *Reflections on Language.* Pantheon.

—, 1988. *Language and Problems of Knowledge.* MIT Press.

—, 1995a. Language and nature. *Mind, 104.*

—, 1995b. *The Minimalist Program.* MIT Press.

CHRISTENSEN, S., e TURNER, D., eds. 1993. *Folk Psychology and the Philosoph of Mind.* Erlbaum.

CHURCHLAND, P. 1979. *Scientific Realism and the Plasticity of Mind.* Cambridge University Press.

—, 1981. Eliminative materialism and the propositional attitudes. *Journal of Philosophy, 78.* Reeditado no seu *A Neurocomputational Perspective,* MIT Press, 1989; e *in* Lycan, 1990; Rosenthal, 1991b; e Christensen e Turner, 1993.

—, 1988. *Matter and Consciousness.* MIT Press (edição revista: primeira edição 1984.)

CIOFFI, F. 1970. Freud and the idea of a pseudo-science. *In* R. Borger e F. Cioffi eds., *Explanation in the Behavioural Sciences,* Cambridge University Press.

CLARK, A. 1989. *Microcognition.* MIT Press.

—, 1990. Connectionist minds. *Proceedings of the Aristotelian Society, 90.*

—, 1998. Magic words: how language augments human computation. *In* Carruthers e Boucher, 1998.

CLEMENTS, W., e PERNER, J. 1994. Implicit understanding of belief. *Cognitive Development, 9.*

COHEN, L., J. 1981. Can human irrationality be experimentally demonstrated? B*ehavioral and Brain Sciences, 4.*

—, 1982. Are people programmed to commit fallacies?, *Journal for the Theory of Social Behaviour, 12.*

—, 1992. *An Essay on Belief and Acceptance.* Oxford University Press.

COOK, V. J. 1988. *Chomsky's Universal Grammar.* Blackwell.

COPELAND, J. 1993. *Artificial Intelligence.* Blackwell.

CORBALLIS, M. 1991. *The Lopsided Ape.* Oxford University Press.

COSMIDES, L. 1989. The logic of social exchange: has natural selection shaped how humans reason? Studies with the Wason selection task. *Cognition, 31.*

COSMIDES, L., e TOOBY, J. 1989. Evolutionary psychology and the generation of culture, part II. Case study: a computational theory of social exchange. *Ethology and Sociobiology, 10.*

—, 1992. Cognitive adaptations for social exchange, *In* Barkow *et al.,* 1992.

CRAIG, E. 1990. *Knowledge and the State of Nature.* Oxford University Press.

CRICK, F., e KOCH, C. 1990. Towards a neurobiological theory of consciousness. *Seminars in the Neurosciences, 2.*

CUMMINS, R. 1975. Functional analysis. *Journal of Philosophy, 72.*

—, 1989. *Meaning and Mental Representation.* MIT Press.

—, 1991. Methodological reflections on belief. *In* R. Bogdan, ed., *Mind and Common Sense,* Cambridge University Press.

CURRIE, G. 1996. Simulation-theory, theory-theory and the evidence from autism. *In* Carruthers e Smith, 1996.

CURRIE, G., e RAVENSCROFT, I. 1997. Mental simulation and motor-imagery. *British Journal for the Philosophy of Science, 64.*

CURTISS, S. 1977. *Genie: A Psycholinguistic Study of a Modern-day Wild Child.* Academic Press.

Dahlbom, B., ed. 1993. *Dennett and his Critics*. Blackwell.

Dale, P.; Simonoff, E.; Bishop, D.; Eley, T.; Oliver, B.; Price, T.; Purcell, S; Stevenson, J., e Plomin, R. 1998. Genetic influence on language delay in two-year-old children. *Nature Neuroscience*, 1.

Darwin, C. 1859. *The Origin of Species*.

Davidson, D. 1963. Actions, reasons, and causes. *Journal of Philosophy*, 60. Reeditado *in* Davidson, 1980.

—, 1970. Mental events. *In* L. Foster e J. Swanson, eds., *Experience and Theory*, Duckworth. Reeditado *in* Davidson, 1980.

—, 1973. Radical interpretation. *Dialectica*, 27. Reeditado *in* Davidson, 1984.

—, 1974a. On the very idea of a conceptual scheme. *Proceedings of the America Philosophical Association*, 47. Reeditado in Davidson, 1984.

—, 1974b. Psychology as philosophy. *In* S. Brown, ed., *Philosophy as Psychology* Macmillan. Reeditado *in* Davidson, 1980.

—, 1975. Thought and talk. *In* S. Guttenplan, ed., *Mind and Language, Oxford* University Press. Reeditado *in* Davidson, 1984.

—, 1980. *Essays on Actions and Events*. Oxford University Press.

—, 1982a. Paradoxes of irrationality. *In* R. Wollheim e J. Hopkins, eds., *Philosophical Essays on Freud*, Cambridge University Press.

—, 1982b. Rational animais. *In* E. Lepore e B. McLaughlin, eds., *Actions and Events*, Blackwell.

—, 1984. *Inquiries into Truth and Interpretation*. Oxford University Press.

—, 1987. Knowing one's own mind. *Proceedings and Addresses of the American Philosophical Association*, 60.

Davies, M. 1991. Concepts, connectionism, and the language of thought. *In* W. Ramsey, S. Stic e D. Rumelhart, eds., *Philosophy and Connectionist Theory*, Erlbaum.

Davies, M., e Humphreys, G. 1993. Introduction. *In* M. Davies e G. Huphreys eds., *Consciousness*, Blackwell.

Davies, M., e Stone, T., eds. 1995a. *Folk Psychology: The Theory of Mind Debate*. Blackwell.

—, 1995b. *Mental Simulation: Evaluations and Applications*. Blackwell.

Dawkins, R. 1976. *The Selfish Gene*. Oxford University Press.

Dennett, D. 1971. Intentional systems. *Journal of Philosophy*, 68. Reeditado *in* Dennett, 1978a.

—, 1975. Brain writing and mind reading. *In* K. Gunderson, ed., *Minnesota Studies in the Philosophy of Science*, 7. Reeditado *in* Dennett, 1978a.

—, 1978a. *Brainstorms*. Bradford Books.

—, 1978b. Toward a cognitive theory of consciousness. *In* C. Savage, ed., *Minnesota Studies in the Philosophy of Science*, 9. Reeditado *in* Dennett, 1978a.

—, 1978c. Why you can't make a computer that feels pain. *Synthese*, 38. Reeditado *in* Dennett, 1978a.

—, 1978d. How to change your mind. *In* Dennett, 1978a.

—, 1978e. Beliefs about beliefs. *Behavioral and Brain Sciences*, 1.

—, 1978f. Artificial intelligence as philosophy and as psychology. *In* M. Ringle, ed. *Philosophical Perspectives on Artificial Intelligence*, Harvester. Reeditado *in* Dennett, 1978a.

DENNETT, D. 1981. True believers: the intencional strategy and why it works. *In* A. Heath, ed. *Scientific Explanation.* Oxford University Press. Reeditado *in* Dennett, 1987; Lycan, 1990; Rosenthal, 1991b; e Stich e Warfield, 1994.

—, 1987. *The Intentional Stance.* MIT Press.

—, 1988a. Précis of *The Intentional Stance,* followed by open peer commentary. *Behavioral and Brain Sciences,* 11.

—, 1988b. Quining Qualia. *In* Mareei e Bisiach, 1988.

—, 1991a. *Consciousness Explained.* Allen Lane.

—, 1991b. Real patterns. *Journal of Philosophy,* 88.

—, 1995. Consciousness: more like fame than television. Comunicação à conferência de Munique. Em alemão: Bewusstsein hat mehr mit Ruhm ais mit Fernschen zu tun. *In* C. Maar, E. Pppel e T. Christaller, eds., *Die Technik auf dem Weg zur Seele,* Munique: Rowohlt, 1996.

DENNETT, D., e KINSBOURNE, M. 1992. Time and the observer. *Behavioral and Brain Sciences,* 15.

DEVITT, M. 1996. *Coming to our Senses: A Naturalistic Program for Semantic Localism.* Cambridge University Press.

DIAZ R., e BERK, L., eds. 1992. *Private Speech: From Social Interaction to Self-Regulation.* Erlbaum.

DRETSKE, F. 1981. *Knowledge and the Flow of Information.* MIT Press.

—, 1986. Misrepresentation. *In* R. Bogdan, ed., *Belief,* Oxford University Press. Reeditado *in* Lycan, 1990; e Stich e Warfield, 1994.

—, 1988. *Explaining Behavior.* MIT Press.

—, 1993. Conscious experience. *Mind,* 102.

—, 1995. *Naturalizing the Mind.* MIT Press.

DUHEM, P. 1954. *The Aim and Structure of Physical Theory.* Trans. P. Wiener. Princeton University Press.

DUMMETT, M. 1981. *The Interpretation of Frege's Philosophy.* Duckworth.

—, 1989. Language and communication. *In* A. George, ed., *Reflections on Chomsky,* Blackwell.

DUNBAR, R. 1993. Coevolution of neocortical size, group size and language in humans. *Behavioral and Brain Sciences,* 16.

—, 1996. *Grooming, Gossip and the Evolution of Language.* Faber and Faber.

ELMAN, J.; BATES, E.; JOHNSON, M.; KARMILOFF-SMITH, A.; PARISI, D., e PLUNKETT, K. 1996. *Rethinking Innateness. A Connectionist Perspective on Development.* MIT Press.

ERICSSON, A., e SIMON, H. 1980. Verbal reports as data. *Psychological Review,* 87.

ERWIN, E. 1996. The value of psychoanalytic therapy: a question of standards. *In* W. O'Donohue e R. Kitchener, eds., *The Philosophy of Psychology,* Sage.

EVANS, G. 1981. Understtanding demonstratives. *In* H. Parret e J. Bouveresse, eds., *Meaning and Understanding,* de Gruyter. Reeditado *in* G. Evans, *Collected Papers,* Oxford University Press, 1985; e *in* P. Yourgrau, ed., *Demonstratives,* Oxford University Press, 1990.

—, 1982. *The Varieties of Reference.* Oxford University Press.

EVANS, J. 1972. Interpretation and 'matching bias' in a reasoning task. *British Journal of Psychology,* 24.

—, 1995. Relevance and reasoning. *In* S. Newstead e J. Evans, eds., *Perspectives on Thinking and Reasoning,* Erlbaum.

312

EVANS, J., e OVER, D. 1996. *Rationality and Reasoning.* Psychology Press.

FARAH, M. 1990. *Visual Agnosia: Disorders of Object Recognition and what they tell us about Normal Vision.* MIT Press.

FIELD, H. 1977. Logic, meaning, and conceptual role. *Journal of Philosophy,* 74.

—, 1978. Mental representation. *Erkenntnis,* 13.

FLANAGAN, O. 1992. *Consciousness Reconsidered.* MIT Press.

FODOR, J. 1974. Special sciences. *Synthese,* 28. Reeditado *in* Fodor, 1981b.

—, 1975. *The Language of Thought.* Harvester.

—, 1978. Propositional attitudes. *The Monist,* 61. Reeditado *in* Fodor, 1981b; e *in* Rosenthal, 1991b.

—, 1980. Methodological solipsism as a research strategy in cognitive psychology. *Behavioral and Brain Sciences,* 3. Reeditado *in* Fodor, 1981b.

—, 1981a. The present status of the innateness controversa. *In* Fodor, 1981b.

—, 1981b. *RePresentations.* Harvester Press.

—, 1983. *The Modularity of Mind.* MIT Press.

—, 1984. Semantics, Wisconsin style. *Synthese,* 59. Reeditado *in* Fodor, 1990.

—, 1985a. Précis of *Modularity of Mind. Behavioral and Brain Sciences,* 8. Reeditado *in* Fodor, 1990.

—, 1985b. Fodor's guide to mental representation. *Mind,* 94. Reeditado *in* Fodor, 1990; e Stich e Warfield, 1994.

—, 1987. *Psychosemantics.* MIT Press.

—, 1989. Why should the mind be modular?, *In* A. George, ed., *Reflections on Chomsky,* Blackwell. Reeditado *in* Fodor, 1990.

—, 1990. *A Theory of Content and Other Essays.* MIT Press.

—, 1991. A modal argument for narrow content. *Journal of Philosophy,* 88. Reeditado *in* Macdonald e Macdonald, 1995a.

—, 1992. A theory of the child's theory of mind. *Cognition,* 44.

—, 1994. *The Elm and the Expert.* MIT Press.

—, 1998. *Concepts: Where Cognitive Science went wrong.* Oxford University Press.

FODOR, J., e LEPORE, E. 1992. *Holism: A Shopper's Guide.* Blackwell.

FODOR, J., e McLAUGHLIN, B. 1990. Connectionism and the problem of systematicity. *Cognition,* 35. Reeditado *in* Macdonald e Macdonald, 1995b.

FODOR, J., e PYLYSHYN, Z. 1988. Connectionism and cognitive architecture. *Cognition,* 28. Reeditado in Macdonald e Macdonald, 1995b.

FRANKISH, K. 1998. Natural language and virtual belief. *In* Carruthers e Boucher, 1998.

—, A publicar. A matter of opinion. *Philosophy and Psychology.*

FREGE, G. 1892. On sense and meaning. *In* seu *Collected Papers,* ed. B. McGuinness, Blackwell, 1984.

FRITH, U. 1989. *Autism.* Blackwell.

GAZZANIGA, M. 1988. Brain modularity. *In* Marcel e Bisiach, 1988.

—, 1992. *Nature's Mind.* Basic Books.

—, 1994. Consciousness and the cerebral hemispheres. *In* M. Gazzaniga, ed., *The Cognitive Neurosciences,* MIT Press.

GELMAN, R. 1968. Conservation acquisition. *Journal of Experimental Child Psychology,* 7.

—, 1982. Accessing one to one correspondence. *British Journal of Psychology,* 73.

GENNARO, R. 1986. *Consciousness and Self-Consciousness*. Benjamin Publishing.

GHISELIN, B. 1952. *The Creative Process*. Mentor.

GLEITMAN, L., e LIBERMAN, M., eds. 1995. *An Invitation to Cognitive Science I. Language* (2.ª edição). MIT Press.

GOLDIN-MEADOW, S., e MYLANDER, C. 1983. Gestural communication in deaf children: the non-effect of parental input on language development. *Science*, 221.

—, 1990. Beyond the input given: the child's role in the acquisition of a language. *Language*, 66.

GOLDIN-MEADOW, S.; BUTCHER, C.; MYLANDER, C., e DODGE, M. 1994. Nouns and verbs in a self-styled gesture system. *Cognitive Psychology*, 27.

GOLDMAN, A. 1989. Interpretation psychologized. *Mind and Language*, 4.

—, 1992. In defense of the simulation theory. *Mind and Language*, 7.

—, 1993. The psychology of folk psychology. *Behavioral and Brain Sciences*, 16.

Gomez, J.-C. 1996. Some issues concerning the development of theory of mind in evolution. *In* Carruthers e Smith, 1996.

—, 1998. Some thoughts about the evolution of LADS, with special reference to TOM and SAM. *In* Carruthers e Boucher, 1998.

GOPNIK, A. 1990. Developing the idea of intentionality. *Canadian Journal of Philosophy*, 20.

—, 1993. How we know our minds: the illusion of first-person knowledge of intentionality. *Behavioral and Brain Sciences*, 16.

—, 1996. Theories and modules; creation myths, developmental realities, and Neurath's boat. *In* Carruthers e Smith, 1996.

GOPNIK, A., e MELTZOFF, A. 1993. The role of imitation in understanding persons and in developing a theory of mind. *In* Baron-Cohen *et al.*, 1993.

GOPNIK, A., e WELLMAN, H. 1992. Why the child's theory of mind really is a theory. *Mind and Language*, 7.

GORDON, R. 1986. Folk psychology as simulation. *Mind and Language*, 1.

—, 1992. The simulation theory. *Mind and Language*, 7.

—, 1995. Simulation without introspection or inference from me to you. *In* Davies e Stone, 1995b.

—, 1996. Radical simulationism. *In* Carruthers e Smith, 1996.

GREENWOOD, J., ed. 1991. *The Future of Folk Psychology*. Cambridge University Press.

GRICE, H. 1961. The causal theory of perception. *Proceedings of the Aristotelian Society*, sup. vol. 35.

GRIGGS, R., e COX, J. 1982. The elusive thematic-materials effect in Wason's selection task. *British Journal of Psychology*, 73.

GRÜNBAUM, A. 1984. *The Foundations of Psychoanalysis: A Philosophical Critique*. University of California Press.

—, 1996. Is psychoanalysis viable? *In* W. O'Donohue e R. Kitchener, eds., *The Philosophy of Psychology*, Sage.

HACKING, I. 1983. *Representing and Intervening*. Cambridge University Press.

HAPPÉ, F. 1994. Current psychological theories of autism. *Journal of Child Psychology and Psychiatry*, 35.

HARMAN, G. 1978. Studying the chimpanzee's theory of mind. *Behavioral and Brain Sciences*, 1.

HARMAN, G. 1990. The intrinsic quality of experience. *Philosophical Perspectives*, 4.

HARRIS, P. 1989. *Children and the Emotions*. Blackwell.

—, 1991. The work of the imagination. *In* A. Whiten, ed., *Natural Theories of the Mind*, Blackwell.

—, 1992. From simulation to folk psychology. *Mind and Language*, 7.

—, 1993. Pretending and planning. *In* Baron-Cohen *et al.*, 1993.

—, 1996. Beliefs, desires and language. *In* Carruthers e Smith, 1996.

HEAL, J. 1986. Replication and functionalism. *In* J. Butterfield, ed., *Language, Mind and Logic*, Cambridge University Press.

—, 1995. How to think about thinking. *In* Davies e Stone, 1995b.

—, 1996. Simulation, theory, and content. *In* Carruthers e Smith, 1996.

HIRSCHFELD, L., e GELMAN, S. 1994. *Mapping the Mind: Domain Specificity in Cognition and Culture*. Cambridge University Press.

HOGREFE, G.; WIMMER, H., e PERNER, J. 1986. Ignorance versus false belief: a developmental lag in the attribution of epistemic states. *Child Development*, 57.

HOLM, J. 1988. *Pidgins and Creoles*. Cambridge University Press.

HORGAN, T., e TIENSON, J. 1996. *Connectionism and Philosophy of Psychology*. MIT Press.

HORGAN, T., e WOODWARD, J. 1985. Folk psychology is here to stay. *Philosophical Review*, 94. Reeditado *in* Greenwood, 1991; e Christensen e Turner, 1993.

HUME, D. 1739. *A Treatise of Human Nature*.

—, 1751. *An Enquiry Concerning the Principles of Morals*.

HUMPHREY, N. 1986. *The Inner Eye*. Faber and Faber.

HUMPHREYS, G., e RIDDOCH, M. 1987. *To See But Not To See: A Case Study of Visual Agnosia*. Erlbaum.

HURLBURT, R. 1990. *Sampling Normal and Schizophrenic Inner Experience*. Plenum Press.

—, 1993. *Sampling Inner Experience with Disturbed Affect*. Plenum Press.

JACKENDOFF, R. 1997. *The Architecture of the Language Faculty*. MIT Press.

JACKSON, F. 1982. Epiphenomenal qualia. *Philosophical Quarterly*, 32. Reeditado *in* Lycan, 1990.

—, 1986. What Mary didn't know. *Journal of Philosophy*, 83. Reeditado *in* Rosenthal, 1991b; e Block *et al.*, 1997.

JARROLD, C.; CARRUTHERS, P., BOUCHER, J., e SMITH, P., 1994b. Pretend play: is it metarepresentational? *Mind and Language*, 9.

JARROLD, C.; SMITH, P.; BOUCHER, J., e HARRIS, P. 1994a. Comprehension of pretense in children with autism. *Journal of Autism and Developmental Disorders*, 24.

JOHNSON, M., e MORTON, J. 1991. *Biology and Cognitive Development: The Case of Face Recognition*. Blackwell.

JOHNSON-LAIRD, P. 1982. Thinking as a skill. *Quarterly Journal of Experimental Psychology*, 34A.

—, 1983. *Mental models*. Cambridge University Press.

—, 1988. A computational analysis of consciousness. *In* Marcel e Bisiach, 1988.

JOHNSON-LAIRD, P.; LEGRENZI, P., e LEGRENZI, M., 1972. Reasoning and a sense of reality. *British Journal of Psychology*, 63.

KAHNEMAN, D., e TVERSKY, A. 1972. Subjective probability. *Cognitive Psychology*, 3.

KANNER, L. 1943. Autistic disturbances of affective contact. *Nervous Child*, 2.

KARMILOFF-SMITH, A. 1992. *Beyond Modularity*. MIT Press.

KARMILOFF-SMITH, A.; KLIMA, E.; BELLUGI, U.; GRANT, J., e BARON-COHEN, S.; 1995. Is there a social module? Language, face processing, and theory of mind in individuals with Williams Syndrome. *Journal of Cognitive Neuroscience*, 7.

KENNY, A. 1963. *Action, Emotion and Will*. Routledge.

KINSBOURNE, M. 1988. Integrated field theory of consciousness. *In* Marcel e Bisiach, 1988.

KIRK, R. 1994. *Raw Feeling*. Oxford University Press.

KLEIN, M. 1996. Externalism, content and causation. *Proceedings of the Aristotelian Society*, 96.

KOESTLER, A., e SMYTHIES, J., eds. 1969. *Beyond Reductionism: the Alpbach symposium*. Hutchinson.

KOHLER, W. 1925. *The Mentality of Apes*. Routledge.

KOSLOWSKI, B. 1996. *Theory and Evidence: The Development of Scientific Reasoning*. MIT Press.

KOSSLYN, S. 1994. *Image and Brain*. MIT Press.

KOSSLYN, S., e OSHERSON, D., eds. 1995. *An Invitation to Cognitive Science 2: Visual Cognition* (2.ª edição). MIT Press.

KRIPKE, S. 1972. Naming and necessity. *In* G. Harman e D. Davidson, eds., *Semantics of Natural Language, Reidel*.

KÜHBERGER, A.; PERNER, J.; SCHULTE, M., e LEINGRUBER, R. 1995. Choice or no choice: is the Langer effect evidence against simulation? *Mind and Language*, 10.

KUHN, T. 1970. Reflections on my critics. *In* I. Lakatos e A. Musgrave, eds. *Criticism and the Growth of Knowledge*, Cambridge University Press.

LAKATOS, I. 1970. Falsificationism and the methodology of scientific research programmes. *In* I. Lakatos e A. Musgrave, eds., *Criticism and the Growth of Knowledge*, Cambridge University Press.

LASHLEY, K. 1951. The problem of serial order in behavior. *In* L. Jeffress, ed., *Cerebral Mechanisms in Behaviour*, Wiley.

LEWIS, D. 1966. An argument for the identity theory. *Journal of Philosophy*, 63.

—, 1970. How to define theoretical terms. *Journal of Philosophy*, 67.

—, 1980. Mad pain and Martian pain. *In* N. Block, ed., *Readings in Philosophy of Psychology*, vol. 1, Methuen.

—, 1988. What experience teaches. *Proceedings of the Russellian Society*, University of Sydney. Reeditado *in* Lycan, 1990.

LEWIS, V., e BOUCHER, J. 1988. Spontaneous, instructed, and elicited play in relatively able autistic children. *British Journal of Educational Psychology*, 6.

LILLARD, A. 1998. Ethnopsychologies: cultural variations in theory of mind. *Psychological Bulletin*, 123.

LOAR, B. 1981. *Mind and Meaning*. Cambridge University Press.

—, 1982. Conceptual role and truth-conditions. *Notre Dame Journal of Formal Logic*, 23.

—, 1990. Phenomenal states. *Philosophical Perspectives*, 4.

LOCKE, J. 1690. *An Essay Concerning Human Understanding*.

LOEWER, B., e REY, G., eds. 1991. *Meaning in Mind: Fodor and his Critics*. Blackwell.

LUGER, G. 1994. *Cognitive Science: The Science of Intelligent Systems*. Academic Press.

LURIA, A., e YUDOVICH, F. 1956. *Speech and the Development of Mental Processes in the Child*. Trans. Kovase e Simon, Penguin Books, 1959.

LYCAN, W. 1987. *Consciousness*. MIT Press.

—, 1996. *Consciousness and Experience*. MIT Press.

LYCAN, W., ed. 1990. *Mind and Cognition: A Reader*. Blackwell.

MACDONALD, C., e MACDONALD, G., eds. 1995a. *Philosophy of psychology*. Blackwell.

—, 1995b. *Connexionism*. Blackwell.

MACDONALD, M. 1989. Priming effects from gaps to antecedents. *Language and Cognitive Processes*, 5.

MALSON, L. 1972. *Wolf Children and the Problem of Human Nature*. Monthly Review Press.

MANKTELOW, K., e EVANS, J., 1979. Facilitation of reasoning by realism. *British Journal of Psychology*, 70.

MANKTELOW, K., e OVER, D. 1990. *Inference and Understanding*. Routledge.

Marcel, A. 1983. Conscious and unconscious perception. *Cognitive Psychology*, 15.

—, a publicar. Blindsight and shape perception: deficit of visual consciousness or of visual function? *Brain*.

MARCEL, A., e BISIACH, E., eds. 1988. *Consciousness and Contemporary Science*. Oxford University Press.

MARGOLIS, E., e LAURENCE, S., eds. 1999. *Concepts: Core Readings*. MIT Press.

MARR, D. 1982. *Vision*. MIT Press.

MATTHEWS, R. 1997. Can connectionists explain systematicity? *Mind and Language*, 12.

McCAULEY, R. 1986. Intertheoretic relations and the future of folk psychology. *Philosophy of Science*, 53. Reeditado *in* Christensen e Turner, 1993.

McCULLOCH, G. 1988. What it is like. *Philosophical Quarterly*, 38.

—, 1989. *The Game of the Name*. Oxford University Press.

—, 1993. The very idea of the phenomenological. *Aristotelian Society Proceedings*, 93.

McCULLOCH, W., e PITTS, W. 1943. A logical calculus of the ideas immanent in nervous activity. *Bulletin of Mathematical Biophysics*, 5.

McDOWELL, J. 1977. On the sense and reference of a proper name. *Mind*, 86. Reeditado *in* A. Moore, ed., *Meaning and Reference*, Oxford University Press, 1993.

—, 1984. *De re senses*. *Philosophical Quarterly*, 34. Reprinted *in* C. Wright, ed. *Frege: Tradition and Influence*, Blackwell, 1984.

—, 1986. Singular thought and the extent of inner space. *In* P. Pettit e J. McDowell, eds., *Subject, Thought and Context*, Oxford University Press.

—, 1994. *Mind and World*. MIT Press.

McGINN, C. 1982. The structure of content. *In* A. Woodfield, ed., *Thought and Object*, Oxford University Press.

—, 1989. *Mental Content*. Blackwell.

—, 1991. *The Problem of Consciousness*. Blackwell.

MELDEN, A. 1961. *Free Action*. Routledge.

MELTZOFF, A., e MOORE, M. 1977. Imitation of facial and manual gestures by human neonates. *Science*, 198.

—, 1983. Newborn infants imitate adult facial gestures. *Child Development*, 54.

MILLER, G. 1956. The magical number seven, plus or minus two: some limits on our capacity for processing information. *Psychological Review*, 63.

MILLIKAN, R. 1984. *Language, Thought, and Other Biological Categories*. MIT Press.

MILLIKAN, R. 1986. Thoughts without laws: cognitive science with content. *Philosophical Review*, 95. Reeditado *in* Millikan's *White Queen Psychology and Other Essays*, MIT Press.

—, 1989. Biosemantics. *Journal of Philosophy*, 86. Reeditado *in* Millikan's *White Queen Psychology and Other Essays*, MIT Press; *in* Stich e Warfield, 1994; e *in* Macdonald e Macdonald, 1995a.

—, 1991. Speaking up for Darwin. *In* Loewer e Rey, 1991.

MINSKY, M., e PAPERT, S. 1969. *Perceptrons*. MIT Press.

MITHEN, S. 1996. *The Prehistory of the Mind*. Thames and Hudson.

NAGEL, T. 1971. Brain bisection and the unity of consciousness. *Synthese, 22*. Reeditado *in* J. Glover, ed., *The Philosophy of Mind*, Oxford University Press, 1976; e *in* T. Nagel, *Mortal Questions*, Cambridge University Press, 1979.

—, 1974. What is it like to be a bat?, *Philosophical Review, 83*. Reeditado *in* T. Nagel, *Mortal Questions*, Cambridge University Press, 1979; N. Block, ed., *Readings in Philosophy of Psychology Vol I*, Harvard University Press, 1980: D. Hofstadter e D. Dennett, *The Mind's I*, Penguin, 1981; Rosenthal, 1991b; e Block *et al.*, 1997.

—, 1986. *The View from Nowhere*. Oxford University Press.

NAITO, M.; KOMATSU, S., e FUKE, T. 1995. Normal and autistic children's understanding of their own and others' false belief: a study from Japan. *British Journal of Developmental Psychology*, 13.

NEWELL, A. 1990. *Unified Theories of Cognition*. Harvard University Press.

NEWELL, A., e SIMON, H. 1972. *Human Problem Solving*. Prentice-Hall.

NICHOLS, S.; STICH, S., LESLIE, A., e KLEIN, D. 1996. Varieties of off-line simulation. *In* Carruthers e Smith, 1996.

NISBETT, R., e BORGIDA, E. 1975. Attribution and the psychology of prediction. *Journal of Personal and Social Psychology*, 32.

NISBETT, R., e ROSS, L. 1980. *Human Inference*. Prentice-Hall.

NISBETT, R., e WILSON, T. 1977. Telling more than we can know. *Psychological Review*, 84.

NOONAN, H. 1986. Russellian thoughts and methodological solipsism. *In* J. Butterfield, ed., *Language, Mind and Logic*, Cambridge University Press.

—, 1993. Object-dependent thoughts. *In* J. Heil e A. Mele, eds., *Mental Causation*, Oxford University Press.

O'BRIEN, G. 1991. Is connectionism commonsense? *Philosophical Psychology*, 4.

O'CONNELL, S. 1996. Theory of Mind in Chimpanzees. Unpublished PhD thesis, University of Liverpool.

O'TOOLE, A.; DEFFENBACHER, K.; VALENTIN, D., e ABDI, H. 1994. Structural aspects of face recognition and the other-race effect. *Memory and Cognition, 22*.

OAKHILL, J., e JOHNSON-LAIRD, P. 1985. The effect of belief on the spontaneous production of syllogistic conclusions. *Quarterly Journal of Experimental Psychology, 37A*.

OAKHILL, J.; JOHNSON-LAIRD, P., e GARNHAM, A. 1989. Believability and syllogistic reasoning. *Cognition*, 31.

OAKSFORD, M., e CHATER, N. 1993. Reasoning theories and bounded rationality. *In* K. Manktelow e D. Over, eds., *Rationality, Routledge*.

—, 1995. Theories of reasoning and the computational explanation of everyday inference. *Thinking and Reasoning*, 1.

ORIGGI, G., e SPERBER, D. A publicar. Issues in the evolution of human language and communication.

OZONOFF, S.; PENNINGTON, B., e ROGERS, S. 1991. Executive function deficits in high-functioning autistic children. *Journal of Child Psychology and Psychiatry*, 31.

PAPINEAU, D. 1987. *Reality and Representation*. Blackwell.

—, 1993. *Philosophical Naturalism*. Blackwell.

PEACOCKE, C. 1986. *Thoughts*. Blackwell.

—, 1992. *A Study of Concepts*. MIT Press.

—, 1993. Externalism and explanation. *Aristotelian Society Proceedings*, 93.

PENROSE, R. 1989. *The Emperor's New Mind*. Oxford University Press.

—, 1994. *Shadows of the Mind*. Oxford University Press.

PERNER, J. 1991. *Understanding the Representational Mind*. MIT Press.

—, 1996. Simulation as explicitation of predication-implicit knowledge about the mind: arguments for a simulation-theory mix. *In* Carruthers e Smith, 1996.

PERNER, J.; LEEKAM, S., e WIMMER, H. 1987. Three year olds' difficulty with false belief. *British Journal of Experimental Psychology*, 5.

PERNER, J.; RUFFMAN, T., e LEEKAM, S. 1994. Theory of mind is contagious: you catch it from your sibs. *Child Development*, 65.

PERRY, J. 1979. The problem of the essencial indexical. *Nous*, 13. Reeditado *in* N. Salmon e S. Soames, eds., *Propositions and Attitudes*, Oxford University Press, 1988; e *in* Q. Cassam ed., *Self-Knowledge*, Oxford University Press, 1994.

PESKIN, J. 1992. Ruse and representations: on children's ability to conceal information. *Developmental Psychology*, 28.

PETERS, R. 1958. *The Concept of Motivation*. Routledge.

PIAGET, J. 1927. *The Child's Conception of Physical Causality*. Routledge.

—, 1936. *The Origin of Intelligence in the Child*. Routledge.

—, 1937. *The Construction of Reality in the Child*. Basic Books.

—, 1959. *The Language and Thought of the Child*, 3rd edn. Routledge.

PIAGET, J., e INHELDER, B. 1941. *The Child's Construction of Quantities: Conservation and Atomism*, trans. Pomerans. Basic Books.

—, 1948. *The Child's Conception of Space*, trans. Langdon e Lunzer. Routledge.

—, 1966. *The Psychology of the Child*. Routledge.

PINKER, S. 1994. *The Language Instinct*. Penguin.

PINKER, S., e BLOOM, P. 1990. Natural language and natural selection. *Behavioral and brain Sciences*, 13.

PITTS, W., e McCULLOCH, W. 1947. How we know universals: the perception of auditory and visual forms. *Bulletin of Mathematical Biophysics*, 9.

PLACE, U. 1956. Is consciousness a brain process?, *British Journal of Psychology*, 47.

POLLARD, P. 1982. Human reasoning: some possible effects of availability. *Cognition*, 12.

POPPER, K. 1956. Three views concerning human knowledge. *In* seu 1963. (Publicado primeiro *in* H. Lewis, ed., *Contemporary British Philosophy, 3rd Series*, Allen and Unwin.)

—, 1957. Science: conjectures and refutations. *In* seu 1963. (Publicado primeiro como «Philosophy of science: a personal report», *in* C. Mace, ed., *British Philosophy in Mid-Century*, Allen e Unwin.)

Popper, K. 1963. *Conjectures and Refutations*. Routledge.

—, 1971. Conjectural knowledge. *Revue Internationale de Philosophie*, 95-96. Reeditado *in* K. Popper, *Objective Knowledge*, Oxford University Press, 1972.

—, 1976. *Unended Quest: An Intellectual Autobiography*. Fontana/Collins.

Posner, M. 1978. *Chronometric Explorations of Mind*. Erlbaum.

Povinelli, D. 1996. Chimpanzee theory of mind? *In* Carruthers e Smith, 1996.

Premack, D. 1986. *Gavagai! Or the Future History of the Ape Language Controversy*. MIT Press.

Premack, D., e Woodruff, G. 1978. Does the chimpanzee have a theory of mind?, *Behavioral and Brain Sciences*, 1.

Putnam, H. 1960. Minds and machines. *In* S. Hook, ed., *Dimensions of Mind*, Harvard Press. Reeditado *in* seu 1975b.

—, 1967. The nature of mental states. *In* W. Capitan e D. Merrill, eds., *Art, Mind and Religion*, University of Pittsburgh Press. Reeditado *in* seu 1975b; Lycan, 1990; e *in* Rosenthal, 1991b.

—, 1975a. The meaning of 'meaning'. *Minnesota Studies in Philosophy of Science*, 7. Reeditado *in* seu 1975b.

—, 1975b. *Mind, Language and Reality*. Cambridge University Press.

—, 1988. *Representation and Reality*. MIT Press.

Quine, W.V. 1951. Two dogmas of empiricism. *Philosophical Review*, 60. Reeditado com adições *in* seu *From a Logical Point of View*, Harvard University Press, 1953.

Radford, A. 1997. *Syntax: A Minimalist Introduction*. Cambridge University Press.

Ramsey, W.; Stich, S., e Garon, J. 1990. Connectionism, eliminativism, and the future of folk psychology. *Philosophical Perspectives*, 4. Reeditado *in* Greenwood, 1991; e *in* Christensen e Turner, 1993.

Rapin, I. 1996. Developmental language disorders. *Journal of Child Psychology and Psychiatry*, 37.

Rey, G. 1997. *Contemporary Philosophy of Mind*. Blackwell.

Rosenblatt, F. 1958. The perceptron: a probabilistic model for information storage and organization in the brain. *Psychological Review*, 65.

—, 1962. *The Principles of Neurodynamics*. Spartan.

Rosenthal, D. 1986. Two concepts of consciousness. *Philosophical Studies*, 49. Reeditado *in* Rosenthal, 1991b.

—, 1991a. The independence of consciousness and sensory quality. *Philosophical Issues*, 1.

—, 1993. Thinking that one thinks. *In* Davies e Humphreys, 1993.

Rosenthal, D. ed. 1991b. *The Nature of Mind*. Oxford University Press.

Rumelhart, D., e McClelland, J. 1986. *Parallel Distributed Processing*, vol. 1. MIT Press.

Russell, B. 1921. *The Analysis of Mind*. Allen and Unwin.

Russell, J.; Mauthner, N.; Sharpe, S., e Tidswell, T. 1991. The 'windows task' as a measure of strategic deception in preschoolers and autistic subjects. *British Journal of Developmental Psychology*, 17.

Ryle, G. 1949. *The Concept of Mind*. Hutchinson.

Sachs, O. 1985. *The Man who Mistook his Wife for a Hat*. Picador.

—, 1989. *Seeing Voices*. Picador.

Schacter, D.; McAndrews, M., e Moscovich, M. 1988. Access to consciousness: distinctions between implicit and explicit knowledge in neuropsychological syndromes. *In* Weiskrantz, 1988.

SCHALLER, S. 1991. *A Man without Words.* Summit Books.

SCHANK, R., e ABELSON, R. 1977. *Scripts, Plans, Goals and Understanding.* Erlbaum.

SEARLE, J. 1980. Minds, brains, and programs. *Behavioral and Brain Sciences, 3.*

—, 1983. *Intentionality.* Cambridge University Press.

—, 1992. *The Rediscovery of the Mind.* MIT Press.

SEGAL, G. 1989a. The return of the individual. *Mind, 98.*

—, 1989b. Seeing what is not there. *Philosophical Review, 98.*

—, 1991. Defence of a reasonable individualism. *Mind, 100.*

—, 1996. The modularity of theory of mind. *In* Carruthers e Smith, 1996.

SELFRIDGE, O., e NEISSER, U. 1960. Pattern recognition by machine. *Scientific American, 203.*

SHALLICE, T. 1988a. *From Neuropsychology to Mental Structure.* Cambridge University Press.

—, 1988b. Information-processing models of consciousness. *In* Marcel e Bisiach, 1988.

SHOEMAKER, S. 1986. Introspection and the self. *Midwest Studies in Philosophy, 10.*

SIMON, H. 1979, 1989. *Models of Thought,* vols. 1 e 2. Yale University Press.

SKINNER, B. 1957. *Verbal Behavior.* Appleton-Century-Crofts.

SMART, J. J. C. 1959. Sensations and brain processes. *Philosophical Review, 68.*

SMITH, E., e OSHERSON, D., eds. 199S. *An Invitation to Cognitive Science 3: Thinking* (2.ª edição). MIT Press.

SMITH, N., e TSIMPLI, I.-M. 1995. *The Mind of a Savant: Language-Learning e Modularity.* Blackwell.

SMITH, P., 1992. Modest reductions and the unity of science. *In* D. Charles e K. Lennon, eds., *Reduction, Explanation and Realism,* Oxford University Press.

SMITH, P., e JONES, O. 1986. *The Philosophy of Mind.* Cambridge University Press.

SMITH, P. K. 1996. Language and the evolution of mind-reading. *In* Carruthers e Smith, 1996.

SMOLENSKY, P. 1988. On the proper treatment of connectionism. *Behavioral and Brain Sciences, 11.*

—, 1991. Connectionism, constituency and the language of thought. *In* Loewer e Rey, 1991.

—, 1995. Reply: constituent structure and explanation in an integrated connectionist/ symbolic cognitive architecture. *In* Macdonald e Macdonald, 1995b.

SODIAN, B. 1991. The development of deception in young children. *British Journal of Developmental Psychology, 9.*

SODIAN, B., e FRITH, U. 1992. Deception and sabotage in autistic, retarded and normal children. *Journal of Child Psychology and Psychiatry, 33.*

—, 1993. The theory of mind deficit in autism: evidence from deception. *In* Baron-Cohen, Tager-Flusberg e Cohen, 1993.

SPELKE, E. 1985. Preferential-looking methods as tools for the study of cognition in infancy. *In* G. Gottlieb e N. Krasnegor, eds., *Measurement of Audition and Vision in the First Year of Postnatal Life,* Ablex.

SPELKE, E.; PHILLIPS, A., e WOODWARD, A. 1995. Infants' knowledge of object motion and human action. *In* Sperber *et al.,* 1995b.

SPELKE, E.; VISHTON, P., e VON HOFSTEN, C. 1994. Object perception, object-directed action, and physical knowledge in infancy. *In* M. Gazzaniga, ed., *The Cognitive Neurosciences,* MIT Press.

SPERBER, D. 1996. *Explaining Culture.* Blackwell.

—, 1997. Relevance theory in an evolutionary perspective. Paper delivered at a workshop of the Hang Seng Centre for Cognitive Studies, University of Sheffield (Setembro).

SPERBER, D., e WILSON, D. 1986. *Relevance: Communication and Cognition. Black*well. (2.ª edição, 1995.)

—, 1996. Fodor's frame problem and relevance theory. *Behavioral and Brain Sciences,* 19.

SPERBER, D.; CARA, F., e GIROTTO, V. 1995a. Relevance theory explains the selection task. *Cognition,* 57.

SPERBER, D.; PREMACK, D., e PREMACK, A., eds. 1995b. *Causal Cognition.* Oxford University Press.

STEIN, E. 1996. *Without Good Reason: The Rationality Debate in Philosophy and Cognitive Science.* Oxford University Press.

STERNBERG, S., e SCARBOROUGH, D., eds. 1995. *An Invitation to Cognitive Science 4: Conceptual Foundations* (2.ª edição). MIT Press.

STICH, S. 1983. *From Folk Psychology to Cognitive Science.* MIT Press.

—, 1988. From connectionism to eliminativism. *Behavioral and Brain Sciences,* 11.

—, 1990. *The Fragmentation of Reason.* MIT Press.

—, 1991. Causal holism and commonsense psychology: a reply to O'Brien. *Philosophical Psychology,* 4.

—, 1992. What is a theory of mental representation? *Mind,* 101. Também *in* Stich e Warfield, 1994.

STICH, S., e NICHOLS, S. 1992. Folk psychology: simulation or tacit theory? *Mind and Language,* 7.

—, 1995. Second thoughts on simulation. *In* Davies e Stone, 1995b.

STICH, S., e WARFIELD, E., eds. 1994. *Mental Representation.* Blackwell.

TAGER-FLUSBERG, H. 1994. Social-cognitive abilities in Williams syndrome. Apresentado na conferência sobre a síndrome de Williams, San Diego, CA (Julho).

TARDIF, T., e WELLMAN, H. 1997. Acquisition of mental state language in Chinese children. Apresentado no encontro de Abril da Society for Research in Child Development, Washington .

THORNDIKE, E. 1898. Animal intelligence: an experimental study of associative processes in animais. *Psychological Review, Monograph Supplement,* 2.

TURING, A. 1950. Computing machinery and intelligence. *Mind,* 59.

TVERSKY, A., e KAHNEMAN, D. 1983. Extensional versos intuitiva reasoning: the conjunction fallacy in probability judgement. *Psychological Review,* 904.

TYE, M. 1991. *The Imagery Debate.* MIT Press.

—, 1992. Naturalism and the mental. *Mind,* 101.

—, 1995. *Ten Problems of Consciousness.* MIT Press.

VAN FRAASSEN, B. 1980. *The Scientific Image.* Oxford University Press.

—, 1989. *Laws and Symmetry.* Oxford University Press.

VARLEY, R. 1998. Aphasic language, aphasic thought. *In* Carruthers e Boucher, 1998.

VYGOTSKY, L. 1934. *Thought and Language.* Trans. Kozulin, MIT Press, 1986.

WALKER, S. 1983. *Animal Thought.* Routledge.

WASON, P. 1968. Reasoning about a rule. *Quarterly Journal of Experimental Psychology,* 20.

—, 1983. Realism and rationality in the selection task. *In* J. Evans, ed., *Thinking and Reasoning,* Routledge.

WATSON, J. 1924. *Behaviourism.* Norton and Company.

WEISKRANTZ, L. 1986. *Blindsight*. Oxford University Press.
—, 1997. *Consciousness Lost and Found*. Oxford University Press.
WEISKRANTZ, L. ed. 1988. *Thought without Language*. Oxford University Press.
WELLMAN, H. 1990. *The Child's Theory of Mind*. MIT Press.
WHITEN, A., e BYRNE, R. 1988. Tactical deception in primates. *Behavioral and Brain Sciences*, 11.
WHORF, B. 1956. *Language, Thought, and Reality*. Wiley.
WILKES, K. 1978. *Physicalism*. Routledge.
—, 1991a. The long past and the short history. *In* R. Bogdan, ed., *Mind and Common Sense*, Cambridge University Press.
—, 1991b. The relationship between scientific psychology and common-sense psychology, *Synthese*, 89. Reeditado *in* Christensen e Turner, 1993.
WILLIAMSON, T. 1995. Is knowing a state of mind? *Mind*, 104.
WILSON, T. 1985. Strangers to ourselves: the origins and accuracy of beliefs about one's own mental states. *In* J. Harvey e G. Weary, eds., *Attribution*, Academic Press.
WILSON, T., e STONE, J. 1985. Limitations of self-knowledge: more on telling more than we can know. *In* P. Shaver, ed., *Self Situations and Social Behaviour*, Sage.
WILSON, T.; HULL, J., e JOHNSON, J. 1981. Awareness and self-perception: verbal reports on internal states. *Journal of Personality and Social Psychology*, 40.
WIMMER, H., e PERNER, J. 1983. Beliefs about beliefs. *Cognition*, 13.
WINCH, P. 1958. *The Idea of a Social Science*. Routledge.
WING, L., e GOULD, J. 1979. Severe impairments of social interaction and associated abnormalities in children: epidemiology and classification. *Journal of Autism and Developmental Disorders*, 9.
WITTGENSTEIN, L. 1921. *Tractatus Logico-Philosophicus*. Routledge.
—, 1953. *Philosophical Investigations*. Blackwell.
WORLD HEALTH ORGANISATION. 1987. *International Classification of Diseases*, 9.ª edição. Genebra.
WUNDT, W. 1912. *An Introduction to Psychology*, trans. R. Pintner. Allen and Unwin.
WYNN, T. 1993. Two developments in the mind of early Homo. *Journal of Anthropological Archaeology*, 12.

ÍNDICE

AGRADECIMENTOS 9
PREFÁCIO 11

I — INTRODUÇÃO: CONHECIMENTOS BÁSICOS 15

   1. Os desenvolvimentos da filosofia da mente 15
   2. Os desenvolvimentos da psicologia 26
   3. Conclusão 38

II — AS PROMESSAS DA PSICOLOGIA POPULAR 39

   1. Realismos e anti-realismos 39
   2. Duas variedades de anti-realismo 41
   3. A psicologia popular como questão para o realismo 46
   4. Realismo e eliminativismo 56
   5. Usando a psicologia popular 63
   6. Conclusão 64

III — MODULARIDADE E INATISMO 67

   1. Alguns fundamentos do empirismo e do inatismo 68
   2. A questão do inatismo 70
   3. Rigidez de desenvolvimento e modularidade 74
   4. A modularidade fodoriana 80
   5. Sistemas de entrada (ou absorção) *versus* sistemas centrais ... 85
   6. Conclusão 95

IV — LEITURA DA MENTE 97

   1. As alternativas: teoria da teoria *versus* simulação 97
   2. Os problemas do simulacionismo 103

3. Uma perspectiva híbrida 110
4. Estudos sobre o desenvolvimento 112
5. Explicando os enfraquecimentos autistas 120
6. Conclusão 125

V — RACIOCÍNIO E IRRACIONALIDADE 127

1. Introdução: a fragmentação da racionalidade 127
2. Alguns indícios psicológicos... 130
3. Argumentos filosóficos em defesa da racionalidade 133
4. Explicações psicológicas do desempenho 142
5. Racionalidade prática 149
6. Conclusão 153

VI — CONTEÚDO PARA A PSICOLOGIA 155

1. Introdução: extenso *versus* limitado 155
2. Argumentos para o conteúdo extenso 157
3. A coerência do conteúdo limitado 163
4. Explicação e causalidade 168
5. Conteúdo da psicologia popular 182
6. Conclusão 186

VII — CONTEÚDO NATURALIZADO 189

1. Introdução 189
2. Semântica informativa 191
3. Teleossemântica 196
4. Semântica funcional 205
5. Naturalização *versus* redução 213
6. Conclusão 219

VIII — FORMAS DE REPRESENTAÇÃO 221

1. Preliminares: pensando com imagens 221
2. Mentalês *versus* conexionismo 224
3. O lugar da linguagem natural no pensamento 239
4. Conclusão 258

IX — CONSCIÊNCIA: A ÚLTIMA FRONTEIRA? 259

1. Preliminares: distinções e dados 259
2. Misterianismo 266
3. Teorias cognitivistas 280
4. Conclusão 305

REFERÊNCIAS 307